思念中的郭琦校长

张岂之 主编

西安出版社

图书在版编目(CIP)数据

思念中的郭琦校长/张岂之主编.—西安:西安出版社,2010.5

ISBN 978-7-80712-625-6

Ⅰ.①思… Ⅱ.①张… Ⅲ.①郭琦(1917～1990)—纪念文集 Ⅳ.①K825.46-53

中国版本图书馆 CIP 数据核字(2010)第 090502 号

思念中的郭琦校长

主　　编:	张岂之
出版发行:	西安出版社
社　　址:	西安市长安北路 56 号
电　　话:	(029)85253740
邮政编码:	710061
网　　址:	www.xacbs.com
印　　刷:	蓝田立新印务有限公司
开　　本:	787 mm×1092mm　1/16
印　　张:	28
字　　数:	358 千
版　　次:	2010 年 5 月第 1 版
	2010 年 5 月第 1 次印刷
ISBN 978-7-80712-625-6	
定　　价:	55.00 元

△本书如有缺页、误装、请寄回另换。

郭 琦(1917—1990)

1933年郭琦(中)在成都师范合影

1937年,郭琦在四川成都

1951年5月,郭琦(左三)与李卓然(右二)、张稼夫(左二)、方杰(左一)、秦川(右一)在一起

郭琦全家福。前排右一为父亲,右二为母亲,戴帽子者为郭琦,其前面为夫人萧枫,父母身后为六弟郭先预

1959年秋,郭琦与夫人萧枫在陕西蓝田县汤峪

郭琦与邓泽(中)、陈伯林(左)合影

1965年11月,郭琦与李卓然(左)摄于西安

1979年,郭琦(左一)陪同马文瑞(中)在西北大学视察

1980年5月,郭琦在日本访问期间,与日本京都大学签订《西北大学与京都大学关于学术交流备忘录》现场。左为李汝松,中为郭琦,右为泽田敏男校长

1983年5月下旬到6月上旬,郭琦访美期间,在密执安州立大学校长马奇公馆里。左为马奇夫人,左二为马奇,左三为翻译,左四为郭琦

1990年8月21日多卷本《陕西通史》编纂委员会正副主任会议后,郭琦(前排左二)与章泽(中)、孙达人(左一)、张岂之(右一)、史念海(右二)、张军孝(后排右一)、朱永庚(后排右二)、赵炳章(后排左一)、李峰(后排左二)合影

郭琦晚年生活照

序一

郭琦先生捐馆的明年，各方同志感怀畴昔，念慕殊切，因哀集其遗文，以期为后世楷模。书成之后，征序于不佞。不佞与先生共事多年，相交至笃，不敢言辞，因缀其言行，弁于篇首，以飨来哲。

郭琦先生自早年参加革命时起，即来到延安，为党尽力。关中解放，又南至西安。黾勉努力，始终不殆，可以说是毕生在陕西工作，为陕西建树功绩。缅怀往事，令人感奋。

郭琦先生在陕西长期从事教育工作，先后主持高等学校校务。西安为古都所在，人物荟萃，辈出英才，备见史籍。可是近多年来，由于孤处内地，交通阻塞，仿佛有逊于当年。这就不能不引起有心人的焦虑，更为主持教育工作者所不可忽视的问题。郭琦先生为此曾大声疾呼，鼓励莘莘学子，冲出潼关，争取能在全国获得发言权。郭琦先生不仅普遍鼓励，而且因人予以方便，助其有所作为。东风化雨，时时吹动，甘霖频降，促使万卉斗艳，繁花似锦，不减往昔盛世。

郭琦先生毕生从事革命，于马列主义尤为精研，得其精髓，故其立身下世，治学育人，咸有所本。其遗文中尤多阐述的撰著，足徵其渊源的所自。郭琦先生阐述马列主义，初未假借于文辞，而多出于具体的讲解。郭琦先生擅于辞令，尤长于雄辩。当其作有关阐述马列主义的讲解时，口若悬河，滔滔不绝，辞如泉涌，挹之尤盛，使听者不易尽其底蕴。今读其遗著，犹能想见当年的风采。惜未能悉见于笔墨，使后来者多所汲取。

郭琦先生博学无涯，于马列主义之外，尤酷爱读史。曩年不佞发起创立中国唐史学会，深得郭琦先生的赞助。学会成立后，郭琦先生

序一

被推举为学会名誉会长。学会年会经常易地举行,郭琦先生因之亦奔波于扬州、成都等地。会上一发宏论,辄令与会者为之倾倒。虽为名誉会长,而事无巨细,皆赖筹措处置。学会今已有声于国际间,饮水思源,郭琦先生是不能令人忘怀的。

郭琦先生毕生为陕西工作,深慨于陕西虽居全国的重地,畴昔史事,却散见于前贤撰著之中,尚无人为之董理,使一方史事,易于泯灭,不复为后世所知。虽前贤著作有所涉及,而翻检亦颇不易。因思欲秉笔撰述,勒成《陕西通史》。大纲细目,皆细心构思,仿佛当年马班遗风,再现今世。不意天不假年,剧捐馆舍。不佞曾承青睐,委以襄佐重任,自当赓续遗志,使《陕西通史》得以早日出版。九泉之下,郭琦先生当可释然于怀。

这里所道及的,仅荦荦大端,至于为陕西所建的其他功绩,则有传记在,是无待在这里剌剌喋喋,多事陈说的。

1993年6月史念海谨序。

(陕西省师范大学出版社1993年8月版《著名马克思主义哲学家教育家史学家——郭琦》)

序二

郭琦同志于1990年9月9日离开我们已整整20年，时间愈久，思念愈深，故书名用《思念中的郭琦校长》。

如何寄托我们的思念？西安出版社社长张军孝同志倡议：2010年9月郭琦同志辞世20周年纪念时，出版《思念中的郭琦校长》一书，并举办出版座谈会。

郭琦同志的家人和好友都赞同军孝同志的建议，于2009年即开始为此书集稿。在此之前的1993年，就是郭琦同志辞世的第三年，曾由陕西师范大学出版社出版《著名马克思主义哲学家教育家史学家郭琦》。不过，其中收集的文章似乎并不齐全，而且印刷、装帧和校对上有些粗糙，不够理想，但它是新出的《思念中的郭琦校长》一书的胚胎。原来的纪念回忆文章，作者仍健在者，现在都对文章做了补充修改，还增加了几篇新作，使内容更加充实。

郭琦同志的女儿薇林和女婿匡燮同志为整理郭琦同志晚年自述录音《我的高教三十年》，仔细校注，使得这一份宝贵的资料得以公开面世。军孝和我仔细地读过《我的高教三十年》，在"注"上提出过许多改正的建议，这些都得到匡燮同志的同意，并作了修改。还要提到《郭琦年谱》，这是他的孙儿用了近两年的时间，广泛搜集资料，缜密地提炼、组合而成，这会有助于读者朋友们对郭琦同志教育理论和教育实践的理解。

2010年春节期间，军孝和我与郭琦同志夫人萧枫老师有过一次短时间的聚会，她已是九十岁高龄的老人，十分关心《思念中的郭琦校长》一书集稿的编辑情况。当她了解后，表示赞许，并一再感谢为此

序二

书撰写文章的朋友们。

《思念中的郭琦校长》一书得以出版,和西安出版社社科编辑部同志们的辛勤劳动密不可分,我作为此书的主编,向编辑同志们表示衷心的感谢!同时,我想为此书的组稿者和策划者张军孝同志再写几句。军孝和郭琦校长有深厚的师生友谊。军孝长期在陕西师范大学工作,对郭琦同志的为人、行事有深切的了解,十分敬佩。上个世纪九十年代初期,郭琦同志倡议编写《陕西通史》,军孝是他的得力助手。《陕西通史》后来在陕西师范大学出版社出版,军孝是出了大力的。他是一位"不忘旧"的人,崇敬老师,重视友谊,力求将师友们有价值的研究成果,向社会介绍,不仅对郭琦校长,对其他老一辈的学人也是如此。这样的出版人和编辑人作为社会文化的传播者,是值得赞许的。

《思念中的郭琦校长》不久将公开出版,我希望读者朋友们能够喜欢这本书。至于书中的不足,请朋友们指出,以便改正,谢谢。

张岂之
2010年3月1月于西安
西北大学中国思想文化研究所

目 录

序一 ………………………………………… 史念海（1）

序二 ………………………………………… 张岂之（3）

风骨垂范

忆郭琦同志 ……………………………… 张岂之（3）

忆老郭
——忆良师益友郭琦之点滴 ……………… 孙达人（9）

同郭老最后相处的日子 …………………… 张军孝（15）

郭校长的风范 ……………………………… 董丁诚（19）

难忘的记忆，深切的怀念 ……… 姜秉正　霍绍亮　同向荣（22）

目 录

痛悼老校长郭琦同志 …………………………………… 李钟善(25)

斯人远逝,怀念长存

——郭琦校长辞世二十周年祭 ……………………… 符景垣(28)

恩师郭校长 …………………………………………………… 贺克毅(37)

忆《希望》感怀郭校长 ……………………………………… 方 兢(43)

我常想念的郭校长 ………………………………………… 赵 熙(54)

悼念教育家郭琦同志 …………………………… 党新益 郭扬威(59)

怀念社会主义教育家郭琦 ………………………………… 张安民(62)

努力把学科办出水平来

——谈郭琦教育思想与实践 ……………………… 姜秉正(72)

远见卓识,沾惠学人

——深切怀念杰出的教育家郭琦校长 ………………… 韩理洲(81)

郭琦同志与写作教学 ……………………………………… 阎景翰(86)

魂归九天,情留大地

——怀念郭琦同志 ………………………………… 黎 风(92)

回忆郭校长的两件事 ……………………………………… 韦效基(99)

一贯重视高校后勤工作的老领导

——纪念郭琦同志逝世二十周年 ……………… 刘 科(104)

回忆郭琦同志 ………………………………………………… 石兴邦(108)

郭琦校长 …………………………………………………… 谢振中(117)

学术战线上的指挥员战斗员

——略述郭琦同志对历史学的贡献 ············ 牛致功（120）

高屋建瓴，实事求是

——怀念郭琦老师 ························· 何清谷（130）

郭琦同志与《陕西一百个著名人物》 ········· 林理明　邓剑秋（134）

理论战线上的勇士

——深切怀念郭琦同志 ····················· 赵炳章（141）

功在当代，泽及后人

——深切怀念郭琦同志 ····················· 李振东（149）

难忘的教诲 ································· 刘修水（159）

郭琦同志对《费尔巴哈论》的研究 ············· 祝大征（166）

怀念郭琦同志 ······························· 李　绵（177）

悼老校长郭琦同志 ············· 马家骏　苏成全　张登弟（178）

怀念敬爱的爸爸郭琦 ······ 郭薇林　郭晓霜　郭凯军　郭凯侬（179）

高校生涯

我的高教三十年

——郭琦教育思想口述实录 ·························（187）

生平事略

郭琦同志生平介绍 ·································（279）

附：郭琦同志遗体告别仪式在西安举行 ···············（283）

郭琦传 ······························· 亦　澜　王　磊（285）

附：识才　选才　育才
——记西北大学党委书记、校长郭琦　《陕西日报》记者　李其贵 ……………………………………………………………（313）

郭琦年谱 ……………………………………………（321）

郭琦遗文选

新技术革命与社会科学 ………………………………（359）

三十二年来高等教育的回顾(提纲) …………………（368）

认真读书 ………………………………………………（378）

坚持实践第一的基本观点,发扬实事求是的传统作风 ……（383）

重视对矛盾特殊性的研究,建设具有中国特色的社会主义 ……（394）

马克思主义是科学,要用科学的态度对待它 …………（412）

关于精神文明建设 ……………………………………（420）

画坛怪杰石鲁绝笔之作 ………………………………（429）

绵远的怀念(代跋) ……………………………匡燮　薇林（437）

风骨垂范

郭琦同志胸怀韬略,学识过人,才华横溢,确实有一种引无数英雄竟折腰的人格魅力和领导艺术。

——摘自《张安民在郭琦逝后一周年师大部分同志座谈会上的发言》

忆郭琦同志

张岂之

初 识

1977年在我的生活史上是一个不吉祥的年头，整整病了半年，查不出病源，后来还是查出了。医生说要进行手术化验。化验的结果不是大病。我从北京宣武医院出院的那天，觉得天是格外的明亮，好像获得了新的生命。出院后不几天便匆匆赶回离别了数月之久的古城西安。

当时，高考制度恢复。高校仿佛一个久病的人突然恢复了健康。百废待兴。学校的气氛真好。我从北京回来不久，听说学校来了新领导，名叫郭琦。

一天，党委办公室来人告诉我，郭琦同志想和我谈谈，要我定个时间。这给我留下了深刻的印象。度过多年"呼之即来、挥之即去"的生活，现在突然要我确定见面的时间，这真有点反常。

见面好像是老朋友。郭琦同志首先开口："1956年我在《人文杂志》上读到你几篇文章，那时你只有二十多岁吧！"我不知道该说什么。接着他问起我的老师侯外庐先生，并说读过外庐先生的《中国思想通史》。郭琦同志带有川味的普通话说得准确亲切，表情又是那么真挚，使我忘记这是我们的初识，仿佛我们早已经是文友了。

接着他的话进入了正题："我们经过研究，决定请你出来担任历史系主任。经过再三斟酌，要请你出来。"这完全出乎我的意料，我没有想过这方面的事。

"我没有做过行政工作,而且我要经常跑北京,帮外庐先生做点事情。"我坦率地说。

"我相信你会做好的。系主任最好由学术带头人来担任,这不会影响你的学术活动。"由于我的孤陋寡闻,当时我竟不知"学术带头人"指何而言。我觉得郭琦同志所谈非常新鲜,和我在史无前例的日子里听到的声音完全两样,好像大地翻了个。说实在的,我后来接受去做西大历史系系主任,大半是郭琦同志的诚恳态度使我觉得他是一位可以信赖的大学校长。

访 日

1980年春由郭琦校长任团长,组成西北大学赴日考察代表团。接待我们的单位是日本京都大学,以及京都的一批年轻汉学家。

这是西北大学迎着改革开放的春风,以学校的名义迈向国际教育和学术界的第一步。现在看起来简单,可是在当时迈出这一步并不简单。

我们抵达京都的当天下午,京都大学派人来谈访日日程的细节安排。我作为代表团的副团长陪同郭琦校长参加日程的讨论。在我的印象中,郭琦校长平易随和,听完访问日程细节安排的说明以后,他说:"中国有句俗话'客随主便',主人为我们客人安排的日程,我认为很好,就这么办吧。"京都大学国际交流中心的朋友说:"请郭先生提出修改意见。还计划到什么地方去,请先生不用客气地提出。"郭琦校长笑着说:"西北大学和京都大学是首次见面,今后我们之间的往来会很多。第一次来不要把什么都看了,学了中国古典章回小说,第一章回的结尾写道:'欲知后事如何,且听下回分解。'我对访问日程很满意,我们没有其他计划。"我们没有想去东京,或者去离京都很远的地方，这不仅是考虑到日程很紧，也不想增加日本接待单位的负担。来日方长，何必急于一时？翌年，即1981年我应邀到京都大学作三个月短期讲学时，京都大学校长在接待我的时候亲切地问候郭琦校长，有这样的赞语："郭琦先生上次访日，给我们留下了非常深刻的印象。他是一位长者，一位非常通情达理的长者。"这个评语是多么贴切呵！

郭琦校长访问期间几乎每天都有宴会，在这种场合，他热情地回答日本朋友所提关于中国饮食、艺术、名胜古迹等方面的问题，双方增加了了解。不论在任何场合，郭琦校长始终稳重安祥，挥洒自如，表现了我国一所重点大学校长应有的令人折服的教育家的风度。这种风度给人的印象不是傲然，也不是自卑；不是得意忘形，也不是卑微委琐；不是语言乏味，也不是滔滔不绝；不是木然，也不是轻浮。他给人们留下了将学术和外交熔于一炉的长者形象，使人觉得他是那样的宽宏大度，而又非常执着于自己的事业。这次访日不但签订了西北大学和京都大学学术交流的协议书，而且初步奠定了西北大学和京都同志社大学日后交流的基础。郭琦校长此次访日和京都的年轻汉学家们结下了深厚的友谊，他们成为西北大学和日本一些大学进行学术交流的桥梁，后来事情的发展完全证实了这一点。

善　诱

在郭琦同志担任西大党委书记兼校长的几年间，可能出于社会的影响，西北大学学生几次发生罢课的事。

历史系的学生时常卷入罢课的漩涡。不论这些罢课的性质和原因，作为系主任的我，是不愿看到这种现象的。史无前例的十年刚刚过去不久，像我们这些做教师的人看到环境安定，学校教学秩序恢复，心里有说不出的高兴，衷心希望自己的学生能抓紧机会坐下读几年书，以补偿过去我们浪费的时间。

有一次历史系学生突然宣布罢课,提出要和学校领导"对话"。我将此情况用电话告诉郭琦校长,并且说如果他觉得不方便来和学生见面,我可以继续做学生的工作。他在电话中对我说:"今天晚上七时我一定来和历史系同学谈谈,请你们安排吧!"

"文革"的阴影仍然残留在我们心上,今天晚上的会不至于成为蛮不讲理的"大批判"重演吧?晚上不到七时,学生们已经挤满大教室。和"文革"期间不同,没有声嘶力竭的呼口号声,也没有野蛮的呵责声。学生们安静地等待与校党委书记见面。

郭琦同志准时来到,没有一个人跟着他。他同我们系的负责人打了招呼,要我来个开场白。我要学生们先讲话,有什么意见和要求尽管提出来,学生们一个接一个地发言,叙述历史系的某个同学挨打,学校迟迟不作处理;有的学生说,伙食不理想,吃饭时拥挤不堪;学生宿舍管理不善,经常出现夜半歌声,打断别人的美梦等等。其中既有对于学校管理不善的批评,也有呼请尽快改善学习环境的呼声……学生们宣布他们已经罢了一天的课,如果学校再不解决学生挨打的问题,他们将继续再罢下去。这时同学们高呼"请郭校长回答问题"。当郭琦校长从座位上站起来的时候,全场一片肃静。

他一开始就说,今天他到历史系来和同学见面感到十分高兴。今晚的会和他过去在"文革"期间受批斗时的情况完全两样。他畅叙了他在"文革"期间的种种厄运,令人心酸。转而他又讲了国家在拨乱反正期间取得的成就。以具体的事实证明稳定来之不易,特别是大学来之尤其不易。今天高考制度恢复,同学们到学校读书,教育工作者们梦寐以求的事实现了。说到这里,他深思片刻,让学生们和他进行默默的感情交流。转而他大声说学校的管理存在许多问题,正在设法解决。他着重就学校一定要有纪律,学生被打,对打人者要按校纪处理。他劝告同学立即上课,如果学校的诺言不能实现,可以到校长办公室去找他。……他的话刚一结束,教室里便响起热烈的掌声。一下子我们和同学的心更加贴近了。

郭琦同志多次处理学生罢课的事,表现了教育家的宽阔胸怀和循循善诱的教育方法,既坚持原则,又考虑到多种因素;对学生既提出严肃的要求,而在人的处理上又是十分的慎重。不少从西北大学毕业的校友回想往事,老校长郭琦的循循善诱的形象则和他们对于母校的怀念联结在一起。

不 倦

郭琦同志离开西大以后,由于他们家不在西大,我们见面的机会很少了。

1990年春节我到他家去拜年,我发现他苍老了许多,动作有些呆滞,倦容非常明显,但吸烟的习惯一直没有改掉。我劝他少抽点烟,工作时间尽量减少些,并且告诉他,这一年的9月将在扶风县法门寺召开法门寺历史文化国际学术讨论会,请他一定去参加,并在会上讲话。他显得高兴,说届时肯定去,并就有件事想和我商量,就是计划编写一套关于《陕西通史》的书,分若干册出版,希望史念海先生和我同他一起担任主编。他深情地说,我们三个人都不是陕西籍,但我们在陕西生活工作了几十年,对于陕西有深厚的感情,应当为陕西多做些事。郭琦同志在说这些话的时候,是他心底真情的流露,朴素而深刻。

此后,关于《陕西通史》编委会的成立、经费的筹措、全书的体例要求,以及各个分册的基本内容,都是郭琦同志思考和奔跑的结果。陕西师大出版社的几位同志做了许多具体的工作。现在这一套书已经快到开花结果的时候,可惜此书的策划者郭琦同志已经离我们而去了。

1990年8月,我们在陕西师大开《陕西通史》编写工作会议,郭

忆郭琦同志

琦同志因心脏病而住进医院。后来我们去看他，他不谈病情，他感兴趣的仍然是《陕西通史》的编写工作。我再次邀请他于9月份去法门寺参加国际学术讨论会。他说："我一定去。"

法门寺国际学术会议开幕的那天，正好下雨，郭琦同志没有来。我想第二天只要天气转好，他会来的，我希望天赶快转晴。当会议快到闭幕的时候，我们正在惦念他，突然传来了令人难以置信的噩耗：郭琦同志因心脏病再次发作，急救无效。……这难道是真的吗？好久我都不相信这是真的。……

郭琦同志离我们而去了，他走得太快，71岁和72岁在今天并不算是高龄。

郭琦同志是一位既有理论素养又有实践经验的教育家。

郭琦同志是一位学人，他的坦诚的性格，他的渊博的知识，以及他的分明的爱憎，他身上的优点和某些弱点，都说明他毕竟是一位学人，是我国优秀知识分子队伍中的一员。

我们不会忘记郭琦同志，他的朋友和学生们不会忘记他。岁月在流逝，岁月在改变着一切，但人们奉献于世界的经验和学识都是永恒的。郭琦同志的经验和学识，人们将永远记得。

（陕西师范大学出版社1993年8月版《著名马克思主义哲学家、教育家、史学家——郭琦》）

忆老郭

——记良师益友郭琦之点滴

孙达人

他是1936年就参加了民先队的老同志,长期担任我所在的陕西师范大学的副校长兼党委副书记,主持学校的全面工作。当时,人人都称他为郭校长。我当然也知道应该这样称呼他,不过却始终没有这样的机会。待到"文化大革命",我们相继进入"牛棚",终于得着这样的机会之时,显然已经既没有这样称呼的必要,也没有这样称呼的可能了。

"郭琦"——那年头,直呼其名还算比较客气的,连毛头小孩都这样大声地叫他。至于不客气的称呼至今仍为我所不愿回忆。

"老郭"——有"同棚"之谊者当时多半这样称呼他,内心里仍埋藏着尊敬者,当时也都这样称呼他。而我呢,自然也只能这样称呼他,而且竟把这从不得已的年代里出于不得已才使用的称呼一直用到了他的临终,以至于今天,当我执笔写回忆之时,都觉得如改用尊称,反而显得生分起来,不那么合适了。30年来,不论我怎样的升迁沉沦,境遇如何,当官或者做教师,在牛棚还是在会堂,只要相见,我都可以从他那里听到"达人"两字的称呼,那浓重的川音中包含着亲切、信任,包含着当时我所需要的一切!我明明知道他已离开我们了,但他的音容还如此清晰,仿佛仍活在我们中间。每想起他,总觉得应该更努力学好才是。

他在1988年就离休了。给我的感觉,他的工作量简直与在职时没有什么区别,而伏案的时间则可以肯定反而更长了。他总是说:"过去在职忙于开会,现在有时间可以读一点书,写一点东西了。"壮心不已之情,溢于言表。果然不过二三年时间,《陕情要览》《当代中国的陕西》《陕西五千年》等鸿篇巨著相继问世之后,他又全身心地投入了多卷本《陕西通史》的组织和写作工作。

1990年8月底,我应邀去参加《陕西通史》的编委会。因为要赶飞机,当我讲完意见准备提前离开时,我突然发现他面色憔悴,略带倦容。"老郭,我看你的脸色不太好,要注意休息!"他点头称"可以",似乎表示出已听到我的建议,又表示着自己的身体还是满不错的意思。过了大约一星期,9月上旬的某一天晚上,当我从外地出差归来,刚进家门,老伴就告诉我老郭已发了病危通知,就住在西医二院,我让秘书告知二院院长陈君长,请他和有关医生速到病房,我即去探望并了解病情。

原来,他就是在8月28日另一次《陕西通史》编纂工作的会议上突发心肌梗塞症的。据医生说,这是一种无痛性的心肌梗塞,很危险。不过经抢救,现在病况已缓和。医生们还告诉我,为了避免患者的情绪紧张,他们还没有说明他得的是无痛性心肌梗塞。事后回忆起来,我感到十分难过。就一般患者而言,医生的这种考虑是完全正确而必要的。但我应该知道,老郭是一个把事业看得高于一切,是一个工作起来不要命的人。看来他当时对病的严重性仍然缺少应有的重视。如果我能稍稍透露一点病情以引起他的警惕,那该有多好!也许……

当我和君长等同志进入病房后,我看到的情况简直出乎预料:他没有躺在病床上,而是坐在沙发上。气色和情绪都说明病情确实好多了。他的夫人肖枫当时也有病,躺在另一张病床上。我们只作了短时间的交谈,就请他安心养病,不要忙着想出院,年岁大了,体质会差起来,要听医生的意见之类的话;他则不时地说着"可以",说话的意思仍然是对自己的身体状况充满着信心。为了使他得以休息,我很快就告辞了,还说过几天再去看他。不料,这竟是我们的永别!

二三天之后,1990年9月9日,一个星期天的上午,正当扶风县的法门寺正在召开一个国际性的学术讨论会的时候,无痛性的心脏病又一次悄悄地发作,终于夺去了他的生命,连躺在另一张床上的肖枫夫人也没有发觉。据说,前一天晚上,他还为自己不能参加第二天法门寺的会议而感到遗憾。他就是这样一个为事业默默奉献而至死不渝的人!

当晚,我从法门寺赶回来,在西医二院的太平间里看到他那沉着、刚毅的面容,如今更显得十分安祥,像是睡着了。

他确实永远离开我们去了,但我愿意相信:他仍活在我们中间。

人生处世,每以进退出处和交友为要事。我认为他在这两方面都为我们留下了宝贵的东西。

他在陕西师大十年,始终以副职做正职的工作,成绩斐然,有口皆碑,然而从不炫耀,亦无怨言。"文化大革命"中,他是学校最早被宣布打倒的所谓"三反"分子、走资派,在长达十年的时间里,受尽了口诛笔伐和肉体折磨之苦,然而,他还是那样地沉着坚定,对前途充满了信心。他的工作能力很强,有很好的马克思主义素养,还有三七年以前的资历,然而,不论组织上分配给什么工作,他从不计斤较两,挑肥拣瘦。1977年他任西北大学校长兼书记时,已经年届花甲。为了使这所遭受"文革"严重破坏的全国重点大学早日走上健康的发展道路,他竟像一个住校生那样,把铺盖搬进了办公室。尤其难能可贵的是离休之后,他好像找到了一个更能发挥作用的岗位,工作做得更多、更实,以至于达到忘我的程度。要是他能够稍有节制,甚至只要把《陕西通史》的编纂工作安排得宽松一点,又何至于就病倒在会场上呢!在现阶段恐怕人生还难以完全忘情于名利吧,但老郭的所作所为却不以副职、小职及至无职为意,鞠躬尽瘁,死而后已。我以为，这是因为他有更高的追求，使他得以很洒脱地去处理好进退出处。我们从这种执着的追求，赤诚的奉献，进退自如、动静皆宜的风格中，不是都可以发现人生瑰丽的光点，从而得到美的感受么！

老郭曾经长期主持高等学校工作，自然会有很多的同事和学生。然而，熟悉他的人都知道，成为他一生交往特点的是，他有众多的朋友，尤其是年青的朋友。这是老郭平生所具魅力之最好见证。我相信，一定会有其他人来回忆这一点。这里只想谈一点个人亲身的感受。

我是1960年调入陕西师大工作之后才认识他的。论齿则晚生几近一代；论才、论德、论知都应是学生。然而他从不以师长自居。30年中我从道德到文章曾多方面受益于他。即以世俗最为关注的进退升迁而言，我之所以由一中年教师而被选为省社联副主席，恐怕与作为社联主席的他总不能毫无干系吧，然而，无论事先或事后，他甚至连间接的暗示也没有过。当1983年我进入省政府负责工作岗位之后，尽管他的工作单位长期在我所辖的范围之内，他却从没有为一件私事来找过我。人谁没有个私事。有私事当然可以找熟人。我心里完全明白，他这样做是出于对我分外的爱护，他不想用琐事来分散我的精力。而我呢，大凡有重大的难于决断之事，总是要去向他求教。只有我自己才知道，失去良师益友的分量。

老郭的一生，贡献给社会的很多，自己所得却很少。我的回忆只是点滴琐事，不足以反映他一生的大节。熟悉老郭的人一定会记得，他平时总是喜欢用浓重的川音大声说出"可以"来肯定所赞许的人和事。那么，好吧，让我把这两个字恭敬地还献给他，算作我对他表示的最后敬礼——

"可以！"老郭，请安息吧！

（陕西师范大学出版社1993年8月版《著名马克思主义哲学家、教育家、史学家——郭琦》）

同郭老最后相处的日子

张军孝

我在陕西师大学习、工作和生活了30多年,最早听到人们在校园议论郭琦独到的办学理念,还是当学生的时候。记得好几次在下课回宿舍的途中,或者是去教室、图书馆的路上,时常听到老教授们在谈论郭琦担任陕西师大领导时提出的"五年小成,十年中成,十五年大成",以及"出潼关,进北京,争取全国发言权"的发展理念和两个战略性思想的真知灼见。虽不曾面见过郭老,但由此对他产生由衷的敬意之情是难以言表的。后来,郭老在师大校园漫步时偶尔相遇,由于是晚辈和未曾相识,只能是仰目视之。而真正同郭老相识、相往、相处还是1988年的冬季到1990年9月初不到两年的时间里。

1988年,陕西师大出版社负责哲学社会科学书稿终审工作的韦建培先生同历史系的中青年教师计议发起编撰出版《陕西五千年》,约我撰稿并得知特邀郭琦担任该书的主编。当时,我除了完成给本科学生的教学工作之外,几乎把大部分精力都投入到所承担的撰稿工作之中。书稿交给出版社经由韦建培先生初审修改后,再呈送郭老审定。郭老对每一篇文稿都仔细阅读,有的提出了具体的书面修改意见,有的重点文稿亲自与撰稿人面谈,以讨论的口气商量如何进一步删改和提高质量问题。例如在如何叙述好历史事件和历史人物问题上,郭老首先强调要客观地实事求是地反映历史事件和历史人物的本来面目;其次要突出历史事件和历史人物在当时的历史作用以及个性特点;再次是叙述手法上既不有意溢美又不随意贬低,语言精炼,生动活泼,引人入胜。在对一些颇有撰写难度文稿的审阅时,他以口述示范的方式给作者进行点拨。在为《陕西五千年》一书撰稿的过程中,多次与郭老接触,聆听教诲,受益匪浅,深深感受到郭老不仅是一位卓有建树的教育家,而且还是一位学养丰厚、造诣高深的哲学家和历史学家。《陕西五千年》1989年7月出版后,时任全国人大常委会副委员长的习仲勋在北京国际图书博览会上看到此书后,较长时间翻阅并连声称赞编得好,还亲自在样书上签名留念,使在场的出版界同仁感动不已!

由于《陕西五千年》编撰和出版的成功,韦建培先生约请一部分中青年学者开始酝酿组织编撰多卷本《陕西通史》的重大文化工程。大家在讨论中异口同声地表示,陕西具有一批高水平的历史学家,特别是郭老先后在陕西师大、西北大学、陕西省社会科学院均担任过主要领导,在陕西省哲学社会科学界享有崇高的威望,其影响力、号召力无人替代,由他牵头实施这一重大文化出版工程没有任何问题。随后将想法报告了郭老,郭老兴奋地说,先拿一个初步编纂设想,请史念海、张岂之、斯维至、石兴邦、黄留珠、周伟洲、周天游、赵炳章、邵宏谟、韩敏、李振民、房成祥、王大华、秦晖等老中青学者参加,听听各位的意见,并把编纂班子和工作班子组建起来,先开展工作。紧接着,王大华先生根据郭老的要求草拟出了一个比较全面系统的编纂设想送郭老审阅。郭老审阅完编纂设想后亲自登门拜访了史念海、张岂之、斯维至、石兴邦、赵炳章等著名学者征询意见,得到了他们一致的赞同,这些专家学者都表示愿追随郭老为《陕西通史》的编纂工作效力,为陕西的文化建设尽一份责。

1990年1月22日,第一次多卷本《陕西通史》编纂设想讨论会顺利召开。会议由郭老主持,在编纂多卷本《陕西通史》的必要性和可能性、基本原则、作者队伍、体例与上下限、工作组织机构、编纂经费解决的途径等问题上达成了共识。会议推举我为多卷本《陕西通史》编委会办公室主任,负责日常事务及与专家学者的联络服务工作。

当时，自己觉得缺少经验积累，担心做不好这项工作，有畏难情绪。而后，郭老有一天突然亲自来到陕西师大我栖居的教单五楼宿舍做我的思想工作。一位有影响、有身份的老领导和老前辈的到来，使我无话可说，无任何理由可讲，只有努力去干。后来仔细一想，能在郭老的带领和指导下工作，也是一个很好的难得的学习和提高的机会。从此，在与郭老相处的日子里，他的言传身教，他的工作艺术，他忘我的工作精神，他那哲学家、史学家和教育家的宽阔胸怀、思想境界、学识修养，给予我的启迪和感染至今仍然难以忘怀。

为了解决《陕西通史》编纂经费问题，他带我先后拜访时任副省长的孙达人、徐山林，再拜访省顾问委员会主任章泽，经章泽协调拜访了时任省委书记的张勃兴。郭老见到张勃兴书记后，开门见山，言简意赅，说："我已离职休养，但还想为陕西的文化建设做点事。我约请史念海先生和张岂之先生共同发起组织陕西史学界具全国一流水平的专家学者编纂出版一部多卷本《陕西通史》，以填补这一方面空白。我们三人均非陕籍人，但在陕西这块土地上工作、生活了几十年，希望利用余生做些有意义的事，以报答陕西人民的养育之情，祈请张书记给予支持！"郭老的话音一落，张勃兴书记十分高兴地对郭老说："这是你们为陕西办的一件好事，我一定支持，我要对您及通过您向参与这项工作的专家表示问候和敬意！"当时，我看到郭老听了张勃兴书记的表态后非常兴奋，即刻起身并嘱咐我把经费请示报告呈送张书记阅批。时隔一个星期，编纂经费经由省财政厅批拨到位。随后，多卷本《陕西通史》编纂工作在郭老身体力行的带领下全面有序地开展了。

编撰《陕西通史》是一项前无古人具有里程碑意义的重大学术工程。郭老在这项工程中既是卓越的组织者，也是胸有成竹的学术思想的驾驭者。他提出的《陕西通史》分两部分组成，即原始社会卷、西周卷、秦汉卷、魏晋南北朝卷、隋唐卷、宋元卷、明清卷、民国卷、共和国卷共九卷,构成通史部分;由革命根据地卷、经济卷、历史地理卷、民族卷、思想卷共五卷,构成独具特色的专史部分。在各卷编纂作者确定后,郭老立即组织召开会议,听取专家学者的意见,并为拟定好各卷编纂提纲,发表了具有前瞻性和全面指导性的意见。他强调,编纂《陕西通史》既要反映陕西在当时中国历史中心舞台的地位,又要写出陕西的地方特色;既要坚持学术性、科学性,高标准的质量要求,又要注意学术著作的可读性,让外行读懂内行认可。同时,他还要求秦汉以前的编写一定要注意吸收新的考古成果。他曾提醒考古学家石兴邦先生在原始社会卷的编纂过程中,要充分考虑到学术性和可读性的有机结合,不要把这一卷写成考古报告。他和颜悦色地对西周史专家斯维至先生说,一定注意不要用论辩的写作方法编纂西周卷,更不要把不同的学术观点引入编纂内容之中。他同时又语重心长地对民国史专家李振民先生说,一定要按国民党陕西地方政权由兴盛到灭亡的主线写民国卷,正确把握好共产党和其他党派、阶层在民国时期的地位作用。郭老对《陕西通史》的编写考虑得比较全面、缜密,他要求通史各卷作者一方面要注意处理好各断代史衔接时内容上的重复,以及通史与专史相关内容的相互交叉问题,另一方面也要防止各断代史编纂衔接时又出现内容上的断裂和真空。强调专史各卷作者一定要把各部专史写出个性特色,使专史与通史形成优势互补、相得益彰的整体效果。如此等等,不胜枚举,郭老当时的神情音貌历历在目,字字句句言犹在耳,其人其言其行,令吾刻骨铭心!

1990年,有两个日子时至今天是我一直记忆在心并且难以忘怀的。1990年8月28日,郭老在陕西师大刚落成的新专家楼主持召开《陕西通史》编写工作部分专家会议。上午会议结束吃过午饭后,郭老稍作午休,下午两点半要单独约见史念海先生就有关编写工作交换意见。我和史先生一前一后如期到达。他与史念海先生交谈不到半个小时,突然话语中断,双目紧闭,夹在左手食指与中指间的香烟落到地上。当时，我没有考虑到别的，只是弯腰为郭老捡拿掉在地上的香烟递给郭老，但郭老对此毫无反应，出现休克。我有点惊慌，即刻问史先生怎么办？史先生告诉我郭老有心脏病，千万不要摇动！我在这里照看，你赶快去师大医院请大夫并带上氧气瓶到这里来抢救！我立刻飞奔似地箭步到医院请来大夫施救。很快，郭老醒了过来。他看见史先生和我，第一句就说："我好像睡了一觉，只是觉得出了一身汗，有些热，没事了，我们继续开会！"史念海先生在旁边对郭老说："郭校长，天气太热，让军孝把你送回去，先休息，回头我们再开会交谈吧！"我即安排车陪同郭老回到朱雀路省政府干休所家中，并向郭老的长子郭凯军详细说明在开会期间郭老健康发生的异常情况，建议尽快住院观察治疗，不可延误。紧接着我又赶到陕西省社会科学院院长赵炳章先生办公室，向他也报告了基本情况。赵炳章院长亲自过问、安排郭老住院治疗的事，并于次日住进位于西五路的西安医科大学第二附属医院干部病房。在得知郭老患无痛性心肌梗塞后，我与陕师大出版社总编辑朱永庚先生和韦建培先生专程去探视，他却给我们的印象精神状态似乎不错，并且不时地对我说，尽快把《陕西通史》有关卷编写提纲初稿拿来，要在医院里审阅过目（大部分编写提纲他已看过并提出了具体的修改意见）。我说，还是出院后再看。郭老很生气的样子，要我按他的意思去办。由于他不知道自己病情的严重性，我只是口头答应他的要求，实际拖延迟迟不予送稿，以等待他健康状况的恢复好转。但是意外的情况发生了。1990年9月9日早上，亚运火炬在西安传递经过西五路，就在这个时候，郭老病情再次突发，不幸与世长辞，离开了我们。

在生命弥留之际，他为他自己不能参加法门寺国际学术会议而感到遗憾，他为自己没有与常黎夫常老一起完成《杨明轩》一书的主编工作而感到不安，他为自己没有全部审阅完多卷本《陕西通史》编写提纲，使这项工作尽快进入撰写状态，不辜负省委书记的关心支持而感到遗憾！他就是这样一个为事业只争朝夕、默默奉献而至死不渝的人！因此，8月28日和9月9日，是两个让人难过和刻骨铭心的日子。然而，令人欣慰的是，史念海先生和张岂之先生毅然决然地接过郭老的未竟之业，率领编纂《陕西通史》的诸位专家，按照郭老生前提出的编写要求和质量要求，使得这一鸿篇巨制于1998年圆满完成，顺利出版问世，了却了郭老生前的一桩心事。

郭老离开我们已经20个年头了。常常与郭老的亲朋挚友在谈论到他的时候，大家会不约而同地说道，假如郭老能与我们同行，在他带领下会有更多更好的文化建设项目得以问世呈现；假如郭老还健在，陕西省哲学社会科学的进一步繁荣和发展会是另一番万象更新的局面；假如郭老不会过早地离开我们，在他的指导、关心和支持下，陕西哲学社会科学的学科建设和人才队伍的成长会跃上一个新的更高的台阶；假如……然而，事实上的假如是不复存在的。可是，郭老给我们留下的丰富而厚重的精神遗产，却深深地印记在人们的心中，永远激励着后辈无数的人文学人进步和成长！

（《文化艺术报》2009年7月8日）

郭校长的风范

董丁诚

"文革"劫难之后，西大校园满目疮痍。正当此时，"文革"留给自身的创伤尚未平复的郭琦同志受命来校，担负起拨乱反正、治理整顿的重任。他以一个老布尔什维克的丰富政治经验和超人的工作魄力，在短时间内即取得明显成效，赢得了广大教职员工的信赖。我作为一个中文系教师，因担任教工党支部书记，就被他吸纳为"积极分子"，时常受到他的直接点拨。正是这一段看似寻常的"缘份"，实际上改变了我后半生的生活道路，把我从"粉墨生涯"（"粉"指粉笔，意谓教学；"墨"指笔墨，意谓写作）引向行政管理和党务工作。说起来，郭琦同志在西大工作时间并不长，但他的影响却是深远的，我个人也从他那里获得许多教益。

有一件事是难以忘怀的。粉碎"四人帮"之初，全国开展清查和揭批"四人帮"及其帮派势力的斗争，这种扫除政治垃圾的工作是必需的。但在西大有没有"帮派体系"，我们一些积极分子和郭琦同志之间认识有差距。我们出于对"四人帮"的义愤，对校内紧跟"四人帮"极左路线的那些人的不满，认定"西大也有帮派体系"。而郭琦同志却摇头。他不愿挫伤大家的政治热情，没有简单地否定大家的看法，而是从不同角度提出问题，引导大家反复讨论，具体分析冷静思考，逐步提高认识。我开始很不理解，后来慢慢想通了。在政治斗争中，我们首先应当严格区分两类不同性质的矛盾。校内有些人虽然对"四人帮"那一套跟得紧一些，但大多属于认识问题，尚未超出人民内部矛盾的范围。而所谓"帮派体系"是指"四人帮"的死党和打手，多有恶迹，是属于敌我矛盾性质的。西大那点事怎么能上到"帮派"的纲上去呢？由于郭琦同志始终保持清醒头脑，准确地把握着这个"度"，对激进者循循善诱，防止了斗争扩大化，避免了后遗症。"政策和策略是党的生命"。郭琦同志是遵循这一原则的典范。后来我主持学校党委工作，遇到了颇为棘手的政治事端，我以郭琦同志为榜样，严格按照党的政策和策略办事，团结了大多数，平稳地渡过了这一关。

我生长于陕南山区，生性耿介，说话不拐弯。作为一个教师，与人相处，直来直去，倒也罢了。待我当了系副主任，处理教师中发生的一些事，也是这样硬邦邦、直心眼，就有麻烦了。1983年，几个业务很不错的教师策划办班，由于和系上通气不够，我声色俱厉地批评了他们，他们不服，找到郭琦同志那里。晚上，他便找我谈话。我态度激昂，据理力争。他笑了笑，心平气和地开导说："你对这件事的看法并没有错，但你的态度应该注意一下嘛！你大小也是一个领导，总得讲究一点工作方法嘛！你们搞文学的都知道，写小说最忌直奔主题。有时候就得迂回作战，以屈求伸。他们都是系上有点影响的教师，即使有什么不到之处，也要好好商量嘛！"他在讲"迂回"战术时，打着手势，作两厢向中心包抄状，这个镜头时常在我脑际映现。后来我进入学校工作岗位，接触范围更大了，我是尽量按郭琦同志传授的真经行事。但是，"江山易改，秉性难移"，有时遇到难缠的事，心里一急，"直杠"脾气便又上来了。我深知自己的道行尚不足，我还得继续钻研郭琦同志传授给我的"迂回"战术。

郭琦同志令人钦佩之处很多。他真正做到了礼贤下士，尊重知识，尊重人才。1982年5月，由他倡议发起成立全国唐代文学研究会，在止园召开成立大会暨第一届年会，我陪他看望与会代表，我发现他和许多学者一见如故，谈得很投机。他在哲学、社会科学和文化艺术界结识了许多朋友。上海著名画家戴敦邦来西安时没有忘记给他带一坛绍兴老酒。他与艺术大师石鲁过从甚密，保存着这位艺术家的不少作品。他对校内许多教师，尤其是文科教师情况有较深入的了解。有一次，陕西人民出版社的编辑杨健禧来校联系业务，先见老郭。他如数家珍地介绍文科各系的科研情况和教师特长，讲得很细，还怕有遗漏，让老杨再到系上作进一步了解。事后，老杨对我说："系主任还没有郭校长谈得具体。"我在学报上发表一篇小文章，自觉没有什么份量，署了笔名，不料却引起他的注意，问我："钟较弓是谁？这篇文章写得还生动。"我心想，他这么忙，阅读范围还这么广，连这么一篇小文章都不放过。再一想，他注意看学报上的文章，恐怕还有一层意思，就是通过文章深入了解他麾下这支教师队伍的实力。他称得上老九们的一个"知音"。他是一个具有独特品格的老干部。就他的经历和经验水平来说，他是一个标准的职业革命家，而就他的学识和志趣来说，他又是一个十足的文化人。

郭琦同志留给我最后印象也是十分鲜明的。那是他去世那年的春节，大雪纷飞，路上积雪盈尺。他的身体已很虚弱，却冒雪来到西大，看望故旧相识。我见他步履维艰，在雪地里留下深深的脚印，心里不由得透出一丝悲凉，同时却又升起几多敬意。

斯人已去，风范长存！

（陕西师范大学出版社1993年8月版《著名马克思主义哲学家、教育家、史学家——郭琦》）

难忘的记忆,深切的怀念

姜秉正 霍绍亮 同向荣

遽闻老校长郭琦同志溘然长逝,心弦为之一紧。赶到医院,见到他那安祥的遗容,就像一位在革命征程中跋涉了半个多世纪的老战士带着无限的欣慰和几分疲劳,静静地躺在那里熟睡过去了。

郭琦同志是著名的教育家、马克思主义理论家和社会活动家。他的治学、治事和为人都是我辈学习的楷模。循着他在高校工作时的足迹,勾起我们许多难忘的回忆。

郭琦同志留给我们宝贵的精神财富之一,是他的团结奋发、严谨求实的精神。他常说:"党既然把我放到这个岗位上,我就不能应付差事,再难也要迎上去干。"他是这么说的,也是这么做的。不管是陕西师大,还是西北大学,他的业绩都是卓著的。究其根由,内中一重要因素,就像他所说的"要善于把许多单打冠军,拧成一股劲,增强内向凝聚力"。他还教诲我们:"要从各个角度做工作,激励职工,使每个职工有一种不甘落后的精神,有一种热爱和维护学校的集体荣誉感,并且要持之以恒,以促使这种凝聚力的形成。"在他看来,"有了这种凝聚力,人们自然会竭尽自己的智慧和力量,提高教学质量、提高学术水平和搞好自己的工作,这样,也就无暇进行自我内耗了。"在陕西师大,郭琦同志把这种凝聚力,称之为"师大人"精神。在西北大学,他为了这种凝聚力的形成,即使在有病住院的时候,也在思考这个问题。1982年12月的一个夜晚,他由于对这个问题的反复思酌而失眠,于是干脆不睡起了床,彻夜为曾在西大党委会上酝酿过的八字校风作注释。与此同时，他还为西北大学谱写了校歌歌词。天亮后，他从医院徒步回到校园，将稿子交给党办，建议打印后交党委和全校讨论修改。郭琦同志提出的八字校风是：团结、奋发、严谨、求实。他解释："团结"就是思想上一致，有一种西大的集体荣誉感；"奋发"就是苦干、实干，有一种开拓进取的精神；"严谨"就是认真踏实，循序渐进，有一种讲原则性和组织纪律性的气氛；"求实"就是一切从实际出发，有一种实事求是的作风。

郭琦同志所作的西北大学校歌的歌词是：

华岳巍峨，
河汉浩荡。
我们在祖国文化摇篮的哺育下发韧，
在革命圣地延安精神照耀下成长。
今天我们肩负着振兴中华的历史重任，
要培养出一代代优秀的共产主义新人，
要开放出光灿灿的精神文明的花朵。
只有团结奋发，才能开创新的局面；
只有严谨求实，才能攀登科学高峰。
同学们，莫迟延，要苦战，
同心同德猛攻关。
沿着毛泽东思想给我们开辟的道路前进，
我们的局面就一定能开展，
我们的目的就一定能实现。
能开展！
能实现！

这首歌词，雄健豪迈，意气飞扬，充分反映了郭琦同志对西北大学凝聚力的形成以及出人才、出成果的殷切期望，他那引领南望的情怀跃然纸上。

郭琦同志留给我们的宝贵精神财富之二是他所推崇的"民主决策和大肚雍庸的气质"。他在世时,经常教诲我们:"一个学校、一个单位凝聚力的形成,领导班子的和谐奋进是基础,其中尤为关键的是一把手。一把手要有民主决策和大肚雍庸的气质。"他自省说:"这是我经过多少碰壁后才体会到的两点。"

他所讲的"民主决策",就是不搞个人专断,郭琦同志主张,决策要分层次,要明确章法,以决策的法制化,保证决策的民主化、科学化。他所说的"大肚雍庸",不是提倡"无为"思想,而是说要有"虎"气,也要有点"猴"气。他说,他做一把手的感受有三点:一是要有"受气"的思想准备。也就是说,要经得起委屈,不仅要任劳,还要任怨,要多理解下属的干部和群众。他们在工作或生活上的困难一时解决不了,发发怨气是难免的。我们请他坐下来讲,慢慢地解释,思想感情就大体沟通了。二是受了气不要生气,更不可泄气,要不受干扰地把工作推向前去。也就是说,看准了一个问题,即使部分干部、群众暂时还不理解,也要坚持干下去。他说:这点,我相信古代改革家商鞅的一句名言:"民难虑始,可以乐成。"只要事情搞成了,怨言自然就消失了。三是,当自己正确时,批评别人有个对事和对人的问题。对事一定要旗帜鲜明;但对人,要在肚子里装一个晚上,千思回虑,想得更周到一点再发言。这样,就能更好地团结有不同意见的同志,增强内部凝聚力。

郭琦同志与我们永别了,可是他的许许多多的教诲还萦绕耳边,他的风范将长留人间,永远值得我们深切怀念。

安息吧,老校长郭琦同志!

(陕西师范大学出版社1993年8月版《著名马克思主义哲学家、教育家、史学家——郭琦》)

痛悼老校长郭琦同志

李钟善

1990年9月10日上午，我正在北师大教育管理学院开会，突然接到长途电话，说是郭校长去世了。我几乎不相信自己的耳朵，怀疑是否讲错了，或者自己听错了，消息确证之后，我的脑子轰地一下，随着软瘫的身躯倒在沙发上，木然不知所措，待意识清醒过来，失声在哭了，抑制不住的感情泪水夺眶而出，心情久久不能宁静下来。

6日下午，我们还在老校长病榻旁，与肖枫院长（郭老的夫人，西安外语学院前院长）一起谈心，海阔天空地谈论着工作、学习、教育、实践、社会、人生……像往常一样，他亲切、慈祥，时而侧耳细听，时而谈笑风生，好像不是在看望病人，而是开座谈会，或者在他家里摆龙门阵，以至于受到小护士几次"警告"。由于探病人多，我们不得不离开，临别时他还叮嘱我：从北京回来后再商定出书问题，继续商议有待结论的几个教育管理科学问题。谁知这一别却成了最后的一面，最后的几句话，言有尽而意无穷，让我留下了终生的遗憾和悬念。老校长，您走得太急、太早了。

郭校长，在我们学校工作了20多个年头，用他的话说"前十年演戏，后十年看戏"。意思是以前他主持学校工作，文革中靠边站，文革后调任他校工作，对学校的一人一事、一草一木、一房一路，都有着极其深厚的感情，即使先后到了西北大学、陕西省社会科学院、陕西省社联等单位，仍然关心着学校的建设和发展，我们学校的图书馆、林荫道、校园风景、学科建设、重点实验室、教师队伍建设、管理干部培育……可以说，没有不倾注了老校长的心血。

重视教学教育质量，这是郭校长的一贯思想。他常说：学校教育的生命力和活力，取决于教学教育质量和办学的社会效益。为把教学教育质量抓上去，他曾经提出一些形象生动的口号，例如"出潼关、进北京、争取全国发言权"的战略目标，"抓三基"（即基础知识、基本理论、基本技能），"抓一四（年级）、促二三（年级）"等有效措施，并表示自己要像愚公那样，整天挖山不止，以感动上帝（指全体教师），办好学校，以期达到预期的培养目标要求。

办好学校靠什么？主要矛盾是什么？他认为办学校首先要全面正确地贯彻执行党和人民的教育方针，强化师生员工的思想政治教育，"德育是育人之本"，是"须臾不可离的传家宝"。还认为要办好师范大学，必须抓好"图书（馆）、实验（室）、××老（即全体教师、知识分子）。他在党的各种会议上，要求共产党员做知识分子的朋友，做到交心、知心、贴心。以宽松的政治环境感动知识分子的积极性。同时他把优美的校园环境建设，作为育人的重要条件之一来常年抓，而且始终不松懈，这是非常可贵的。今天，每当人们步入美丽的校园，漫步在林荫道上，徜徉在草坪上，倍感心旷神怡，受到陶冶，都会情不自禁地想到郭琦校长。

爱才、选才、用才，这在郭校长的教育管理实践中，是一个最重要的特点。尊重知识、尊重人才的育人环境，他亲自倡导并身体力行，许多出身不好，或有历史问题的人，但是学识过人，才华出众，他都根据党的政策力排众议，甚至招致了攻击，他仍让他们在为人民服务的岗位上充分发挥了他们的聪明才智，所以受到海内外熟识他的知识分子的一致好评。

郭校长的可贵处，还在于他处高位而不骄其下，临逆境而不降斯志。始终博览群书，刻苦钻研，可以说是学贯中西，渗透文理，从不封闭保守，敏于新鲜事物，唯其如此，才能在领导管理实践中，进行创造性的劳动，顺应时代发展潮流，牢牢地把握教育规律和特点，沿着正确的方向和道路，不断地开拓创新，锐意前进。

郭校长，善于通过各种不同的渠道，听取各种不同的意见，严肃地解剖自己，认真地改正自己的弱点、缺点和错误；即使是方针、路线性的问题，也不讳疾忌医，上推下卸，委过于人，总是勇于承担责任，保护干部，把失误和影响通过工作缩小到最小程度，并尽快地加以纠正，因此，不少同志说，和郭琦同志共事，安全感特强。"有容乃大，无欲则刚"，这是他最为欣赏的座右铭，也是他终生实践的生活信条。像郭琦同志这样的老革命，一生保持功高不自傲、位高不自居、名重不恃骄的高风亮节，对于曾经在他身边工作过较长时期的同志来说，没有不受到启迪和教育的。

老校长与我们永别了。缅怀老校长的办学往事，思绪万千，难于尽述。作为一位著名的马克思主义哲学家、史学家、人民的教育家和杰出的社会活动家，他不仅为我们留下了数量颇多的专著、编著、论述等物质遗产，而且还留给我们一笔极为宝贵、丰富的精神遗产。我们将化悲痛为力量，振奋革命精神，继承郭老未竟事业，为祖国的社会主义现代化建设贡献最大的力量。

（陕西师范大学出版社1993年8月版《著名马克思主义哲学家、教育家、史学家——郭琦》）

斯人远逝　怀念长存

——郭琦校长辞世二十周年祭

符景垣

裘葛更替，岁月不居。弹指一挥间，西北大学前校长郭琦驾鹤西去已经二十年了！二十年来，我不仅依然常去他家走动，看望他的夫人肖枫同志，也与他的儿女成了朋友。更主要的是，心中总怀念着这位老人，他的音容笑貌，举手投足，还有那共同亲历的一桩桩往事，不时在脑际萦回，历历如同昨日。

郭校长是我的顶头上司。他在西大时，我一直在他的亲自安排和直接领导下从事学报和出版社的编辑工作，对我有知遇之恩，特别是圆了我"专业归队"的多年梦想；而我毕竟也是血肉之躯，多少还有点传统思想，视"士为知己者死"的古训为美德，故以全力做好本职工作为报，大体上没有辜负他的期望。

郭校长是在经过"文革"十年浩劫的煎熬后，于1977年6月以"联络组长"身份带领几个随员进驻西北大学的。联络组成员都是处级以上干部，自然还需要从学校挑选几个做具体事务工作的人，我有幸被选为办事人员之一，最早与郭校长相识。联络组的主要任务是清查西大"文革"中的领导班子，在思想路线上进行拨乱反正。无疑这担子不轻，阻力不小。但这位"联络组长"（当时我们都亲切地称他为"老郭"）出手不凡，很快就显示出开创局面的能力。他不张扬，没有架子，稳妥地掌握党的政策，深入细致地进行调查研究；特别是做起大报告来，一扫"文革"时期那种训人和呛人的腔调，条分缕析，贴近人心，娓娓道来，颇富说服力，因而很快赢得大多数师生员工的好评，站住了脚跟，被清查的干部也较少有对立情绪。

好像只经过几个月的工夫，清查就大体告一段落。郭琦被任命为西大党委副书记，随即又改任党委书记兼校长。对校、系领导班子作了局部调整，但没有像以往那样，揪出几个什么"分子"。整个清查过程比较平稳，比较温和。虽不免仍习惯性地有点像搞运动，却基本上没有"文革"中的那种火药味，没有人逃跑，更没有人自杀。可以说，是以他为首的联络组带领西大人开始了一次历史性的转轨，从此告别了动乱岁月，恢复了正常教学秩序。随着恢复高考后第一批大学生的进校，校园里重又听到了久违的琅琅书声。

我们这些办事人员在清查结束后大都受到一定程度的器重。而我则恳求郭校长让我回中文系教书，说倘能如愿，我将终生铭感。我这个人经历有些曲折，入学前是湖南省直机关第七分团团委副书记，正是因为自知缺乏领导才能，才谢绝了组织上的挽留，义无返顾地弃政从文，于1956年考入西大中文系，只读了两年书就被提前调出，留在系上语言教研室当助教，但不久就极不情愿地被调到校党委办公室做文秘工作。1959年中央发文要求对提前调出的在读生"一律动员复学"，可我坚定的复学申请却被当作"个人主义"和"白专道路"，连续批判了几个月，并随即下放陕南农村劳动一年，回校后又在"不可重走白专道路，只能在党委机关挑选部门"的前提下，被转调到党委宣传部。我无时无刻不在企盼着"专业归队"，却在"大帽子"的威慑下不敢重提此事。郭校长善解人意，他耐心倾听了我的诉说后，默许了我的请求。但过了不久又对我说："景垣，你专业丢了好多年，一下子拾起来也不容易，就别回中文系教书了，到学报去当头儿吧，还是做你比较擅长的文字工作，也算是归队吧！"我哪里是什么"专业丢了好多年"哦！当年只挂了个助教名儿，一堂课没教就改行了。所以我不假思索，便欣然应命，于 1978 年被任命为学报编辑部副主任，并随即主持工作，从此被推上职业编辑生涯。在拙诗《退休感怀》中，曾有"半生甘作他人嫁，一世鲜为'我字篇'"之句。1983 年 6 月我校获准成立出版社，又是郭校长亲自点兵，叫我去当副总编辑，并强调"不要让景垣管行政，叫他专心抓业务"。1989 年我接任社长兼总编辑，但郭校长早已于 1983 年底调到省社科院当党委书记兼院长了。我把这一变动告诉他后，他脸上露出微笑，连说"好，好"。

从郭校长进西大到离校，我在他手下工作六年多，他去社科院后也未断联系。而且十数年间，我一直是他家常客。

这不是什么秘密，却有点不合常理，因为我远离学校中心工作，也不是那种爱走上层路线的人，一直无意于"仕途"发展。那么这究竟是为什么呢？

回想从我们相识到他溘然辞世的 13 年间，我之所以频频应约登门（多在业余时间），大约有以下几个原因。也就是说，郭校长对我而言是这样几个角色：

第一，他是我思想解放的启迪者。我与郭校长在职位、阅历、思想理论修养和领导才能等方面都有巨大反差，但在思想解放这一点上，不说十分契合，至少是有很多共同语言的。他思想开放，知识渊博，理论水平高，看问题比较全面；而我则常有点冒失，冒得过了头时，他就会及时把我拉回来。他讲话逻辑性强而又言简意赅，诙谐幽默，容易入耳，所以我就得近水楼台之便，乐于与他交心谈心，直抒胸臆，连自己因"文革"中痛失两位胞兄而一度萌轻生之念也跟他说。当然不免偶尔也有点争论，在个别问题上看法相左。但他有一种大家风度和长者胸怀，不扣帽子，不抓辫子，即令谈不拢也不介意，不红脸。久而久之，跟他谈话就什么顾忌也没有了，可以很随意，甚至有点"放肆"。这一点的确难能可贵，特别是在以等级观念根深蒂固为"中国特色"之一的我们这个大环境里,像这样不太看重个人权威的"大干部"并不多见。

第二,他是我办学报的坚强后盾。郭校长在西大几年一直亲自抓学报。我切身感到,他十分重视学报这个"学术窗口"。下面这几点,尤其令我永难忘怀。

一是大力支持学报拨乱反正,鼓励我们大胆组织和发表有新意的文章,特别是为党史上和学术、理论界被"文革"泼上满身污泥浊水的名人做"翻案文章"。在他的这种思想指导下,我们在从1980年西大学报获准公开发行到1983年我调到出版社前,被中央报刊摘载的论文数目在全国学报界也算得上是名列前茅,仅《光明日报》"百家争鸣"专栏就摘载西大学报论文18篇,每篇从几百字到一千多字不等,其中的"翻案文章"后来几乎都得到公众认可,有些还被认定为全国"第一个"。例如1980年第1期的《给胡适在"红学"史上以应有的地位》一文,就在当时国内外产生了轰动效应。郭校长对此十分满意。而此文作者,正是郭校长从省党政机关引进我校的中年教师薛瑞生。他还亲自介绍我去北京向他的川籍学界老友、文史大家王利器和谢兴尧约稿,同样为学报赢得了声誉。一个令人难以想象的事实是,在那个时段里《光明日报》摘发我校学报的论文中,竟有一大半是郭校长先睹为快打电话告知我的。毋庸置疑,如果没有他做我们的坚强后盾和"高参",取得这样高的论文摘载率是难以做到的。他常对我说:一个学报主编,一定要有胆有识,而胆和识又互为因果。有胆识才能有新意,人云亦云是没有出息的,就是偶尔出点差错也没有什么,我会替你们承担政治责任的。还真的有过这么一次,发表了一篇以为闯了"禁区"的论文,作者和我们都有点紧张。郭校长立即安抚大家,表示要替我们说话。他亲自写信派我去向省委宣传部部长主动汇报。结果什么事也没有,一场虚惊。作为一校之长,对学报如此重视,如此关心,如此爱护,不说"绝后",至少也是"空前"的吧!

二是对学报编辑部率先发起成立中国唐代文学学会给予全力支持。此举缘于学报社科版获准公开发行后，开辟了"唐代文学研究""秦汉史研究"等学术专栏，结果外稿源源不断地涌来。于是我们首先与中文系合办了一个《西北大学学报丛刊·唐代文学》，第一期就获得热烈的反响：在湖南省永州市举行的柳宗元学术讨论会上，有几位著名专家建议我们发起成立中国唐代文学学会。当我回校向郭校长汇报后，他表示全力支持。遵他之嘱，我很快抽空到京、沪、宁、汉等大城市拜访了一大批唐文学专家，获得一致支持，后来他又派我和中文系主任刘建军赴京申请报批，并定于1982年5月在西安召开中国唐代文学学会成立大会暨第一次学术讨论会。适值旅游旺季，省、市政府严格控制大型会议。郭校长便亲自出马，带着我去向中共陕西省委第一书记马文瑞和文教书记章泽求助，又获大力支持，终于按原定计划，以我校为主，由全国24个高教、社科、出版单位（著名大学尽在其中）联名发起，在西安举行了这次盛会。5月4日，大会开幕式在我校礼堂隆重举行，中共陕西省委三位书记莅会并致辞（此前两位书记还到代表住处止园饭店看望与会专家）。大会选举著名唐文学专家萧涤非、程千帆、胡国瑞、霍松林、安旗（我校中文系教授）等五人为正副会长，聘请萧华、杨植霖、余冠英、任中敏、夏承焘、林庚、傅庚生（我校中文系教授）、冯至、常任侠等9位年高德劭的文化名人为学会顾问，决定将《西北大学学报丛刊·唐代文学》正式转为会刊并更名为《唐代文学论丛》。我校顺理成章地成为学会常设机构及会刊编辑部驻地。郭校长在百忙中亲自支持、策划并"导演"了西大历史上的这次空前学术盛会，学报同仁对此感受很深，而这也正是他全力扶植重点学科和重视学术"窗口"的一个生动例证。

三是亲自做出榜样，杜绝学报发稿"后门"。他一再重申：学报用稿必须以质量高低决定取舍，不要看任何人的面子发"关系稿"，我转给你们的稿子也一视同仁，否则刊物质量就无法保证。他是这么说的，我们也是这么做的，对校长的荐稿都"奉旨"铁面无私，顶住其他关系稿自然就更不在话下了。我回顾这段历史时，的确倍感亲切，也倍感可贵！虽然得罪了一些人，但学报却因此而声誉日隆，也就觉得无悔无愧了。如果没有郭校长带头堵住"后门"，或者他带相反的头，要做到这一点简直不可思议！

一言以蔽之，我校学报在上世纪80年代的一度辉煌，既有学报同仁的齐心协力，有校内外专家学者以至莘莘学子的眷顾与支持，也与郭校长密不可分！

第三，他是我书画欣赏的启蒙老师。郭校长先后上过四川大学和延安鲁迅艺术学院，故有较高的思想文化素养和艺术鉴赏水平。作为一个大学校长，他既是马克思主义教育家、哲学家和史学家，又是一位书画鉴赏家，对书画艺术独具慧眼。我在他的熏陶和点拨下，勉强算是走到了书画欣赏的门口，但如果没有他的点拨，如果不是经常聆听他的一些即兴评说，是绝不可能走到这个"门口"的。80年代初，他曾带我去看望重病中的长安画派领袖之一石鲁，也带我去看过方济众、康师尧、王子武等丹青高手。是他请王子武给我画了一幅小品《水深鱼极乐》，至今一直挂在我家客厅。后来他派我去江南请他熟识的国画家韩秋岩、戴敦邦、杜重划来陕参加中国唐代文学学会成立大会，三位画家又各惠赠小品一幅。他还把自己收藏的一些名家字画拿给我看，有一本收有全国几十位著名书画家作品的"册页"，竟主动借给我观赏了好几天。可以说，我对书画的兴趣主要是他培养起来的。只可惜自己这方面的禀赋太差，至今尚未入门。

第四，我是他们两位亲家之间的"联络员"。郭校长与我崇敬的中文系古典文学知名教授刘持生是儿女亲家，而我呢，既是郭校长比较亲近的手下工作人员，又是刘先生的学生和近邻，并与贤淑的师母是同乡。郭校长有意让饱学之士刘先生多参加一些学术交流或外事活动，故而常叫我捎个便条或口信什么的，刘先生的答复也多由我转达。

偏偏刘先生秉性内敛，为人低调，虽腹笥渊博，却颇具名士风度，"述而不作"。故而有时好心不落"好报"，郭校长推荐的这类活动常被婉辞，有时还惹得刘先生有点抱怨，使我感到尴尬。但时间长了，郭校长的美意还是为刘先生所理解，并在一定程度上激活了刘先生的学术热情和创作热情。例如刘先生也参加过几次与外籍学者的会见，还同意由他的门生将其早期讲义《先秦两汉文学史稿》整理出版，又出版了旧体诗集《持盦诗》，欣然为校外事处组织出版的《唐代诗人咏长安》和《唐代诗人与日本友人的交往》二书作序，并应郭校长之请为其部分藏画配诗。我虽然不是一个很称职的"联络员"，但充当二老"桥梁"的使命也的确是郭校长经常召我的原因之一。

与郭琦校长的多年交往大致如上。即令本文如此絮烦，洋洋数千言，毕竟他是一位在诸多方面都有建树的大家，限于水平和视野，我对他的革命经历、坦荡胸怀以至毕生所作的奉献仍无法做出准确定位和恰当评价。就亲身感受而言，我觉得他是我们西北大学最不应该被遗忘的校长之一，理当在校史上大书一笔。当然，正所谓"时势造英雄"，郭校长是在教育转轨、百废待举的关键时刻走上西大这个大舞台的，是客观形势即"时势"给他提供了这个大显身手的舞台和最佳机遇，而他也以自己独具的才能和胆识不负众望，为西大的中兴奠定了基础。择其要者，他大刀阔斧而又井然有序地发动并领导了西大的拨乱反正，使西大由乱到治，由万马齐暗到学术初步繁荣；他亲自率团进京（我有幸是随员之一）向陕西旅京"高官"，陈述西大悠久历史及重要地位，成功地使我校跻身于全国首批重点大学行列，并为后来进入"211工程"和再后实现"省部共建西大"创造了条件；他为西大文理工管各科特别是重点学科的确立、建设和发展殚精竭虑、不遗余力，从而确立了西大在全国高校中的话语权，促成了西大与国内、国际广泛的学术交往；他对扭转高校"重理轻文"的积习着力尤甚，《唐代文学论丛》《秦汉史研究论丛》《鲁迅研究年刊》等扎根于西大沃土的社科学术刊物在国内外都曾经产生重大影响，而这些刊物都是在他的直接支持以至主持下创办的（惜乎如今多已"另觅高枝"或自行消亡，思之不禁令人唏嘘）；他集思广益，继往开来，经过前后几代人的共同探索和提炼，形成了独具特色的西大校风、学风，支撑和鼓舞着一代代学人辛勤耕耘，崭露头角，闯出潼关，在全国学术界立定脚跟，赢得声名，而西北大学也水涨船高，在全国高校各类排名中的位次不断前移；他为筹措经费、兴建校舍、更新和充实教学科研设备、美化校园、改善师生员工生存环境和物质条件，统筹规划，奔走操劳，煞费苦心，甚至亲临一线"督战"等等，都是有目共睹、有口皆碑的客观事实，是任何人也否定不了的！而上述种种又无可争辩地说明，郭校长是一位有思想、有理论，也有作为的教育家。

郭校长的道德风范作用也不可低估。他作风民主，宽容大度，多谋善断，进取务实，知人善任，礼贤下士（连我自幼酷爱京剧的儿子也多次应邀到他家去交谈京剧历史、典故，欣赏名家唱段），具有很高的领导艺术和凝聚力。他一贯清正廉洁，不谋私利，把西大一批批有才干的人才推荐到校内外的重要领导岗位上，而自己的四个儿女却无一人沾上"老子"的光而走上仕途，都是在平凡的工作岗位上自力打拼。这样的高风亮节，实在难得！

古人云："金无足赤，人无完人。"又谓："人非圣贤，孰能无过？"郭校长在带领我校师生员工重振西大雄风的过程中，偶尔的失误总是难免的，对他的功过自然也是见仁见智，各不相同。而且唯物主义告诉我们，不能割断历史，今日西大的发展变化，既有前人打下的根基，也有后来人的发扬光大，而绝不能把一切归功于郭琦一人。但总体说来，他对西大的中兴是立了头功的！我曾经亲自听几位老人议论说，在建国后的西大历任校长中，有两位贡献相对更大一些：一位是新生期的侯外庐，另一位就是中兴期的郭琦，都应该为之树碑立传。现在，写在《西北大学学人谱》上的包括侯、郭二人在内的历任校长小传早

斯人远逝　怀念长存

已面世，为包括侯校长在内的几位西大早期杰出学人也已塑像，这自然是众望所归。笔者以为，只要假以时日，随着"前人种树"的茁壮成长，郭琦同志对西大所作的贡献必将更加彰显，在西大校园里为郭校长塑像，也许将成为西大人的共识，让我们翘首以待吧！

（庚寅岁首于作嫁轩）

恩师郭校长

贺克毅

著名哲学家、教育家、史学家郭琦先生,不是陕籍,生前却为陕西的教育、科技、文化事业作出了卓越的贡献。离休后,勤奋笔耕,主编了《陕情要览》《当代中国的陕西》《陕西五千年》等著作。谢世前几年,他还组织、领导、主编《陕西通史》《当代陕西简史》《当代陕西丛书》《杨明轩》的成书工作。我作为陕西人,是先生的学生,经常怀念起恩师来。

我看不到恩师的音容笑貌已20年了。20年来,时不时地想起他,思念着,有时还梦见,真是铭刻在心,难以忘怀。

1960年到1964年我读大学时,无缘零距离接触到老校长,可有幸多次聆听他的报告。那严谨的逻辑思维、新颖的思想观点、生动的演讲风格,真使我有饥肠思食而饱享美餐的感觉。散场后,学府大道上的行人,个个啧啧赞叹,人人都说郭校长讲得实在太精彩了!

1958年的全国"大跃进"刚刚结束,三年困难还没有完全过去。正是这个时候,郭校长在一次报告中讲道:在"大跃进"中,"人有多大胆,地有多大产"是怎么形成的?事后知道,原来河南省有个地方,在稻子快成熟时节,将好多亩地里经过选种、选苗的优良稻子集中移植到一块地上,伪造出高度密植的试验田,妄称稻谷上放鸡蛋掉不下去,甚至还可以站立大公鸡。这就是当时所谓的高度密植和高产卫星!

在极左盛行年代,郭校长有气魄批评和揭露"大跃进"中狂热作假的行为，当时我作为一位听报告者，只觉得很过瘾，而近50年后的今天回忆起来，对老校长求真务实、敢说敢讲的精神风格，有了更深切的体会和认识。

上世纪五六十年代，学"毛著"之风盛行，形而上学的，形式主义的、教条主义的，什么都有。郭校长在一次报告中说："学'毛著'要学其思想，学其精神，学其精髓，学其灵魂，千万要不得形式主义和教条主义。"他举例道，有位妇女在医院难产，妇产医生和护士不积极采取措施，却在那里大声齐念："下定决心，不怕牺牲，排除万难，去争取胜利。"他说，这样庸俗地学习"毛著"，完全是走偏走邪了。

郭校长说："大跃进"中的那种弄虚作假的胡折腾，学习"毛著"中那种教条主义和形式主义做法，都是要不得的，任何时候都应当反对。他这种求实的学风和工作精神，实在难能可贵。这充分说明老校长对国家和民族，是真正负责任的教育家。

以上是我对老校长感受最深的两次报告。随着年龄的增长和社会浪潮的洗礼，老校长在报告中体现出来的学识、人品、作风、气质，像一座巍巍大山，永远屹立在我的心里。

1964年我大学毕业（实际上因三年困难而放长假，推迟到1965年），走上了社会，参加了工作。在不久后爆发的"文革"中，老校长首当其冲，在陕西被最早打下台，关进"牛棚"，以所谓的"三反"分子、走资派，在长达十年的时间里，受尽了口诛笔伐和肉体折磨之苦。我除了同情和怀念外，一切都是无奈和无能的。

1976年"文革"结束，我开始学术研究。郭校长1977年复出了，在西北大学全面主持工作。我将自己的哲学论文《综合理论初探》拿去请郭校长指导。老校长在百忙中审阅了拙稿，并提出许多中肯意见。他说："综合，这个（哲学）主攻方向可以。任何极左与极右两个方面的东西，都不可能绝对地一刀两断。必有联系的、渗透的、协同的领域。这便是'中石'之地！极左和极右都不好，二者之间综合的领域就可以。借用古人的话，就是'中庸'。如果说到你的这文章，就有'综合'的涵义。"他翻到我文章中的一段话说："在整个物质世界里，既没有绝对不可'分化'的铁板一块，也没有绝对不能'综合'的两极事物。'综合'是普遍存在的。这样的概括可以。"他语重心长地叮咛我："从哲学和文化的角度去写学术问题，不必有政论文的烙印。"随后，又给我就全文的布局、架构作了具体的指导。老校长渊博的知识、高深的学养，深入浅出的指导意见，使我有了提高。随着学术观点的逐步深化，我突然在一天有了如下念头：何不找来郭校长的著作或讲话稿拜读，肯定会使我进一步理解他对我的学术指导。于是，我反复地读了《认真读书》《新技术革命与社会科学》等文章，更深化地理解了老校长对我论文的指导意见。在他的多篇文章和讲话稿中，总是排除两个左与右极端的错误，主张在二者之间的领域探寻真理与艺术的科学境界。我将这理解成是综合的领域、综合的观点、综合的方法和综合的艺术，如此更加深了我对综合理论的感知。

我将文稿经过多次修改，后来老校长推荐给了《陕西师大学报》。当时负责学报工作的谢振中、杨典、艾耕三位老师，又给了我诸多指导和帮助。再经过反复修改，终于在1980年的《陕西师大学报》上加《编者按》发表了。《编者按》说："关于综合理论与综合科学的问题，目前报刊上的专题论文所见不多。本刊发表贺克毅同志的《综合理论初探》，旨在引起更多同志的讨论与研究。"对于我这样一个当时的年轻人，万多字的论文发表了，还有鼓励人心的"编者按"语，说真的，有点高兴得睡不着觉，心情久久平静不下来。

郭校长当时在西北大学没有住房，他的家在西安外语学院（师母肖枫老师在外院工作）。那年头去看恩师，也只是空着两手。见到郭校长，他正在吃面条（挂面），什么炒菜也没有。一位喜食大米的年长学者，那年头，一碗面条就是一顿饭。他拿筷子的手有点抖，我将论文发表的事告诉了恩师,他停住筷子说:"发了好,要提高,还可以写得更好些。"老校长就这么寥寥几句,下来全是问我工作和学习的事。

后来听谢振中老师说:"这篇论文是否发表,开始拿不定主意,后来去请教郭校长。开门见山就论文向郭老提出了几个问题:一是,有无常识错误;二是,有无新的观点;三是,可否公开发表。郭老直截了当地回答:'文无错误,且有新观点,为支持年轻人,可以发表。'"就这样,我的《综合理论初探》到《综合理论四探》,都在母校的学报上相继与读者见面了。

曾听人说起过,老校长的为人德高仰止,从不在任何场合说起他给某人帮过忙的事。这次我真有了亲身的感受。他在我的论文上注入那么多心血,但对于我和任何别人,都没有说过半句他帮助了我的话。这就是老校长的人品!这人品使我永世难忘的。

1989年,有老校长的关心和推荐,我参与了常黎夫、郭琦二位先生任主编的《杨明轩》一书的编辑采访工作。通过这次实践,我极为深刻地了解和感受到作为学者、专家和老一辈革命家的杨明轩先生"革命一生,两袖清风"的高贵品质。他原为全国人大副委员长,为国为民,清廉正直;他年轻时为建设科学民主的新中国,参与组织学生,发起"五四运动",其后,为之奋斗终生。郭校长从采访计划、编写大纲、主导思想到全书结构,都作了周密安排和详尽阐释,使我受益匪浅,在诸多领域填补了我知识的空白。由于这次机会,我和交通大学的李敬谦教授、文理学院的丁迪安同志,在北京用了近两个月的时间采访了习仲勋、汪锋、屈武、赵伯平等数十位老一辈革命家和费孝通等多位学者,还采访了多年在杨老身边工作的同志,使我学到了非这次机会难以学到的东西。作为国家领导人的杨老,他在北京的家,就是他一个人。老伴仍在陕西乡下,只是每年探亲时去北京住一段时间;警卫员、卫生员、秘书等"全家人",只象征地交点伙食费,其余生活费用，全由杨老工资开销。三年困难时期去南方视察，自己带着干辣面，吃面条时调味就行了。特别是他供给自己的年轻厨师和别人的孩子读完大学。如此高风亮节，使我十分感动。郭校长的学识、情操和老一辈革命家的高风亮节，实事求是的品行和风格，都深深地感动着我，影响着我。一想起这些往事，我由衷地感谢老校长，是他老人家给了我这样难得的工作和学习机会。

在郭校长逝世的前两年，西北大学原校长张岂之先生主持编写《郭琦》一书，我有幸也参加了这项工作。关于对郭校长的采访录音，多是我做的。他的革命历程，家庭境况，师大工作，西大主事，包括对一些具体人和事的处理，我都详细地听过一遍甚或多遍。可以说，听得我感动，我激动，心潮起伏，从而更进一步对他的学识、为人、品格，有了更深刻、更全面的了解。郭校长是四川省乐山县（今乐山市）人。乐山市曾是嘉定府的所在地，古称嘉州，位于泯江、青衣江、大渡河汇合的坝上，九峰山隔江与市城对峙。120米高的乐山大佛，无与伦比。这里是山美、水美、佛美、人美的人文宝地。郭家是这宝地上清末民初的名门望族，郭校长的曾祖为一代名儒，家乡设馆，曾做过郭沫若的老师。在编写《郭琦》一书的过程中，有人曾建议，能否将郭沫若受郭琦祖父教育的事提写一笔，以说明郭家的家庭教育。他坚决不同意，果断地说："啥子名门哟！不沾郭老的光。"于是《郭琦》一书中，关于郭家私塾教育的事，只字未提。他从不讲自己的政绩，不讲功劳，只讲经验教训和力不从心，讲自己对知识分子保护不力，对学生爱护不够。他还为这"不力"和"不够"表示出谦疚，这都使我崇敬得五体投地！在我的人生道路上，无论生活、学习、主持单位工作，我都在暗暗地学习着老校长的经验、方法和思考问题、解决问题的模式。遗憾的是，由于自己的浅薄，许多都学不来，学不好，只是一些夹生饭。但有一点我是清楚的，郭校长是我心灵深处崇敬的偶像。

恩师郭校长

郭校长辞世已整整 20 年了，今天，我已是古稀之人。20 年前的 1990 年 9 月 9 日，是郭校长魂归九天的日子，也是我人生路上极为沉痛的日子，我哭了，但哭不出声。我以为，我失去了最好的一位恩师，高校失去了一位优秀的领导者。当然，这样的大学校长在神州大地肯定不少，但我人生感受到的，却是郭校长。我深知，中国的高等教育需要这样的校长，需要这样的专家，需要这样的学者，一句话，需要这样的教育家。他们的存在，犹如蔡元培、马寅初、江隆基、彭康……存在一样，是高校的幸运。可他们都一个个地走了，甚至有的还是英年早走的。为这样的恩师辞世而痛苦，为他们的辞世而痛哭，终于我由"吞声哭"变成了大声嚎啕，在南郊的荒野田园上，哭得天昏地暗，哭得什么也不知道了。

于是我回忆起黎风教授《魂归九天，情留大地——怀念郭琦同志》文章结尾的一段话，这段话打动着我的心，可以说，同样也是我对老校长的怀念：

> 我写此文，不仅要表示我对于郭琦同志的深切怀念，而且要敬告于郭琦同志在天之灵：在陕西师大这块土地上（引者按：郭琦作为文革后原西北大学的校长，想来，在西大"这块土地上"亦然），当年栽种的青松杨柳忘不了您，当年布置的园林景观忘不了您，当年培养的学生忘不了您，当年听过您的教导如今虽已发白如雪的教师忘不了您。我一个在风风雨雨中走过来的并和您一同住"牛棚"的老教师，也同样忘不了您！
>
> 九天的恩师，我今生今世忘不了您。我仰天在望着您，我相信您也在俯视着我，俯视着您所有的学生，俯视着和您一起共过事的好人。有您这样的恩师，人生路上足矣。安息，怀念，我的恩师！

忆《希望》感怀郭校长

方　兢

　　1978年春天，当我在延安农村插队已经第十个年头时，我考上了古都西安的西北大学中文系。

　　西北大学是一所历史悠久的综合性大学，当时刚刚经历过文革摧残，处处显出破败、荒凉的景象。郭琦校长调来不久，恢复了全国重点大学，振兴的决心很大，同学中传说是有名的教育家。初次在大广场听他讲话，浓重的四川口音，果然很有水平，不由生出敬意。暑假回到北京家中，父亲延安时期的朋友来串门，知道我上了大学，都问校长是谁，然后说：哦，绥德的教员，搞了一辈子教育啦；或者说：郭琦啊，认识啊，在绥师教过书，还在西北局干过，人挺好。

　　刚入学时，虽然把"四人帮"抓起一年多了，但"文革"还没有真正结束，极左思想仍然控制着上层意识形态。当时在政治上和文学上的中心任务，是批判"四人帮"，但在思想上还是老一套。后来文学史把这一历史时期命名为"改换文学"：只不过把"文革"期批判走资派改换为批判"四人帮"。

　　然而，十年"文革"甚至建国后的历次运动，给多数中国人都造成了伤害，这些从心灵到肉体的创伤，伤口还没有愈合，人们的不满、控诉、反思的情绪和思潮在社会上酝酿着、涌动着。

---

① 史铁生：著名作家，北京市作协副主席。

忆《希望》感怀郭校长

　　暑假的一天，看到报纸上发表的小说《伤痕》，不禁心中一惊。史铁生①曾写过短篇小说《爱情的命运》，主题相似，但是情节更动人，文笔也更优美，或者说是凄美吧，读罢令人泪下。但是他写成了好久，没有机会发表，也就我们几个朋友传着看看。现在看起来，文革后的"伤痕文学"，是和"文革"中的地下文学直接相连的，区别只不过是能不能在公开出版的报刊上发表。

　　第二学期开学不久，就逐渐感受到了文学大潮的到来。各个省市不断有新的文学杂志创刊，各种报刊争相发表出轰动文坛、轰动社会的作品来，令人应接不暇。那时候中文系的学生多数都是文学爱好者，对眼前的文学创作非常关心，图书馆的每一本文学杂志都被翻烂了，自己花钱买的各种文学刊物在同学中竞相传看，也有不少同学自己创作。

　　这时候，同学中传出来别的大学有学生办文学刊物的消息。在北京大学、北京师范大学上学的朋友，也说他们办了杂志。这些情况，激起了我们的热情，也想自己办个文学刊物。1978年10月，大家凑在一起商量，成立了8个人的编委会（方兢、王晓安①、陈学超②、吕明智③、沈宁④、吴予敏⑤、葛岩⑥、邢汤风⑦），并且按文学体裁分工负责，大家推举我当主编。正副班长陈学超、王晓安向系领导汇报得到了支持；系领导又向学校汇报，也得到了支持，由学生处处长霍绍亮⑧老师直接和我们联系，帮助解决具体的问题。

---

①王晓安：陕西省政协副主席。
②陈学超：陕西师范大学教授。
③吕明智：陕西电视台高级编导。
④沈宁：著名旅美华裔作家。
⑤吴予敏：深圳大学教授。
⑥葛岩：上海交通大学教授。
⑦邢汤风：北京，不详。
⑧霍绍亮：前陕西省文化厅厅长

忆《希望》感怀郭校长

商量杂志的刊名时,大家都觉得"希望"这个词最好最贴切。当时全国人民刚从十一年"文革"的噩梦中走出来,百废待兴,感觉前景无限光明,国家、民族以及我们新时期的大学生,都大有希望。刊名定了以后的星期天,沈宁去陕西省作协玩,回来说,王汶石①说你们得重新起个名,胡风当年有个杂志就叫《希望》。

这是个政治问题。大家听了一愣。当时我们真是孤陋寡闻,只知道胡风是反革命集团首领,并不知道他办一个叫《希望》的杂志。当然,也听到过不少关于胡风是冤案的说法和传闻,大家愣了愣,缓过神来,都说,胡风用过了"希望"我们就不能用啦?我们和胡风又没什么关系。不管他,就叫"希望"。由此见得我们当时真是初生牛犊不怕虎。现在回顾起来,在那时社会上的思维状况下,完全能够成为一个政治性的事件。

直接支持《希望》的领导是霍绍亮老师,他的积极性几乎和我们一样高。学校有关部门领导都是他领着我们去见的,具体沟通的工作都是他去协商的。有什么问题他直接向郭校长汇报。郭校长很器重霍绍亮老师,后来推荐他到省里工作,担任团省委副书记、省委宣传部常务副部长、文化厅厅长。

办《希望》杂志的事情决定后,郭校长召集我们编委会的同学开了会。在会上,我提出了杂志要铅印,要印成正式刊物那样的,封面要套色,像《人民文学》《延河》。我知道这个要求比较高,由此又耍了小聪明,说陕西师范大学也在办杂志,就是铅印的,我们是重点大学,不能比他们差,要是油印就太没面子了。

话刚一说出口我又意识到,郭校长就是从陕西师范大学调过来的,这样说好像有点歧视师大,不会惹他不高兴吧?有点懊丧。谁知郭校长全然没有理会这些,当即同意,郭校长说,印刷的问题好解决,学

---
① 王汶石:著名作家,前陕西省作家协会副主席(已故)。

校开介绍信就可以,但是纸张是国家计划物资,不能随便买,要报省计划委员会批。这些具体的事情让霍绍亮老师和有关部门联络。郭校长又说,办刊物主要就是两件大事,一是要印刷,一是要编辑;印刷的事情学校帮你们解决,编辑的工作就全靠你们自己。让我们坚持百花齐放、百家争鸣,创作和出版思想上、艺术上的好作品。最后,郭校长对我说,终审权就交给你了,我们对你们编委会充分信任,我不审稿,中文系主任也不审稿,学生处长也不审稿,相信你们能把好关。

听了郭校长的授权,很意外,当然更是振奋和鼓舞。我们8个编委都经历过文化大革命,多数都在入学前就发表过作品,或者在编辑部门工作过,深知意识形态控制的重要性,更知道一个刊物的终审权的责任重大。郭校长的信任和开放,让我们非常感动。在后来和其他学校的大学生杂志交流中,得知他们的刊物都是最后由学校老师过目的,还没听说过哪一个是像我们的《希望》一样,中间没有老师以任何方式参与,完全是由学生独立编辑发稿的。

当时我们编委会商定的选稿原则,以本校同学创作的文学作品和评论为主,采用小部分外稿,选用的外稿必须是高质量的。既办成大学生的创作园地,也面向社会,立足学校,走出校园,在社会上、文坛上发挥作用。

1978年12月初,已经该发稿了,纸张的问题最后不能解决,因为当时计划经济体制和制度,报到省计委后要经过繁琐的程序和漫长的时间,而且最终也不知道能否批下来。但是刊物编好了等着付印。学校的常务副校长刘健①帮忙解决了。刘健是从西安市委秘书长的任上调到西北大学的,此前他还担任过《西安日报》社长。刘校长说就在《西安日报》印刷厂印,也不用自己买纸了,就用报社的纸,问题

---

① 刘健:前西安市委科教部部长。

一次就解决了。他和当时《西安日报》的社长联系好了以后,我拿着他的私人信件去。印刷厂、车间主任,一路都已经安排好了,我们轮流在车间和排字工人一起拼版,印刷纸张的费用,是从学校财务处转账过去的。

我印象中,《希望》的经费是从科研费中划出来的。我曾几次去科研处请示和汇报,肖处长年纪比较大,听说是个老革命,看样子似乎不太满意、也不太同意。当然最后是郭校长拍板了,拨了两万元。

1979年1月,《希望》第一期在学校放寒假以前印出来了,我带了一提包回到北京。因为转载了《组织部新来的年轻人》,我去崇文门前三门王蒙家给他送了一本;也和赵振开①交换了刚刚出来的《今天》杂志;见了北京大学中文系的王小平②、陈建功③,北京师范大学中文系的徐晓④。他们办的是《早晨》和《初航》。不过他们的杂志都是刻印的。这些都是我以前就熟识的朋友。因为史铁生行动不便,顶多摇着轮椅去地坛,所以他家似乎是个聚集地,每次去都能见到一些朋友,都是些文学爱好者,谈论的也都是作品和刊物的事。

《希望》杂志在西安社会上引起的轰动出乎我们意料。自信虽然是有的,但没想到反响如此强烈。当时在西安,《希望》已经成了街谈巷议的话题。第一期印了3500册,一售而空。有的读者托关系来买,买不到就借,也有的读者为捐助高价买,也有直接捐钱的,副校长巩重起也捐了10元钱,这在当时就是大数目了。还有不少读者找到中文系的学生宿舍,要同作者和编辑见面、谈心。经常搞得我们不能休息。读者来信每天一摞,看也看不过来,收到了几百封。因为该期发了史铁生的小说《爱情的命运》,铁生的信就有150封左右。

---

① 赵振开:北岛,诗人,旅美华裔作家。
② 王小平:著名旅美华裔作家。
③ 陈建功:中国作家协会副主席。
④ 徐晓:光明日报出版社副总编辑。

忆《希望》感怀郭校长

《希望》创办成功，创刊号一炮打响，同学们都很高兴，中文系的老师们也很高兴。我们学校办公楼给每个校领导送去一本，都得到一些表扬称赞的话。郭校长专门找我去，说了鼓励的话，也说了建议，然而他随后紧接着说，我这只是建议，你可以不听，按照你们自己的想法办刊物，你们怎么编，还是开始说的，我不管，放手让你们干，充分发挥你们同学的才能。对于郭琦校长再次表示的信任，心里非常感激。

这时，省委宣传部文艺处的干部来到学校，对《希望》办刊成功进行调研。和系领导座谈后，又找我们座谈，我只记得说，省作协的《延河》只印1000册，还卖不出去，堆在编辑部里，为什么《希望》卖得那么好。我说，这个答案就是王晓安写的《民主与"官主"》。好像宣传部来人有些尴尬，面有愠色。

《希望》第二期同样轰动。鉴于第一期印了3500册而洛阳纸贵，我们决定第二期印5000册。

《希望》第三期和第四期是合刊，页码没有减少。这期比前两期还轰动，印了10000册，拉回来的当天，仅在校园里就卖了1000册。第三四期合刊的冲击力首先就是封皮。封皮是全黑的底色，一个淡黄色的人剪影在播种子，红色的黑体大字"希望"，非常醒目。当时没有任何杂志的封皮是全黑的，据说1949年建国以后就没有。尤其是这本杂志设计的是一个人在全黑的夜色中播散希望的种子。人们会联想到是影射现在的社会黑暗。因此可以说这期的封皮是"触目惊心"。传闻省委宣传部为此开了一下午会讨论杂志的封面能不能是全黑色，但是没有结论。

1979年，正是处在新时期文学大潮的高潮中，各个文学刊物都争相发表出轰动社会的作品。当时办文学杂志的规律，只要一期中有一篇产生影响，就算成功，其他的作品是配角，好作品不要挤在一起发表出来。而我们说，我们每期都有好几篇能引起轰动，而且整体质量篇篇都精品。8月，同学们刚刚结束暑假返校。25日是个星期六，78级的三个男同学上街卖第二期《希望》杂志，在钟楼附近被警察以影响市容交通为由带走，关押在碑林公安分局。中午时分，消息传来，群情激愤。王晓安出身法律世家，本人也精通法律，他立即赶到公安局交涉，要求放人。我们则在学校里马上组织了120多名同学，提着大包小包，浩浩荡荡奔向市中心，继续卖《希望》杂志，以示抗议。三名同学很快就被释放，被没收的杂志也如数带了回来，公安局此事就算处理完了，不了了之。但是我们的大批同学在城里一边卖《希望》，一边向读者讲述上午因为卖杂志有同学被抓的事情，读者们听了也非常愤怒。到下午四点多钟，带去的1000多本杂志全部卖光，同学们就陆续返回了学校。

　　傍晚6点多钟，有同学找到我，说霍绍亮老师找了你一下午，有紧急的情况，现在还在学校值班室等着。我到值班室，霍老师给我看了电话记录，是下午两点多钟西安市公安局一个副局长亲自打来的，说今天上午碑林分局抓了三个西北大学卖杂志的学生，很快就放了。但是中午以后西北大学出动了一百多名学生到市中心卖《希望》杂志，并且宣传上午抓人的事情，影响很大，希望学校做工作，尽快让学生回学校，不要把事态扩大。而且后天美国副总统蒙戴尔就要来西安参观访问，这是中美建交后西安第一次接待美国最高层领导人，从中央到省市都非常重视，不能出差错。请学校和编《希望》杂志的同学明天到市公安局来座谈，消除误会。我看了后问霍老师怎么办，他说要向郭校长汇报，由我向中文系领导汇报。

　　是郭琦校长把情况向章泽讲了。学校里都传说，郭校长和章泽书记关系很好，他们在延安时期就是好朋友。

　　现在回想起来，我们当时的胆子真是太大，当然也是因为有郭校长甚至省委书记的支持，在《希望》的第三期上（后来是第三四期合刊）以《希望》记者名义，写了西安市公安局抓人的事件，表示抗议，题目是《民主安在，办刊何罪》。

其实，当时全国的形势还是乍暖还寒，一方面思想解放的大潮汹涌澎湃，一方面保守的势力围追堵截，1980年初，一天晚上七点多钟，霍老师找我们通知《希望》杂志全体编委，马上去办公楼，郭校长有重要的事情。具体什么事情，霍老师说也不清楚。看着郭校长神情严肃，拿出一份文件，说这是刚收到的中央1980年9号文件，只发到省、军一级，是对于当时社会上没有正式刊号的民办杂志的调查和意见，要加强引导和管理，并且逐步总结经验走上正轨。我印象文件的语气还是平和的。

9号文件有一个公安部的附件，好像是公安部1980年4号文件，把当时社会上的民办杂志列出了一个名单，文件我拿在手上看了，记得文学类杂志的名单排列，第一是《今天》，第二是《未名湖》，第三记不清了，第四就是《希望》。郭校长传达完中央文件后说，这个文件刚刚拿到。把情况和你们说一下，你们自己知道了就行，不要出去讲。郭校长强调说，我们不是社会性的杂志，《希望》是由学校党委支持和领导的，和那些纯粹的民间随便印的不一样。我们还要向省委宣传部、出版局申请，成为正式的刊物，还要继续办下去。

开完会已经是九点多了，我们结伴回宿舍，一路也没怎么议论。起码我自己没觉得问题有多么严重。而且我们已经编了一年，按照和系领导的商议，也就该给下一级同学（78级）交接了。《希望》杂志不是我们几个编委私有的，应该在西北大学中文系一届一届办下去。

谁知第二天早晨我在食堂吃饭，有学校广播站的同学背着很专业的录音包，举着话筒采访我，问我对查封《希望》杂志有怎样的看法。我当时大吃一惊，而且刚刚起床还没有完全灵醒，张口结舌，不知说些什么，十分狼狈。这时有同学告诉我，事情闹大了，一大早就贴出了好多大字报，抗议查封《希望》杂志。我顾不上吃饭，马上跑向木香园前面的大字报栏。果然五颜六色的大字报一片一片的，《〈希望〉

停刊，民主何在》，质问省委的，质问学校领导的，呼吁请愿的，号召罢课的，报栏前挤满了人，很多人都不去上课了，群情愤怒。有一首题为《喉管》的诗，写得激愤惨烈，我记得开头是，"张志新被割断了喉管，我们都说惨惨惨。今天《希望》杂志停刊，我们所有人都被割断了喉管……"大家看了诗，泪水从眼眶涌出，热血在胸中奔腾。诗写得好，毛笔字也漂亮。作者是历史系79级姓段的同学，我与他有过两三次的交往。

另一个更使全校师生震惊的是，在《希望》第二期上发表小说《死路》的蔡大成同学为此贴出大字报，公开宣布退学。当时的大学生，可谓天之骄子，而蔡大成刚从农村进入大学一年多，退学被看做无异于自杀，也无异于点爆了一颗原子弹。

出乎所有人的意料，一次学潮就这样开始了。我后来了解到，是我们8个编委中，有一个同学没有遵守对郭校长的承诺，把晚上传达中央文件的事情向别的系的同学广为传播，而且越传越走样。当我们还在睡梦中的时候，一场学潮已经急剧酝酿并爆发了。郭校长为此在校常委会上做了检查，其他领导指责郭校长，收到中央文件后没有立即向常委会传达研究贯彻的办法，反而先向学生传达，导致学潮发生，局势失控。

西北大学《希望》杂志引起的学潮，马上就有外校的来人支援和来电声援。

西安在当时是全国高校第三多的城市，仅少于北京、上海。几十所大学都有学生来，离西安不太远的城市兰州大学、郑州大学等，也有学生来支援。学校各级领导做了很多工作，解释情况，动员同学上课准备期末考试；同时也动员蔡大成不要退学，学校不会迫害《希望》杂志的作者和编者的。学潮逐渐平缓下来，到了放寒假，就彻底平息了，大概经历了二十来天。

据说当时公安部、省公安厅、省委科教部、新华社陕西分社等二十多个机构,都派人住在学校招待所,密切观察学潮动向。所幸是什么激烈的事情、意外的事情都没有发生。

近几年开始有一些回忆和研究当年大学生办杂志的文章或谈话,把西北大学《希望》杂志的停刊说成是因过分激进而被省委查封。这不是实情。从杂志的内容来看,说过分激进并不夸张,很多作品就是在改革开放三十年后的今天也难以发表,但这并不是停刊的原因。也许省委有些人对《希望》杂志不满意,但郭琦校长和西北大学党委的强力支持,主管文教工作的省委常务书记章泽的积极态度,从没有对《希望》杂志的编者和作者有任何压力,更谈不上采取什么激烈的措施。

现在回顾与检讨,停刊的原因恰恰就是这次学潮。学潮一闹,学校很被动,郭校长更被动,再也不可能向陕西省委争取把《希望》杂志正规化了。

轰轰烈烈一年的《希望》杂志就这样结束了。

蔡大成把退学的要求坚持到了最后,并没有因为学潮退去而收回。郭校长亲自给他父亲打电话做工作,也没有成功。蔡大成是从北京到延安地区甘泉县插队的知青,按照政策规定,他退学只能退回到入学前的户口所在地,也就是甘泉县农村。然而1980年知青运动已经到了尾声,农村的知青基本上都已回城。郭校长即指示学生处把蔡大成安置回北京。学生处的一位科长在北京住了两个月,与北京市知青办多次交涉,终于成功。蔡大成后来成为知名的民间文化学者,在电视专题片《河殇》中出现,解释龙的形象来源。

到了1981年冬天,我们77级大学生面临毕业分配工作。这是恢复高考后的第一次大学生分配,郭校长非常重视,主持召开全校中层干部的分配工作会议。

在会上郭校长说,别人我不管,办《希望》的方兢一定要分配好。我听过不止一位参加会议的老师向我转述。我深深感受到郭校长宽厚仁慈的胸怀,感激和感动的心情,难以用语言表达。我们编辑《希望》

杂志的同学分配得最好,除一个同学直接到北京上研究生以外,有两人分在省直机关,两人分在省电视台,三人分在高校。后来我了解到,全国各大学办学生刊物的主要成员,很多人都在 1980 年以后遭到整肃,并且最后用分配工作来制裁。

郭校长 67 岁时离开西北大学,调到陕西省社会科学院当院长。我曾去社会科学院看过他三次,我告别时郭校长每次都把我送到楼门口。我办《希望》时,有事情去找郭校长,他都起身把我送到门口。我和老师们说起,他们都非常惊异,说我们走的时候,郭校长从来都是坐在沙发上一动也不动。我听了也很惊奇。

1990 年夏天,听说郭校长突发心脏病,住院抢救后很快好转,我想等他痊愈了再去看望,却又传来消息说病情反复突然驾鹤西去。不久我看到了《陕西日报》刊载了霍绍亮等三位老师联名纪念郭校长的文章,心中涌起冲动,觉得自己也应该写一篇文章纪念和感激郭校长。多年来,这种想法时常在我心中升起,没想到竟然延宕至 20 年后的今天。

人的一生有很多机缘,也有很多幸运和危险。现在回顾起来,我可以说,我有幸在中国的文学大潮中,主编过《希望》杂志,更有幸遇到了支持我、保护我的郭琦校长。

我常想念的郭校长

赵熙

我常常想起我的老校长郭琦。

然而，就实际而言，我不敢说我对郭老师有多么深的了解。因为他的博学、睿智和才情，他在高教，在社会科学界，在广大学生中的巨大影响，在党的工作中的高超的领导艺术，人文精神和人格魅力，都给我一种"高山仰止"的感觉。而且又是一种亲近而又充满人性温馨的感觉。

就我的年龄段和浅薄而言，更难说能写出多少有价值的文字。然而，又常常念起，念起了，便油然生发出一种庄严而又热切的情怀，一种内心波涌的冲击与感动。

我入陕西师院生物系至毕业留校，正是原西安师院同陕西师院合并为陕西师范大学的 1960 年。在我上学期间，就对郭琦老师（他当时在西安师院，此后是在陕西师大主持工作的常务副校长和党委副书记）十分敬仰。这期间尽管我学了生物专业，但对文史、艺术都有爱好。记得在师大南院的合堂教室听过郭校长的报告。他个子不高，但身健利煞，儒雅风度，戴一顶灰旧的鸭舌帽，一件半截大衣，一口流洒幽然的四川口音（郭老师为四川乐山人），声音响亮而清晰，几句开场白，便赢得满堂掌声和欢笑。那时候他主讲《路德维希·费尔巴哈和德国古典哲学的终结》，却常常抛开课本，以其开阔视野和融入的文、史、哲知识内涵，引经据典，随题而发，有时激情高扬，有时委婉入谷。精彩的博引和声情并茂的演说家的表述效应，以及他那浓浓的川调普通话的幽默感,给全场听众以极大的感染和吸引。而那时仅仅20岁的我,竟陶醉得忘记了自己还在"报告"会场,以至两个多钟头"报告"结束之后,我仍呆坐在那里,久久未动,耳际和脑际都还在回放、咀嚼着郭老师刚才的讲话和那些精彩的典章。

那时候,高校在经历了"五七年反右"和多年动荡之后,以贯彻高校60条渐次进入了一个正常、平稳的舒缓期。郭琦校长尽管公务极忙,但仍然兼课教学,大约每周一次或两次。凡是开课之日,无论是夏日或隆冬,不管刮风下雨或风雪天,一大早就有外县、外地,甚至背馍布袋的乡下教师和求知青年赶来旁听。教室坐不下了,就挤在过道上。我那时已在生物系办公室做教学秘书,常常骑自行车到南院去听讲,郭老师进入他主讲的马列主义哲学原理之时,同在大会场的演讲有所不同。他讲课论理明锐,缜密而清晰,并极富情感色彩。记得他在自由发挥中,顺便指着墙壁上一条标语,便信手拈来似的引发出一篇鸿论,博得一片掌声。身临其境的我等,实在是享受到一堂知识和文化的盛宴,一次难以忘怀的艺术享受。

我因在系办公室工作,每周星期一都要去南院参加校务办公会。常常见到郭琦校长。有时下班因紧事还到他家中汇报工作。令我有点惊异的是,郭校长家院中,养着一盆盆的花草,整个厅间都弥散着淡淡的清香。对我这个学生物的学子来说,更感到亲切而新鲜。从那一盆盆各色的花卉中,感受到这位极富才情的老校长生活中的情趣和对自然的崇尚。这在那个绝对"政治化"了的年代,无疑是一种不同一般的心性和精神境界的展示。

然而,这位从1936年就加入了中国共产党秘密外围组织"中华民族解放先锋队",1938年奔赴延安,入抗大、鲁艺,1939年加入中国共产党的老革命,学者型的老领导,却是在长期的疾风暴雨式的革命斗争考验中,在极其复杂甚至在自身难保的危难中,则更显其作为一位真正的共产党人,真正的马克思主义信徒的大勇无畏,刚正不阿,坚持真理,直言诤谏的坚定立场和对人的尊严、对知识和知识分子的尊重和爱护的仁者精神,骨气、正气、清气的人格操守。这种将中国传统优秀文化同马克思主义的思想融为一体并得以创造性发挥的郭琦校长,在将近半个世纪的革命生涯特别是在高教这个聚集了众多知识界、文化界精英的领导工作中,做出了独特而卓绝的贡献,在我党风风雨雨、曲折复杂的历史变革中,是难能可贵的一位。

郭琦校长惜才爱才,到了不避个人安危、不避冒政治风险的程度。"五七年反右"以至到文化大革命,高校的知名学者、教授首当其冲,遭受各种迫害,郭琦校长同样受到冲击,但他在十分复杂的环境中,不是首先想到个人,而是首先想到那些有才学、有声望的老教授和处于逆境的众多教师。在自身命运难保的大风大浪中,他想方设法给予他们保护和关怀。即使在运动中无法给予具体帮助,哪怕在相遇中给予关切的"点头"和握手,将鼓励、同情和关怀赋予这无言的微笑中。

我在70年代创办"陕西青年自学大学"时,曾聘请陕西师大的知名教授朱宝昌先生为"高级顾问",并商议由他为学员主编"先秦文学"的教材。当时,朱宝昌先生因1957年写了一篇《杂文、讽刺和风趣》的杂文而打成右派,"文革"中又遭受各种迫害,经历了多次抄家,最后竟连过去的"讲稿"都没有了,幸亏他的学生王改明还保存着一册朱先生的旧稿,这才终于经朱先生重新校对,由"陕西青年大学"作为学员教材印刷出版。因为"青大"编教材的关系,我多次来到师大朱先生住的简易楼屋。这位在青年时代便称作"江南才子"的朱宝昌,曾在大学主攻哲学、国学。30多岁就以教授身份在燕京大学、四川北碚湘辉学院、北师大任教,可说是学贯中西,才学超凡。然而,因一篇杂文,屡屡受批,几十年难有发挥之时。在他多少年的遭难中,郭校长总是惦记着他。"文革"后期,郭校长刚刚得到"解放"，便首先登门看望朱宝昌先生。朱先生对我多次说到郭校长对他的器重和关切。说起来非常兴奋（朱先生很少有这样的激动心情）。他说："郭先生是一位真正的共产党人，难得的好校长。他来看我，握着我手说，你仍然是'西北第一教授'"。

这不仅仅是对朱先生个人。郭校长在几十年的教育领导岗位上，一直把尊重人才，尊重知识分子，培养又红又专的优秀人才作为他的实践和理论构建最为突出的主导思想。而他在困难中力所能及设法关怀、帮助在特殊年代有各种历史背景、"现行问题"、遭受不公的学者，教授何止朱先生一人呢？至今郭校长已过世多年，他在认真贯彻党的教育方针中的这些大仁大爱之举和宽怀善良的心迹，仍然在传颂着。

我自己同郭琦校长没有过直接的交往，但也有所传闻。1964年春，我由师大生物系调省计划委员会文教处工作，后来听说，是经师大郭校长的举荐，这使我有些惊异。因为我在1963年参加第七批下放干部在师大泾阳农场劳动一年。在农场写了一些"垦荒诗"和散文，又在《西安晚报》发表。期满回校后，就知道省计委文教处要一位做"秘书"工作的干部，学校便推荐了我。其实际情况是，省计委文教处分管全省大学生分配，可以说选一位秘书人才很容易，但因文教处刘处长本人曾做过"大秘书"，眼头很高，经郭校长的介绍，方选定了我。郭校长日理万机，怎么就知道我的写作爱好呢？他一次也未同我谈过话，竟将我推荐了，至今我心怀感激但又莫名其妙。但不管是什么情况，郭校长爱才，但又不拘一格。他能注意到我这个小人物，只此一荐，可以说使我从此走入社会，走入文学，说到这里，知学生者，还是我的郭校长也。

郭校长在文革后复任西北大学党委书记兼校长，以后又任陕西省社科院院长。他在高校改革、社科研究新体制的建造中，仍然不失当年的大刀阔斧、掷地有声的气概。在理论建设方面，更有着创新开放的意识。我在省委宣传部召开的会议上，多次见到我的可敬的郭校长，除了头发灰白、面色苍老之外，仍然还是精神铄铄的神态。然而，经历了半个多世纪的风风雨雨的这位学者型的老共产党人，毕竟已是"停车坐爱枫林晚，霜叶红于二月花"的寒岁了。他静静地坐着，很少发言，一种饱经历史沧桑的肃然神态。看他的侧影，如一尊石雕，巍然不动。

哦，郭老师，写这篇文章的时候，我仍然觉得，你就在我们身边。

（2009年12月29日于龙首村）

悼念教育家郭琦同志

党新益 郭扬威

郭琦同志离去已经三年,时间的流逝并不能淡化我们对他的怀念,反而使他在我们心目中更高大、深刻。

郭琦同志在西北大学工作只有七年(1977—1984),这期间,我们国家实现了结束"文革",迈上以改革开放为标志的新时期。西北大学在郭琦同志领导下,比较迅速、顺利地完成了这个转变,进入新的发展阶段。西北大学发展史上有两个阶段最好:一是20世纪50年代侯外庐任校长期间;二是20世纪70年代末改革开放以来,郭琦同志正是后一时期的开拓者和奠基者。郭琦同志作为教育家,主要体现在他的办学实践中,陕西师范大学和西北大学的发展建设都凝聚着他的辛劳和甘苦,留下了他的印记。

郭琦同志有很高的马列主义理论水平,深厚的文化修养,长期在高校工作,熟悉大学教育规律,具有良好的教育家素质,因而在由"文革"转向新时期,即改革开放时期,他比较自觉、主动。他刚到西北大学,面临着大量的阶级斗争扩大化的遗留问题,拨乱反正,落实政策等等,但他没有把自己的注意力局限到这两个方面,而是用了极大的精力构思学校未来的发展蓝图。他采取了几项果断措施,增设系科专业,恢复经济系(现经济管理学院)、外语系,成立哲学系、计算机科学系,当时还决定恢复法律系,后因故延缓至1986年才正式恢复,使西北大学在系科设置上真正具备了现代综合大学框架;开始探索由用人单位投资委托代培这种办学形式;对一些学科采取重点扶持政策,如秦汉史、中国思想史、唐代文学、理论物理、拓扑学、地质学等,这些学科后来都成为很有特色的重点学科;积极开展对外交流,他亲自率团访问日本、美国,同日、美一些大学签订了校际交流协议。郭琦同志这些举措为新时期西北大学的发展奠定了基础,他的继任者正是在这个基础上进行创新和发展的。

尊重知识,重视人才,是办学的关键。由于极左思潮的干扰,知识分子长期被视为异己力量,受到压制打击。郭琦同志深知办好西北大学,必须有高水平的知名教授。他说,一个学校就像一个剧团,"名角"是最重要的。他为调动教师的积极性,落实知识分子政策,做了许多艰苦细致的工作,他当时住在办公室,白天晚上都在找教师、干部谈话。为了选拔新的学术带头人,在职称刚解冻时,就破格提拔三名教授。现在看来,这很平常,但当时极左思想大量存在,"文革"遗风尚未肃清,一时议论纷纷,震动很大。后来的事实证明他做得正确,这三位教授都取得了卓越的成就,都成为本学科的学术带头人,成为我们国家的著名学者。

郭琦同志对学生中的优秀人才十分注意培养。中文系七七级部分学生思想活跃,有很强的组织能力,他们编辑出版了一本《希望》刊物,引起一些人的非议。后来,中央指示,取消自发刊物。在这个过程中,郭琦同志一直采取爱护、疏导方法。他多次找这些学生谈话,进行教育引导,既肯定他们积极的方面,又循循善诱,要求他们把精力集中到学习上,同中央保持一致。这部分同学经过思考,自觉决定停刊。停刊后,郭琦同志仍十分关心他们,同他们保持着经常联系。办刊物的几位同学毕业后,都有出色的表现。有几位取得博士学位,多数在大学任教,有的在党政部门已担任重要领导职务。

大学应有一个良好的学习环境。郭琦同志为西北大学校园绿化、美化和建设倾注了不少心血。庄重朴素的校门,绿荫覆盖的紫藤阁,香气四溢的木香园,绿茸茸的广场草坪,水光烂漫、有十几种造型的喷水池……都是郭琦同志亲自策划、组织实施，现在这些景点成为西大师生共同享有的学习、休息、幽会、谈天、纳凉的场所。人们早晨、黄昏漫步校园，享受着花木的清香，身处优雅宁静的环境，极觉心旷神怡，可以减轻疲劳，忘记烦恼，催人奋进！可以说，这也是文明、文化的教育内容。

郭琦同志，我们永远不会忘记您！

（陕西师范大学出版社 1993 年 8 月版《著名马克思主义哲学家、教育家、史学家——郭琦》）

怀念社会主义教育家郭琦

张安民

郭琦同志离开我们已三年多了,在每年的春夏秋冬里,人们走到师大校园,或在校门口,或在大路旁,或在草坪上,总会听到一些老友故旧在议论郭琦同志,缅怀老校长,以寄托他们的哀思。这说明郭琦同志虽已作古归天,但他的音容仍萦绕于师大校园,这足以证明郭琦同志对人印象之深刻!

有一位当代名人说过这样的话:"领导工作不止是技术,虽然技术是必要的。从某种意义说,经营管理好比散文,领导工作好比诗。领导人必须在很大程度上考虑象征、形象和那种能成为历史动力的,鼓舞人心的思想。说服人民靠智力,打动人民靠感情,领导者必须能说服人民,又能打动人民。经理想到今天和明天,领导必须想到后天。经理代表一种过程,领导代表历史的方向。因此,一位经理要是没有了管理对象,就什么都不是,但是一位领导人即使下台了,仍然有他的追随者。"这话说得很有道理。一位大学校长,就是这个大学的领袖,他代表历史方向,代表党和政府,靠理智靠感情,用一种教育思想,用培养新一代人才的形象来鼓舞人心、打动人民的感情,从而在实践中也形成了自己的教育思想,办学风格,治校方法。这些对学校起着决定性的影响,而且使本人也成为教育家。

我们搞社会主义,需要办社会主义大学,时代也就会造就出社会主义大学校长,而这些校长在实践中也会形成社会主义教育家的客观标准。但究竟什么是社会主义教育家,其客观标准是什么,目前尚无定论，尤其是大学校长的素质更是纷纭杂沓。目前人们在研究这个问题时，常常以蔡元培、竺可桢、王亚南、陈望道、张伯苓等著名校长为典型，探索教育家的客观标准。我们在怀念郭琦同志的时候，也不妨从他的教育思想和理论中，探索一下什么是社会主义教育家的标准，以此寄托我们的哀思，也是有意义的。

郭琦同志在陕西师大工作了20年，在舞台上演了十年戏。在舞台下看了十年戏。无论在他登台演戏的时候，还是在台下观戏的时候，郭琦同志作为一个大学校长，堪称社会主义教育家，其基本的特点有以下几个方面。

第一，深厚的马列主义理论。马克思列宁主义毛泽东思想，是指导社会主义事业的理论基础。没有马列主义，或对马列主义理论浅薄或不坚持马列主义，都没有资格担任社会主义大学的校长，也不能成为社会主义教育家。郭琦同志在青年时就闹革命，到革命根据地以后，一直从事马列理论的研究和宣传工作。对马列主义哲学、经济学、科学社会主义、中国共产党党史以及党的建设和党在各个时期的路线、方针、政策都经过系统的研究，有深刻的理解和消化。五六十年代，在师大工作过的同志，大多都聆听过郭琦同志辅导《共产党宣言》《反杜林论》《哥达纲领批判》《路德维希·费尔巴哈和德国古典哲学的终结》以及《实践论》和《矛盾论》等经典著作。郭琦同志在辅导这些著作时，能理论联系实际，深入浅出地把抽象深奥的哲理讲得生动具体，引人入胜，给人留下深刻的印象。平时在具体工作中，他运用马列主义毛泽东思想的立场、观点和方法观察问题、分析问题、解决问题，不仅使人信服，而且给人启迪。当年我们这群年轻干部就是在郭琦同志的指导和培养下，学习和提高马列主义水平的。他对干部来说，既是领导又是恩师。所以在人们印象中，郭琦同志是个教育家，也是个哲学家。从郭琦同志的教育思想、理论和实践来看，做一个社会主义大学的校长，必须努力学习和掌握马列主义和毛泽东思想，否则，就不能用科学的理论去宣传贯彻党的路线、方针和政策,也不能在实践中正确地完善党的路线方针和政策,不能用马列主义理论和党的教育方针政策去感召、鼓舞和带领广大知识分子兴办社会主义教育事业,完成培养德、智、体全面发展的社会主义建设者和接班人的任务。所以,社会主义教育家必须要有深厚的马列主义理论。

第二,强烈的教育意识。从先辈们的教育思想和教育实践中寻找教育家的客观标准,虽然各有特色,但其共同特点是:重视教育,酷爱教育,长期从事教育活动。认识教育对人身心,对社会发展以及在促进人类科学文明中的地位和作用;对教育与政治经济的关系、教育规律、教育指导思想、教育法规以及教育过程有深刻的理解。因此,他们有强烈的教育意识,坚定的办学信念和很高的积极性、自觉性。郭琦同志在民主革命时期从事理论宣传教育,建国以后又长期从事高等教育,对教育既有深厚的理论,也有丰富的经验,因而十分重视教育的发展。他说:"教育是一种培养人才、开发智力的社会活动,在整个建设中它是重要的一翼。"他强调:"教育是一门科学,有他自身发展的规律",因而他经常讲办教育"要按照教育工作的特点","要根据中国的国情,走出自己的路子"。为贯彻这一思想,他还经常强调要办出陕西师范大学的特色,动员师生员工在教学、科研、工作中创造自己的特点,"出潼关,上北京,拿出陕西的羊肉泡"。这个比喻在陕西师大流传很广,影响很大,成为师大创业时期人们激励自己搞出成绩、搞好本职工作的动力。这个比喻,现在仍在师大流传,常常激荡起人们心潮的浪花。郭琦同志在师大工作时期。不仅表现出独特风格的办学思想,而且特别善于掌握政策,总结经验。20世纪80年代初,他总结了建国以来我国高等教育的基本经验,他说:"32年我国高等教育的基本经验是什么?我认为有三个根本性问题,需要我们认真探讨。一是坚持党对教育工作的领导,二是正确对待知识分子,三是按教育规律办事。"他认为:"坚持党对教育工作的领导,主要是坚持党的路线,坚持马列主义毛泽东思想,正确贯彻党的教育方针。""高等教育要出成果、出人才,就必须依靠知识分子,调动教师的积极性,调动学生的积极性,调动管理干部和有关人员的积极性。"高等学校能不能调动起广大知识分子的积极性,关键是正确贯彻党的知识分子政策。在教学方面,他抚今追昔,回顾过去,总结经验,认为:"学校在任何时候,任何情况下(除非大规模的战争环境)都要以教学为主,长期不懈地把主要精力用到提高学术水平和教学质量上。因为培养人才是一项智力的再生产,它建立在传授和溶化人类科学文化遗产的基础上,建立在总结和概括前人和今人的科学知识思想成果的基础上,学科的建设和师资的培养,教材的建设和实验室的装备、改进,都有一个长期积累的过程、循序渐进的过程,不是一时突击,搞个运动能凑效的。"郭琦同志总结30年办学的经验,时隔十年,现在看起来,仍是科学的。积40年的经验,历史雄辩地证明,当着我们正确执行这三条的时候,高等教育就发展前进;当着我们在某一方面背离了这三条的时候,工作就出现偏差和失误。可以说,郭琦同志对我国高等教育的成败,教学质量的高低,培养社会主义建设人才的任务完成得好不好,提出了三条杠子。这也证明了郭琦同志这位社会主义教育家的远见卓识。同时,也证明具有强烈的教育意识,懂得教育理论,掌握教育规律是社会主义教育家不可缺少的一条。

　　第三,渊博的科学知识。教育是培养人的活动,是塑造人的系统工程,非常复杂,有严密的科学性,要由大学问家干。高等学校是科学知识密集的地方,是高层次文化活动的场所,作为一个大学校长,必须是教育家。以先辈著名校长、教育家为楷模来看,不懂专业不行,专攻一门的学者也不行。而必须是有广博的知识。蔡元培留学德国,不仅研究哲学、文学、教育学、心理学,而且还研究美学、文学、人类学以及文明史;竺可桢原攻土木工程,后学农,又攻地理学、气象学;陈望道学物理、数学、法律、经济、哲学、文学等。郭琦同志也同样是一个博学的教育家。在四川大学时上语言文学系,后来攻哲学、史学、教育学、文学,具有深厚的文史知识。从文化科学知识的高层次来说,文史与自然科学是贯通的。郭琦正是从这一点出发,他广泛地涉猎社会科学和自然科学,使自己尽量得到充实。因而,听过郭琦同志报告或与他共过事的同志,都突出地感到郭琦同志思维敏捷,知识渊博。观察问题,视野宽广,分析问题,谈吐风生,才华横溢。解决问题时,自然使人感觉水到渠成,置信无疑了。正由于他的博才多学,所以,他在陕西师大能以中文、物理、政教系为重点,指导其他学科的发展,取得显著成绩。郭琦同志的知识渊博,不仅得到同仁们的佩服,而且还常常受到外国朋友的赞誉。记得有一次接待美国一个高校代表团,代表们在西安东西两路参观中,由郭琦同志给他们介绍。见山说山,见水说水,见塔论塔,见庙论庙,甚至天上飞的,地上跑的,田里长的,以及风俗民情等景物,只要落于眼帘,郭琦同志都能谈吐风生,介绍得清清楚楚。代表团中有几位朋友对红薯、石榴、辣椒很感兴趣,郭琦同志向他们介绍了这些东西的来历、俗名、学名、种植、生长、化学成分、食用营养、药物价值等等,外国朋友感到非常满意。到临潼参观时,郭琦同志向友人介绍,更是滔滔不绝。他从骊山讲到始皇陵,从陶俑的兵阵布局讲到铜车马的制造技术,从蒋介石讲到张学良、杨虎城,讲得具体生动,栩栩如生,活灵活现,有声有色有光泽,使人似乎看到了秦始皇的威武,听到军号的齐鸣,战马的嘶叫,张、杨兵谏的正气,蒋介石逃跑的慌张。外国朋友随着郭琦同志的介绍,心领神往,眉色飞舞,有的举手翘起大拇指兴奋地说:Very good(好极了)!With so gread, so rich knowledgeable(知识太丰富了)!代表团长说:这次西安之行,不仅大饱眼福,广增知识,而且幸遇一位知识渊博的大学校长、教育家,上了一堂生动的中国文化课。郭琦同志的介绍,不仅外国朋友满意,连我们熟悉此景此物的人,也感到郭琦讲的内容,绝非一般的应酬、表面的知识,而是行家里手，颇有见解，使人称赞不已。难怪人说郭琦同志有"引无数英雄竞折腰"的"魔力"，这种魔力恐怕就在于他的知识渊博，能与各方面的知识分子寻到共同语言。

第四，高超的领导艺术。高等学校是个小社会，包括着工、农、兵、学、商，党、政、工、青、妇，各族各界的人都有，而且对每个人的吃、喝、拉、撒、睡，生、死、病、老、退都得管。这样复杂的管理，单凭上面的红头文件以及个人经验是不行的，需要一门科学指导，这门科学就是管理科学。这门科学的先祖们，如法约尔、泰勒以及后来的专家学者，将复杂的管理职能概括为人、财、物、时间、设备、机构、信息等，把复杂的管理任务概括为调查研究，掌握信息；预测计划，科学决策；建立系统，组织指挥；检查执行，协调控制；开发智力，提高效益等等。这些一般的管理职能、原则，郭琦同志都能灵活运用，使陕西师大在各方面和谐发展，井井有条。郭琦在灵活运用这些原理原则中，形成了自己独特的思路、格局和艺术。概括起来，一句话："郭琦治校谋三事"，就是说，郭琦同志治校，总是按照党的方针，根据和利用一定条件，对陕西师大的发展，有一个明确的构想，这正是他料事如神，处事若定，胸有成竹，左右逢源的原因。谋事在领导，干事在群众，师大的发展，仰赖于师生员工的努力。

其二，从群众来说，郭琦同志积极谋求功利。郭琦同志坚持社会主义方向，教育师生员工忠于党、忠于社会主义、忠于党的教育事业，树立为人民服务的观点。他坚持马克思主义的基本原理，革命的根本任务在于解放生产力，满足人民日益提高的文化生活水平。所以，他提倡为人民服务的观点，但并不反对群众的功利，而且积极谋求群众的功利，以满足群众应记之功、应得之利来调动其积极性。正因为，从这个观点出发，郭琦同志特别关心师生员工的生活待遇、工作学习。使师生员工都感到陕西师大很温暖，组织对自己很关心，该解决的问题都得到解决，应得到的也基本上都得到了。因此，"群众与上同欲"

如乘一舟,在统一指挥下,齐心协力地经历政治风云,度过生活困难。然而,陕西师大的发展,群众的功利,不能从天上掉下来,也不能靠别人恩赐,而靠自己在奋斗中获得。群众的努力是在一定时间、一定空间、一定大小气候中进行的。

其三,从形势上,郭琦同志审时度势,谋求改革,使师大在不断调整改革中发挥师生员工的积极性,凝聚起强大的力量。已故教育家左嘉猷曾形象地比较了西大和师大的特点。他认为,西北大学是老校,水平较高,单打比赛难以匹战,但团体赛师大又略胜西大。就是指那时师大有一种宝贵的内部凝聚力。

郭琦同志十年谋三事,在师大舞台上导演了许多生动活泼的戏剧。他在管理上不仅有远谋,而且还重视抓常规性的重要的具体事。

在常规决策上,郭琦同志十年反复抓了以下要事:

其一,校园建设。郭琦同志非常重视环境教育,他除了抓校纪,培养校风学风之外,还抓亭台、石座以及建筑、道路的布局和卫生等。

其二,绿化。郭琦同志在师大不仅抓花园、果园的建设,而且抓草坪、树林的布局。他抓绿化,在西北高等院校中,可以说是有口皆碑的。

其三,教学为主。郭琦同志在师大工作时期,正是政治运动频繁的时候,频繁的政治运动不断冲击着教学秩序,但他总是强调这方面,使它的损失减少到最低限度。

其四,打基础。郭琦同志非常重视基础学科的建设,而且强调"三基"训练。他经常讲:"根深叶茂,才能硕果累累。"

其五,科研特色。郭琦同志重视教学,也重视科研,不过,在科研上,他强调各专业应根据自己的特点,来建设和发展重点学科,而且他也亲自指导几个重点学科的建设。

其六,招揽人才。郭琦同志不仅有爱才之心、识才之眼、用才之术,而且有育才之能、护才之魄、荐才之德。所以,他结识的人才很多，许多知识分子也以郭琦同志作为自己的代言人。

其七，囊括大典。郭琦同志很重视图书馆的建设，在图书资料上，他主张囊括大典，各家著作，兼容并包。陕西师大图书馆至今藏书量巨大，和郭琦同志很有关系。

其八，师资队伍。郭琦同志一直亲自抓师资队伍的建设，他既重视发挥老教师的作用，又重视对青年教师的培养。他在教师梯队上花了不少力量，千方百计为教师排忧解难。所以至今，陕西师大许多学科带头人对郭琦同志具有深厚的感情。

其九，班子的团结。当时陕西师大的领导班子，是以刘泽如同志为首，由郭琦、文普华、巩重起同志组成为领导核心的。刘泽如同志是一位艰苦勤奋的老革命、老教育家，德高望众，但由于身体欠佳，又集中精力搞心理学，只参加重大问题的常委会。省委确定郭琦主持党委工作。这局面，必然把他推到不挂牌头而演重头戏的位置。但郭琦同志对刘老很尊重，善于同其他同志商量，而巩重起、文普华同志党性强，事业心很重，也支持郭琦，这样，在陕西师大就形成了一个和谐团结的校领导班子。郭琦同志不仅重视搞好校级领导班子，而且重视各单位领导班子的调整，使师大形成了一个灵活有效的领导机构。

郭琦同志在领导工作中，不仅善于谋大事，抓要事，而且方法上形成了两条独特风格的艺术诀窍。

一条是，提得起，放得下。所谓提得起，就是举纲提目；所谓放得下，就是放心、放手、放权，即领导出题目，群众作文章。这样使下级（包括群众）容易看清目标，领会领导意图，也容易找到自己的位置，认识自己的价值，感到自己很充实、很重要，容易发挥自己的积极作用。即使上级在布置工作时，有不周到之处，下级在实践中也会主动弥补。

另一条是既超脱，又下水。所谓超脱，就是抓大事抓原则，不可管的事当然不管，可管可不管的事，也放到下面去；所谓下水，就是亲自体会亲自干,如属方向性、全局性、转折性以及老大难的事,都是自己亲自动手,起楷模的作用,这种做出样子的领导艺术,往往是无声的指挥。

正因为他有这两条领导诀窍,所以表现为既忙碌紧张,又从容闲适。他平时学习时间很多,因而他看问题、讲话、作报告,总觉得不落俗套,每次都很充实,有新意。

第五,赤诚的奉献精神。教育的周期性很长,不像农民种地,春播秋收;不像工人生产,立竿见影;也不像商贸经营,拍板定案,利润到手。教育是培养人的工程,它的"产品"具有滞后性,远效而少近利。而教师职业特点又是头脑丰富,囊中空虚,工作艰辛,生活清苦,所以教师要有奉献精神。大学校长是教师的教师,更应有赤诚的奉献精神,而郭琦同志在这方面有三点特别突出:

其一,忠贞。郭琦同志在陕西师大"演戏"的十年里,正是政治运动多的时期,所以,他"演"了十年戏,背了大黑锅。在"文革"中,成为挨批的重点,三年住牛棚,七年靠边站。在这20年里,他红红火火地"演"了不少戏,也凄风苦雨地受了许多罪。劳累了十年,委屈了十年。由于他的高风亮节,所以平反复职以后,他在群众中的威信更高了。甚至连他在十年"演戏"时曾伤害过的一些人,通过"文革"了解过去政治运动全貌的人,也对郭琦更谅解了。但郭琦同志仍利用各种机会,向这些人道歉。"文革"虽然被否定了,但他仍实事求是地总结历史经验教训,严格要求自己,检查自己的错误,吸取付出巨大学费的教训。所以,从整个来说,郭琦同志无论经历什么风雨,他都始终不渝地坚信党,忠于党的路线,忠于人民的教育事业,忠于广大师生员工,不愧为人师表,为社会主义教育家。

其二,虚心。郭琦同志联系群众面很宽,教师、干部、工人和学生中,都有与他常来常往的朋友。和他接触过的人,都觉得郭琦同志平易近人,虚心好学。郭琦同志不仅向许多朋友学习,而且博览群书,向专家求教。听孙为霆教授讲元曲,向史念海教授请教历史地理学方面的问题,向赵恒元、吕秉义、王振中教授请教许多自然科学方面的问题。同时,在工作中,他经常召集"智囊团",开会研究问题。这种虚心学习与他的校长角色联系起来,也是一种领导艺术。因为"欲与予之,必先取之",要作出奉献,必先获得。这里的"取"和"获得",不是个人的名和利。为人民奉献不能靠一个人的地位,而要靠一个人的知识才能和智慧,而一个人的知识才能和智慧又总是靠虚心学习得来的。郭琦同志总是虚心好学,把时代的要求、群众的经验、专家的知识,凝聚为自己的智慧和才干,说出令人佩服的话,做出令人赞誉的事。

其三,真诚。忠贞奉献,虚心好学,在一两件事上,在一个短时期里,并不困难,难的是一辈子。这里的关键,在于一个"诚"字。郭琦同志一生忠诚于党,真诚实意地贯彻党的路线,真诚实意地为人民教育事业做出奉献,真诚实意地为培养人才呕心沥血,一直到他因劳累而昏倒。住院之前,还在指导教师完成科研任务,直到永别,真正做到了春蚕到死,蜡炬成灰,鞠躬尽瘁,死而后已,尽了一个社会主义教育家的任务。

郭琦同志的教育思想和理论永放光辉!

(陕西师范大学出版社 1993 年 8 月版《著名马克思主义哲学家、教育家、史学家——郭琦》)

努力把学科办出水平来

——谈郭琦教育思想与实践

姜秉正

郭琦（1917—1990）是四川乐山人，他的一生，绝大部分时间从事高等教育的领导工作，在陕西师范大学、西北大学先后度过了27个春秋。"努力把学科办出水平来"，这是郭琦经常讲的，并为之着实去做的。它是郭琦教育思想与实践中很有特色、颇有建树的一个问题，对之进行研究和总结，我想是会有借鉴意义的。

积极引进，但不照搬

要办好一所大学，就有一个根据自身条件和社会需求，如何抓好学科建设的问题。在这个问题上，不论在陕西师大，还是西北大学，郭琦都做出了突出贡献。30多年前，陕西师大初创，是一所刚刚发展起来的地方院校，可是现在，她已成为国家教委直属的六所师范大学之一。星移斗转，变化不能不谓之大矣！而这个变化的基点，就在于早年学科建设抓得好。郭琦作为奠基人之一，确实曾付出过大量的心血。学校建设是一项系统工程，它涉及学校的属性与社会需求，正确处理政治与业务、教学与科研的关系，教学秩序的持续稳定，老中青学科梯队的形成，以及图书馆、实验手段等工作、生活的环境条件。

对这些问题，郭琦一直是很关注的。进入80年代中期以后，他在指导思想上又有了新发展。他从科学不分国界的观念出发，认为要抓好学科建设，必须放眼世界，追踪和引进国外科学的新成就。他的这一思想，总结起来就是积极引进，但不照搬。

郭琦"积极引进"，是基于承认我国高等教育与发达国家、甚至与一些发展中国家相比，存在着一定差距。他认为这种差距的主要表现之一，就是我们的专业设置，基本上沿袭着过去的传统学科，反映不了世界科学技术的新成就。郭琦曾以经济学为例，他说，现在我们搞经济学的，多是攻政治经济学，部门经济学尤其是新兴部门经济学的专业人员特别缺。如前多年搞"毁林开荒""围湖种田"，从眼前看，增加了粮食生产，但却造成了生态平衡的破坏。这种失误的出现，一个重要原因，就是缺乏环境经济学、生态经济学、资源经济学等方面的知识。而这些新兴部门经济学人才的培养，在一些发达国家早已进入了高校的专业设置目录。另外，郭琦还以人口学、社会学、科学学、未来学、生物工程等学科为例。他说：这些学科，在国外发展很快，而我们前多年既没有介绍，更谈不上建立这些新的学科了！郭琦所说的这些情况确实是事实。可以设想，如果不改变这种状况，怎么谈得上使我国的教育面向四化，面向世界，面向未来呢！

差距的另一突出表现，就是专业面太窄。郭琦认为，世界科学成就的特点之一，就是科学技术化和科学技术应用于生产的时间大大缩短，迅速形成了新兴技术群和工业群，而且由于自然科学和社会科学的互相渗透、互相交叉，形成了新学科群体。他认为，这种趋势要求我们必须改变现在的专业面太窄，以致教师、学生知识结构处于封闭、半封闭状态，否则，我们将会犯时代性的过错。他主张大学教育应把握时代前进的脉搏，进行"通才"教育，使学生在校期间能够打下最佳知识结构的基础。他的这个看法是很有见地的，因为有了坚实的基础，才能有后劲，才能更好地发挥创造才能，也才能适应社会行业的多变性及其对人才的选择；个人的知识结构，也才能实现由博返约，再由约到博的良性循环。

在学科建设问题上，郭琦在主张积极引进国外科学新成就的同时，坚决反对照搬。他说，解放前，我国的教育照搬英美，造成畸形；建国初期，我们又照搬苏联的，结果连苏联的教条主义也搬了进来，造成了体制、专业设置、教学体系和方法上的许多弊病。这种教训是不能忘记的。为了使大家深刻理解，他还曾多次以日本的历史为鉴，从更广泛的意义上作了论证。他说，日本在明治维新以后，把向西方学习定为重要国策，从而使日本的近代化加速展开，并逐步奠定了日本国力雄厚的经济基础。但是仔细考察，我们就会发现日本人向西方学习，根本没有采用全盘照搬的方略，而是继续发扬本民族的优秀文化传统和心理特点，使之与西方的文明成果相结合，从而形成了有效的日本模式。郭琦认为，日本人善于有选择地学习西方，又坚持弘扬本民族之所长，并使两者很好地结合起来，这正是他们能立于世界之林的"要诀"。他说，这个"要诀"充分说明了一条道理，就是说，即使在资本主义国家之间，彼此的学习也是不能照搬的。

郭琦论述日本经验，在于引出这样的结论，即中国高等教育的发展应是开放的，同时又要切忌照搬。用他自己的话说，叫做既要"开窗户"，又要"安窗纱"。他说，如果不打开窗户，呼吸新鲜空气，在世界新的科学成就大量涌现的今天，就会变得因循落后，就会严重影响到我们的事业、我们的后代。但在"开窗户"的同时，要"安窗纱"，不让蚊蝇混入；同时，在打开窗子以后，进来的空气也不一定都是新鲜的，这就需要"过滤"。就是说，要从我们的国情和实际出发，要有分析、有鉴别，取其精华，弃其糟粕，吸取对我们有用的东西。在"过滤"时，郭琦认为有三种情况值得特别注意：一是，要强调不能搞民族虚无主义，防止把垃圾当宝贝。他说：中国有悠久的历史传统和丰富的文化遗产，我们应当把继承和吸收外来文化融为一体，走自己的路子。二是，在哲学社会科学领域里，对西方学派和思潮中的那些反马克思主义的东西，应当进行有说服力的分析和批判，在战斗中发展我们的哲学社会科学。三是，对要批判的东西，首先应学习，同时要保证反批判意见的发表。他认为，只有这样办，才有利于开展百家争鸣，也才能使师生特别是青年教师和学生增强免疫力。

发挥优势，形成特色

要把学科建设搞好，还有一个吃透校情，发挥自己优势的问题。可是，一个学校的优势，并非都是现实的，往往有一个凝聚、转化和发展过程，它需领导者认准，并坚持不懈地为之努力，才能真正发挥出来。郭琦对这个问题，感触很深，因为陕西师大迅速成长的重要经验之一就在于此。所以 1977 年在他调到西北大学任职以后，便用了很大的精力，调查研究西大的校情与优势，并于 1980 年底前后，对西大的学科建设提出了发挥优势、形成特色的战略构想。其主要点是：

第一，发挥以搞基础理论为主的多学科优势。他认为，西大是西北地区历史最老的一所综合大学，基础学科比较齐全，而且多数学科已经形成了一些基础较好的专业，并有重视基础课教学和基本技能训练的传统。因此，他认为突出基础理论，发挥多学科的优势，应是西大发展的一个重要方向。为了适应现代科学技术既高度分化、又高度综合的趋势，适应基础理论同应用技术紧密结合、社会科学与自然科学相互渗透趋势。郭琦主张，在专业和课程设置上，要首先改变一些专业面太窄、门户隔绝的方针，调整现有专业，创造条件发展新兴学科。为此，在教学制度、教学组织、教学环节以及教学方法上，他认为要适应加强基础、综合发展的要求，改变刚性太大、制度太死、课程分量太重以及注入式的偏向，而应当增加弹性，多开一些选修课，切实实行启发式教学，实行学分制。

第二，发挥地方特点，调整文理科结构。郭琦认为，西安是周、秦、汉、唐的古都，外国专家学者对以西安为中心研究中国古代文化有浓厚的兴趣，这种历史、地理环境对西大的发展提供了优势条件。可是，当时西大的文科仅有文、史两系，比例不到全校学科的三分之一。郭琦说，文科这条腿太短，西大应对文理科结构进行必要的调整。他主张在办好现有专业的基础上，要使文科专业得到一个相当的发展，即恢复和增设外语、经济、哲学、法律等系，逐步使本科在校人数达到文科与理工科四六开的比例。同时，他大力开展涉外活动，力主与国际学术界广交朋友。在他任职期间，西大与美、日等国十一所大学签订了校际友好协议，努力争取有较多的教师参加国际文化科学交流，并按照对等的条件，接收了一些外国文科留学生和派出一些文科教师，也为理工科、外语和管理科学引进了一些外国教师，或派了一些留学生、进修生、访问学者。这些，对西大文理工科的提高和发展，确实获益良多。

第三，突出学科重点，逐步形成特色。郭琦认为要使西大的一些学科打出潼关，在全国获得发言权，必须从科研体制、组织管理入手，克服在这方面存在的分散割据的小生产状态，突出重点学科和课题，组织多学科的协同作战，以便逐步形成在一些学科领域里的特色和优势。他在深入调查和多方论证之后，提出了一批认为应当作为重点来抓的学科和课题。诸如：在文学方面，突出唐代文学和当代文学的研究；在史学方面，加强秦汉史、考古、中国思想史的研究；在生物、地学方面，加强对黄土高原和秦岭、巴山的研究；在化学方面，突出农业化学和环境化学的研究；在物理学方面突出粒子物理、低温物理和激光的研究；在数学方面，突出拓扑学、微分方程的研究。这些思路，应该说是可取的，而且多数设想后来得以实现或部分实现。当然，重点也不是硬封的、一成不变的，原先未列入重点的，后来却发展为重点。如经济学的研究、计算机软件的研究、古生物地层的研究等等。

这说明重点的确定和管理应是动态的。

尊重知识,尊重人才

要抓好学科建设,就不能忽视造就一批学术带头人这个关键问题。而这个问题的解决,同尊重知识、尊重人才风气的形成有着紧密关系。郭琦认为在过去较长的一段时间内,影响这种风气形成的主要因素,是由于我们一些干部头脑里长期以来存在的几个错误观点在作怪。他把这些观点归纳为三种:

一是,错误地认为教师中多数人出身于剥削阶级家庭,社会关系复杂,从而视其为异己力量,视其为凝固不变的改造对象。郭琦认为这种观点,是放大了唯成份论。

二是,错误地把知识分子与资产阶级等同起来,不承认知识分子的变化。本来早在1956年周总理主持召开的知识分子会议上,对知识分子的变化和进步已作了明确的肯定;1962年的广州会议,更脱帽加冕,肯定大多数知识分子已转变为劳动人民知识分子。然而,这些正确的结论,却受到来自"左"的干扰和批判。结果,不仅旧社会过来的知识分子,被看成资产阶级知识分子;过去说的小资产阶级知识分子,被升格为资产阶级知识分子;就连我们解放后培养的知识分子,也被划入资产阶级知识分子。郭琦把这种观点,叫做以所谓的"世界观"划阶级属性。

三是,错误地把知识分子看成是产生资本主义的祸根,滋生精神贵族的温床。不承认知识分子主要从事脑力劳动,有其不同于体力劳动的特点,从而形成了对知识分子看法上的偏见。他们把红与专对立起来,凡搞点专业,就认为是只专不红,业务上冒尖的,就说是修正主义苗子,甚至把为教学、科研服务也看成是为资产阶级精神贵族服务。郭琦说,这种观点后来被"四人帮"推到极端,引出了"知识越多越反动"的公式,把知识分子列为"臭老九",作为打击和专政对象。

郭琦认为上述错误观点的存在,究其原因主要是对知识分子在革命和建设中的作用估计不足。在这个问题上,郭琦也常自省。在那些"左"的年代,他也曾伤害过一些同志,但后来及时作了纠正,并从路线高度进行了总结。1961年8月他明确地提出:必须纠正党内对知识分子作用估计不足的混乱思想。他认为,党的知识分子工作说到底,就是要调动知识分子的积极性,使其自觉地拿出他们的知识技能,为社会主义事业服务。他说,只要他们接受党的领导,就应该给予信任和支持,团结教育他们,使他们能积极大胆地工作。文革十年的大破坏,使他更坚定了这些正确观念。1977年至1978年间,邓小平发出了"尊重知识,尊重人才","反对不尊重知识分子的错误思想"的号召,明确肯定知识分子是"工人阶级自己的一部分",以及对"四人帮"炮制的"两个估计"的批判,使知识分子问题回到了马克思主义的正确轨道,也彻底驱散了郭琦脑海中的乌云。他除抓了大量的拨乱反正、平反冤假错案的具体工作外,总是注意从思想上提高人们的认识。前述对知识分子的三种错误观点,就是他在1981年回顾和总结32年来高等教育历程时概括的。他在回顾总结中还说到,30多年来,我们大学可以说有三个平稳发展时期,一为1953年至1956年,一为1962年至1965年,一为1978年以来。这三个时期,尤以现在为最佳。其所以称"佳"者,盖源于"尊重知识、尊重人才"的指导思想明确,方针、政策和措施对路。他认为,历史的经验和教训向我们昭示了一条颠扑不破的真理:什么时候我们尊重知识、尊重人才,相信和依靠知识分子办学,学校就前进,就发展;反之,我们的事业就要受到挫折和破坏。同时,历史事实也证明,知识分子的绝大多数是热爱祖国、接受党的领导的,是忠诚于党的教育事业的,即使在逆境之中也还是坚持不渝的。他说,这个真理,我们识之不易,是付出了沉痛的代价之后才取得的。

郭琦的回顾和总结，在于期望学校的各级干部，能从错误和挫折中吸取教益，推动尊重知识、尊重人才风气的形成。他认为，这是调动教师积极性的基础；对于学校来说，也只有形成这种风气，才能谈得上造就一批学术带头人。他对学校能有一批学术带头人，怀着殷切的希望。他常以剧团演戏来作比喻，他说，一个普通的剧团，服装道具设计得很漂亮，人家宫女四个他搞八个，可以穿得花团锦簇，就是主角一般，那卖票只能卖八角，如果梅兰芳演戏，配角较差，宫女四个，但是，他卖票二块或四块一张，常是满座，买不到票。

我们看戏是看啥哩？不是看跑龙套的穿的是否漂亮，跟头翻得多少，主要是看主角的表演。当然，好的配角也可以给主角增辉添彩。他的看法是学校和剧团一样，没有名家不行。他在西大工作时，经常讲"我们要有十来个在全国出名的教授，情况就大不一样了！"所以，他千方百计，大力扶植人才，努力培养学术带头人。

热情关注，脱颖而出

"识别人才，当好伯乐"，这是郭琦在各种会议上经常强调的，他认为这是学校党组织做政治工作的一项重要任务。如果做不到这一点，就是没有完成任务；如果没有发现人才，或者发现了没有抓住，就是失职。

郭琦所讲的"发现人才"，包含着多方面的内容，很重要的一层就是支持中年的学术带头人形成梯队。1981年底，在郭琦的主持下，在学科梯队建设上，学校党委就培养和造就学术带头人作出了几项决定：首先是在思想上，要破除"论资排辈"以及"金要足赤，人要完人"的思想；要承认差异，不能"求全责备"，不能搞一个尺子量，一个模式铸。其次，要为学术带头人开展工作创造有利条件。当时提出，并经学校党代会上讨论得到通过的有四条：1. 给学术带头人以挑选助手的权利,以利形成和谐的研究班子和梯队;2. 优先解决他们的实验用房、研究手段和图书资料;3. 减轻他们的非业务性工作负担,确保六分之五的业务工作时间;4. 支持他们尽可能投入国内外学术活动的行列,接触学术前沿,开眼界、长见识,以利其提高和发展。这些措施,应该说是得力的,对西大培养学术带头人的工作,发挥了积极作用。

郭琦认为,学术带头人的造就,只着眼于现成,是短视的表现;而应从战略高度,考虑几代人才行,他认为,对确有专长的老教师,主要是发挥其传、帮、带作用;中年教师是主力,重在支持其形成学术梯队;对学校的未来则把希望寄于青年教师,特别是一批研究生身上。那时,即1983年,西大已先后留研究生100多名。他们的年龄多在30至40岁之间,并且大都有较强的独立研究能力。对于这批青年教师,郭琦也总是亲近他们,很关心他们的成长,向他们提出严格的要求:"科研要专,教学面要宽",为了使其达到"教学面要宽"的目标,他提出:一个人要讲一门主课,开一二门选修课,不能一门课几个人抬,比如讲中国文学史,应从先秦一直通到元明清。在要求他们高标准过教学关的同时,郭琦鼓励他们在科研上要专、要钻,打到"深油气层上去"。他常以国外的情况来激励青年教师和管理人员。比如他说:现在苏联很注意青年人的创造力,他们科研队伍里取得成就的,大都是30多岁的人。日本有个规定:在一个大学连续任20年教授的人,才有资格当终身教授;当上终身教授的,退休后才给发工资。所以,人都争取40岁奔到教授;如果40岁当不到教授就不能有20年教授的任职,也就没有资格取得终身教授。因此,在40岁以前,人就要千方百计地奋斗,为当教授创造条件。郭琦认为,苏联和日本的做法,很值得思考。他是多么希望我们的人才能够早熟,能够有一批年青的学科带头人啊!

(陕西师范大学出版社1993年8月版《著名马克思主义哲学家、教育家、史学家——郭琦》)

远见卓识，沾惠学人

——深切怀念杰出的教育家郭琦校长

韩理洲

凡是对社会做出重要贡献的人，他的思想言行历久弥新，人们是铭记不忘的。杰出的教育家、哲学家、史学家郭琦校长虽然仙逝已经近二十年了，但是他曾历职的陕西师范大学、西北大学的学人和校友至今仍然深切地怀念着他，称赞他是在这两所高校发展史上作出过里程碑贡献的领导，是新中国成立六十年来名列前茅的好校长，是有远见卓识的教育家。古人云："哲人其萎，光辉永在，信矣！"

作为他的学生和晚辈，我多次聆听过他的教诲，接受过他的指导。他的和善刚毅音容神采，睿智博学的思维，切实灵活的领导艺术，生动深刻的谈论，认真干练的工作作风，常常浮现在我的眼前，萦绕在我的心田。他在高校担任领导工作数十年，既有系统全面、深邃督导的教育思想，又有十分丰富的实践。在这里，我仅就他指导教学和科研的远见卓识做一些片段回忆。

我是1962年考入陕西师范大学中文系的。在1958年的"大跃进"、1959年的"反右倾"的"人祸"和三年自然灾害的折腾下，到1962年的国民经济的运行已经陷入了举步维艰的泥沼，教育也受到极其严重的影响，高校招生大幅度压缩。但在校学生仍然是缺肉少油，瓜菜为主，饥肠辘辘，伴灯夜读。因营养不足、身体浮肿的事，时有发生。

这时，我们在学生食堂的大饭厅，曾多次见到郭校长与负责总务工作的脚穿草鞋的文普华副校长等人的身影，他们正在同伙管科的管理员、炊事员交谈改善学生生活的意见。在大会上，我们听到郭校长对颜回等古圣先贤、志士仁人在生活困境中矢志不移的苦学精神的深刻阐发，受到了极大的激励。于是"居陋室，一箪食，一瓢饮，回也不改其乐"，变成了我们面对生活困难，发奋读书的精神力量。有的同学还把《论语》这段话写在床头，作为座右铭。

对于大学生的学习，郭校长要求非常严格。他明确指出，必须加强基础学习，才能根深，叶茂，果丰。所谓基础学习，他概括为"三基"：基础知识、基础理论、基本技能。对于中文系的学生来说，基本技能是指写作能力和口头表达能力。为此，他特意请中文系系主任高元白、冯成麟教授等系里的教师一起制订了学生必须背诵的古代诗词散文三百篇，人手一份，毕业前，要进行考核。文艺理论、现代文学、外国文学等教研组也都给每位学生印发了必须精读的作品选段。为使我们广泛了解典籍，学会利用图书，他建议中文系给我们这一级学生增设了从未设立过的《工具书使用法》，由学识渊博的郭子直老先生讲授。这门课概要地讲述了文、史、哲方面的基本典籍和古今主要研究成果，扩展了我们中文专业以外的基础知识，有助于了解学术发展史。这门课程的增设，其意义非可等闲论之。一是在当时一切唯从上级的意识主导下，郭校长从为学生负责、提高教学质量出发，在力所能及的情况下，进行了高校独立自主开课的大胆尝试。二是新中国成立以来，盲目照搬前苏联的教学模式，分科细碎，注重分析，不及综合，存在很大的片面性。作为学者的郭校长提倡增设这门课程，可以说是有胆有识之举！

据当时授课的老师说，郭校长对加强基础教学非常重视，不仅在办公室里与系领导和教师研究讨论，而且常到朱宝昌教授和骨干教师的家里促膝夜谈。他的言行调动了教师的积极性，为我们这一级授课的老师都认真履行了"传道授业解惑"的职责。在各科老师的辛勤教导下，同学们的思辨能力、基础知识的功底、写作水平都有显著提高。至今，校友聚会，回忆起大学里的学生生活，好多人还深有体会地说："大学扎实的基础训练，使我们受益匪浅！"

郭校长教育思想影响深远的还有一个重要方面，即关于有特色的重点学科的建设。早在上世纪70年代后期他就明确地提出了这一理念，并在管理工作中付诸了实施。打倒"四人帮"后，1978年，我国首次恢复了被"文化大革命"终止了十多年的研究生招生制度。我考入了西北大学中文系，师从唐代著名文学专家傅庚生教授，攻读硕士研究生学位。此前，他已受命担任了校党委书记兼校长。"文化大革命"的浩劫，"黄钟毁弃，瓦釜雷鸣"。他被列为推行所谓的"封、资、修"教育路线的典型代表，继西安交通大学党委书记兼校长彭康之后，是陕西省第二位在报纸上被点名批评、罢官的高校领导。跟着"四人帮"鼓点跳的造反派对他施行了惨无人道的戴高帽子、批斗、挂牌游街、殴打、关牛棚、劳动改造等暴行。十年来，他的身心备受折磨。但是，当他在年逾花甲之岁获得重新工作的机会后，仍然保持着常人难以理解的旺盛的事业心，以广阔的胸襟，不计个人得失，怀着高度的责任感，为办好高等教育殚精竭虑，忙碌不息。他带领教务处、科研处的干部以及各系领导深入调查研究，与老教授和教学骨干反复谈心，多方征求意见。在集思广益的基础上，他结合西北大学的实际，高瞻远瞩，别具慧眼地提出了重点发展有鲜明特色的优势学科、出人才、出创新成果的方案，确立了秦汉史、唐代文学、地质构造、基本粒子、热化分析、基础数学等重点学科，并成立了相应的研究室（所）。据我所知，如此重视加强重点学科，在上世纪70年代末到80年代初的全国高校中是少有的。三十年来，这些重点学科，在一代又一代学人的努力下，一直是西北大学发展的支柱，为国家培养了大批教授、博士生导师和成千上万的博士生、硕士生。其中地质学方面的学部委员张伯声、

远见卓识,沾惠学人

中国科学院院士张国伟、国家自然科学一等奖获得者舒德干,文科方面陈直、傅庚生、张岂之等人的创新成果,这些都令人鼓舞。

对于重点学科,郭校长很重视老、中、青"三结合"的梯队建设。由于"文化大革命"大革文化之命,人才严重"青黄不接"。他一方面与校党委、组织人事部门积极贯彻党中央"拨乱反正"方针,落实平反冤假错案政策,做深入细致的思想工作,调动老教授和骨干教师教学和科研的积极性;一方面加强对青年人才的培养。经与上级主管部门联系,对上述重点学科的研究生进行了扩招,对这些学科的实验室、资料室人员也进行了补充。对重点学科梯队的思想建设,他在各种会议上多次强调既要有"争冠军"的精神,也要有集体协作的团队精神,拧成一股绳,攻克重大科研难关。这些论述,在学者们中产生了深远影响,迄今仍被常常谈及。

学术是天下之公器。郭校长很重视和支持重点学科的学术交流活动,认为这是促进学科建设的重要举措。1981年5月,在他的具体指导和策划下,动员各方面配合,由中文系举办了首届中国唐代文学学术研讨会暨中国唐代文学学会成立大会,此次会议,他参与了全过程,并利用全国学者云集的机会,征询建设重点学科的意见,给全国学者留下了强烈印象,专家们交口称赞郭校长是内行领导,有办好学校的见识、魄力和工作经验,一致同意把学会秘书处设在西北大学中文系。自此之后,近三十年,学会秘书处为联络海内外专家交流学术,做出了不懈的努力,中文系的学人也从海外专家的研究中获得了很多教益,出了不少成果,产生了较大的影响。在他的指导下,历史、地质、物理、化学、数学、经济、地理、生物等在上世纪70年代末80年代初也召开了很多学术会,多次邀请海内外专家来西大讲学,同时又积极选派本校的学者出国进修、讲学,使"闭校自守""万马齐喑"的西大校园充满了活跃的学术气氛,迈向了与国际学术研究和高校教育接轨的道路。

远见卓识，沾惠学人

郭校长主持西北大学期间，我曾拜访过他。每次拜访，他的人格魅力和教诲如影随行，给我留下了深刻的印象。记得在攻读研究生学位期间，我曾向他请教治学方法。他利用中午饭的休息时间与我交谈了半个小时。他说，研究生，顾名思义，就是要在独立从事科学研究的能力方面下功夫，这是研究生与本科生学习的重要区别。因此，一定要选择好研究的突破口，要全面系统的掌握研究对象的历史和现状，进行深入的分析，不要搞重复劳动，要写出持之有据、言之成理的新成果。他还告诫我，要学习文科陈直、傅庚生、刘持生、张岂之等先生"坐冷板凳"的精神，刻苦钻研。听到他讲的"坐冷板凳"的精神，又使我想起了十多年前读大学时，他讲的颜回的"安贫乐道"。这些教诲重提再论，使我悟出了做学问的真谛：只有勤奋，别无捷径。他讲的治学方法，是宝贵的经验之谈，行家里手之论，犹如良方妙药，用之生效，使我终身受益。在我留校工作期间，当我在陈子昂、王绩研究方面有所收获时，又得到了关注青年学人成长的老校长的热情鼓励，并希望我以具体作家的个案研究为点，进而扩展为线、面、体的全方位研究。我从事学术研究三十余年来，研究问题、写论文、出专著，指导硕士生和博士生，遵循的正是老校长指点的路子。唐代著名诗人李商隐的《谢师》说："自蒙半夜传衣后，不羡王祥得佩刀。"忆及郭校长的教诲，我也有同样的感受。

校长是办好学校的关键，是唐代韩愈《杂说》中称道的善于发现、培养"千里马"的"伯乐"。改革开放三十年来，中国的高等教育长足发展，成就斐然。但是，急功近利、学风不正、官衙门式的管理、缺乏独立创新精神等问题也相当严重，世人诟病之声与日俱增。这时，我们重温郭校长的办学思想和举措，弥觉珍贵。学习继承他留下的这笔珍贵遗产，对针砭时弊、发展高等教育具有重要的现实意义。天下学人多么期待着中国高校多涌现郭校长式的领导啊！

郭琦同志与写作教学

阎景翰

郭琦同志患病和逝世的消息几乎是在一天内传来的。早上听说他突然发病,中午便听说他已仙逝。这真使人无法相信!其时由我主编、由郭琦同志任顾问的《写作艺术大辞典》刚刚出版。想起他向来对写作事业的关心,我恨不能马上将这本书送到他的面前,让他随便翻翻,即使翻一页两页也好。可是这已是不可能的了,于是我只得写了"谨将此书献在郭琦同志灵前"的话,托人匆匆送去。送书的人走后,我一人坐在空洞洞的房间里,接着往事便不断地涌现出来……

郭琦同志对写作事业、对中文系的写作课教学,是非常关心、非常重视的。在他任陕西师大副校长并主管教学的那些年,中文系写作教研组的工作,可以说是在他直接领导下进行的。他经常在自己的办公室里召集全组教师开会,和大家一起研究如何改进教学,提高学生的写作能力。他认为会写清楚明白的文章,是一个合格的中学语文教师必须具备的条件;教师有一定的写作实践,有一定的写作能力,才能指导好学生的作文,才能教好中学的语文课,或者才能成为一个合格的工作干部。中文系课程门类很多,不少领导同志所重视的,常常是文学理论、美学、中外文学等所谓高精尖课程。

写作是一门基础课,对这门课,人们不重视,常常派一些在那时认为立场、观点或历史有问题的人去上,学生也不好好学,因此,教师们一般都瞧不起这个专业,搞这个专业的人也有点妄自菲薄,不认为写作是一门学问。可是郭琦同志不这样看,他亲自抓这门课,实际上就是对这些看法的否定。他鼓励写作课教师自重自爱，说他们的工作很辛苦，任务很艰巨，身上肩负着培养合格语文教师的重任。他同系、室领导研究决定，将开课时间由一年改为两年，学生写作课不及格者不能升级，不能毕业。他具体规定了写作的过关标准，如病句和错别字不能超过千分之三等等。为了鼓励写作课教师热爱本职工作，他主张将能否改好作文作为教师提职晋级的条件之一，对其科研要求可以放宽，他深知批改作文是项苦差，要求系领导都要尊重写作课教师在这方面常常鲜为人知的辛劳。

在郭琦同志亲自抓写作课教学的那些年，陕师大中文系写作教研室的工作很有起色，同志们经常开会汇报工作，交流经验，互相听课，取长补短。尤其在批改学生作文方面，有的精批细改；有的印发同学的作文，展开课堂讨论，一时间百花齐放，大大地调动起了学生的写作兴趣。那个时期还举办过几次作文展览会，展出的虽是学生的作文，实际上也是教师的功底的展现。那一篇篇作文的字里行间，朱笔圈点，眉批总评，都凝聚着写作课教师的心血。

郭琦同志的一生，是勤于写作的一生。他深知写作为文之道，对文字表达能力较强的同志一向十分尊敬。他常说：凡人为文，私于自是，不能无病。因此主张，学为文章，先谋师友，得其评论，然后出手，以免私心自任，取笑他人。他对能改易自己文章一二字或一二句的人都是很尊敬的。比如五六十年代，他每每写出文章，都要我帮助修改，说我的文字比他周密、细致。开始，我觉得他是一校之长，我是一个小小单位的小小干部，就是年龄也差着一截，因此对他的文章，只稍稍提一点意见，不做大的改动。他看出了我的缩手缩脚，便将韩愈的《师说》，从头至尾、一字不差地用浓重的四川口音朗诵一遍，那意思是要我领会在文章写作中，也存在着"无贵无贱，无长无少，道之所存，师之所存"的道理。我懂得了他的意思，以后对他的文章便敢大着胆子改动了，常常还将改过的地方读给他听。他听着，或连连称好；或不以为然，但脸上总挂着宽厚的笑。

"要尊敬叶圣陶先生！"是郭琦同志的一句口头禅。那意思是说，作者在文稿完成以后，应抱谦虚态度，就教于人。他反对既不能文，又不放下架子的高傲态度，经常以毛主席如何尊敬叶圣陶、毛选四卷都由叶圣陶校订过文字和标点的事实，说服教育这些同志。60年代初，郭琦同志决定在校党政干部中成立语文学习班，每期又分脱产与不脱产两班。脱产班多为青年干部，不脱产班多为中层领导，如党委系统的有组织部长、宣传部长、各总支书记或副书记；行政部门的有处长、科长。郭琦同志在开班前曾向这些同志作过动员，讲话中仍强调了要尊敬叶圣陶先生的话。

语文学习班的工作一直是由郭琦同志亲自抓的。他先要求我讲议论文写作和应用文写作，我说这两种文体固然重要，但记叙是基础，他便同意了。他亲自选了课文，要求我写出写作知识教材，并随时向他作汇报。他要求两个班的学员都得交作文，作文也可以由工作中拟定的文件（如总结、计划、请示、报告、通知、决定等等）代替。两个班的学员学习都很认真。那时我们学校老干部多，至今我不能忘记当时那些年过半百的部长、处长们虚心好学的精神，也不能忘记郭琦同志为提高干部写作能力所做的艰苦细致工作。

郭琦同志的写作教学思想，继承了我国丰富的文章学理论，包括文与道的关系、作品与作家的修养的关系、写作与实践的关系、学习理论与加强训练的关系等等。他是"文以载道"论的积极拥护者，同时强调人品决定文品，对调查研究、写作实践特别重视，要求学习者既要行万里路，又要读万卷书，在实践中使写作知识转化为能力。五六十年代，陕西师大中文系学生，每学期作文八次，每次均要求毛笔写书，务必文面整洁，一丝不苟。他认为"劳于读书，逸于作文"的说法是正确的，要求学生必须要精读和泛览结合起来。那时，我们在郭琦同志倡导下，曾编选了一本写作范文，包括古今名作一百多篇，从文体看，有记人、记事、记画、记战、记游、立论、驳论、杂文、说明、应用多种。当时在全国，这样的选本尚不多见。另外，他还要求中文系制定有阅读背诵篇目。阅读篇目包括中外名著；背诵篇目从诗经、楚辞到历代散文诗词。他说我国古今凡能为文者，莫不得力于少年时期的熟读成诵。"书读百遍，其义自见。"他主张"破其卷而取其神"，因此那时师大校园，每日清晨，书声琅琅，学生的写作能力提高很快。1985年，中文系邀请校友作家、诗人和著名新闻工作者返校作写作经验汇报，这些校友在汇报中都异口同声地说，他们之所以能在写作上取得一点成绩，和当年在学校打下了比较坚实的基本功是分不开的。

编选了范文，郭琦同志既要求同学们熟读精思，又要求教师加强分析，提高学生的欣赏能力。他认为写作能力的提高和阅读能力的提高是相辅相成的，阅读能力可以促进写作能力。因此他常常用鲁迅的话说明分析好范文的意义：有定评的大作家的作品，全部都说明着"应该怎样写"。对于如何分析范文，他很欣赏刘勰在《文心雕龙》中指出的："将阅文，先标六观：一观位体，二观置辞，三观通变，四观奇正，五观事义，六观宫商。斯术既形，则优劣见矣！""位体"指作者采用何种体裁写作，"置辞"指运用语言的技法技巧，"变通"指作者在写作方面对前人经验的继承和发展，"奇正"指写作既要符合一般规律，又要符合特殊规律，"事义"指文章中简练精要的运用事理，"宫商"指合乎自然的语言节奏。在郭琦同志这种要求下，当时写作教研室的同志，人人都很重视分析能力的提高，普遍练就了过硬的范文分析功夫，使师大中文系形成了以分析范文为主，通过分析范文讲授写作知识、文体知识的优良传统。这个传统保持至今，使我们教研室在陕西地区至西北地区，成了一个很有特色、很有实力的教学单位。

60年代，我曾参加过两次由郭琦同志主持领导的大型社会调查。

一次是1964年的长安引镇调查,一次是1966年的镇巴坪落调查。在这两次调查中,我向郭琦同志学得了很多有关如何开展调查和如何写大型调查报告的知识。

郭琦同志认为要准确地了解社会,必须掌握精确全面的材料。他反对以点代面,只根据一两个"典型"事例就得出结论。他说只有典型材料,没有普遍材料,典型只是特殊的,个别的,不足以说明问题。对所有社会问题,他都要求透过现象看本质,把点和面结合起来。把个别和一般结合起来,在掌握大量材料的基础上,用百分比说明问题。

有这样一件事,我觉得在此值得一提:坪落调查中,有个小组抓到了一个人吃人的典型事例。据说红四方面军随主力红军北上抗日以后,反动政权立即对坪落地区的穷苦人民进行反攻倒算,经济剥削十分严重,农民生活非常艰苦。坪落有个孤苦老人,整年靠野菜、树皮维持生活。一天他发现邻村有人死了孩子,尸体埋在半山坡上,就趁天黑扒开小坟,将尸体煮在锅里。这材料是一个中年农民提供的。他说他当时只十多岁,一天傍晚从老人家门前经过,想讨碗水喝,掀开锅一看,便见锅里煮着小孩尸体。可是如今老人死活不承认此事,我们的同志便和他同吃同住同劳动,企图通过"三同",要老人承认这一事实。这个调查组将这个情况汇报给坪落调查组领导班子,并打算全组继续和老人实行"三同",一定要将这个材料落到实处。我们根据郭琦同志一贯重视百分比的指示,认为这个组没有必要把全部人力都投在这个材料上,而应做大量艰苦细致的工作,掌握反动政权对坪落群众实行反攻倒算,广大群众经济上遭到严重剥削,以致生活困难的普遍情况,防止在调查中猎奇,追求个别带有刺激性的素材。事实证明我们当时做这样的决定是完全正确的,是郭琦同志经常强调要用百分比说明问题的结果。

郭琦同志重视百分比的思想,不仅表现在社会调查中,也表现在日常一切教学、科研工作中,甚至表现在对每一个教学、行政干部的看法中。对日常的教学、科研工作,他决不根据一时一事作出主观判断,对每一个人,无论教师、干部,他也决不根据一言一行,评定优劣。他要说什么好,什么不好,都是从全局出发的,都是通过比较得出结论的。成绩和缺点,经验和教训,局部和整体,个别和一般,偶然与必然,十个指头与一个指头,在他头脑里,既有对立又有统一,他是具体运用马列主义对立统一规律的模范!

(陕西师范大学出版社1993年8月版《著名马克思主义哲学家、教育家、史学家——郭琦》)

魂归九天，情留大地

——怀念郭琦同志

黎 风

郭琦同志已离开了人间。他的英魂虽归九天，而其高尚深厚的情感却永留于神州大地。这情感是爱国主义的情感，是共产主义的情感。我虽对郭琦同志了解不全面，不深入，但就我耳闻目睹和所接触一点一滴往事来看，我觉得他那种高尚深厚的情感曾经感动我、教育我和鼓舞我。当我于1990年9月听到郭琦同志突然仙逝的时候，我感到震惊和悲痛。而在今天纪念郭琦同志逝世三周年的时候，我对他深深地怀念。

我认识郭琦同志始于20世纪60年代初，那时，我作为陕西师院中文系的一名助教，随着陕西师院和西安师院合并为陕西师大，认识了郭琦同志。当时，他是陕西师大的副校长、党委副书记，是主持校政的主要领导人物。因为校长兼党委书记刘泽如同志年老多病，所以治校重任落在郭琦同志的肩上。我身无半职，普通一员，是一个从事中国现代文学教学工作的教师，常和大家一起在联合教室听他的报告。除此之外，没有工作上的直接联系。但是，有一次却出乎我的意料，郭琦同志通过系上把我叫到办公院小会议室去，同时被叫去的还有刘修水和田岗同志。究竟为什么找我，我不得而知。但当时郭琦同志是以副校长、副书记的身份和我们谈话的。他询问了我们的教学和科研情况，说了一些勉励的话，提出了一些希望。他那和蔼的态度、亲切的语调，豪爽潇洒的风度，给了我难忘的印象，时至今日还萦绕于我的心头。到了十年浩劫时期，学校一百多"牛鬼蛇神"挤住在"牛棚"里接受"工人专政委员会"的专政。郭琦同志自然是专政的主要对象，成为"众矢"之的。我也被重新挂上了"胡风分子"的牌子，和郭琦同志一同住在"牛棚"里，并且一度床挨着床，彼此可以听到对方的呼吸。在这个时候，我们都是难友，思想情感自然亲近了许多，相互了解也有所增进。因此，打倒"四人帮"以后十多年来，无论在什么地方碰到，只要有机会，我们总是相互打招呼，谈上几句话。就是由于经过这样一些接触，加上我所耳闻目睹的一些事情，使我从内心深处对郭琦同志产生了崇敬、钦佩的心情，并受到他那高尚情操与品格的感染与启迪。这里可以举一些事例来说明。

"文化大革命"那场浩劫，曾给郭琦同志带来肉体上的摧残和精神上的折磨。各种精心编制的罪名，都变成了吓人的高帽子扣在他的头上，经常被粗暴的黑手牵来拉去，送上批斗的会场，当时稍有一点良知和理性的人都对郭琦同志的此种遭遇怀有深深的同情，但又不敢公开表示。在"牛棚"中同难的人有不少也是如此。但是，据我看到的，在这种艰难的境遇里，郭琦同志却以爱祖国爱人民的深厚情感，以对共产主义的坚定信念，来作为自己的精神支柱，经受着这一场严峻酷虐的政治考验。我看到他在批斗会上以自我解剖的精神对待各种各样的"批判"，我看到他在受到批斗回到"牛棚"后是那样镇静、坦然，对生活充满信心。特别是当我于无意中发现了他一本学习马克思列宁主义的笔记，我感到极其惊讶，好像他的形象在我面前突然升高了。在那本笔记本上，他以极为工整、漂亮、干净而又小得如同绿豆般的字迹，记录了马列主义经典作家的名言鸿论，写下了自己的心得体会，提出了自己思考的问题。这个笔记本不仅表明了郭琦同志是一个勤奋好学、刻苦钻研、学有素养、胸有文才的领导者，而且更表明了他对马列主义的坚定信仰,对祖国人民的热爱,对共产主义前途的信心。这难道不是郭琦同志高尚情操和品格的具体表现吗?又难道不是当时种种污蔑与攻击的最好回答吗?

想起这一点,我又联系到郭琦同志在上世纪 60 年代前期于报告或谈话中经常强调的一个论点,这就是:要努力认真地学习马克思列宁主义、毛泽东思想,但不能空学空喊,而必须在自己的生活斗争实践上、在业务上,真正地落实和体现出来。他在不同的场合讲话时举了一些不同的事例来形象地说明自己的论点。比如,篮球队员光学马列而不刻苦练习投篮,是成不了好篮球队员的;做菜的厨师光空谈马列主义,而不在如何切好菜、炒好菜的刀把子上、勺把子上狠下功夫,是成不了名厨师的。这些生动的例子深入浅出地说明了如何学好用好革命理论的大道理,因而在当时师生员工中传为美谈,产生了良好的积极的影响,但是,在"文化大革命"中,他的这种正确的讲话却被割裂开来,抹掉了他的根本原则和前提,只在所谓功夫要下在"投篮上""刀把上""勺把上"等事例上大做批判文章,加以歪曲和引申,从而制造出所谓"反党反马列主义"的大罪名。当然,历史已经证明:郭琦同志的论点是真正的革命理论与革命实践的统一论,阐明了马列主义的精髓和学习马列的根本精神。

与郭琦同志的这种正确的态度和精神密切相关的,是他对待教师的态度。

我们中华民族自古以来就有尊师重教的优良传统;马列经典作家也有"教师是人类灵魂工程师"的名言;古今中外的历史证明,文化教育的是否发展关系到国家的盛衰、民族的兴亡和社会的进退,而教师的作用是其中一个重要因素。郭琦同志作为一个坚定的马列主义的信仰者和实践者,作为一个真心的爱国主义者,一个有志于发展社会主义教育事业、振兴中国教育的领导者和教育家,他是深深理解教育的重要性,也理解教师在文化教育中的地位和作用的。因此,他从我们民族和无产阶级的根本利益出发,从党的教育方针和知识分子政策出发,在自己的岗位上和权力范围内重视和开展教师工作,想方设法争取团结教师,调动教师的革命积极性,大力发挥教师,特别是老教师的作用,力图培养和建设一支又红又专的教师队伍。这是十分正确的,是有战略眼光,有胆识和气魄的。例如,在他的倡导与推动下,学校出钱为对元曲有研究的历史系教授孙为霆先生和对古典诗词有研究的中文系教授高宪斌先生各出版了一部他们写作的散曲集和诗集,并且出版的是古本线装书,字体大,印纸、印刷也精美;他还叫青年教师拜对先秦文学、特别对楚辞有所研究的朱宝昌先生为师,任命对批阅作文很卖力的写作组老教师高宪斌先生为教研组主任;对于当时属于中年教师但学有成就的霍松林先生甚为器重;而对于致力于在中文系推行三基训练,即基本知识、基本理论、基本技能的教授、副系主任冯成麟先生则多次表扬,并在提升工资名额极少的情况下给他的工资级别提高了一级。在这些先生中有的(如朱、高二先生)在1957年是曾错划为右派的。毫无疑问,在当时极左思潮已经存在和发展的历史背景下,郭琦同志以学校高层领导的地位来对那些学有专长的老先生和中年专家表示如此的关心、尊重、信任和期望,是要冒很大的政治风险的。"文化大革命"中,这些作为成了郭琦同志弥天"大罪"。但是,历史也证明:郭琦同志当时的这些作为并非对这些先生有什么个人特殊的情感,而完全出于团结一切可以团结的人,尊重、调动老教师的革命积极性,把陕西师大办好,把社会主义教育事业向前推进的革命目的和革命愿望。

在我的认识里,郭琦同志作为出自延安的革命干部和高校的领导者,是有党性而没有奴性,有人性而没有兽性,真心为了党和人民的伟大事业而进行创造性的领导工作的。因此,他为了建设一支德才兼备,又红又专的教师队伍,极为重视对青年教师的教育、培养和提高。在政治方面,他在多次关于学习政治理论的报告中,要求包括青年教师在内的师生员工有坚定正确的政治方向,努力学习马列主义和毛泽东思想。但他又认为教师的质量不仅取决于政治素质,而且取决于业务水平。因此,另一方面他不遗余力地狠抓青年教师的培养与提高。他在中文系蹲点,指导中文系的工作,突出地表明了这一点。

为了充分发挥学有专长的老教授在培养提高青年教师业务能力方面的作用,郭琦同志采取了两种形式:一是动员青年教师拜老教授为师,结成师徒关系。如刘学林同志拜朱宝昌先生为师,张登第同志拜孙为霆先生为师等等都是如此。二是采取开讲课班的办法,曹冷泉、孙为霆、高元白、高宪斌等先生都给青年教师讲过课。当时郭琦同志对此非常重视,亲自参加拜师会,在会上发表讲话,鼓励青年教师认真向老教授学习;也亲自参加讲课和听讲,以身作则,做了虚心向老教授学习的榜样。正是由于郭琦同志的有力倡导与推动,并身体力行,中文系的青年教师几乎都卷进向老教师学习业务的浪潮中去了。笔者也曾参加听讲小组,听高宪斌先生给我们讲古代诗词。很显然,郭琦同志在培养提高青年教师专业水平方面所采取的指导思想和方式方法,都贯彻了培养和建设又红又专教师队伍的目的性,表现了他躬身实践、认真踏实、说到做到、不图虚名的优良思想作风。

除了狠抓教师队伍的培养与建设外,郭琦同志对于师大如何培养合格的又红又专的人民教师也极为重视。在他看来,陕西师大毕业的学生,必须有高度的社会主义觉悟和优良的品德,也必须有高度的扎实的业务水平,只有这样,才能胜任中学教学工作,担负起教育培养下一代的重任。为达到这个目标,他在业务方面大力支持鼓励各系科负责同志和教师下功夫抓学生的三基训练,使学生的业务基础打得扎实牢固,有利于他们攀登科学高峰。就拿中文系来说,系主任高元白和副系主任冯成麟大抓三基训练,提出"三词六字"纲领,都是在郭琦同志的亲自指导和推动下开展起来的。所谓三基,就是基本知识、基本理论和基本技能。所谓"三词六字"即阅读、写作、讲说,这是为具体贯彻三基训练而提出来的。这些措施的根本精神和要求，就是中文系培养出来的学生必须具有本专业各科的基本知识、基本理论和基本技能，能够阅读、欣赏和分析本专业各科的主要作家作品，有较好的写作能力和用普通话在课堂上讲说的能力。为了彻底贯彻三基训练和"三词六字"的要求，并真正搞出成绩和好的效果来，中文系各教研组、各个课程教师都根据本教研组和本课程的主要特点，订立了实施计划，确定什么是本课程的基本知识、理论和技能，学生应阅读多少和阅读什么样的作品和参考资料，应写多少文章，怎样提高口头讲说能力。在那时确实是雷厉风行，上下一致，师生一致，因此在短期之内中文系学生勤学苦练，早读作品，晚上自习，蔚然成风。尽管在过去的政治运动中也曾批判过所谓"智育第一，业务挂帅"的思想偏向，但此时在郭琦同志的鼓励下，师生奋发向上、勤奋教学，并没有什么顾虑，因而业务水平得以迅速提高，所以，陕西师大过去以文科办得好而闻名于西北，这要归功于郭琦同志的有力领导、支持和推动。但是，不必讳言，"文革"风暴一来，功又变成了"罪"，郭琦同志也因此吃尽了苦头。然而，让当年深受三基训练和"三词六字"纲领实惠的老同学，今天来回顾一下往事，他们谁也不会否认郭琦同志之功的；就连高元白、冯成麟两位先生的努力，他们也忘记不了的。因为他们学识技能的增进与提高，证明了当年三基训练和"三词六字"纲领，符合并体现了师范人才培养成长的一个基本要求。

　　郭琦同志一生致力于人民教育事业，其思想，其品格，其建树，其功劳，都是深刻、璀璨、丰富、显著的，并表现于各个不同历史时期和他的各个方面，我在这里回忆的只不过一鳞一爪，难以见其全貌。而且由于时间风雨的剥蚀，郭琦同志在陕西师大的很多事迹，我记不清楚了，这里所谈的也未必十分准确。但我写这一点回忆前，也曾和几个老师（当年的教师）交换过意见。我写此文，不仅要表示我对于郭琦同志的深切怀念，而且要敬告于郭琦同志在天之灵：在陕西师大

魂归九天,情留大地

这块土地上,当年栽种的青松绿杨忘不了您,当年布置的园林景观忘不了您,当年培养的学生忘不了您,当年听过您的教导如今虽已发白如雪的教师忘不了您。我一个在风风雨雨中走过来的并和您一同住"牛棚"的老年教师,也同样忘不了您!

(陕西师范大学出版社 1993 年 8 月版《著名马克思主义哲学家、教育家、史学家——郭琦》)

回忆郭校长的两件事

韦效基

建设一流的图书馆

把陕西师大的图书馆建成高校一流的图书馆,一直是郭琦老校长在主持学校工作时的一大愿望。为了实现这一愿望,他在这方面花费了不少心血,下了不少功夫。做出了不可磨灭的贡献。可以说,没有郭琦,也就不会有图书馆的今天,特别是特藏馆的今天。

图书馆建于上世纪50年代中期,当时还是西安师院,是学校标志性的建筑。一座民族形式的大建筑,藏书并不丰富。大发展期却在陕西、西安两院合并,成立陕西师大之后的60年代初。西安师院时期,郭琦一直对学校图书馆藏品单一、数量很少,发展步子太慢,不满意。

两院合并后,郭琦发现原陕西师院的图书馆,虽然建筑不怎么样,藏书也并不多,但品种却较多,有些书画古籍还很符合自己的想法。于是他找到了当时的采购任天夫。经过几次初步交谈,两人的想法、对图书馆的发展、建设、采购方向都有不少共同之点。从此,郭琦不但是任天夫的领导,而且成了朋友,两人有了几十年的交谊。

抓图书馆建设,不是为装饰学校的门面,而是为教学、科研服务,为培养人才,为"出潼关、进北京、争取全国发言权"的办学思想服务。"兵马未动,粮草先行"是郭琦抓后勤工作的指导思想。他把图书馆的建设,也是当作教学、科研的后勤工作抓的。他要求图书馆:

一、紧紧围绕教学、科研采购图书,把培养中学教师的需要放在重要位置，把图书馆办成学生的第二课堂。为此，图书馆的领导、工作人员和采购都必须熟悉教学大纲。

二、扩大馆藏范围，充实馆藏品种。凡是有馆藏价值的古籍、碑帖、字画都要留意采购。为此，采购员必须把眼光放远，不能当一名近视眼，只看到眼前。这是办学办馆之大忌。

三、抢购绝版、孤本、抄本、稿本图书，不惜花大价，要舍得下功夫。为此，采购员不仅要跑古旧书店，要结交古董商，还要跑旧货市场，跑地摊，跑农村，找破落户的后代。采购员不只有吃苦精神，还得钻研点版本、碑帖、字画知识。

八十七岁高龄、双目失明、拄着双拐、搞了几十年图书采购工作的任天夫老先生，至今还清清楚楚地记得郭琦老校长，怎样帮助、指导他从事图书采购工作，使他从一个门外汉，成为行家里手。老人深有感触地说，在这方面郭琦老校长确确实实算得上我的恩师，而且是我今生遇到的对我的做人做事影响最大的好领导、好老师。所以，对郭琦的要求，任天夫都深刻领会，一丝不苟，在自己的采购工作中一一照办执行。

任天夫说，郭校长经常是在下了班吃过晚饭或周日，把他叫去，或在家中，或在校园散步的路上，了解情况，布置任务。这是郭琦同志一贯的工作作风。他总是把自己的意图，一竿子插到底，直接与具体执行的人见面。以便节省时间，减少环节。

郭琦告诉任天夫，买珍品，买绝版，买孤本，买稿本，不一定都得掏高价。他说，宋版图书明清时就按页论价的，有时一页可以卖到几个银元。明版图书是按册论价的。这就要看识货不识货。识货者，有时甚至于可在地摊上、农村藏家后人之手按废纸的价，淘到无价之宝。当然，这还得舍得工夫，吃得苦。现在馆藏的六页宋版书，只花了10元人民币，从上海古旧书店淘到。

任天夫说，郭校长不只是定原则，教方法，还亲自出马，淘宝、选书。他记得多次陪郭校长进古旧书店,去泾阳、三原为学校觅得不少有价值的图书、碑帖、字画。唐代大诗人王维隐居之地的《辋川全图》当时只用了三四十元,从三原鲁桥一王姓人家买得。这一全图的实物,在蓝田博物馆仅存两三块碎石。明万历年间和嘉靖年间两件盖有皇帝大印的诰命书也是从三原购得。"文革"前的特藏库,绝大部分珍品,都是在郭校长的亲自指导、直接过问下采购到的。其中最有价值的如:春秋时的青铜扁钟,用了200元。此钟曾被中央音乐学院录音拍照,并多次联系希望我们转让。还有唐以前的一套水印古画,当时老馆长坚决不同意,请示郭校长立即拍板,等等。

郭校长对师大还是有很深的感情的。"文革"后他虽然调离师大,但仍然不忘师大图书馆的建设。任天夫举了几件他印象最深的事。一是帮他解决外地采购中的困难。改革开放初期,一切都不像现在这么方便。他每去京沪苏杭、南京武汉等地出差,郭校长总要想方设法找他的老上级、老同事、老熟人,或亲戚朋友,在食宿工作中给以方便。看到郭校长的亲笔信,无论高干、老人都是热情款待,尽力支持。二是介绍省内外名家来图书馆写字画画。如四川的著名画家李琼玖、李道熙,陕西的何海霞等。这些字画丰富了馆藏,现在都很有价值。三是给图书馆推荐高级裱糊师。图书馆为更好地保存一批有价值的字画,找了一些人在南附楼地下室装裱。郭校长发现技术不行,推荐了一名高水平的技师,带动了其他人,保证了装裱质量。四是捐赠自己的藏品。郭校长是个史学家,又是收藏家,有很多有价值的文物。现藏于博物馆的汉平陵虎形大砖和云南500字长联,都是他的赠品,很有价值。

在郭校长的办馆思想的影响下,改革开放以后,任天夫为师大图书馆采购了大量有价值的图书资料。

前人种树,后人乘凉。喝水不忘掘井人。师大人永远不会忘记郭校长在师大图书馆建设上的贡献。

回忆郭校长的两件事

郭琦校长与两本线装书

新中国成立以来，除了古籍出版社为整理保存古籍，或为珍藏名人、领袖的特殊著作以外，很少有出版线装书的，然而，在郭琦同志主持陕西师大工作的60年代初，却出版了两部线装专著。那就是历史系教授孙为霆的《壶春乐府》和中文系高宪斌教授的《百二寓屋诗词散曲稿》。

《壶春乐府》分上、中、下三卷。卷上壶春散曲三集，巴山樵唱小令47首，套数八套，集收抗日战争中流寓重庆时所作散曲。卷中壶春散曲三集，辽鹤哀音小令41首，集收抗战胜利回南京、上海后所作散曲。老树新花小令39首，套数4套，集收全国解放以来所作散曲。卷下太平爨三杂剧，写太平军革命事，包括短剧三出：断指生、兰陵女、天国恨。全书共58个页码。作者在编第一条对书名作了解释："元明以后论曲者，多称散曲为乐府，然乐府之名，原为一切诗歌之叶乐者，以曲言实可兼赅剧曲，故此书以乐府命名。"

孙先生是著名的元曲专家，长期从事元曲的研究与创作，造诣颇深，他的散曲风格质朴自然，语言精炼而流畅，充分反映了社会现实。特别是《老树新花》，作者拥护共产党，热爱新中国，对新社会充满希望的思想感情，溢于言表。《百二寓屋诗词散曲稿》署名米脂高宪斌未定草，全书90个页码，共六卷230余首套数二套。其内容是作者从1912年18岁到1963年69岁成书，从《剪辫》到《1963年春节抒怀有寄》51年人生历程的真实记录。从《作者自序》中可以看出，生不逢时，家道贫寒，上学较晚，军阀混战、外敌侵入、内战不止之忧心忧民；解放后，心情舒畅，拥护党，热爱社会主义，积极工作，一心从教之言行。

《壶春乐府》与《百二寓屋诗词散曲稿》的问世，从酝酿、整理、定稿到筹拨经费、编辑出版，可以说全靠当时主持学校工作的郭琦副院长。如果没有郭琦同志的策划、组织与拍板，就不会有这两部专著的问世。当然，做具体工作的教学科的陈文炳同志付出了不少辛劳，功不可没。

郭琦同志是一位很有才华的领导，他在主持学校工作的十年期间，从"文革"中给他强加的罪名中，恰好可以反证出他的不朽功绩。人们都知道他抓美化校园全省出名，一走到如画的教学区就想到他的功劳。其实，他是一位有多方面突出才能的学者型领导。他马列造诣深，尤长哲学，兼通史学，思想敏锐，眼光远大，兴趣广泛，学识渊博，治学严谨，管理灵活，尊重知识，爱惜人才。在教学科研领域的建树对师大贡献更大。为了提高学校的知名度，为了给国家培养合格的教学与科研人才，曾经从"三基"抓起，为教学科研打基础。用"出潼关进北京"的口号，为科学研究提出"超陕西齐全国"的高标准要求。他还创办了《人文杂志》学术刊物，为发表论文创造条件。两部线装专著的出版，仅是他支持学术著作的开端。可惜的是受当时条件的限制，几经周折，每部仅只印了一百余册，限在很小的范围发行。不久因受"左"的形势影响，又收了回去。现在只有很少几个人收藏有，弥足珍贵。

写到这里，使我想起我的另一位老师李玉岐先生。去世前不久，一次春节我去给先生拜年，这时他已双目失明，拉着我的双手，向我倾诉了他想出版诗集的愿望。我自愧无法帮先生完成这一愿望。我想，如果先生在"文革"前向郭琦院长表达这一愿望，一定不会使先生失望。

《壶春乐府》《百二寓屋诗词散曲稿》虽非正式出版，无编辑、校对、封面设计、出版单位等，但从编例序言中均找不到郭琦的名字，这并非他怕承担责任。事实上，"文革"中已列入他的"罪状"。由此可以看出郭琦同志高风亮节，淡泊名利之一斑。

（2009年9月6日）

一贯重视高校后勤工作的老领导

——纪念郭琦同志逝世二十周年

刘 科

郭琦同志在他的一生中,曾在陕西高校从事党政领导工作二十年,是我在西安师院、陕西师大工作期间一位老领导。当时,他在全面主持学校工作时,一个突出的特点是,非常重视学校的后勤保障工作。主要表现在:一是用正确的舆论引导人们认识后勤工作的重要性,在全校师生员工大会上他说:"兵马未动,粮草先行。学校的教学、科研同后勤工作处在同等重要的位置,且具有鲜明的超前性,那种瞧不起后勤服务工作的思想是落后意识的反映。后勤工作头绪多,时限性强,既苦又累,对他们工作中的不足之处不能求全责备,要给予谅解,要尊重他们的劳动。"二是平时非常关心学生的伙食,民以食为天,他亲自去食堂了解学生对伙食的意见和建议。尤其在 60 年代初,三年困难时期,他鼓励炊管人员开动脑筋,想方设法粗粮细做,自办养猪场,动员校机关党政干部到泾阳泾河滩挖石改河,淤地造田,生产粮食,自力更生改善师生生活。这些措施收效显著,当时,学校每月为学生各灶提供一定数量的肉食补贴外,还发给每个学生二斤主食免费餐券,自力更生地改善了学生伙食,保证了他们的健康成长。三是面对现实,解决青年教师的住房困难。50 年代后期,学校基建经费严重不足,加之建筑三材(钢筋、水泥、木材)不能保证,他明确表示,坚决支持后勤领导提出的发扬延安精神，建筑简易砖箍二层窑洞楼的意见。该楼建成后，青年教师由原来二人合住一室，改为一人独住，使他们的住房和工作条件得到了显著改善。四是积极营造校园育人环境。他同后勤领导、干部、绿化技工一起研究制订校园绿化、美化中长期实施规划。与绿化部门的职工一起植树、栽花、种草、浇水，还利用外出开会机会，为学校引进了不少名贵花木。工夫不负有心人，早在60年代初，陕西师大校园松柏参天，绿树成荫，香花满园。使学生从心灵受到了美的教育。郭琦同志为西安师院和陕西师大的后勤保障工作出谋划策，亲自参与，倾注了大量心血，做出了重要贡献。当时，这在我省高校领导干部中绝无仅有。

郭琦同志重视学校后勤工作的思想是一贯的，在我国省市（区），他第一个支持在我省成立高校总务管理学会。1983年3月12日，在陕西师大召开我省高校总务管理学会成立大会，时任我省社会科学联合会主席、省社会科学院党委书记、院长的郭琦同志，是大会筹备组特邀嘉宾之一，也是到会最早的一位。在这个成立大会上，他对浐今后的工作提出了如下殷切的期望：1. 后勤是一门科学，但长期以来人们对此持有怀疑态度，我省高校总务管理学会成立后，随着各项学术活动的开展，人们会逐渐改变以往对后勤工作片面甚至错误的理解，并逐渐认识重要性。2. 要总结后勤工作经验，通过召开会，加强交流。3. 高校后勤职工要紧跟时代前进的步伐，应从各自的实际出发，努力学习国内外先进的科学技术管理知识，强化本领，为适应服务教学、科研等工作提出新要求。4. 后勤职工要解放思想、积极投入改革的大潮，自觉克服不利于解放和发展后勤生产力的思想观念、规章制度、工作方式与工作方法，创出一条符合我国实际的后勤保障的新路子。5. 学会领导班子，特别是常务理事会成员，要重视学会自身的建设，全面理解和认真贯彻中央有关高校后勤改革的方针和政策，保证后勤改革沿着正确的方向前进。郭琦同志的讲话受到与会高校后勤

一贯重视高校后勤工作的老领导

领导和职工的高度评价。大会结束后，郭琦同志要回去，临上车还叮咛我："省社会科学联合会还要正式下达总务管理学会成立的批文，以后在工作中有什么问题，可与社联联系。"1984年6月12日，省社科联（1984）009号给我省高校总务管理学会筹备组下达的批文中称"同意成立陕西省高等学校总务管理学会，挂靠在陕西师范大学……"从此，我省高校总务管理学会正式成为省社会科学联合会的一员。

郭琦同志也是我省高校总务管理学会会刊《高校总务》的积极扶植者。我省高校总务管理学会一经成立，就依据党的十三届三中全会提出的以经济建设为中心，坚持改革、开放、搞活等一系列方针、政策，一方面集中力量抓我省高校后勤部门的改革，同时，着手筹办会刊的有关工作。筹备小组向名誉理事长郭琦等三位同志汇报了办刊的宗旨：探讨高校后勤管理工作的理论、规律和特点，提供改革的信息，交流工作经验，介绍后勤战线上先进人物的先进事迹，高校后勤社会化……对此，他表示同意，并期盼会刊早日能同大家见面。借此机会，我特向郭琦同志汇报了诸位常务理事希望他在百忙中能为会刊号撰写一篇发刊词的意见，他不仅愉快地答应了，还关切地询问了办刊编辑人员物色得怎样，经费如何解决，有无困难，刊物出版号是否经上级批准了，会刊计划何时出版发行等。

由于编辑人员的认真负责和积极努力，会刊创刊号终于1984年10月出版。我及时送予郭琦等名誉理事长审阅和指正。不到一周，他来了电话，让我去他家里，他说："我粗略地过了一目，会刊办得可以嘛！内容丰富，配有照片，生动活泼，你还是主编。"我说："办刊物我是个门外汉，有一位专职编辑叫李志钧，是老三届生，师大中文系毕业，文字功底好，办刊有经验，我向他虚心学习，边干边学。"他又说："你讲得对，在干中学，学中干，你办刊就是为了让人看，观点要明确，事实要准确，有说服力，使人读后受到启迪，个别文章中有掉字和错别字，校对要仔细。"我说："感谢你对会刊主流的肯定，不足之处，今后我们编辑人员一定要给予重视，认真改进，力争把会刊办得更好。"

会刊创刊号发行后，得到了北京、上海、广州、辽宁、山东、四川、武汉、新疆等省市（区）高校、中专、中职、党校和政府机关的后勤等部门的支持和好评，武汉工学院来信说："该刊内容丰富、新颖、对指导高校后勤工作很有帮助。"上海机械专科学校来信说："我校迫切希望与全国兄弟院校交流总务工作经验，会刊的出版给我们提供了一个很好的阵地。"有的院校来信将会刊称之为"良师益友"，"学习后勤管理知识的园地"。要求订购者不少，为此，会刊由原不定期改为季刊出版。后来，为加强西北五省（区）高校后勤之间的横向联合，经五省（区）高校后勤研究会理事长商定，1986年10月，在陕西师大成立了西北五省（区）高校后勤管理协作组，并决定将陕西商校总务管理学会会刊《高校总务》改名为《后勤管理研究》，由西北五省（区）高校后勤协作组负责主办后，征订的高等院校、中专、中职、党校，有关省市（区）高教厅（局）后勤处等单位共计1800多个，发行量高达4100余份。为满足他们需要，《后勤管理研究》由季刊改为双月刊出版。回顾这一切，这些成绩来之不易，除了有党的正确方针政策的指引外，这与一贯重视高校后勤保障工作的老领导郭琦同志的关心、支持、指导有着直接的关系。今天，在纪念郭琦同志逝世20周年之际，为缅怀他在我省高校后勤保障工作中的丰功伟绩，我把亲身经历的这些往事整理出来，以此作为我对这位敬爱的老领导逝世20周年的最好纪念。

郭琦同志逝世三周年祭

回忆郭琦同志

石兴邦

思念中的郭琦校长
SI NIAN ZHONG DE GUO QI XIAO ZHANG

　　光阴流逝，三年于兹，不觉得郭琦同志离开我们已届小祭之年了！他虽然离去已三年，但我总觉得他还在我们之间活动；我似乎常能听到他那爽朗的言谈笑语；他的形象和身影不时地映现在我们眼前；我们在全力以赴实现亲手规划的未竟事业时，似乎他仍指挥着我们在行动。他和同志们的情感连结得很深很深，他和人民的事业联系很紧很紧，他永远活在人们的心里。

　　郭琦同志的不幸及早逝，无疑是陕西社会科学界的一大损失。当然，江山代出才人，以后总会有人出而独领风骚的，但究竟斯人已去，难解困虑之失。郭琦同志在陕西学术界的地位及其贡献，无需我来评说，是有口皆碑、有绩可据的。恩格斯曾经说过，人们创造历史，只能在时代允许的条件下进行，问题是如何利用历史条件而发挥主动的历史创造精神，历史人物在历史上的作用及其业绩是由主观能动精神发挥的程度而定的。郭琦同志充分地利用了历史给予的条件，发挥了自己能动的创造精神，为人民和事业做出了载誉历史的业绩。毫不夸大地说，郭琦同志是改革开放以来陕西社会科学界独领风骚的风流人物。

　　在近十余年来，陕西社科界的主要活动和取得的成果，都和他的名字连在一起。特别是在他主持社科联和社科院工作期间，为团结和组织社会科学工作者，贯彻党的路线方针，促进社科事业的发展做了不懈的努力，尤其在发挥社科工作者的作用，培养年轻一代新人，促进国际学术交流,深化改革、兴办科研实体,组织科研、编写著述等方面,做出了重大贡献。在他主持社科院工作期间,他以满腔的热情,为健全和发展学会组织,组织重大历史和现实问题的研讨会,重要科研成果的评议和奖励,不失时机地贯彻党的方针政策以及对知识分子有关问题的一系列重大措施和决议,做了大量的卓有成效的工作。从这些生动的业绩和实践中,表现出郭琦同志是一位德业并著的理论家、组织家和科学实践家的杰出才华,他为陕西社会科学事业建立了不朽的功绩。

一

我和郭琦同志接触要早到60年代初期,那时社会科学院刚成立,我从北京回陕,在考古所负责业务工作。郭琦同志是陕西社科教育界著名的革命前辈之一,也是社科系统的领导成员,我们有时在开会时见面,但交往不多。1984年我第二次回陕西负责考古所工作时,他主持社会科学院工作,我被任命为副院长,协助他工作。初期。他知道我对外有联系,叫我管对外接待和文物考古方面的事宜。考古所后来归属文物局后,我就专门负责文物考古方面的事了,而实际上我是他在社科领域中贯彻文博考古事业方针政策的执行者和助手。所以,凡是遇有文物考古方面的事,他先通知我。并征求些意见。在他手下干事,我感到很愉快。不论办什么事,他总是先讲清自己的意图和看法,再听你的意见,然后决定执行,很果断、很痛快,这样使下面同志心中有数,手足灵便,执行起来也效果好。

考古工作在陕西社会科学领域中,一直占有很重要的地位,每年也是获得成果显著而较多的一个部分。在考古所归属社科院期间,历任院长都很重视,郭琦同志由于他本人爱好文物就显得更为突出。他尤重于考古事业的发展规划及成果的利用问题。我们作规划和计划时,都向他汇报，并听取他的意见和建议，加以修改完善。在考古所划归文物系统后，学术研究和规划仍作为社会科学一部分列入社科系统。在这方面，他经常关心、过问发展情况及问题，并表示愿为解决问题向省上领导同志反映，而且发生效力。考古方面出版的刊物和专著，总要请他审阅指正的。他看了后，曾提出不少意见，他曾建议，希望考古学家根据考古材料，再作历史的加工，使史学工作者和一般读者能看懂和使用资料，因为考古报告专业性很强，一般人不易看懂。这确实是个事实，有再加工的必要。从现实出发，他对陕西地区巨大考古工程与发展旅游及经济特别注意，每有重大发现，他给予热情的关注和重视，秦公大墓和法门寺珍宝出世后，他非常高兴，他曾向孙达人副省长建议成立博物馆以发挥巨大效益。对发掘乾陵和帝王陵墓等工程他也很惦记，他常常向我提到这些问题，并询问进展情况。今天，我省已批准成立唐帝王陵研究室，专门进行调查研究这一问题，我想这个问题不久总要实现的，郭琦同志有知，当会慰英灵于万一。

在与郭琦同志相处的过程中，知道他学识宏富、才艺优兼，他的所学所好和兴趣是相当广泛的。在陕西社科界诸前辈中，他是一个有名的文物癖好者。他曾结识了不少文博考古界的朋友，并从他们那里得到有关文物的信息和资料。很早，我就听同志们说，郭琦同志一有暇，就到各文物古迹点去拣拾秦砖汉瓦之类的古物，并把这收藏起来。在我们熟识后，他还多次提到，他对文物的爱好并收藏了一些有价值的标本。在他的书房和橱柜中，偶尔还能看见这些珍贵品，还叫我鉴定和评品过这些他收藏的标本，也表示他收集的愿望。他也理解文物政策法令中关于收藏考古标本的条款规定。为了满足他对文物的爱好和兴趣，我曾为他拓印了一些珍贵的文物拓片，有秦汉瓦当、空心砖和画像石等等。这些都是富有史料、艺术和价值的，他拿到后，如获至宝，十分高兴，并加以揣摩研究，久久不忍舍手。他很关心考古资料的发现和动向，常常关心地问到新的发现和价值，我们每有所获，就请他来观赏、研究，他常有感而发一些促人深思的议论。他之所以高度重视文物事业，这是与他对文物的爱好、研究和价值的体悟分不开的。

除了爱好文物外，郭琦对书画艺术亦醉心求索。他收藏书画作品之宏富，恐怕在陕西社科界是首屈一指的，而且收藏的多为珍品，尤其多为近代名家之精品。可以说，凡是到西安的著名艺术家只要他相识的，都给他留有作品，这是他为社会收集极其珍贵的一批文化财富。在我和他接触中，知道他的书画理论与艺术观是独具卓识的。他收藏的书画不仅仅是为了赏心悦目，得到艺术享受，而贵在作研究、鉴赏这一传统艺苑中的瑰宝，使之发扬光大，进而以求振兴艺术事业。有时，在他家观赏他的宝藏时，他不辞其劳地为我们作介绍，每一件作品，他都能评其品位、论其质次，从理论、内涵、章法和风格及独特之处，作一评介。他对今日中国书画界的情况相当熟悉，因此，能发为中鹄之论。他之爱好书画艺术，提倡振兴书画艺术，在他看来，是由于这一艺术产品在中国带有普遍的社会适应性。它是我国人民精神生活领域千百年来流行最广泛、形象最生动和最常青的"果树花木"。不论乡里俗子，还是高人雅士，都各有所好、好有所取、取有所乐，藉以丰富生活的意境和乐趣，不同层次的追求和爱好，使这一艺术园地呈现出繁荣不衰的景况。听了他的高论，使我获得了不少求之难得的知识。

郭琦同志爱好艺术，不只是为了独乐其心、追求个人爱好的满足，而是力求达到众乐其事，进一步振兴艺术事业。在他的倡导与主持下，于1989年成立了"西安书画艺术研究会"。在成立大会上，有西安地区数十名著名书画艺术家参加了会议，我作为一个爱好者也参加了这次盛会，这是陕西书画界一件大事、盛事，会后还举行了一次年会。郭琦同志在成立会上，即席阐明了成立研究会的主旨和意义：目的是团结组织艺术家，深入生活，深入实际，发扬传统，研究创新，以促进书画艺术事业的发展。成立研究会的深层含义是他为天下虑,他很珍惜陕西这块艺苑宝地,它是长安画派的诞生地,素有书乡画苑之称,是全国有数的几个书画中心之一,为艺术追求者所倾慕,人才辈出,佳品巨构,竞妍于艺坛而为众所称颂者,比比皆是。作为陕西学术界,实有继承、发展和弘扬这一艺术传统的责任,他希望在研究会的组织下,为中国艺术事业的高度发展做出创造性的贡献。

二

郭琦同志"圣"之时者也,他总是将部门工作和整体事业密切联系起来加以考虑。因时利变,视其最有利于我省优势的发挥,并对当前社会经济文化及建设事业有所贡献的方面加以抉择,采取切实可行且行之有效的办法和方式来进行的,不尚空谈,而重实践。

改革开放以来,大体上在1984年前后,各个部门和系统根据自己业务的性质和特点纷纷成立相应的公司,以图发展事业。大概也是在这个时期,中国社会科学院成立了一个人文公司,对外经营与人文科学有关的资料交流和学术活动(如图书资料、科学信息和文物复仿制品的展览和交流等)。郭琦同志审时度势,为了推进陕西社科界的对外交流活动,发挥陕西人文科学方面的优势,并充分利用有关专业人才的积极作用,同时征得北京总公司的批准,毅然决然成立了人文公司陕西分公司(这是全国唯一的一个地方公司),隶属社科院。在省社科院院务会议上,由郭琦同志主持开了成立大会,我也参加了这次会议,记得还应了该公司顾问之类的名义。当时,郭琦同志在会上宣布了人选和宗旨,该公司的主要任务是:对外进行与人文科学有关的交流活动;编辑出版《社会科学评论》月刊,属独立核算的经济实体,挂靠社会科学院管理。陕西人文公司成立的初期,作了几件值得称道的事:一件是在1986年秋,征得省政府同意。该公司组织黄河机械厂、考古研究所，在北京民族文化宫办了一个"陕西文物复制品展览"，展出的主要是周原的青铜器、秦陵铜车马、蓝田县玉制品和洛川的水陆道场画等，都是有代表性的、高档次的文物复制品和部分真品。开幕之日，中央民委主任杨静仁，陕西籍革命前辈习仲勋、马文瑞等领导同志出席剪彩。由于规格高、规模大，得到参观者的重视，据说在展览期间，吸引外商订了几项合同，收到很好的效果。这次展览，由于新闻媒介的宣传，领导的重视，受到社会的关注；通过展览，陕西文物复制品有机会步入国际市场交流活动；领导的重视使文物复制品的发展有了好的前景。习仲勋同志参观了展览后说，陕西并不穷，是我们没有开发它，今后再不要抱着金饭碗讨饭吃，应该重视文物复制品的开发和利用以振兴经济。我是专程去参加展览会的，回来后向郭琦同志作了汇报，他认为这符合公司的主旨。第二件是次年的夏天，在西安办了一个美国图书联展（美国十余家出版社的人文科学书籍），社会科学院的领导和北京总公司负责人均来西安参加开幕式。这次联展也是成功的，对于拓展对外科学资料与信息的交流渠道起到一定的作用。该公司主办的《社会科学评论》杂志以其崭新的风格和方式，涉足学术领域，引起学术界的重视和关注。这个公司，后来在经营上出了一些问题，郭琦很不满意，主要的是他们各行其事，社科院难以过问，所以在政企分开时划靠在省对外经委管理。

三

郭琦同志不可磨灭的德业之一，是在他的策划、组织和领导下，以陕西历史和现实为主题，并为了陕西的发展而编写了一系列长篇巨著。我把它称为现实主义社会科学系统工程，这里包括《陕西五千年》《陕情要览》《当代中国的陕西》及多卷本《陕西通史》。除《陕西五千年》外，其余各卷部我都参加过部分编写工作，并深切体会到郭琦同志为这些巨大学术工程所付出的拱臂筹划之力与心力交瘁之劳，以及他那为之献身的匠心寓义。由于在社会科学界的地位和影响、广泛的社会和工作联系，加之他那独具的组织才能和富有魅力的感召力，能有效地组织一批学者、艺术家投入这一有意义的工作并很快地取得成果。我们从实践中体会到郭琦同志高度热情地投入这一工作，并指挥大家投入战斗，其目的在于像古人咏史诗中所说的"圣人观古贵知今""剪裁千古献当今"。即使取材于历史，也着眼于现实，使人们从历史与现实中，了解陕西，开发陕西与振兴陕西。在所有这些著论中，举凡建功立业、名垂青史的历史人物，震撼中外的历史事件，以及在政治、经济、文化和科技方面有所成就及有关设施的措举，一一缕列，或表达政治理想与抱负，或为社会公益而奉献人生，或发人深思、弘扬民族意识的嘉言懿行，或陈述盛衰之道以作振兴建设之图，等等，使人读后，从书中得到力量、意志和方向，为振兴陕西而竭精尽智的主题思想。

在郭琦同志主持的编写工程中，以《陕西通史》为最，这是他耗费精力最多的部分，也是他计划实施中最浩繁的一项学术工程。他为该书的组编，日劳月瘁，费了不少的心血和精力，从申请经费、组织力量、分工编写和审定体例纲要及具体编务工作，长达二年之久，不知开了多少商讨会议，反复研究才确定下来。他曾在一次编务会上，由于劳累过度而晕倒过去。

在组织编写期间，他广泛地征求各个同志的意见，以便集思广益而臻完善。为编写事，他曾找我谈过几次，谈的最多的是：（一）如何体现具有陕西特色的《陕西通史》，他卓识地看到，陕西考古学研究成果很多，如何运用到古史的编写内容上去，他也主张秦汉以前尽可能多地吸收考古学成果，因为考古学研究的某些领域已经改变或丰富着人们对历史事件的传统看法，现在写出来的《陕西通史》应有别于过去传统的周、秦、汉史，这就要用考古材料加以充实，才能体现陕西历史特点，也最能体现历史的真实。现在的问题是如何将新的实物史料作以历史加工，转化为被读者吸取的精神食粮，他希望有关卷册在编写时能注意到此。（二）书的体例问题。他提出写通史和专史两部分，独列卷项，第一次征求我意见时，我曾建议可将专史中的有关章节分列在通史卷的相关部分中去。他认为，这样在体例上可以统一，但不能反映和发挥陕西专史研究的优势、特点及成果，因为所列专史研究课题，我省在全国是有权威性的，这样写，能体现出陕西史学界在学术方面的独特性，而专史本身也有通史性。这也表现了郭琦同志通权达变，以适应具体历史和现实的高明之处，现在看来他的想法和决策是正确的。（三）他担心由我负担的原始社会卷拘泥于实物史料而写成考古报告式的资料堆积。他不止一次地提醒我要注意可读性，当然也不要忽视科学性，要使读者看得懂并有兴趣，一定要考虑到读者的接受能力和对考古材料的理解程度。他的担心是有道理的，如果只用原材料而不作科学加工，就难以达到宣传教育的目的。在他卧病期间，每次去看他，仍念念不忘该书的完成情况，并再次提到原始社会卷的可读性、群众性。在他去世后，史念海先生和岂之同志代领风骚，继续他的未竟之业。现在这部宏篇巨制，预计在一两年内即可出齐。这是建国以来，将近半个世纪中，陕西社科界在史学领域中所待建的一座丰碑，每个字里行间都渗透着郭琦同志的心血汗迹。他的名字将永远与这座丰碑同日共辉。

四

在陕西社会科学院诸前辈中，除武伯伦先生外，我聆教于郭琦同志左右的时间最长，工作联系也较多，因而对他的为人处事感受得也最深。在上述所经历的风风雨雨、事事件件中，使我感激难忘而肃然起敬的是：

1.他那深邃的理论与涵养和理论与实践相联系的思考方法和工作作风。他对马列主义理论有独到的研究，并能原则地运用到处理具体问题的工作中。我读过不少他的文章,不论谈及哲学、文化、历史或者艺术,不论从宏观的概括到微观的分析,他都能从理论高度给予研究分析。在社科联多次的座谈发言中,他总是有充分准备所谈论的问题,他那深邃的理论阐发,理论与实际相结合的分析,每每透视问题的深奥之处,显示出很高的政策水平和高深的理论见地,听了后,使人受到启迪,得到教益。在与他的接触和言谈中,也深有体会地学到不少有关思想方法和工作方法的知识。

2. 他那广泛而深厚的文化素养。他学识非常渊博,包括的面也广,几乎社会科学领域中的主要方面,即哲学、历史、文化、艺术、考古文物等等,他都有所涉猎,并有不同层次的研究,正因为他有如此广泛坚实的社会科学基础,并通晓其中的规律和特性,才能在指导或领导这门工作中,取得多方面而显著的成果。

3. 他那宏阔的胸怀和气宇,与励志不辍的钻研精神。凡是和郭琦同志相处的同志,都知道他性格开朗、胸怀豁达,对同辈以诚相待,对后辈爱护备至,严肃以处事,宽厚以待人,深受同志尊敬,故能广泛团结同志,共同为事业奋力。郭琦同志还为我们树立的表率是他那勤以治学、老而励志的钻研精神,伏枥千里,学而不辍,特别对新的事物,追求尤殷,孜孜获之而后至,因此,他的学养与日俱增、与时共进,一直处于日新又新的时代前端。

4. 他那忠诚干事业的赤胆忠心,高深的理论修养,长期的革命实践,丰富的政治阅历,高度的政治热情和政策水平等诸因素融合而铸成他奉献人生的世界观。在郭琦同志数十年的人生记录中,可以概括地说他对人民事业满腔热情、一片忠诚、择善固执、坚持不渝,充分体现了他那鞠躬尽瘁、死而后已的奉献精神,最后完成了他光辉的人生归宿。

(陕西师范大学出版社 1993 年 8 月版《著名马克思主义哲学家、教育家、史学家——郭琦》)

郭琦校长

谢振中

曾在陕西师大主持过党政全面工作的郭琦副校长（"文革"后相继出任西北大学党委书记兼校长、陕西省社会科学院院长兼书记），离开人世虽已整整二十年，但他对师大当年实现一定程度的跨跃式发展所做的贡献，他个人宽广渊博的专业知识，扎实丰厚的理论功底，领导管理一所大学的远见卓识，以及令人折服的演讲才能，都深深印在人们的脑海中。几十年后只要一提起他，老师大们依然赞叹不已。

我最早认识他并在内心深处滋生浓浓敬仰之情，是在上世纪50年代末读大学期间。那时，听他的每一场报告，都有一种精神享受的感觉，崇敬之情油然而生。60年代初期，多次聆听他给高年级学生和青年教师讲授《共产党宣言》《费尔巴哈与德国古典哲学的终结》等经典著作。他对马恩原著精神实质的准确把握，对书中许多重点难点问题深入浅出的通俗解读，都是一般专业教师望尘莫及的。尤其令人难忘的，是他在每次形势报告和讲课中所展示的气度不凡而不失诙谐幽默，浓浓川音反衬出语调的铿锵有力和对问题分析的鞭辟入理，令听众不得不心悦诚服。

我同郭校长真正零距离的接触，是70年代给他落实政策后，临时被分在校大批判写作组那段时间。那一段，我所在的校刊编辑组与大批判写作组，可以说是合署办公，双方你中有我，我中有你，有了任务共同完成，所以我与郭校长几乎是朝夕相处。记得当时在名义上他无任何职务，但一些重大的写作任务，都完全在他的具体指导和实际参与下完成。比如，1973年10月以"陕西师范大学写作组"名义在《人民日报》上发表的《秦始皇是坚决打击奴隶主复辟的政治家》一文，就是郭校长亲自领导并具体参与写作和修改完成的。这篇文章从开始酝酿到最后公开发表，大约经历了两年时间。受当时政治斗争形势的影响，文章反复很多，参与写作者变化也很大，但为主的始终是先秦史教师何清谷同志和郭琦副校长，最后仍是以他俩为主在北京《人民日报》社修改定稿的。

这篇文章是我校第一次以"陕西师范大学写作组"名义在中央党报上公开发表的。虽然它的内容受当时时代条件和政治斗争形势的制约，难免有一定的局限或偏颇，但总体上仍不失为一篇具有相当学术价值的力作，对于打破传统偏见，正确认识和评价秦始皇的历史功绩，很有积极意义。给我印象很深的，是在郭校长的实际主持下，这篇文章的写作路子比较对头。一开始是从搞资料入手的，既通过查阅大量史书古籍，深入了解秦王朝时期的历史事实；又组织大家反复学习经典作家有关历史人物评价的论述，掌握辩证唯物主义与历史唯物主义的科学方法。记得先后编出的油印资料就有好几大本，少说也有一二十万字。正是在这个过程中，使我开始学到了进行科学研究、撰写学术理论文章必须遵循的基本套路和方法。

最令我难忘的，是郭校长在整个写作过程中，经常说到的一个话题，即如何正确处理"史与论"亦即"观点与材料"的关系问题。他反复强调：写作任何文章，都要做到材料与观点的统一。没有材料的观点犹如无源之水，只能是空中楼阁；而没有观点的材料，则像一堆未用的砖瓦木料，构不成任何建筑物。他特别告诫大家：写作史学文章，既要重视掌握史料，更要重视学习理论，做到"既不贫乏，又不浅薄"。他所说的"不贫乏"是指要博览群书，尽可能多地掌握历史事实；"不浅薄"则是指善于运用辩证唯物主义与历史唯物主义观点分析说明问题。"贫乏"固然不好，而"浅薄"了更难有作为，没有科学的思想方法论作武器，读书再多也不一定有用。郭校长的这些告诫与教诲，至今言犹在耳，记忆犹新。

1977年以后，郭校长被委以重任，先后在西北大学和陕西省社会科学院担任党政一把手，为陕西高等教育和哲学社会科学事业，做出了卓有成效的贡献，为此而被选为党代表光荣出席了党的十二大。从那时起，我和郭校长直接见面的机会不多，但每次短暂晤面的交谈，我都感到大有收获。比如有一次谈到怎样当好领导的问题，郭校长说："当个好领导，要有受气的准备。受了气不要生气，更不可泄气，要不受干扰地把工作推向前去。"这段话后来他作为做好一把手的体会之一，写进为《陕西师范大学校史》所作的《跋》中。当初说这番话时，我已进入师大党委领导班子，他的话对我的工作曾起过指导作用。每当在工作中遇到委屈有点生气时，只要一想到郭校长的忠告，问题很快便化解了。

1989年春夏之交的那场政治风波过后，各高校在深入进行正面思想教育的同时，积极开展组织方面的清理清查。一天，郭校长来师大参加省上召开的一个会议。我陪他们用过午餐后去送他，临上车前，郭校长叫着我的名字，十分亲切地叮嘱我："组织处理一定要实事求是。对待知识分子我们党过去的历史教训太多，一定要慎之又慎！"这番忠告在我后来参与的组织处理过程中，也曾起过很好的作用。历史系有位青年教师在动乱中写过内容有错误的大字报，省委主管部门的某些负责人，多次督促学校要给党籍和行政处分，我们则坚持以正面教育、思想批评从严为主的原则，组织上一直迟迟未作处理，最终总算拖过去了。

郭校长留给我们的东西，实在太多太多，这里掠取的几个小侧面，肯定是挂一漏万，目的只在于表示对他的崇高敬意。

学术战线上的指挥员战斗员

——略述郭琦同志对历史学的贡献

牛致功

我对郭琦同志的称呼，前后不同，最初，我与陕西师大的其他同志一样，称他"郭校长"，后来，随着年龄的增长，他的威望也愈来愈高，我又和许多人一样，都称他"郭老"。经过再三考虑，如果写文章不断改这称呼，很不方便。所以，我就按照党员之间互称同志的传统习惯，在文中统称"郭琦同志"，我相信，看到此文的同志是不会因我在文中不称"郭校长"或"郭老"而有所误会的。

郭琦同志是一位卓越的领导干部，他长期在高等学校和社会科学界工作，对组织领导学术活动、发展学术事业，经验丰富，成绩突出。同时，他自己也亲自从事学术研究，而且取得了丰硕的成果。正因为这样，他被誉为著名的马克思主义哲学家、教育家、史学家。我是史学工作者，我想着重从史学方面谈谈郭琦同志的学术活动及贡献。

一

早在60年代，陕西省成立了哲学学会，郭琦同志任副会长。同时，他又负责筹备成立陕西省历史学会。他多次派人到各有关单位了解史学队伍的情况，和有关学者交换意见，千方百计地促进陕西省历史学会的成立。但由于"文化大革命"风暴的袭击，这个他最关心的学会，一直到文革以后才成立起来。我认为他最关心历史学会，决不是主观臆断。他多次强调指出，长安是著名的古都，陕西是中华民族历史文化遗产很丰富的地方，陕西的史学队伍应该充分利用这些有利条件，为我国的史学研究做出贡献。他身体力行，在这方面做了大量工作。凡是史学方面的学术讨论会，不管是全国性的，还是省内的，他都参加，开会他讲话很有特色，他从不讲"祝贺"呀，"来学习"呀等等套话，而是针对开会的内容，有的放矢。1978年初夏，在小寨饭店开中国古代史学术讨论会，他以西北大学校长的身份到会讲话，他很风趣地说："学术研究要从实际出发，各地各单位都要有自己的土特产。"他所谓的土特产，就是各地各单位要根据自己的实际情况，开展学术活动，不要跟着别人跑，随大流，他明确地说，陕西的史学队伍要有自己的特色，必须重视周、秦、汉、唐史的研究。西北大学在秦汉史研究方面成绩卓著，陕西师大在隋唐史研究方面也初见成效，基本上体现了他这种指导思想。

　　郭琦同志是中国唐史学会的名誉会长，他这个名誉会长，不只是名义上的荣誉职务，而是中国唐史学会真正的创始人。1980年春，著名史学家武汉大学唐长孺教授，前往成都参加全国中国古代史规划会议，途经西安，住在西北大学。唐先生对西安的文物古迹赞叹不已。乘这个机会，郭琦同志请陕西师大史念海教授和唐先生共同商量，倡议成立中国唐史学会。接着，他又召集西安有关的史学工作者、考古工作者，共同讨论，形成了一个成立唐史研究会《中国唐史学会的前身》的倡议书。这个倡议书在后来的中国古代史规划会议上宣读后，得到广大学者的响应。于是，唐史研究会就于当年10月成立了。唐史研究会成立的时候，郭琦同志亲自参与了组织工作，由于他出主意，想办法，使会议进行得非常顺利。1983年秋，在成都举行第二届年会，他在大会上谦虚地表示，他不专搞唐史，要求辞去名誉会长的职务，但大家考虑到他对成立中国唐史学会（这次会上改唐史研究会为中国唐史学会）的贡献，也考虑到他能发挥别人不易发挥的作用，所以，仍然保留他名誉会长的职务，一直到他去世为止。

由于他关心学术活动，支持学术活动，所以，很多学术会议都请他参加。西安历史地理学会、西安唐代文化史学会，远在昭陵的唐太宗研讨会，还有临时在西安举办的各种学术研讨会，他都有很好的发言。由于他发言不讲空话，不讲套话，而是有针对性，有深度，有见解；同时他还颇有组织领导才能，所以，大家普遍认为他是名副其实的学术活动家。

二

郭琦同志的组织领导才能，还充分表现在他组织编写史书方面。在他的晚年，摆脱了各种党政工作，本来应该过一段舒适的休养生活；但是，他还是不辞劳苦，继续发挥余热，要为陕西做些有益的工作。由于他对陕西史学界的情况十分熟悉，自己也是史学专家；同时，陕西的历史，既有古代的周、秦、汉、唐，又有当代的革命圣地，内容极为丰富。于是，他就在组织编写陕西历史方面开辟了新的战场。

众所周知，当前编写史书不很容易，出版史书更为困难。据我所知，有些史学工作者四处奔走呼天唤地，也难使自己的劳动成果问世，更有甚者，有人节衣缩食，减少生活的支出，自费出书。在这种情况下，郭琦同志迎着困难而上，从筹集资金到编书、出书，无不付出了艰辛的劳动。这种惊人的勇气和魄力，不能不使学术工作者敬佩。

他负责组织编写的史书很多，仅他担任主编的就有：《陕情要览》《当代中国的陕西》《陕西五千年》等，共有200多万字。

《陕情要览》是综合介绍陕西基本情况的书籍。其内容包括陕西的悠久历史,建国以来的巨大变化,特别是党的十一届三中全会以来各方面的迅速发展,还有对今后发展前景的展望。郭琦同志亲自撰写的《绪论》用18页的篇幅,高瞻远瞩,抽象概括了各方面的内容。应该说,《绪论》是该书的缩影。各个部分的编写者,都是一个方面的专家,对自己执笔的部分都非常熟悉,所写内容都资料翔实,有理有据,结论可信,甚有学术价值。作为主编,能够博取众长,组织各种学有专长者,共编一书,既发挥了各种人才的积极作用,也显示了主编知人善任的组织才能。

《陕情要览》既是学术著作,也是陕西各级干部进行工作的重要借鉴。任何工作,必须从实际出发,也就是立足于了解过去和现实的基础之上。该书正是立足于了解过去和现实基础之上,才在这方面发挥了重要作用的。

《陕西五千年》是一部具有陕西通史性质的历史专著。一位老同志评价说:"该书颇有特色。"它打破了一般史学著作的框架,以事为题或以人为题、单篇成文、多篇成书,从各个不同的侧面、角度描绘了一幅幅生动的陕西历史画面。该书"写法严谨,史料翔实,为其又一特点"。总之,它是"第一部较为完整、系统地反映陕西历史的书,填补了陕西欠缺通史,特别是欠缺宋元明清及近现代史的空白。为今后撰写多卷本《陕西通史》作了有益的探索,它对深入研究陕西地方历史以及对于当代中国即将走红趋势的区域史研究,都具有积极能动作用"。至于它的"文字精炼生动"学术性与趣味性的统一,能够"引人入胜,发人思考",更是使"史学走向社会、面向大众的成功尝试"。①这种称赞,并不过分,《陕西五千年》确是一部别开生面的史学著作。这与郭琦同志一贯主张的学术研究要有创新的思想是完全一致的。

---

① 陈元方《一部具有陕西通史性质的历史专著》,载《人文杂志》1990年第3期。

更令人感动的是他组织编写《陕西通史》。1989年10月,他因健康状况不佳住进医院,就在这时,他多次与陕西师大出版社的同志商量编写多卷本《陕西通史》的问题,这项300多万字的大型工程,任务相当艰巨。出院后,他四处奔走,网罗人才,组织建立起了《陕西通史》的领导班子和编写班子。经中共陕西省委和陕西人民政府批准,郭琦同志担任该书的编委会副主任和第一主编,主持这部巨著的全面工作。就他德高望重、学有专长这方面说,他担任这项职务,非常合适;但就其年老体弱这方面说,又显得力不从心。在这种情况下,他完全可以名义上挂帅,让别人从事实际工作。但是,他没有如此,他认真负责,一切重要工作他都亲自安排。有人说他安排工作周到、具体,说话果断、清晰;从来不会似是而非,含糊其辞,使人不解其意,这一点,我曾亲身领教。那是1973年12月,我们共同赴京,事办完后,他要我给家打电报,说明回西安的时间与车次,这个电报稿我应该会拟,但他还是自己动手,亲自拟好后交给我去发,同时还向我讲了拟电报稿的原则是一简二准。当时,我对他这种对工作一丝不苟的精神十分佩服。看来,他这种精神是始终如一的。

郭琦同志对《陕西通史》的贡献,不只限于组织领导方面,更重要的还在他对内容的考虑。《陕西通史》很难写,最难写的是西周、秦、西汉、隋、唐等这些统一王朝。这几个王朝,在中国历史上影响很大,地位重要,而且都在关中建都,在一般的中国通史中,长安与关中都占很大的篇幅,相当重要的地位。现在写《陕西通史》,如果不写这一部分内容,就会使《陕西通史》失去光辉的篇章,但写起来又很容易重复,以致显不出《陕西通史》的特色。在这方面,郭琦同志是挖空心思,想尽办法的。他事先提醒大家,《陕西通史》决不能离开《中国通史》,但又不能重复《中国通史》,《陕西通史》必须有自己的特色。根据他的指导思想,我们在讨论起草隋唐部分的大纲时,确实费尽了心机。例如,在一般《中国通史》中占有较大篇幅的隋炀帝开运河、隋末农民大起义、玄武门之变、贞观之治等，我们在《陕西通史》中都没有专列章节；反而在一般《中国通史》中少见或不见的内容，如大兴城与广通渠、长安在统一战争中的地位，以显示陕西历史的特点。据《陕西通史》的另一主编史念海教授谈，郭琦同志对我们的大纲是满意的。由此可见，郭琦同志对于编写大纲都是认真审查了的，他说在他的晚年要为陕西做几件有意义的事，是说到做到了的，他最后倒在了主编《陕西通史》的工作岗位上，真可谓是鞠躬尽瘁，死而后已。

另外，他还组织领导了《陕西一百个著名人物》《当代陕西简史》《当代陕西丛书》等史书的编写工作。

三

在学术战线上，郭琦同志不仅是一个优秀的指挥员，同时，也是一个很好的战斗员。他勤于著述，发表过相当数量的论著，是一位勤奋而有许多成果的学者。

当他还担负着繁重的党政工作的时候，他就是一位孜孜不倦的勤奋好学者。文革后期，我曾去过他家，他的书柜里摆满了各种书籍，其中以史书最多，中华书局的标点本二十四史，凡已出版的，他都买了。这时候，由于他虽恢复了自由，但还没有分配新的工作，从而使他有时间和我这样的一般教师有所交往。从交往中我发现，他读过的史书很多，他对《论语》《商君书》《史记》《汉书》等，都熟悉。他为《商君书新注》起草过《前言》，参与过有关孔子问题的讨论。1974年初，在人民大厦开会，我俩都是工作人员，同住一室。晚饭后，一位老同志信步走到我们住的地方，看见桌子上的《汉书》，就从《汉书》谈起话来，郭琦同志和他谈了很多有关《汉书》的问题，我也是从这时知道他对《汉书》是相当熟悉的。

郭琦同志很善于博览群书，他也有一种知识分子的习惯，对放书的地方非常注意。有一次他到我家里来，很注意我的书架。15年前，我的工资很低，负担很重，没有力量买很多书，书架上没有什么很值钱的书，书的数量也不多。但是，他进来后，还是把我的书架瞅了一遍，看见一本《国史旧闻》，他就顺便借去了，这是一本资料书，涉及的内容极其丰富。大概十来天后，他把书送还给我，顺便谈了不少有关该书的内容。看来，他读书的兴趣是十分广泛的。

最能反映郭琦同志博览群书的是他讲话能够引人入胜。他在陕西师大担任领导期间，大会小会的讲话很多，但他讲话从来不是念稿子、背政策，而是创造性地讲问题，贯彻政策精神。他善于旁征博引，上联系历史，下联系实际，举例恰当，生动活泼，使人百听不厌。没有博览群书的基础，是做不到这一点的。

勤奋是学术上有所成就的基础。郭琦同志在百忙中还手不释卷地读书，当然会不断有著述问世。文革以前，他负责《人文杂志》的工作。他不但有领导、审稿的责任，而且还常亲自撰稿，发表过不少很有影响的文章。

文革以后，他的著述更多，除了以上所举他组织领导的或由他主编的大型史书以外，他亲手执笔撰写的论著也相当可观。他为《长安佛教研究丛书》写了《前言》；他为参加清代同治年间陕西回民起义学术讨论会，撰写了《同治年间陕西回民起义的性质和人物评价问题》的专题论文；在《陕西通史》中还安排有他的当代卷。

他的所有论著有一个总的特点，就是立足陕西，放眼全国；他不是为研究历史而研究历史，而是通过研究历史，从中总结经验，吸取教训，为陕西的社会主义建设事业提供借鉴。

他研究的是陕西历史上的问题，但他不是孤立地研究陕西的历史，而是把陕西当作中国的组成部分，把陕西的历史问题和全国的历史发展联系起来进行考虑。例如，他在判断同治年间陕西回民起义的性质时，是以全国的形势为根据的。他在文中写道："1840年鸦片战争以后，帝国主义要把中国变成它们的殖民地、半殖民地，腐败的清政府对外屈辱投降，是帝国主义与封建主义势力的总代表，是阻碍中国社会前进的最大障碍，因此，任何反清斗争都是对帝国主义与封建势力的打击和削弱，具有社会进步意义。"他还进一步分析道，当时，太平军占据东南地区，西南有石达开军与贵州苗民起义，捻军在中原一带，清政府控制不了这些地区，就加重陕西人民的负担。陕西人民的负担由15万两税银猛增到100万两左右。由于这些原因，陕西"回民起义有着它的历史必然性。"在这种形势下，再加上清政府的民族歧视政策，所以，同治年间陕西回民起义是反清的农民革命，又是一场保卫民族生存的斗争。这种论述，把陕西历史放在全国历史的范围之内，既有联系又有区别地作出结论，有理有据，令人信服。这和那种狭隘的地方观念，无限抬高本地的历史地位相比较，显然是科学的态度。在历史研究中，孤立地夸大本地区、本民族的历史作用，是十分有害的。郭琦同志能够正确处理地方史与全国史的关系，立足陕西，放眼全国，是与他熟练地掌握唯物辩证法密切相关的。

在郭琦同志看来，学术研究工作本身也不是孤立的，研究者开发利用互相配合，发扬协作精神，才能有更好的成果。他为《长安佛教研究丛书》写的《前言》，充分反映了他的这种思想。他认为，研究长安的佛教，不能只着眼于长安。首先指出，长安"是世界闻名的历史古城，在中国历史上一个比较长的时期里，曾经是全国政治、经济、文化的中心，也是佛教传播、研究的中心"。接着又说：隋唐时期的长安"佛寺林立，以玄奘为代表的名僧相继辈出，佛经翻译超越了前代，教理的研究各有主张"。具有中国佛教特色的各种学派，也先后出现。"声誉远播，影响所及，日本、朝鲜、斯里兰卡、印尼等国的学问僧，不顾海涛之险纷纷来中国求法，归国后开宗传教。这种渊源关系,信仰者至今念念不忘。历史的因缘,形成了陕西境内留存在地上地下的佛教遗迹,文物碑石和经卷造像,十分丰富。"这就是说,陕西的历史文化遗产非常丰富,是因为长安是历史古都。这份珍贵的历史文化遗产,应该为全国学术事业的发展有所帮助。所以,郭琦同志说:"为了将这些资料提供给大家参考利用,"所以,长安佛教研究才组织一批有关同志,编写《长安佛教研究丛书》。《丛书》是面向全国发行的,他所谓的"大家"自然是指全国广大学者了。这种愿为大家提供参考资料的服务态度,不能不说反映了他的无私奉献精神。

任何学术研究必须和社会需要联系起来,学术事业正是随着社会需要发展的。过去,在极左思潮的影响下,史学研究中,曾经出现过"立竿见影"的实用主义。在纠正了这种倾向之后,有人又不敢谈史学研究应为社会主义建设服务。这也是不正常的。郭琦同志明确表示,认识陕西过去由先进变落后,正是为了使陕西再由落后变先进。这种认识,是符合历史进程的辩证法的。

郭琦同志在《陕情要览》的《绪论》中说:由于关中的自然条件和历史条件,使人们产生了"安土重迁的保守思想和安于现状、不愿变革的小农经济思想。"由于汉、唐王朝注重向外开拓,长安成为全国交通枢纽、政治中心,经济上也就出现一片繁荣景象,"唐代以后,由于政治中心东移,丝绸之路封闭,漕运凝滞,陕西就由交通发达、经济比较繁荣转向闭塞落后,衰落下去。"同时,"陕西的保守与落后同宋、明时期盛行的理学也有一定关系。"认识过去是为了今天"振兴陕西,开发大西北。"最后,他作结论说:"打破满足现状,因循守旧的自然经济和小农经济思想的束缚,使陕西迅速地由闭关自守的封闭式经济转向开放的、开拓型的经济的轨道上来,以适应时代发展的新潮流。"为了说明振兴陕西、开发西北的重要意义,他还举外国的例子说:"上世纪美国开发西南部,本世纪中期苏联开发东部,都促进了本国经济的全面腾飞。"不言而喻,陕西也必须奋发向上,为我国开发大西北而贡献力量。

这样为了社会主义建设的需要而研究历史，既可以推动史学的发展，也有重要的现实意义。

我与郭琦同志的直接交往不算很多，对他的了解只限于一些耳闻目睹。所以，这篇短文不会完全反映郭琦同志在史学方面的贡献。我之所以撰写此文，只是由于从内心里对这位尊敬的老领导、老前辈有所怀念。郭琦同志在学术战线上的丰功伟绩，是不会因我孤陋寡闻，写得片面而有所逊色的。

（陕西师范大学出版社 1993 年 8 月版《著名马克思主义哲学家、教育家、史学家——郭琦》）

高屋建瓴　实事求是

——怀念郭琦老师

何清谷

郭琦老师与我们诀别已经三年了，他的音容笑貌却一直萦回在我的心头，好像还在时时指导我，提示我，鼓励我，催促我。一个领导人在世时要做到人们敬他，怕他，说他百好千好，并不难；最难最难的是在他百年之后，权势的威慑不存在了，人们还在服他，想他，念念不忘他的业绩、德行、学识……郭琦老师身后能够享有这样的殊荣，自有其原因在。

郭老师是一位卓越的教育家，文革前他把陕西师范大学办得有声有色，文革后他使西北大学走向世界。他的魅力，不仅在于他有充沛的政治热情，坚韧不拔的事业心，还在于他有广博的知识。无论文史哲、数理化、中外古今无所不通。不管是哪一方面的专家学者，他都能与之在业务上找到共同语言，谈得很在行，很得体，能够迅速把隔膜化为友谊，被对方视为知音。他的这种素质文革中被诬蔑为"杂家"；其实那才是具有综合才能的通才。这是从事文化教育的领导人必备的条件，而郭老师在这方面是非常优越的。

郭老师作报告的艺术是我所罕见的。记得在西安师范学院读书时候，同学们都非常喜欢听郭校长的报告。他的讲话不仅有高超的技巧，而且有足以打动人心的内容。他从不作干巴巴的说教，总是把政治教育的内容经过加工之后，讲得生动活泼，娓娓动听，很有鼓动性和说服力,有时简直像一位睿智的哲人向人们阐述自己发现的深邃的哲理。听众不仅受到政治思想教育,而且感到有一种艺术的享受,求知欲的满足。

"尊重知识,尊重人才",郭老师一直做得好。正因为如此,在那场史无前例的浩劫中,提拔重用"牛鬼蛇神"被列为他的第一大罪状。他不光与国内外著名的老艺术家、老专家石鲁、史念海等有很深的交情,而且在中青年知识分子中也有无法计数的朋友。他处人随和,平易近人,不摆架子,在学术问题上总是虚心听取专家、学者的意见。凡有来往的知识分子,都把他视为知己,都乐于在他领导下工作。不仅在他担任领导职务的时候如此,在他离休之后,他的周围仍然围着一个高层次的知识分子群,对他还能做到一呼百诺,招之即来。所以,陕西几个出版社,如有大的计划,总是希望他来领头。集体写书本来就不是好搞的事,但只要他出面组织,大家就齐心协力,一心一意,出色地完成一部又一部著作。

我自第一次听了郭老师的报告,就对他非常敬仰,但那时我是一个普通学生,他不可能知道我。直到1962年春天,我刚从白水县劳动锻炼回校,在农村刚受过洗礼,和尚头,农民装,去图书馆借书。我正在签写借书卡时,郭校长不知什么时候站在我的身旁,我一抬头,他就说:"原来你就是何清谷!"我就站起来,他和我亲切握手。在那知识分子倒霉的年月,我这土气十足的小助教,受到校长的青睐,心里感到热烘烘的。以后每次在路上见面总要打个招呼。

文革后期,大家都有劫后余生之感。我们这些"老保"和"牛棚"里出来的"走资派"在感情上是特别能合得来的,那时由于职务高低造成的距离完全消失了,他和我们一见面就亲亲热热,谈个不休,而谈的内容大都是学术问题。后来,我们几个同辈人在一起写文章,常去请教他,他表现出极大的兴趣。他说:"叫我靠边站我不怕,我可以读书,充实自己。过去老是忙忙碌碌,哪有这么充足的读书时间。"他老是那么谈笑风生,乐观有趣。再后,我们就请他做写作顾问了。他整天忙着给我们出点子、改文章、看资料。由于他有很高的马克思

高屋建瓴 实事求是

主义水平,思维能力特强,想问题总是高屋建瓴,能把杂乱的材料迅速理出条理,对我们很有启发。他为了帮助和指导我们写作,真是专心致志,不辞劳苦。记得当时一位北京的老战友来看他,他让儿子陪客人去参观,自己却留下和我们一起讨论修改文章。

郭老师指导我们研究秦始皇。他首先安排我们分门编了三个资料:一、马克思主义经典作家论历史人物评价;二、秦始皇的史料;三、历代学者和政治家对秦始皇的评价。然后他和我们一起反复学习和讨论这三个资料。他说:"我们过去对秦始皇都没有研究,但是只要从这三个方面钻下去,就可以找到研究秦始皇的门径。"诚然,这三个方面对历史研究来说是缺一不可的。马克思主义是对历史进行宏观研究的典范,是一种思维的科学,运用它的立场、观点和方法研究历史,就站得高,看得深,不被假象所迷惑。史料是进行科学研究的基础,一般地说,掌握的史料越丰富,则思维越深刻,观点越明确,得出的结论越可信。掌握历代对秦始皇的评价,就是了解前人的研究成果,总结前人的得失,可以更好地确定自己的努力方向。

那时候写文章是"小报抄大报,大报看梁效"。郭老师对"四人帮"炮制的那些时髦观点,常常流露出反感。他提醒我们说:"咱不赶时髦观点,抱定老主意:实事求是。要靠史料说话,不是从大量史料中归纳出的观点,缺乏史料根据的观点,不管多么中听,总是站不住脚的。"他为了全面掌握史料,日以继夜地读书,读了《史记·秦始皇本纪》《李斯列传》《六国年表》,还读了《秦会要订补》、马骕著《绎史》等。他曾深有体会地说:"这史料也有真有假,有当事人的自我吹嘘,如秦始皇在刻石中说他'泽及牛马'就不真实;也有一件事几种不同记载的,如《战国策》和《史记》就有不少打架的地方,这就需要用科学的方法进行整理和鉴别。还有,我国文献保存较好,史料浩如烟海,写历史要从中选择典型史料。例如记载秦末农民大起义的史料不少,但多是零碎的,不能反映本质的现象,而'人自为怒,家自为斗,各报其怨,而攻其仇'这条史料就有典型性,可以说明这次农民起义的深度和广度。"在他的指导下,我们都觉得很有收获。

高屋建瓴　实事求是

郭老师1986年任陕西社会科学院院长期间，受省委委托主编《陕情要览》，他要我执笔写本书第61章陕西主要历史人物。他说："这一章虽然占有篇幅不大，但很重要。不仅表现陕西自古以来人才济济，而且要为各方面的杰出人物立传，使人们读后获得一种信心和力量，对人物的选择要以有无重大历史性贡献为准，不要以职位为准。倘无事功可言，哪怕丞相、贵臣、巡抚、督军、省长，一字不提。"我按他提出的标准，把陕西历史人物分为二十一类，介绍150余人。经他反复筛选、平衡，最后审定为144人。郭老师在这项工作中的严谨态度，使我十分钦佩。正确地褒贬历史人物，是历史家的一项十分严肃的工作，做好了就能分清是非，发扬正气，贬斥邪恶，发挥历史对人民进行传统教育的功能。孔子作春秋，"寓褒贬，别善恶"，就是为了达到以历史教育人的目的。

郭老师在许多人眼中是一位传奇式的人物，头脑反应特别灵敏，遇事从容不迫，显得游刃有余，善于处理复杂问题，同时可以抓好几项工作，事事都办得井井有条。这乍看是一种天才，其实都是由于他后天孜孜不倦地工作和学习所造就的本领。他工作非常勤奋，干在前头，想在前头，因而对事有预见，对可能发生的问题，早就准备好对付的办法。他学习非常认真，喜爱读书，干到老学到老，干一行学一行专一行，据说他离休之后，还是每天学习工作到深夜。

当1990年9月9日听到郭老师与世长辞的噩耗的时候，我们好多教师都感到晴天霹雳，非常震惊。这是国家的重大损失，是社会科学界的重大损失，我惶惶然感到若有所失，我失去了一位最好的老师。在向他遗体告别的时候，我送了一付联，上联是"文星殒坠，论坛顿失泰斗"；下联是"教泽孔长，绛帐痛悼良师"。绛帐的比喻不大确切，作为老师，他的言传身教就其正确程度而言，超过东汉扶风学者马融的"绛帐讲经"。

（陕西师范大学出版社1993年8月版《著名马克思主义哲学家、教育家、史学家——郭琦》）

郭琦同志与《陕西一百个著名人物》

林理明　邓剑秋

岁月易逝。郭琦同志离开我们，不觉已三年了。由他主编的《陕西一百个著名人物》面世了。在各地发行之际，我们更加深切地怀念他，不禁回忆起他多次同我们商谈《陕西一百个著名人物》编著工作时侃侃而谈的情景，犹在眼前，历历在目。

我们记得很清楚，为组织编著《陕西一百个著名人物》，初次去郭琦同志处商谈，是1988年9月5日。当时，我们是看了《河殇》电视片和解说词以后，对《河殇》的"精英"们大肆宣扬民族虚无主义，将中华民族贬低为愚昧的民族，散布中国人民丧失了民族自信心的论调，深为愤慨，感到很需要弘扬那些创造中华民族优秀文化的伟大思想家、科学家、政治家、军事家、史学家、教育家、文学家、艺术家，组织编写《陕西一百个著名人物》一书，向青年进行爱国主义教育，帮助他们树立民族自尊心、自信心、自豪感。我们将这个设想向他说明之后，他非常高兴，立即表示此意甚好。接着，他又作了阐述。他说：当年，鲁迅所写的《中国人失掉自信力吗》，就讲过我们中国并不失掉自信力的大有人在，那就是"我们自古以来，就有埋头苦干的人，有拼命硬干的人，有为民请命的人，有舍身求法的人，……这就是中国的脊梁"。所以，将陕西自古以来的著名人物精选100人，编一本书，很有意义。他讲的这段话，对我们很有启发，坚定了我们组织编写这本书的设想。于是，我们陕西省鲁迅研究学会常务理事会决定组织编写这本书稿，后来，我们就向郭琦同志提出，请他担任这部书稿的主编,他欣然应诺。

郭琦同志是位卓越的教育家,他特别关心广大中学生的健康成长。当我们第二次和他商量《陕西一百个著名人物》的读者对象怎样确定时,他讲了明确的意见。他说:"今天90年代的中学生,将是未来21世纪中国社会主义现代化建设的主力军,我们务必将这本书写好,供他们阅读,而且要写得集思想性、知识性、趣味性于一体,做到引人入胜,使他们乐于阅读,成为他们的良师益友。"这样,我们就确定了这本书的主要读者对象为中学生,同时,也供中小学教师教学参考。

郭琦同志还是位卓越的历史学家,他对历史人物很有研究。我们第三次去他处和他专门研究了怎样才能将人物写得引人入胜。他说,我们既然为中学生撰写历史人物,就切忌面面俱到,平铺直叙。因为那样写,人物的特点就写不出来,光辉的业绩就必然写不突出,人物的崇高品德和伟大精神就得不到描绘,其最感人处也就写不生动。所以,为使中学生受到良好的教育,增长智慧,激励他们上进,我们一定要把人物的特点写出来。他讲的这个意见很中肯,我们听了觉得豁然开朗,就像有了一把金钥匙,将写历史人物的思路打开了。后来在编委会会议上,他反复阐述了将人物的特点写出来的重要性,给作者们以很大的启发。

历史上的著名人物,其成就往往是多方面的。我们和作者研究,为了将历史人物的特点写出来,特别注意了记述历史人物最突出的具有历史意义的成就,将他们崇高的爱国主义精神生动地反映出来。以唐代颜真卿为例,西安教育学院翁维巽同志在记述这个人物的《"颜体"的创造者——唐代书法家、政治家颜真卿》一文中,不仅记述了他在书法上是如何创立了雄浑厚重、端庄开朗的具有独特风格的"颜体",还详细地生动地记述了他为了维护国家的统一,英勇机智地抵抗安禄山叛乱,后又不屈不挠地同李希烈做斗争的英雄业绩。当他得知堂兄颜杲卿和侄儿颜季明在抵抗安禄山叛乱中英勇牺牲,他以满腔悲愤的心情，写下了一篇用行草书成的《祭侄季明文稿》，表达了他对叛邪的无比憎恨和对侄子的深切怀念。他将悲愤之情注入笔端，书写了一幅颜氏行草珍品。

安禄山叛乱被平息后，淮宁节度使李希烈屯兵许州（今河南许昌）公开叛乱，唐德宗派颜真卿任淮西宣谕使，前往劝说李希烈停止叛乱。颜真卿知道此去凶多吉少，但他为谋求国家统一，将个人生死置之度外，毅然奔赴许州。他一到达，即被叛军拘留。李希烈先以上宾对待，许以宰相之职，企图以利禄诱他投降。他严正怒斥：什么宰相！我哥颜杲卿壮烈牺牲，我愿以我哥为榜样，以身殉国！什么威胁利诱，决不动摇！后来，敌人在他面前挖了一个大坑，叫嚷：如果你不投降，就将你活埋。他毫无惧色，立即回答："死有什么，给我一把剑，我死在你们面前，你们看吧！"

颜真卿大义凛然的英雄气概，深深地感动了李希烈的部将周曾。周曾遂即秘密策划起义，但不慎被敌人发觉，起义失败被杀害。颜真卿得知后极为悲痛，独自在关押处所哭祭周曾这位死难烈士。

李希烈气急败坏，为威逼颜真卿投降，最后又威胁颜真卿说"如不投降。大火烧焦！颜真卿英勇不屈，立刻纵身扑火，被人拦住。

李希烈为要颜真卿投降，施尽了利诱和威胁手段，一一失败。颜真卿视死如归，随时准备就义，为自己写了墓志，最后被敌人缢死于蔡州（今河南汝南）龙兴寺。

颜真卿不仅是位杰出的书法艺术家，而且是位杰出的爱国政治家。他壮烈殉国的消息传回长安，人们悲痛不已，他那不为高官厚禄所利诱的高贵品质，不为敌人的淫威所屈的气壮山河的伟大爱国精神，深为人们所敬仰。

在事业上做出了卓越成就的历史人物，他们是怎样取得成功的呢？如果加以剖析，写得清清楚楚，无疑会给青年们以非常有益的启迪。这一点，许多作者都是十分注意了的。北宋时代的张载是位杰出的唯物主义哲学家。关于他在哲学研究上是如何取得重大成就的，陕西省社会科学院鲁林同志，在《雄伟的气魄，卓越的成就——北宋哲学家张载》一文中作了很明白的记述。

张载少年时代就培养了爱国主义思想，好读兵书，决心献身疆场，卫国保乡。21岁时，他主动上书范仲淹，表达了自己从军报效国家的志愿。范仲淹见他好学，且颇有识见，在学业上很有出息，便劝他弃武从文，致力学业。从此，他孜孜不倦地博览群书，广泛地吸收各类学问的知识，走上了研究哲学的道路。张载为人有个重要特点，就是十分关心人民的疾苦，当见到有的穷苦人饿死在路上，回家后，他总是唉声叹气，吃不下饭。后来，他做了官，就主张变法，实行平均土地的"井田制"，帮助贫苦农民解决土地问题。他这种主张虽然是个空想，未得到实行，但想变革社会的精神对他的唯物主义哲学思想的创立是很有影响的。

后来，他看到做官不可能有多大作为，便辞官回乡，一面讲学，一面钻研学问，著书立说。他在学术研究上非常刻苦，经常"俯而读，仰而思"，思有所得，持笔即记。尤其难能可贵的是，他有自觉的哲学意识，立志"为天地立心，为生民立道，为去圣继绝学，为万世开太平"。这就是说，对宇宙，他要认识万物运动变化的规律；为人民，他要树立应该遵循的人生之道；对于以前的圣哲，他要继承他们为人类所贡献的独到可贵的学术思想；对于国家，他要找到永远太平的治国良策。这可以看出，他研究哲学的气魄是多么雄伟。到熙宁九年（1076年）秋，他的学说趋于成熟，便把平日所写的文章集成一书，取名《正蒙》。他的哲学研究成果主要是两个方面。

一是唯物论方面。他继承和发展了古代气一元论思想。

早在两千多年前，《黄帝内经》就记载着大气是构成宇宙的本体，而且这个记载很有意思。请看：

  黄帝问："大地是在我们下面？"

岐伯回答:"大地是在人的下面,它浮悬在一望无际的太空之中。"

黄帝听了十分感兴趣,进一步问道:"那么,它在天空有什么依靠的地方吗?"

岐伯肯定地回答:"人们居住的'大地',是凭大气的举托而悬在那里。"

这就是古代气一元论观点。张载发展了这一思想。他认为宇宙的本源是物质性的"气",整个天空的虚空(张载称之为"太虚")充满着物质性的气。气是有聚有散的,但气的本身永无生灭。他打了个比喻说:气之聚合成为万物之形,犹如之凝固为冰;物亡气散,气归太虚,犹如冰之融解于水。他提出气有聚散而不灭的思想,是对宇宙物质不灭的原理的一种朴素的唯物主义的说明。这在古代是一个很了不起的哲学成就,使中国古代唯物主义思想发展到了新的阶段。

二是辩证法方面。他认为气是"一物两体",即有阴阳两体。"两体"是指对立的两面。他说:"两不立则一不可见,一不可见则两之用息。"就是说,没有两个对立面("两"),就没有每一事物的统一体("一");而无有统一体,对立面的相互作用也就无从存在了。现在看来,他的这个论述是非常精辟的,这实际上认识到了:事物内部矛盾的对立统一是事物发展变化的源泉。所以可以这样说,张载提出的"一物两体"学说,是中国古代辩证法史上的卓越贡献,至今熠熠生辉。

张载在哲学上所以能取得如此重大的成就,从他的一生的思想和活动来看,无疑是由于他深切思念着国家的兴亡,非常关心人民的疾苦。这种强烈的爱国主义精神,激励着他在治学上树立了雄伟的气魄,坚持了多年孜孜不倦的刻苦钻研,终于登上那个时代的哲学高峰。

从以上三篇文章对两位著名历史人物所作的记述来看,郭琦同志提出的"一定要把人物的特点写出来"这一原则,对这部书稿的写作起了很好的指导作用,许多作者将人物爱祖国,爱中华民族,爱人民,讲风骨，重气节，向往未来，追求光明，思想深邃，写得深刻、生动、富有新意，给人以新颖之感。

为了写好这部书稿，郭琦同志不仅出主意，而且在审稿方面倾注了许多精力。他是一位哲学家，在审稿中特别注意以历史唯物主义观点来分析和评价历史人物的思想和业绩。他对记述三国时魏国思想家傅嘏的一篇文章提出的意见，给我们留下了深刻的印象。

当时，学术界讨论一个理论问题，即"才性之辩"。这里的"才"主要指人的能力，"性"则主要指人的本性和操行。对于才和性的关系有四种不同的观点，即才性同，才性异，才性合，才性离。所谓"才性同"或"才性合"，是认为人的才能与本性、识见是一致的，性是本，才是末，性决定才。所谓"才性异"或"才性离"，是认为人的才能与本性、识见没有必然的联系，性不能决定才能的高低。傅嘏是主张"才性同"的。有一次，他同荀粲辩论。荀粲说："你们这些人在社会上功名会超过我，但你们的见识却远不如我。"傅嘏回答说："能造就功名的东西，不就是见识吗。天下哪有见识不足而功名有余的呢？"记述傅嘏这个历史人物的作者认为，傅嘏将人的才能与本性、操行联系起来，这是德才兼备的人才观。我们将这篇文章最后送郭琦同志去审阅时，他认为这样评论不妥，不应拿我们现在的观点去硬套，应该具体分析当时的历史情况和时代背景。我们同作者又进一步研究了历史情况，对傅嘏的观点重新作了具体分析，将文章作了修改。

历史情况是这样：自东汉以来，衡量人物和选拔人才，往往只重德而轻才，而且有些人为追求德的美名，又往往弄虚作假。曹操针对重德轻才的现象，提出"唯才是举"的用人方针。傅嘏是个有建功立业的事业心的人，他十分重视人才。他认为本性和操行好的人，他的才能发挥出来，就会做出大事、好事；通过才能的表现也就体现出人的本性。这样看来，他将自己的人才思想概括为"才性同"这个观点，是比较切合实际的，而荀粲等人的"才性异"，将才能与本性割裂开

郭琦同志与《陕西一百个著名人物》

来的观点,则是脱离实际的空谈。

这部历史人物著作,我们先后组织了八十多位学者、专家、编辑参加研究和撰写,经过两年多的辛勤笔耕,于1991年6月完成了全部编审工作,并交陕西人民教育出版社出版。陕西省教育委员会认为,这本书是对中学生进行爱国主义教育和优秀文化传统教育的好教材,已向各级教育部门和广大中学生推荐。我们相信,郭琦同志生前希望这本书成为广大中学生的良师益友的夙愿,一定会圆满地实现。

(陕西师范大学出版社1993年8月版《著名马克思主义哲学家、教育家、史学家——郭琦》)

理论战线上的勇士

——深切怀念郭琦同志

赵炳章

今年9月9日,是郭琦同志逝世三周年的日子。我怀着崇敬的心情回忆这位德高望重的老前辈、老领导。郭琦同志在半个多世纪的革命生涯中,就有近50年的时间奋斗在三秦大地的教育、理论战线上。他先后担任陕西师大副校长、西北大学校长、省社科院院长、省社联主席等职。我曾经长期在他的直接领导下学习和工作,对他为坚持正确理论而奋斗的精神感受至深。特别是他那种在理论上敢于坚持、勇于开拓的精神,更值得人们永远学习。

记得1957年我在西安师院第一次听他的报告,就被他深刻而生动的讲述所吸引。那时他还年轻,风华正茂,作起报告来滔滔不绝,内容丰富,说理充分,针对性很强,很能解决问题。当时据我观察,在场所里听报告的人,不论是老教授还是青年学生,都被他的报告所吸引,凝神注目,竟无一人说笑。此后,听他的报告,每次都给人以思想启迪,获得许多知识和教益。全校几乎所有的教师和干部,都认为他知识渊博,马列主义水平高,才华出众,是位难得的好领导。"文化大革命"中,他首当其冲,在陕西被最早打下台,关进"牛棚"。由于他马克思主义理论素养高,党性观念强,虽身处逆境,但精神状态依然很好。他没有埋怨党,更没有怨恨群众。批斗他时从不把"错误"

推给别人和下级，总是自己承担；他也不迎合某种需要，不负责任地乱说，减轻自己的压力，获取某些好处；他更没有垂头丧气，乞求别人，总是坚持原则，表现出共产党人的精神风貌；他还从不忘记学习马克思主义，追求真理，从"牛棚"里被解放出来后，他应学习马列的需要，给部分教师辅导和讲授了恩格斯的《路德维希·费尔巴哈和德国古典哲学的终结》，他讲得深刻、生动、准确，使曾经听讲过的人，至今回忆起来，还十分敬佩。1976年，粉碎"四人帮"后，他以极大的热情投入到拨乱反正的斗争中去，积极倡导并参加真理标准问题的大讨论。在讨论中，他始终坚持马克思主义唯物辩证法，全面地看待问题。他坚决反对"两个凡是"，反对全盘否定。他坚持对毛泽东同志正确评价。他认为毛泽东同志是伟大的马克思主义者，不能因为他晚年犯了错误就否定他。他说："历史愈发往后发展，毛泽东就显得愈伟大。"他这种在理论上辩证地全面地分析问题的方法，为理论界所深知，也为大家所欢迎。

  1984年，当城市改革的大潮来临之际，郭琦同志锐敏地感到这场改革之伟大是前所未有的。他形象地说："当前我们又有一次处于'农村包围城市'的历史性转变过程中，就是说农村的改革推动和促进着城市的改革。"他满腔热情地支持改革，并在理论上论证了改革中的一系列问题。他亲自撰文论证改革"合乎国情，顺乎民心"。他说：我们的经济基础和上层建筑虽然是社会主义的，先进的，但其中不少环节，或者说不少具体制度不符合我国社会主义发展规律的要求，阻碍着生产力的发展。如果再不改革，我们就不能前进，还会再走回头路，吃更大的苦头。谁不认识这一点，谁就要落后，就谈不上坚持马列主义、毛泽东思想的基本原理，当然也就不可能与党中央在思想政治上保持高度一致。他还预料城市改革牵涉的面很广，直接涉及国家经济管理体制、分配、流通和上层建筑领域等方面的改革，比农村复杂得多。但他坚信只要我们坚持马克思主义理论与实际相结合的实事求是的思想路线,坚持人民群众的创造精神,就像在农村改革中依靠和尊重8亿农民的创造精神一样,城市改革一定会加快步伐,反转过来又促进农村的改革,巩固和发展工、农、知识分子的兄弟联盟,使生产力得到进一步解放。在怎样改革的问题上,郭琦同志特别强调"要有个正确的方法论原则作指导"。他提的方法论原则就是要解放思想、实事求是,把解放思想和实事求是联系起来。他认为解放思想与实事求是一个问题的两个方面,而不是两回事。他说:为了做到实事求是,就必须解放思想。破除一切非科学的主观主义,包括"左"和"右"的错误思想,使马克思主义的科学真理得以贯彻。解放思想,不是为了抛弃马克思主义真理,离开四项基本原则,让人们发展个人主义、资本主义思想。他说,有人以为解放思想就是搞自由化,为此而反对改革,是错误的。当然以解放思想破除条条框框为借口否定四项基本原则,让它的杂拌(比如个人主义、资本主义、萨特的存在主义等等)自由生长更是错误的。解放思想必须实事求是。脱离实事求是的解放思想就是乱思乱想。当然不实事求是,思想也就不能解放。对改革的前景他也作了令人信服的论证。把他的论证概括成一句话,就是"希望,在改革中!"

随着改革的深入和发展,人们对陕西经济发展愈来愈关心,理论界和实际工作部门都较为广泛地开展对这个问题的讨论和研究。郭琦同志积极组织和推动对这个问题的讨论和研究,并且自己撰文论证和研究了这方面的问题。1985年初,他在《陕西上下古今谈》一文中较为全面地探讨了这个问题,提出振兴陕西经济,首先要坚决由封闭式的经济转向开放型的社会主义现代化经济。其次,在资金不足的情况下,近期应着重发展投资少、建设周期短、产出多、产出快、提供利税较多的产业。再次,要依托经济发展的关中,开发陕西、陕北。同时提出为迎接大规模的经济建设,适应人口自然增长的需要,农业还应有一个大发展。为迎接技术革命的浪潮,应及时制定新技术发展战略规划。他还特别强调了观念的变革，他认为陕西经济落后，与长期遗留下来的小农经济思想和封建宗法观念有关。他说：关中古称四塞之国，"滞河阻山，隔绝千里"，世代生活、劳动在渭河千里沃野上的秦人，与四周隔绝，于是产生了安土重迁的保守思想和安于现状、不愿变革的小农思想。历史上的汉、唐王朝都注重向外开拓，都城长安成为全国交通的枢纽。水陆交通畅通无阻，这是保持汉、唐盛世政治统一、经济繁荣的基础。唐代以后，由于政治中心东移，丝绸之路封闭，漕运凝滞，陕西就由交通比较发达、经济比较繁荣转向闭塞落后，从此衰落下去。这中间，还同宋、明时期盛行的理学也有一定关系。宋、明理学中的关学开创者张载的学术思想中，既有朴素的唯物主义的辩证的进步方面，又有政治思想"以躬行礼教为本"的保守方面。前者未能得到发展，后者却被继承下来，并且历久不衰。这就造成了陕西长期以来思想不活跃、商品经济不发展的保守落后的局面。所以，他强调，在"四化"建设中，既要看到陕西人民为创造我国灿烂的古代文化做出了重要贡献，在近代革命文化史上又写下了光辉的篇章，延安精神孕育了新中国，又要看到小农经济思想和封建宗法观念的影响。我们要让先辈们的开拓精神更加发扬光大，但万不可满足于我们的祖先如何"阔过"而放松现实的努力。应该破除迷信，解放思想，打破满足现状、因循守旧的自然经济和小农经济思想的束缚，使陕西经济转移到开放的、开拓型的经济轨道上来，以适应时代发展的新潮流。他的这些见解，在今天看来还是有重要实践意义的。

反对资产阶级自由化，是理论战线上的长期任务。郭琦同志自80年代以来，始终把反对资产阶级自由化作为自己的一项重要任务来抓。1987年初，他针对当时资产阶级自由化泛滥的情况，特别撰写文章批判"全盘西化"的谬论。他全面系统地驳斥了所谓日本明治维新之所以成功，是实行了"全盘西化"；中国戊戌变法之所以失败，是实行了"中学为体，西学为用"，没有"全盘西化"；今天拒绝"全盘西化",不是封建倒退的"国粹主义"、是新儒家的复活,会重蹈历史上"中体西用"失败的覆辙等错误观点。他批评"全盘西化"论者不加分析地认为西方一切皆好,中国一切皆坏。采取民族虚无主义态度,既看不起中国人,又看不起中国文化;既悖事理,又丧失民族自尊心和爱国心,其目的就是走资本主义道路。他说:在帝国主义时代,要想在中国建立资产阶级共和国,发展民族资本主义是行不通的;在社会主义的新中国还要"全盘西化",或者放弃社会主义,倒回去补资本主义之课,只能是重走前人走过的死路。中国的出路,只能坚定不移地走具有中国特色的社会主义道路,其它任何道路都是走不通的。

当美国未来学家托夫勒的著作《第三次浪潮》《预测与前提》被介绍到中国,许多人拍手称快的时候,郭琦同志却采取了科学分析的态度。他认为托夫勒立足现实,分析未来,根据科学技术发展引起的一系列变化,作出了一些预测。尽管这些预测并不全都正确,但总的说来对我们是有启发的;但对未来发展的基本见解是荒谬的。他为此撰写文章批驳了托夫勒散布的马克思主义过时了的谬论,要人们用科学的态度对待马克思主义。他提出马克思主义是十分完备而严整的科学体系,它与任何迷信没有丝毫共同之处。如果不把马克思主义看作行动指南,而是把它看成万古不变的教条,看成解决一切社会问题的灵丹圣药,机械地运用于一切环境,似乎现实生活中遇到的一切具体问题都能在他的书中找到现成的答案,这就把马克思主义的科学体系看成是多少带有神秘色彩的教义集成或教条汇编。用这种态度对待马克思主义,就不可能理解马克思主义的真谛,不可能把握它的活的灵魂,以至抛弃它的理论基础——辩证法。他认为对马克思主义的原理原则,也应当采取具体问题具体分析的科学态度,而不应当机械照搬,不应当要求它的一切结论适用于任何时代、任何环境、任何具体问题,如果不能,就认为马克思主义不灵了。像这样来理解马克思主义,恰恰不是科学地对待马克思主义,正是教条主义地对待马克思主义。他还指出马克思主义是要向前发展的，随着科学发展中每一划时代成就的出现，唯物主义也在不断地改变其形式。世界的发展是永无止境的。反映这一发展的人类认识也是永不停息的。但这种发展始终是马克思主义科学体系丰富、充实、完善的过程，并使马克思主义本身得以前进。如果某种理论同社会进步和科学发展不相容，那绝不会是马克思主义，只是马克思主义的对立物，从这个意义上讲，就不存在马克思主义"过时了"的问题。当然，马克思的某些重大原则，也可能在彼时彼地是完全正确的，但随着时间的推移和具体条件的变化，若用于此时此地就可能不适合，需要用新公式、新的原则来代替。但是这种新旧结论之间关系，仍然是马克思主义的继承发展问题，不是马克思主义过时的问题。他又指出，马克思主义的某些论断，由于当时的社会实践还不可能将矛盾展开和暴露充分，还需要在以后的实践中给予正确解决。比如马克思关于社会主义社会消除商品经济的设想，因为当时还没有社会主义建设实践，就不可避免地带有某些预测的成分，我们总不能要求我们的先辈们在不可能取得社会主义建设经验的情况下，应该坚信马克思主义是科学，要用科学的态度对待它，完整准确地理解它，学习它解决问题的立场、观点、方法，用此指导我们的行动，从实践中去检验、丰富、发展它。郭琦同志的这种态度是值得我们学习的。这些见解不论在当时，还是在现在甚至到未来都是有价值的，都会对坚持和发展马克思主义有重要作用的。

80年代以来，世界新技术革命的浪潮冲击全国，自然科学和社会科学都面临着严峻的挑战，特别是社会科学怎样迎接挑战。正在广大社会科学工作者思考和关注这个问题的时候，郭琦同志及时地、尖锐地提出和论证了这个问题。他在《新技术革命与社会科学》一文中，全面地论述了新技术革命向社会科学提出的新挑战以及社会科学怎样适应新形势的要求。他提出，传统意义中的社会科学，已经不能完全适应"四化"建设的需要，不能科学地回答现实生活中出现的新问题。

造成这种状况的原因,首先是社会科学的发展不能适应科学技术的发展。他说,有人测算,人类知识在19世纪时每50年增加一倍,20世纪时每十年增加一倍,70年代时每5年增加一倍,而目前大约每3年增加一倍。我们现在普通设置的学科,是在过去知识增加相对缓慢状况下产生的,这些学科怎么能适应被人称为"知识爆炸的时代"呢?其次是知识结构不适应。他认为技术革命的特点在于科学技术应用于生产的时间大大缩短,迅速形成了新兴的技术群和工业群。由于生产和科学的相互结合,自然科学和社会科学相互渗透,相互交叉,形成了新的研究群体和新的知识群体。这和我们哲学社会科学工作者的知识狭窄,畸形发展形成了矛盾。和大学教育联系起来,这个问题也很突出,因为我国的大学专业分得太细,造成学生的知识面异常狭窄。当他们用狭窄的知识视野研究复杂的社会问题时,不能不处于捉襟见肘的困境。同时研究的方法和手段不适应。在知识以几何基数增长的现在,我们好些学科的研究方法仍然处在多年前的注释、考据的书斋式的手工业方法上,一般来说很少接触实际,所出成果往往是资料搬家,演绎推理,缺乏创见。这种研究同开放的时代,同多方位、立体交叉的社会结构相悖,直接影响着社会科学研究在更大范围、更深层次里向前发展。

  在怎样迎接挑战问题上,郭琦同志提出:"打开窗口,过滤空气。"他认为在新技术革命挑战面前,社会科学研究如果不打开窗户,呼吸新鲜空气,在新技术已经影响到社会生活各个领域的今天,就会变得愚昧因循,就会严重影响到我们的事业、我们的后代。但是,在"开窗子"的同时要"安纱窗",严防"蚊""蝇"混入,打开窗子后进来的空气不一定都很新鲜。这样就需要"过滤"和"净化"一番,不要全盘照搬,要区别精华与糟粕,吸取自己有用的东西,适应我国国情地加以应用,既不要泼污水把婴儿抛出去,也不要把垃圾误当宝贝。他说:历史形势迫使我们必须奋力攀登,积极进取,力争经过我们创

理论战线上的勇士

造性的劳动,使社会科学的面貌在短期内有个较大的转变。他的这些看法无疑对我们社会科学研究工作有着重要意义,在这方面他做出了显著的贡献。

今天,纪念郭琦同志,要向他学习的方面很多。但他在理论上为党和人民的事业奋斗的精神,勇于探索、敢于开拓的精神,坚持马克思主义、捍卫马克思主义的精神,给我们留下更深的影响。我们要像他那样做一位理论战线上的勇士,为党和人民的事业奋斗到底。

(陕西师范大学出版社1993年8月版《著名马克思主义哲学家、教育家、史学家——郭琦》)

功在当代,泽及后人

——深切怀念郭琦同志

李振东

郭琦同志是陕西社会科学战线上一位贡献突出、成就诸多的组织者和领导者,又是一位博学广识很有造诣的学者,也是一位很受人敬重的长者。他的大半生在三秦大地度过,长期从事党的理论教育工作。党的十一届三中全会后,为推进马克思主义理论研究,弘扬民族传统文化,壮大理论队伍,郭老殚精竭虑,运筹策划,为发展和繁荣哲学社会科学事业付出了巨大心血。如今,他与世长辞已三年了,但那高大的身影、稳健的步履、浓郁而宏厚的四川口音,宛若昨日,依然那样清晰而熟悉。他杰出的组织领导才能,渊博的学识,以及诲人不倦的精神和平易近人的作风,堪为后人楷模。

一位平易近人的领导、师长

1980年春夏之季,中共陕西省委决定成立陕西省社会科学学会联合会。从这时起,我在郭琦同志直接领导下工作。当时他是西北大学党委书记兼校长,省委又给他一项任务是筹备组建省社联。4月中旬的一天,他打电话要我到他那里谈谈。我颇纳闷。郭老的学识和为人,他在学术界的声望和影响,我早有所闻,很为敬重。在一些会议和学

功在当代,泽及后人

术活动场合我们也多次见过面,握握手,寒暄几句也是有的。但个人之间几乎再没有什么接触。我按约定时间到郭老办公室,他正伏案写东西,随即放下手中的笔热情地招手我落座。因为我在省社会科学院工作,话头很自然从院的情况说起。像拉家常似的,郭老也问到我的工作及个人爱好等。寓意感人,且幽默风趣,话语间没一点俗话、套话,而是一种同志般的信赖和关切。他是一位待人宽厚的长者。初见时那种颇有点生疏感的气氛很快就消失了。

闲聊了一会儿,郭老才说到正题。"有件事想听一下你的意见。"他说,省委决定最近成立省社会科学学会联合会,要他负责筹建,一是时间紧,再是他今后的时间主要还是在西大,这样就急需要有人协助工作。"组织上反复考虑,决定你来做这件事,你看咋样?"

说实在的,当时我对做这工作心里很不踏实。对全省学术界的情况不很熟悉;办社联又是件新事,抓工作心里没一点谱;我自己还有个课题正在搞,放不下手。但郭老的话,既是征求意见,也讲的较为肯定。我回想起前几天有的同志也提到过成立省社联的事,但当时自己并没在意。我说:"眼下事情多,我先帮着做些工作。是否请组织上考虑,以后再物色个更适合的人好些?"郭老见我有点两难,以理解的口吻说:"你的情况组织上了解。我们合作吧!至于'以后'的事,以后再说好了。"停了片刻,郭老换了个话题,问道:"你喜欢京剧?"我脱口说:"我认为京剧是世界上最优美的艺术!听京剧可以说是一种超凡脱俗的艺术享受。"这话讲得显然是绝对化了,他诙谐地说:"你这个看法留待以后我们探讨吧!咱们先听一段。"他打开录音机,轻声播放着马连良的"借东风",接着又播了一段裘盛戎的"赤桑镇"。他边听边在沙发扶手上打着节拍,悠然自得,如入意境。郭老还不时地插话,讲他对京剧名家的艺术造诣和唱腔作工的评价。侃侃而谈,见解独到,令人叹服!我不曾想到,郭老除对哲学、教育、史学领域有精思卓识、独特地见解外,对京剧也有这么广博的见识,也是一位京剧评论家!

　　同郭老这次谈话,给我的印象是较深刻的。我在想,一位领导者同被领导的同志谈工作,且又是在不太熟识的情况下,能使人感到可亲近、可信赖,把心里话都讲出来,一吐为快,思想上产生共鸣,这蕴含着领导者的素质、学识修养和水平,这是领导的艺术,也是一门科学,是党的传统。

　　就这样,同郭老一道的"合作",转眼已是十多年。

广泛团结联系社会科学界

　　省社联是1980年5月12日正式成立的。在此前后,我陪同郭老走访了社会科学界的许多专家、学者,如史念海、宋景先、李宗阳、高元白、石兴邦等老一代的学者,也有年轻一些的专家、教授,如张岂之、孙达人等同志。每到一处,郭老总是以一种礼贤下士、虚心请教的态度,征求大家对组建省社联和开展社会科学研究的意见和建议。那时,他已年过花甲,有时精神也不太好,但不顾疲累,总想多看望一些同志,多听听大家的意见。这期间,还要常去省委、省政府向领导同志汇报情况,请示工作。他说,这是我们应该做的第一件事。社会科学学会联合会,顾名思义必须在"联合"上下功夫。要最广泛地团结、联系社会科学各学科的同志一道工作,把大家的积极性最大限度地调动起来。这支队伍"人马"越多越好,越广泛越有代表性。这是省委的要求。

　　郭老的这个想法,有力地得到社联筹备组同志的支持和赞同。我清楚地记得,在省社联第一届理事的人选问题上,名单几经上下,反复酝酿,强调要广泛又要有代表性,充分考虑了各学科、各单位,教学、科研等部门和实际工作部门,也考虑了老中青的结合。郭老说,

功在当代，泽及后人

这也不仅仅是为了团结，也有利于发挥我们省的学术优势和突出地方特色，使我们的研究成果和学术活动在国内以至国际上发生影响，更好地为社会主义现代化服务。郭老的这些见解和倡导，一直延续到今天省社联的全部工作和活动中。这些年来，省社联的同志在和学会、专家学者的工作交往中，以诚相见，知心交心，有了深厚的友谊，有的成了知遇之交的好朋友。他们的所想所急，一般都能及时了解到；在科研中遇到一些困难，或为之疏通渠道，或向党和政府反映，给以力所能及的帮助；某位同志思想上产生了某种困惑、疑虑，给以耐心疏导，或为之讲公道话。郭老一再说过：社联就应该办成"社会科学工作者之家"。

解放思想，更新观念

真理标准的大讨论，党的十一届三中全会的召开，给广大的知识分子、社会科学界带来了春意盎然的勃勃生机。在郭琦等老一辈学术界同志倡导下，恢复了于1958年成立的而又因"文革"中断的哲学学会，并相继成立了经济、历史、语言等学会。社会科学界万马齐喑的局面开始有了转机。但思想僵化、观念陈旧、条条框框诸多的沿习，没有也不可能在短时间解决。乍寒还暖，许多人仍心有余悸，守口如瓶，言必找"根据"。没上书本的不敢写，报刊上没有讲的不敢说。郭老认为，这种情况应努力尽快改变，否则就谈不上创造性理论思维，就不敢大胆地探索、研究社会主义现代化建设中的新情况、新问题，不敢"为天下先"。如此事例，在现实生活中比比皆是。譬如，人们穿件西装、打条领带，有人就觉得刺眼；舞台上演出古装戏，说又是"帝王将相，才子佳人"那一套。有次，我同郭老谈到这种情况，他很有感慨地说，这是思想僵化、观念落后于形势的反映。延安时期曾演过《逼上梁山》，还学过《甲申三百年祭》。进城以后也演过《闯王进京》《将相和》等古装戏，对干部、群众教育很大，毛主席也给予肯定。况且人们的精神、文化生活应该是丰富多彩的，光几个"样板戏"不行。他认为，真理标准讨论，就是要破除不适应形势发展的框框条条，摒弃"左"的思想束缚，从思想作风到组织领导方法上来一次大的变革，这样才能把邓小平同志讲的建设有中国特色的社会主义落到实处。郭老说，我们应该在社会科学界积极倡导带头解放思想、更新观念，思想上紧紧跟上形势，才有可能做出新的贡献。

在此后的一段不太短的时间里，社联和各学会多次召开真理标准的讨论会，同时学习小平同志的有关论述和指示。郭老说，这可不是小事，是关系到我们党和国家的存亡，关系到我们事业兴衰成败的大问题，我们一定要在社科界把这件事抓到底。从他苦费心机、不遗余力地倡导、组织这次真理标准讨论，可看出他急于改变社科界沉闷局面的迫切心情。他忧国忧民，其情切切，溢于言表。在"文革"中，郭老同许多老干部一样，被莫须有罪名贬入冷宫，关进"牛棚"，批斗、游街，历遭坎坷。他谈到自己这段逆境中的经历时，说："当时脑子里装的不是个人的荣辱，而是心急如焚，报国无门。痛心啊！"郭老恢复工作之后，重新焕发了青春，对党仍矢志不渝，心昭日月，实事求是，坚持党性原则；对发展党的社会科学事业表现了极大的政治热情。他说，劫后余生，大难不死，可谓"三生有幸"。耽误了这么多年，来日有限，要想办法多做点事，"不用扬鞭自奋蹄"，要把延误的时间抢回来，把丢掉的工作补上，无愧于时代，也给后人留个脚印。他之所以如此积极地抓真理标准讨论，认为这就是在新形势下必须补上的第一课。

努力探索,开拓社会科学研究新局面

紧密结合省情和工作实际,认真贯彻党对社会科学界广大知识分子的方针、政策和要求,按照学术规律组织学术活动,这是能不能促进社会科学的发展、繁荣,能不能团结、调动广大知识分子积极性的大问题。郭老对此极为重视,亲躬实践,苦苦摸索。从筹办社联开始,他经常同社联常务理事会的同志、同各学会的负责人探讨研究这方面的问题,也很注意学习、借鉴外省区社联的经验。经过较长时间探索、总结,郭老同社联常务理事会同志有了许多深切的体会,有的也可以说是获得了一些规律性认识和经验。

坚持为社会主义现代化服务的大方向

郭老认为,社会科学研究,不论在什么情况下,必须坚持为社会主义现代化服务,为改革开放服务。他说,现在全国都在搞社会主义现代化,这是最大的现实,也是人民群众最根本的利益。我们的研究应该而且必须做到面对现实,关心现实,回答时代提出的最迫切的问题,这是搞研究的立足点。他一再讲,科学的生命力,就在于同人民群众的生活、同现实、同社会需要解决的问题结合在一起,如果是"两张皮",相距十万八千里,那这门科学就站不住脚,就没有希望。社会科学同样如此。有的同志思想上曾一度有过某些学科不易结合现实的想法,从而产生一些疑虑和困惑。郭老耐心地给讲他自己的看法,动之以情,晓之以理,不懈地做说服工作。他说,为现代化、为现实服务是多方面的,如哲学学科研究共产主义思想与道德、思想方法、领导方法,可以做到为现实服务;历史学科研究古人治国选才的历史经验,也可提供有益的借鉴;就以距现实很远的考古学科来说,声满环宇的秦俑的发掘与研究，吸引了络绎不绝的中外来客，这对提高中华民族的自豪感，增强凝聚力，促进旅游事业发展，不是也有着很重要的作用么！

同现实结合这是总的要求，当然也不是说上边提到的那些学科仅仅就研究那些问题。郭老同时认为，基础理论研究也必须重视和加强。对基础理论研究和应用研究、对策研究绝对不能提出等同的要求。他说，各学科情况不同，具体要求也不能千篇一律；何况人文科学、基础理论成果的社会效益周期长，不易短时间看出它的效益。但有时会比自然科学、社会科学应用研究的某个发明创造效果还大，这也是事实。

发扬学术民主，活跃研究气氛

良好的舆论环境和融洽和谐的学术气氛是社会科学研究多出成果、多出人才的一个重要条件。郭老认为，最重要的是坚持党的"双百"方针，充分发扬学术民主。这些年，他不论在和一些同志交谈中，还是在各种学术活动场合，都从各个不同角度讲述他对这个问题的看法。概括起来有这样几点：鼓励敞开思想，大胆探索，研究新情况、新问题；鼓励学术观点的争鸣，在学术讨论中要创造一个都能平等自由地发表自己学术观点、见解的氛围；对学术上的不同观点，不以多数压少数，不要轻易下结论，不扣帽子，强调实践是检验观点正确与否的标准；在学术争鸣中，提倡实事求是的科学态度，防止门户之见；允许有失误，允许改正错误，允许善意的批评和反批评。郭老说，几十年的实践证明，党的"双百"方针是指导科学事业发展的正确方针，因为它合乎科学发展规律。几十年来我们在这个问题上有不少经验，也有过沉痛的教训。错误的作法，绝对不要再重复。

功在当代,泽及后人

发挥学术优势,突出地方特色

郭老很强调,陕西的社会科学研究要走向全国以至在国际上发生影响,重要的是充分发挥我们省的学术优势,突出有地方特色的研究和学术活动。他说,我们陕西在全国是处于局部地位,在研究力量、资金投入、资料占有等方面,都有一定的局限性。如果把主要力量放在研究全国性的大问题上,舍近求远,丢掉"土特产",不易出有影响的大的成果。而从我们主观上讲,又有它的优势和特色。陕西是中华民族炎黄文化的摇篮,有五千年的文明史,有光荣的思想理论传统,有一批在这方面学术造诣较深的专家,有一大批朝气蓬勃的中青年学者,加上我们又有一大批"独此一家,别无分号"的研究课题,这就是我们组织推动社会科学研究的优势和特色,一定不能丢。早在省社联成立之时,他就强烈呼吁重视这方面的研究,并请史念海教授专门就这个问题在成立大会上作了学术报告。

过了这多年,现在来看,郭老的这个主张是富有战略眼光的。这些年来,陕西在古代史、考古、文学、近现代史等研究方面,涌现了众多享誉国内外的优秀成果,也开拓了许多新的课题。西周史研究、秦汉的历史和文化研究、唐代政治经济文化研究,以及司马迁、张骞、孙思邈、蔡伦、张载的研究,取得了许多有价值的学术成果。

尤其是历史地理研究、中国思想史研究、唐史研究、考古研究的成果更为突出,深为国内外学人称道。在近现代史方面的辛亥革命、陕甘宁边区史、西安事变等研究都有许多开拓性进展。全国"七五"社科规划中,陕西有多项课题是有地方特色而又带有全国性的研究项目。郭老在这方面积极倡导、支持,做了许多工作,功不可没。

运用学术规律指导、管理学会工作

学会是群众性学术团体。郭老说,在管理、指导学会活动中,也必须按学术规律办事。他经常要大家注意,在工作中一定要充分体现学术性和群众性。他认为,我们的活动如果冲淡了学术性,就不会有吸引力;在工作中用行政化的方法也行不通。社联涉及的学科繁多,学会工作人员各有自己的专业和本职工作,且居住分散,因此不能用简单的办法管理学会。对兄弟省区社联同志来访,郭老强调一定要热情接待。他说,人家千里迢迢上门来传经送宝,即使是只通点信息也是好的。我们要力所能及提供方便,用我们的热情弥补我们物质力量的不足。他还风趣地说过:有时请人家吃一餐羊肉泡馍,不也加深了对"老陕"的印象!

按郭老这样的思路,省社联在这些年的工作中,很注意探索其特点和规律性工作方法,如组织学术活动,必须充分体现学术性,并注意社会效益;以新颖的研究课题和丰富的研究内容,吸引学术界参加活动;在活动方式上,注意小型、多样、灵活,便于各抒己见,充分探讨研究问题;要充分照顾知识分子的特点,多关心、多支持、多提供学术信息,鼓励多出成果,并力所能及给以思想上工作上的帮助。要一片诚心为学术界服务。还可以用走出去、请进来的办法,多了解国内外社会科学研究的动态,多向兄弟省区社联学习。实践证明,这样的活动方式方法,学术界是欢迎的。当然今后还要不懈地探索这方面的经验。

郭老走了,走得竟然是那样突然,那样匆忙!1990年9月7日下午,我曾去医院探望,他精神、气色都较好,但身体显然虚弱了。他说:"看来法门寺去不成了,有岂之同志主持会,这个会一定能开得好。"定于9日在法门寺召开的法门寺文化国际学术讨论会,是一年

功在当代,泽及后人

前决定的。郭老很关注此事,多次问及筹备情况,并表示届时一定参加。但此时他卧病在床,"心有余而力不足"啊!就在这个会开幕当天,传来了郭老逝世的噩耗。太突然了!几乎谁都不相信自己的听觉,然而这毕竟已成事实。许多人的眼睛湿润了!我万万不曾料及,两天前同郭老的会面竟成永诀!

(陕西师范大学出版社 1993 年 8 月版《著名马克思主义哲学家、教育家、史学家——郭琦》)

难忘的教诲

刘修水

郭琦同志已离开了我们,他的音容笑貌将永远留在我美好的记忆里,他几十年来对我的一系列教诲将使我终生难以忘怀。

郭琦同志是在1957年春调来西安师范学院(陕西师范大学前身)担任党委副书记兼副院长工作的(党委书记兼院长是年事已高、德高望重的刘泽如同志),不久在全国范围内就开展了"大鸣大放"和"反右斗争"。在此之前我曾作为政教系刚提升的讲师给中文、历史、教育等系大班讲授《联共党史简明教程》中的辩证唯物主义与历史唯物主义部分。当时我还是一个刚毕业不久的青年教师,由于教学工作需要而匆忙走上讲台,教学内容尚不很熟悉,又缺乏教学经验,学生有些意见,在当时"大鸣大放"的气氛下有的意见还很"尖锐"。记得中文系有学生在课堂上递条子要我讲授《红楼梦》中的哲学问题,我当时解释说我们现在的任务是学习马克思主义哲学的基本原理,不是研究《红楼梦》中的哲学问题;并说我对《红楼梦》没有专门研究,等过十年有了深入研究,也许能讲其中的哲学问题。但在时隔不久的"大鸣大放"中,中文系有学生贴大字报讥讽"红色专家""讲不了《红楼梦》中的哲学问题。"当时在大字报中受到攻击的当然不止我一个,那时我思想上感到很苦闷,但在那种政治气氛下又无法辨驳,只好将难言之苦衷压在心底。想不到郭琦同志在一次全校师生大会上的讲话中,曾就此事表明了态度。他说理论联系实际是马列主义教师长期的任务,恐怕十年也完成不了,有个青年教师叫刘修水看到这个任务的艰巨，说的是老实话。他刚来校不久还不曾认识我，但他深知我们马列主义教师的苦衷，理解我们工作中的困难，为我们排忧解难，支持了马列主义教学工作，使我得到了极大的宽慰。

经过1957年"反右"、1958年"教育革命"之后，伴随着三年暂时经济困难，国家在经济上贯彻"调整、巩固、充实、提高"的方针，高等院校实施"六十条"，整顿和稳定教学秩序，提高教学质量，加强师资队伍建设，那时学校除普遍提高师资水平外，还有重点地制定了培养规划。郭琦同志认为这是办好学校的长远大计，亲自抓规划，我的个人十年规划是在他的指导下制订的。"规划"大体分为两段：前五年打好专业理论基础，并具有广阔的知识面；后五年多出成果，争取在全国有发言权。当时郭琦同志正值年富力强之时，雄心勃勃，要把陕西师大办成在全国有影响的学校，多次提出"打出潼关去，争取在全国有发言权。"为此，要求青年教师一定先要打好理论基础。为了体现这一指导，我在前五年的规划中，把大量的马列著作列为必读书目，还要广泛阅读中外哲学史和自然科学方面的书籍。郭琦同志特别强调哲学工作者一定要学好"五论"——《费尔巴哈论》《反杜林论》《唯物论与经验批判论》《矛盾论》和《实践论》，我就把"五论"作为最重要的精读书目，列入了"规划"，得到他的赞同。此后，我作为哲学教研室主任基本上也按此指导思想要求和培养其他教师，大家都结合自己的实际制订了培养提高规划。后来的事实证明，"规划"对培养和造就教师队伍起了重要的作用。

1960年，为了解决陕西省高校学生缺乏哲学教材的问题，由省社科院哲学研究所组织、成立了由一些主要院校哲学教师参加的编写组，郭琦、李宗阳、巩重起等同志主持全书的编写工作。我作为编写组成员，还担任辩证唯物主义小组的组长，郭琦同志主持了对全书指导思想和许多章节内容的研讨，并在省委党校、西北农学院和西安人民大厦进行了几次讨论和修改，出版发行后满足了全省高校哲学教材的需要，我自己从编书和讨论中也熟悉了全书的内容，锻炼了编写能力，在理论联系实际方面有了明显的提高。那时《人文杂志》编辑部曾设在师大，由郭琦同志主管。由于当时编辑力量不足，编辑部按郭琦同志的提名曾聘任我为杂志的业余编辑，负责处理哲学方面的某些稿件，修改过的稿件最后由郭琦、巩重起同志审定。通过这一工作提高了我的编审能力，也开始懂得了一些编辑学方面的知识。当时也没有想到，它竟然为以后我担任《陕西师大学报》主编工作奠定了知识和能力的基础。

  使人难以忘怀的是，1961年暑假过后郭琦同志告诉我，他利用假期研读了《费尔巴哈与德国古典哲学的终结》和《社会主义从空想到科学的发展》，想给政教系高年级学生讲授，哲学教研室教师可以自由参加，叫我安排一下。我当时喜出望外，心想郭校长平时繁忙，暑假还利用休息时间备课，亲自讲授马列原著，是很难得的。几次讲授都安排在教学五楼一层东阶梯大教室，师生们得知郭校长亲自讲授，听课异常踊跃，附近兄弟院校有些哲学教师也闻风而至，大教室坐得满满的。讲授方法是先大致按书的结构划分一下几个大的段落，然后边读边讲，着重串讲书中基本原理的精神实质，并相应阐释某些疑难之点，加深对书中马克思主义基本原理的理解。听课师生不但从他讲授的内容中学到了马克思主义哲学的基本原理及其背景知识，也学到了他讲授马列原著的方法。以后政教系按照教学计划在高年级开设马列原著选读课，当时为补充本校马列主义教师数量不足而办的理论班，都重点学习几本马列哲学原著，我和其他教师也都继承了郭校长的教学经验和教学方法，在一届接一届的学生教学中，发扬光大。

  然而事物的发展经历了为我们所熟悉的曲折。在"阶级斗争是一门主课"和林彪的学习马克思主义要百分之九十九的学习毛泽东著作的背景下，我和省内其他一些教师作为"反毛泽东思想"和"走资产阶级专家道路"的典型而受到"批判"，郭琦校长在十年文革中作为

"走资派"自然是在劫难逃。与此同时,我也作为一名"郭琦爪牙"、"黑典型"受到长期"批判",直到中央推倒了"两个估计"(即认为文革前高校基本上是黑线专政、知识分子的世界观基本上是资产阶级的),学校不再批判文革前的"十七年",苦日子才算熬到了头。

有一件事使我想起来抱恨负疚。在"文革"后期落实政策要"解放"郭校长时,陕西师大革委会准备召开一次全校大会。会前有位同志受校革委会指派,要我在大会上发言"控诉"郭琦执行的"修正主义教育路线"对青年教师的"迫害"。由于自己认识不清,也就上台发了言。郭琦同志当场听到"批判"、"控诉",事后并未对这种"以怨报德"的行为有任何怨言,表现了老同志、老干部的宽广胸怀。在我多次参加的全校"批斗"他的会上,他对于全校性的"问题",总是主动承担"责任",从不上推下卸,透过于人,从而减轻了他所领导的许多干部的"罪责",表现了一个老党员、老领导的高风亮节,为人们所称颂。多年后人们谈及此事,无不深表崇敬之意。

1970年初,全校教职工"战备"疏散于永寿,郭琦同志作为"解放"了的领导干部使用,领导本校派往乾县的"教育革命"小分队,我则是其中的政治课教师之一。当时我除了讲授政治理论外,郭琦同志还分配我负责指导文科班学员"小评论"的写作和宣传工作。师训班的学员大都来自乾县农村,不少是九年制学校的教师,没有上过大学,他们渴望经过培训能从陕西师大教师那里学到有用的知识和本领,而写"小评论"恰是当时培养学生分析问题能力和写作水平的重要方式之一。学员们都踊跃撰稿,经我审定后择优选用。"小评论"专栏办在乾县城内大街十字旁的稠人广众处,师训班虽穷但仍用木料钉制底座。轮换张贴的"小评论"专栏经多才多艺、能写会画的学员"打扮",不但内容丰富,富有生活气息,而且多姿多彩,伫立观看者甚多,很受群众喜爱。郭琦同志几乎每期都看,且对我提出中肯的改进意见。我按照他的意见与学员一起商议改进,在他的指导下,"小评论"专栏越办越好，受到师生和群众的称赞。

乾县师训班只有三年就结束了，郭琦同志又到陕西师大泾阳农场负责领导小组的工作，我也到那里参加劳动，后回到政教系教师的队伍里。当时参加劳动的各系师生很多，说是"斗、批、改"，但主要却是"大战××天，改造泾河滩"。不久，在农场劳动的师生大都返回学校，我却被留了下来。那时泾阳县委要求我校派干部帮助农场所在的大队工作，并兼任大队党支部副书记，经农场领导小组研究，指派我到王桥公社船头大队兼职工作。经过一年多的农村实际工作，和群众共同战天斗地，既深化了劳动人民的感情，培养了吃苦耐劳的精神，又锻炼了实际工作能力，增长了才干，对回校后担任基层领导工作和教学科研，都起了重要的作用。

1973年我从政教系调任《陕西师大学报》编委会副主任、编辑室主任，主编学报并负责日常行政工作，那时，郭琦同志还没有安排工作。由于在十年动乱中的长期折磨，他的健康状况欠佳，在家休养的时候仍手不释卷地读书学习，研究学问。当时《陕西师大学报》经过长期停刊后恢复重办，人员少，稿件多。许多重要稿件需请学校领导和编委们的审阅。郭琦同志很关心学报的工作，给学报的工作以很大的支持。那时校党委书记丛一平同志兼任学报编委会主任，有些重要稿件必须由他审定，但他工作很忙，就让我请郭琦同志审定。为此，我曾多次到郭琦同志在外院的家中，请他审定某些重要稿件。他虽然体弱多病，却从未拒绝过，且对送审的稿件都能及时做出公正的评价，有的还提出中肯的修改意见。有他参加"把关"，我就像有了"主心骨"，心中踏实得多了。从他评阅文稿的过程中，我无形中又学到了许多宝贵的知识和经验。

"文革"后期陕西省哲学学会恢复活动，郭琦同志任会长，我则是副会长之一，开会时常在一起，安排学会历年的工作，研讨哲学理论问题。学会每年安排工作时，他总是能提出一套符合当年实际，推

难忘的教诲

动哲学研究深化的设想意见,每逢哲学学会年会,他总要作总结讲话,只在他有事出外或有病住院时才有例外。在他因年事已高辞去会长职务而担任名誉会长期间,在学会开年会时也能出席讲话,指导学会的工作。他在多年领导哲学学会学术研究活动中,有一些重要的指导思想在我印象中是很深刻的。

首先,他一再强调哲学研究要跟上时代的步伐,回答理论和实践提出的一系列新的问题。在 1983 年的一次讲话中说:恩格斯的《费尔巴哈与德国古典哲学的终结》写于 1888 年,列宁的《唯物主义和经验批判主义》出版于 1909 年,两书相距只有 21 年,列宁对马克思主义哲学就有很大的发展,我们距《联共(布)党史简明教程》(1938 年出版)、距《矛盾论》和《实践论》(1937 年)出版已有 40 多年,这期间自然科学的发展是突飞猛进的,比上世纪要快得多,但哲学的概括却跟不上科学的发展。因此,他提出要像马克思回答人类先进思想提出的种种问题那样,需要理论工作有一个新的突破。

其次,他反复要求理论研究必须坚持马克思主义普遍真理同中国革命实践相结合的方针,认为它是治国的根本方针,也是治学的根本方针。开展学术研究,要把马列主义的普遍真理同各学科的研究实际相结合,决不能照抄照搬别人的东西。为此,就在创造性地学习马克思主义,吃透中国的国情,多做一些具体分析工作,注意特殊矛盾和矛盾的特殊性,这样坚持下去,就一定能做出贡献。

再者,他指出哲学研究要在现实生活中发生作用,必须克服知识老化,解决知识更新问题。在 1980 年哲学年会讲话中说:哲学工作者要在两个环节上努力,一是要吸收当代自然科学和社会科学的新成果,二要研究社会改革实际,充分关注我国社会主义发展战略,以丰富自己的实际知识。他认为这两个环节抓不好,知识不能更新,要发展马克思主义哲学是不可能的。

最后,他希望哲学学会能注意吸收并充分发挥青年同志的作用,要让青年同志跟中老年同志一起研究,有利于活跃学术思想和学术活动。他认为老同志有其长处,但精力有限,所以要注意发挥中青年同志的作用,老、中、青之间多开展一些学术思想交流,对我省哲学研究的进一步发展是不可缺少的。在 1988 年哲学年会讲话中,他提出要振兴陕西,就要发挥陕西的文化优势,更要解放思想,组织好老中青结合的理论队伍,加强对省情的研究,要想别人未想过的东西,不能跟在别人后面亦步亦趋,才能赶上和超过别人。

郭琦同志的一系列学术指导思想,对哲学学会的发展起了重要的作用。十多年来哲学学会学术研究和学术活动所取得的许多成绩,和郭琦会长的具体领导是分不开的。我自己也从中获得了不少教益,并在担任政教系主任工作期间,结合系上具体实际,贯彻郭琦同志所论述的不少学术研究指导思想。在 1990 年哲学学会年会开幕时,到会的会员同志们首先肃穆起立,为自己的老会长的不幸逝世而默哀。郭琦同志在历届年会上的重要讲话特别是他重要的学术指导思想,必将在哲学学会今后的发展中起着重大的作用,有着长远的影响。我自己虽然年已花甲,也将在有生之年力所能及地搞好硕士研究生的培养和科学研究工作,为壮大马克思主义理论队伍和繁荣哲学学术研究,尽自己微薄之力,为实现郭琦同志的遗愿而努力。这也是我对敬爱的郭老的最好的纪念。

(陕西师范大学出版社 1993 年 8 月版《著名马克思主义哲学家、教育家、史学家——郭琦》)

郭琦同志对《费尔巴哈论》的研究

祝大征

我在研究生时期虽然读过恩格斯的名著《路德维希·费尔巴哈和德国古典哲学的终结》(简称《费尔巴哈论》),但并不真正理解,60年代初和70年代初,我两度听郭琦同志在陕西师大讲授《费尔巴哈论》,我还摘录过郭老研究《费尔巴哈论》的笔记,这使我深获教益。后来,我将自己关于《费尔巴哈论》的讲稿加工整理,于1988年出版了《哲学中伟大革命的系统总结》。本来在这本书前言或后语中,应该明确地承认,我在研究《费尔巴哈论》的过程中,郭老对我的影响比任何人都大,如果没有郭老的启迪和帮助,我是难以成书的,遗憾的是我没有作这样的说明,这是一个失误。对于郭老,我似乎欠着一笔信誉债。当得知郭老不幸与世长辞的消息后,我内心更感不安。所以,当郭薇林同志约我写这篇文章时,我就欣然同意了,这使我有机会稍稍弥补自己的过失,并表达对郭老教诲的感激之情。

60年代初,在纠正大跃进年代高等院校忽视课堂教学的偏差,切实加强基本理论教学过程中,身为学院党政主要领导人的郭琦同志,不顾领导工作的繁忙和辛劳,专门细心地研读了《费尔巴哈论》。并于1961年和1962年初,为政教系两届高年级学生讲授这部名著。当时我是20多岁的助教,哲学教研究室分给我的教学任务是讲授《费尔巴哈论》,于是,我有幸聆听郭老的讲课。

70年代初,我们党纠正"文化大革命"的错误,有鉴于"文革"动乱中唯心主义盛行,形而上学猖獗,党中央号召干部认真看书学习,弄通马克思主义,当时举办了各种读书班,系统地学习六本马列原著。此时,郭琦同志刚刚从"牛棚"里"解放"出来不久,新的领导职务尚未任命,他利用这段时间深入细致地研究了《费尔巴哈论》,并向陕西师大党政干部和政教系教师先后四次讲授这本书,我再次有机会聆听郭老的讲课。

现在,找到了70年代初我对郭老读书笔记所作的摘录。根据这个摘录,加上对他讲课的回忆,可将郭老对《费尔巴哈论》的研究概述如后。

郭老研究《费尔巴哈论》态度认真是很不寻常的。他将原著中的每一难句都摘出来,标出序号,然后在笔记中详加注释。例如,原著中有"施达克",难句序号为②,这个难句在笔记第2页予以注释,并注明难句在原著的第4页。再如,原著中有"折衷主义残羹剩汁",难句序号为③,这个难句在笔记第3页。对"施达克"这一条,用200字作注。对"折衷主义残羹剩汁"这一条,用450字注释。最长的注释达几千字。例如,原著中"黑格尔总是兴高采烈地谈到这次大革命,"用1350字作注。郭老讲原著课采取领读的方法,读原著,然后讲解,遇到难句,则使用笔记中所作的注释。这样,讲课既忠于原著,又便于阐发讲授者的见解,既准确,又生动。

郭老创造了一种独特的研读原著的方法,即对于精读的原著,逐章逐段逐句地读懂;对于难句,要一一加注。要做到这一点,就要以精读原著为纲,参阅大量资料。例如,郭老翻阅了黑格尔的著作、费尔巴哈的著作、青年黑格尔派的著作,特别是马克思、恩格斯和列宁的著作,为了准确地理解《费尔巴哈论》所阐发的马克思主义哲学基本原理,郭老往往要翻阅《马克思恩格斯全集》和《列宁全集》中的有关论述。例如,上述关于"黑格尔总是兴高采烈地谈到这次大革命"这一条,郭老阅读了马克思的《反革命在维也纳的胜利》,恩格斯的《德国状况》,列宁的《费里德里希·恩格斯》和斯大林1947年关于黑格尔哲学的评价。现在清晰地记得当时他对我说过这样的话："过去泛泛地阅读马克思、恩格斯和列宁的著作，往往印象不深，现在，以《费尔巴哈论》为纲，为了读懂每一个命题、原理和重要论点，翻阅《马克思恩格斯全集》和《列宁全集》中的有关论述，这就加深了理解。这是一个很好的方法，如果我早十年掌握这种方法，那就好了。"郭老还对我说："一个人不可能熟悉所有原著，但可以熟悉和精通一两本原著，这对一个人一生的事业是大有好处的。"

郭老研究《费尔巴哈论》的态度和方法深深地影响了我，后来我在教学中，对《费尔巴哈论》的每一疑难词句，均一一作注，力图读懂这本著作中的每一句。为此，我也翻阅了大量书籍，用黑格尔原著解释《费尔巴哈论》中黑格尔的思想，用费尔巴哈的原著解释《费尔巴哈论》中费尔巴哈的观点，用马克思、恩格斯、列宁的相关原著，解释《费尔巴哈论》中的相关原理，这确是郭琦同志创造的一种很好的读书方法。

郭琦同志在青年时代所学专业是中文，不是哲学，但是，他却如此重视马克思主义哲学原著，如此严肃认真地精通一部哲学原著，这不仅在陕西哲学界传为佳话，也深深地影响了他的学生。像我们这些在陕西师大工作的年近花甲的老教师，每人均熟悉一部原著，并且要求我们带的研究生也要熟悉一两本原著。郭老严谨的治学态度和科学的方法，影响了几代哲学教学工作者。郭琦同志重视和研究马列原著，还影响了哲学以外的文科教师。例如，从事外国文学研究的马家骏教授，也是在郭老的启发下，细心地研读了马克思恩格斯选集四卷本。几十年后谈及此事，马家骏教授还是欣喜地认为，研究马列对研究外国文学意义巨大，并将这个观点传授给他的研究生。

重视序言的学习，这是郭老研究《费尔巴哈论》的一个重要特点。恩格斯在《费尔巴哈论》1888年单行本序言里，精辟地论述了他撰写这本书的背景和动机，郭老在他的笔记以及讲课中阐明并发挥了恩格斯的思想。郭老指出：表面看来，恩格斯写《费尔巴哈论》是应《新时代》杂志编辑部之约，评论丹麦哲学家施达克 1885 年写的《路德维希·费尔巴哈》一书的，但还有更为深刻的背景。19 世纪 40 年代，马克思主义诞生了，40 年以后，即 19 世纪 80 年代，马克思的世界观超越了德国和欧洲的境界，在全世界广为传播。与此同时，德国古典哲学在德国以外，特别是在英国和斯堪的那维亚各国，好像有点要复活的样子。而在德国，新康德主义珂亨、格林、朗格等人提出了"回到康德去"的口号，用复活德国古典哲学的手法来与马克思世界观的传播相对抗。与此同时，杜林的折衷主义理论曾得到德国社会民主党的支持。当时，在工人阶级内部，在共产党内，不少人错误地认为马克思的世界观是黑格尔哲学和费尔巴哈哲学的简单结合，关系搞得十分混乱，特别是混淆了马克思哲学与德国古典哲学的界限。恩格斯借评述施达克《路德维希·费尔巴哈》的机会，实际上是要系统地阐明马克思哲学同德国古典哲学的关系，即"我们怎样从这一哲学出发并且怎样同它脱离,（《马克思恩格斯选集》第 4 卷第 208 页），说明了马克思恩格斯的哲学见解"与德国哲学思想体系的见解之间的对立"（同上书第 207 页）。郭老在发挥这一基本思想时指出：恩格斯非常重视哲学领域的斗争，非常重视捍卫马克思哲学世界观的纯洁性，绝不允许资产阶级学者和机会主义者将马克思哲学世界观同德国古典哲学混淆起来，因为默许了这种有意的混淆，就会使资产阶级学者抵制马克思主义传播的企图得逞。因此，为了保证无产阶级在政治上、思想上均在马克思主义路线下进行斗争，还必须阐明马克思哲学世界观与德国古典哲学之间的对立以及马克思哲学的基本原理，从思想上划清无产阶级世界观同资产阶级世界观的界限。

将恩格斯写作《费尔巴哈论》的动机，置于 19 世纪 80 年代广阔的思想斗争的背景之下，提升到无产阶级与资产阶级世界观斗争的高度，这是郭老对《费尔巴哈论》序言的独到见解，体现了郭老广博的知识和深刻的思想性，他不是仅仅把马克思主义当做学问来研究，而是作为指导思想和行动指南来学习。他在讲课时强调指出："读书先读序"。这确是经验之谈，序言是整体，是抽象，有了整体的然而又是抽象的理解，再进入正文一部分一部分的理解，就是从整体到部分，从抽象上升到具体。使序言中的抽象概括有了具体的内容，达到思维具体，这是郭老告诉我的一个重要的读书方法，也是一个重要的思维方法。

怎样评价一个哲学家或一个哲学学派的价值呢？郭老在他的笔记和讲课中强调指出：只有联系哲学学派产生的历史环境、哲学内容及其社会作用，才能作出客观的全面的评价，这是郭老坚持的历史主义的评价法。

关于黑格尔哲学的评价问题，在马克思主义哲学阵营内部经常发生争论，出现褒奖或贬损的片面性。本世纪20年代，德波林认为"总的说来，黑格尔的学说即使从唯物主义观点来看也是正确的。"（德波林《哲学与政治》第619页）而30年代以后，斯大林领导下的苏联哲学界批判了德波林学派，也批判了德波林抬高黑格尔哲学的错误倾向，但却走向另一极端。特别是1947年，在苏联卫国战争结束后，斯大林提出了黑格尔的"德国唯心主义是对法国革命和法国唯物主义的贵族式的反动"的论断（《哲学笔记》1947年俄文版前言第5页），此后，苏联哲学界出现全盘否定黑格尔哲学，将黑格尔当作"死狗"对待的虚无主义倾向。这种倾向深深地影响着我国哲学界。

郭老在讲课中，坚持采用历史主义的方法，考察黑格尔哲学，从而避免了褒贬不当的两种错误倾向。郭老指出：黑格尔哲学产生于18世纪末19世纪初的德国，当时德国是一个小邦割据、四分五裂的封建制占统治地位的落后国家，资产阶级对封建制不满，正在准备迎接资产阶级革命的到来。但是，德国资产阶级十分软弱，它既不满现状，向往革命，又害怕群众，不敢公开与封建势力对峙。黑格尔哲学反映了德国资产阶级的软弱与妥协性,它一方面支持现存的国家制度,另一方面又论证了现状必须改变。他的唯心主义的保守体系和辩证法的革命性质处于矛盾之中,从"凡是现实的都是合理的,凡是合理的都是现实的"这一命题中明显地表达出来。黑格尔哲学在德国产生了巨大的影响,是一次胜利的进军,它延续了几十年,而且没有因为黑格尔的逝世而停止。在评价黑格尔哲学的社会作用时,恩格斯指出:"正像十八世纪的法国一样,在十九世纪的德国,哲学革命也作了政治变革的前导。"黑格尔哲学甚至在某种程度上被推崇为普鲁士王国的国家哲学,但在其迂腐晦涩的言词后面却隐藏着革命。黑格尔的政治理想是"等级制君主政体。"他认为绝对观念通过"等级制君主政体"在政治实践中得到实现。郭老在笔记中注释"等级制君主政体"时指出:"这就是君主立宪制,即由等级代表会议来限制君主的权力,以利有产阶级的间接统治,这就区别于君主制的封建阶级直接统治。"从而指明了黑格尔不是拥护君主专制的封建反动哲学家,而是软弱的德国资产阶级革命的哲学家。正因如此,黑格尔哲学才成为德国政治变革的前导。

首定黑格尔哲学是唯心主义体系和辩证法革命性质的结合,实际上排除了抬高黑格尔哲学,对黑格尔哲学作唯物主义理解的片面性,也排除了贬低黑格尔哲学,将黑格尔哲学当作"死狗"对待的片面性。在70年代的中国哲学论坛,坚持这种认识是不容易的,是难能可贵的。

对于费尔巴哈哲学,郭老也给予了历史的全面的评价。

郭老认为,费尔巴哈是激进的资产阶级哲学家。19世纪40年代,由于反宗教斗争的需要,作为黑格尔主义者的费尔巴哈返回到英国和法国的唯物主义,他批判了黑格尔的唯心主义哲学体系。在黑格尔看来,绝对观念是本原的,自然界是派生的,是绝对观念的"外化"或退化。费尔巴哈无论如何想不通这个道理。在解释这个问题时,郭老写道:"费尔巴哈不理解绝对观念的'外化',他说:'我不了解纯洁的姑娘（逻辑）怎么能生出自然界'，费尔巴哈认为："如果不是自然界原来就有的话，那么观念是永远不会生出自然界来的。"物质的东西只能产生于物质的东西，这是唯物主义观点。费尔巴哈尖锐地批判了从精神中推论出自然界的唯心主义谬论，指出这种说法"等于算账不找掌柜的"，"等于从水中做出酒"，"等于用语言呼风唤雨，用语言移山倒海，用语言使瞎子复明"，"等于处女……借助圣灵而生出救世主"。郭老认为，在黑格尔哲学占统治地位的德国，费尔巴哈对黑格尔的批判是勇敢的、机智的。由于费尔巴哈成功的批判，黑格尔的魔法被解除了，体系被炸开了，费尔巴哈直接了当地使唯物主义又重新登上王座。费尔巴哈的唯物主义产生了巨大的解放思想的作用，强烈地影响了马克思、恩格斯。

费尔巴哈关于物质世界是唯一现实的，意识和思维是物质的产物的观点，是纯粹的唯物主义，是进步的、革命的。但是，郭老并不全盘肯定费尔巴哈，而是采取具体分析的态度，在肯定他的积极成果的同时，也指出他的局限性。郭老指出：费尔巴哈的自然观是形而上学的，历史观是唯心主义，贯彻于他的宗教哲学和伦理学中的泛爱空谈，集中体现了他历史观的贫乏和肤浅。

将一个哲学学派放在它产生的历史环境中，并从它的产生及社会影响的角度来具体分析，全面评价，这是郭老在讲授《费尔巴哈论》时留给我们的一个重要的历史主义的方法论原则，它通过对黑格尔和费尔巴哈哲学的评价体现出来，这个方法产生了很好的影响。从80年代起，我研究、讲授并著述马克思主义哲学史，经常遇到对历史的和当代的哲学家的评价问题，例如，在如何评价德波林、布哈林、斯大林的哲学思想问题上，郭老的历史主义评价法帮了我很大的忙。

从发生学的角度考察马克思主义哲学的诞生过程，是郭老研究《费尔巴哈论》的另一特点。

黑格尔学派的解体和马克思主义哲学的诞生，是同一过程的两个侧面，前者的解体即后者的诞生。只有搞清楚这一过程，才能揭示马克思主义哲学产生的历史必然性。由于这一课题在当时受注意不够，特别是马克思主义哲学原理教科书没有涉及这个问题。郭老在他的笔记中用相当大的篇幅详述了这一历史过程。据不完全统计，共写了约一万多字。郭老指出，黑格尔学派解体过程中分化的老年黑格尔派和青年黑格尔派，老年黑格尔派是相当保守的，而青年黑格尔派则是激进的、革命的。……

郭老在讲课中还详细论述了当时不为人们重视的马克思哲学的诞生过程，从发生学的角度论证了马克思主义哲学诞生的历史必然性，填补了当时哲学原理教学中的一个空白，给人以深刻的思想启迪。在70年代初，我国还没有开展马克思主义哲学史的研究，这门学科是80年代初在我国创建的。郭老在讲课中强调并详加论述的上述课题，后来发展为马克思主义哲学诞生史专题，成为众多学者关注并热烈争论的马恩早期哲学思想研究课题。关于人道主义与异化、关于实践唯物主义、关于主体性等许多重大争论，均与这一段历史密切相关。

从马克思主义哲学产生的角度，在与德国古典哲学的比较中阐发马克思主义哲学，这是郭老在讲授马克思主义哲学原理的特点。郭老指出：马克思哲学的出现是同黑格尔哲学分离的结果。实现这种分离，是由于返回到唯物主义，为了界定唯物主义，郭老突出了对哲学基本问题的论述，认为关于哲学基本问题的论述是恩格斯的独特贡献。恩格斯写道："全部哲学，特别是近代哲学的重大的基本问题，是思维和存在的关系问题。哲学家依照他们如何回答这个问题而分成两大阵营。凡是断言精神对自然界来说是本原的……组成唯心主义阵营。凡是认为自然界是本原的，则属于唯物主义的各种学派。"（同上书第219—220页）郭老指出：费尔巴哈和马克思均认为自然是本原，因而均属唯物主义主义阵营。但马克思的唯物主义是彻底的唯物主义，坚持"从事实本身的联系而不是从幻想的联系来把握事实。""人们在理

郭琦同志对《费尔巴哈论》的研究

解现实世界时……决意按照其本身在每一个不以先入为主的唯心主义怪想来对待它的人面前所呈现的那样不理解,并且"把这个世界观彻底地……运用到所研究的一切知识领域中去了。"郭老旗帜鲜明地肯定马克思的哲学是唯物主义,同时,十分明确地指出马克思的唯物主义同费尔巴哈的唯物主义是有原则区别的。费尔巴哈的唯物主义是不彻底的,马克思的唯物主义是彻底的。联系哲学界经常出现的唯物主义的各种偏见和非难,联系"文化大革命"期间唯心主义盛行的现实,郭老坚持宣传彻底的唯物主义,对人教育至深。

与费尔巴哈不同,马克思不是把黑格尔简单地放在一边,相反,黑格尔的辩证方面被当作出发点。但是,这个方法在黑格尔那里是无用的。黑格尔看来,辩证法是概念的自我发展,自然界和历史上所显露出来的辩证发展,只是概念自我运动的翻版。马克思消除了意识形态的这种颠倒,重新唯物地把概念看做现实事物的反映,于是"辩证法就归结为关于外部世界和人类思维的运动的一般规律的科学。"(同上书第239页)郭老指出:恩格斯将马克思的辩证法称之为"唯物主义辩证法",认为它是工人阶级和共产党人"最好的劳动工具和最锐利的武器。"郭老强调指出:唯物主义辩证法是无产阶级的世界观方法论,这就将马克思的辩证法和黑格尔的辩证法非常清晰而深刻地区别开来,澄清了将二者有意地混淆起来造成的思想混乱。

在"文革"十年中,形而上学猖獗,造成人们的思维定势,大家都习惯于按"四个伟大""最高指示""顶峰论"的模式思考问题。郭老讲课中运用辩证法批判了"最终解放""永恒真理""绝对权威"和"顶峰论"。说明世界不是事物的集合体,而是过程的集合体,一切处于生成和灭亡的不断变化中。真理包含在认识过程本身中,包含在科学的长期历史发展中,但永远不会因发现绝对真理而止步;如果达到了绝对真理,那时,人们除了袖手一旁惊愕地望着这个已经获得的绝对真理出神,就再也无事可做了。

郭老对顶峰论的批判，对于辩证思维的生动讲授，使听众耳目一新，使人们从僵化的思维方式中走出来，重新用活生生的辩证法观察世界，起到拨乱反正、解放思想的良好作用。

郭老精心地阐明了马克思的历史观，指出：马克思哲学不仅对自然界的了解是从事实出发，对社会历史的了解也是从事实出发。但是，旧的历史哲学从哲学家头脑中臆造的联系来代替应当在事变中指出的现实的联系，把历史看作观念的逐渐实现，只有清除这种臆造的人为的联系，才能发现那些作为支配规律在人类社会的历史上为自己开辟道路的一般运动规律。但是，社会历史同自然界不一样，在这里进行活动的是有意识的人，而人总追求某种目的的，然而人们抱定的目的彼此冲突，互相矛盾，人们行动的目的是预期的，但是行动的结果却不是预期的。这样，历史事物总的来说是由偶然性支配的，但在偶然性的背后隐藏着规律。要发现历史的规律，就要研究推动人们行动起来的动机，但更重要的则是探索动机背后隐藏着的动力。探索历史动机的动因，这是探索历史规律的唯一途径。

针对"文化大革命"中"打倒一切"的左的错误倾向，郭老论述了意识形态发展，总要包含着某些传统的材料，同时包含着对这些材料作进一步的加工；既有对传统的继承，又有变革。只讲变革，不讲同现有观念材料的结合和继承，是"打倒一切"错误口号的理论根据。郭老熟练地运用全部宗教演变史和文艺复兴以来的哲学史论证了这种观点，这就促使人们从意识形态发展规律的高度反思"文化大革命"的经验教训，给人以深刻的教育。

郭老从与唯心主义辩证法和旧的形而上学的对比中，论述了唯物主义辩证法；从与唯心主义历史观的对比中论述了唯物主义历史观，从而完整系统地论述了马克思主义哲学。郭老阐发恩格斯的结论性观点时指出：正像辩证的自然观使一切自然哲学终结一样，唯物主义主历史观在历史领域使一切历史哲学终结。于是，无论自然，还是历史，

郭琦同志对《费尔巴哈论》的研究

均无需从头脑中想出联系，而要从事实中发现这种联系，这就是马克思主义哲学，即关于思维过程本身规律的科学。它的产生，既是对德国古典哲学的继承，又是革命变革，是哲学发展史中的伟大革命。这就从根本上阐明了马克思主义哲学与德国古典哲学的关系，澄清了笼罩在这一课题上的理论迷才雾。

郭老在结束他的讲课时诣出：德国古典哲学终结了，但是，德国人的理论兴趣在工人阶级中继续存在着。德国工人运动是德国古典哲学的继承者。郭老深情地指出：德国资产阶级丧失理论兴趣是因为它丧失了革命性；工人阶级具有浓厚的理论兴趣是因为工人阶级要革命。因此，真正的革命者，不会也不能失去理论兴趣。郭老极富哲理的深邃思想经受住了时间的考验，长久地闪耀着真理的光辉。

（陕西师范大学出版社 1993 年 8 月版《著名马克思主义哲学家、教育家、史学家——郭琦》）

怀念郭琦同志

李 绵

俯首耕耘桃李园，
辛勤植灌树参天。
弘扬马列启时辈，
培养德智教唯严。
繁促科研出关早，
探究史文鉴继宽。
老骥奋鬐志千里，
肠断夕阳陨虞渊。

注：虞渊即虞泉，古神话指日入之处。

（陕西师范大学出版社1993年8月版《著名马克思主义哲学家、教育家、史学家——郭琦》）

悼老校长郭琦同志

马家骏 苏成全 张登弟

长 联

　　胸怀祖国命运挽民族危亡出四川奔延安扎根陕西主持大学教育领导社会科学高瞻远瞩运筹有方竭尽精力培育良才饱经风霜无私无畏不计得失忠诚党的路线无愧一代革命楷模正老骥伏枥英灵长辞令同志抱恨挥泪

　　志在文明建设为中华振兴研文史学政经参透哲理坚持马列主义弘扬传统文化博览群籍探求精微劳干心血挥写巨篇备尝艰辛任劳任怨激流勇进效力人民事业堪称三秦学人宗师实朝阳铺彩光辉永存励后进发愤图强

（陕西师范大学出版社 1993 年 8 月版《著名马克思主义哲学家、教育家、史学家——郭琦》）

怀念敬爱的爸爸郭琦

郭薇林　郭晓霜　郭凯军　郭凯侬

爸爸已经离开我们了，可每当我们回到家中看到客厅悬挂的"有容乃大，无欲则刚"八个大字时，爸爸的音容笑貌就浮现在我们面前。

在我们心目中，爸爸是一个非常可亲可敬的人，我们四姊妹有幸在一个和睦幸福的家庭中成长，而且受到了爸爸很大的影响和熏陶。爸爸十分热爱生活、知识渊博、诙谐乐观而且谈吐风趣。他兴趣广泛，除了嗜好读书外，还喜欢鉴赏书画等艺术品；而欣赏京剧、音乐以及烹饪旅游也都是他的业余爱好。

我们很小的时候，有一种特殊的感觉：爸爸和有的书本、电影上宣传的革命领导不太像，他很少对我们进行空洞严肃的说教。当时，我们都是住宿生，每次回家后，爸爸就要和我们开开玩笑，逗得我们哈哈大笑，家里的气氛总是那样欢闹活跃。他非常喜欢自己的子女，经常买些当时学校流行的歌曲唱片和我们共同欣赏。假日，就带我们到他的朋友家玩，有时到公园、名胜游览，或到博物馆参观。他在北京工作期间，不必说颐和园、北海、十三陵都是一一光顾过了，单是故宫，就去了多次，一天看不完，就分几次，一部分一部分地跟着他详细参观。他总是想方设法让我们扩大知识面，热爱大自然，了解祖国的历史。我们四姊妹，甚至延伸到下一代都为他那渊博的学识所倾倒。觉得跟着他外出，最有意思，最有收获。哪怕看见一块石头，或是一棵草，他都会引出几首诗词或一段历史典故来。他走到哪里，哪里就会自然地吸引一些陌生的游客跟着他游览。有一次，在长江游轮上，一些美国、日本的中国通和许多游客围着他，听他谈古论今，滔滔不绝地讲了三个多小时还不愿散去。这些都得力于他平素博览群书、善于学习。他活到老学到老，一直到晚年还是那么勤奋。每次饭菜做好，请他进餐时，他总是恋恋不舍地离开书桌，一边走向饭桌，嘴里还饶有兴致地吟上几句唐诗宋词。

爸爸爱我们每一个子女，甚至对我们的同学朋友也非常热情、友好而亲切。记得小时候同学们很羡慕我们有个好爸爸，经常有同学来我们家留住几天，晚上和我们一块围坐在爸爸身边听他讲故事。他也有意识地深入浅出地把一些名著，如《镜花缘》《儒林外史》《西游记》和高尔基的《我的大学》等一段一段讲给我们听，培养和激发我们的读书兴趣。过节时，他经常亲自下厨房，为我们烹制香甜可口的家乡菜——乐山川菜，还津津乐道地讲解烹饪方法。我们都很喜欢他烧的菜，客人们也经常夸奖他烧的菜味道不一样，很有独到之处。

但是，爸爸从不娇惯自己的子女。我们姊妹在求学阶段，一直是班上穿着最朴素、最没有优越感的学生，这些都使一些同学不可思议。当我们步入社会后，单位的许多同事都看不出我们是干部子弟。记得爸爸参加党的"十二大"回来后，就曾对我们谈起党内少数干部搞特权，在群众中造成恶劣影响的问题。他对那些在党内搞裙带关系的现象反感至极，痛斥这些不正之风是对党的形象的一种玷污。爸爸对我们子女的入党、晋升、上学等类事，从不介入和插手，主张子女自己安排自己的人生道路和政治生涯。我们长大成人后，家庭的民主空气仍然一如既往。爸爸对我们找对象、选择专业、填写志愿这类大事，都非常开明，尊重子女自己的意见，从不横加干涉及阻拦。在生活上放手让我们自立，提倡依靠自己的力量，不依赖父母。要我们和普通人家一样生活，要勤俭节约，不要搞铺张浪费。我们姊妹的婚事个个都办得很简朴，没有一个向家里伸手要钱，都是白手起家，靠自己的力量建设起自己小家庭的。

怀念敬爱的爸爸郭琦

爸爸在物质生活上一直严格要求我们节俭,但在精神生活上对我们非常大度。只要买书的钱,爸爸总是很慷慨,从小到大,购买书籍的专款一直没有断过,数量虽然不多,不断积累,总是可以买到心爱的书籍。他上街见到一些世界名著、画册等,就买来作为礼物送给我们珍藏欣赏。大姐上小学时就有一小黑皮箱专门放书,还编上号给同学们传阅。每逢假期还要圈点一些古典名诗词或千古绝句,让我们背诵。直到大姐上了大学,还要遵照父训,背了大量的古典诗词和散文。

爸爸不仅要我们向书本学习,还要我们向社会学习。他总认为我们生活的圈子太小了,思想过于单纯,担心我们将来难于适应社会。1964年,大姐到农村参加社教,每逢回家,爸爸和大姐总有许多说不完的话题,很有兴趣地交流着到农村去的见闻、感受。当我们先后走上工作岗位后,爸爸总是经常打问我们在工厂、学校的同事们都在关心什么,社会上有什么热门话题等。特别是党的重要会议召开后,或有什么重要文章、社论发表,或者社会上有什么重大事件发生时,他总要从我们嘴里了解到普通群众的想法和意见,以及我们的见解和立场。他不仅自己关心社会、实事求是、不走极端,理论联系实际地宣传马克思主义,而且更希望他的子女也像他一样关心社会,向社会学习,为社会做贡献。

"文化大革命"对于每一个人都是一次严峻的考验。在这场"革命"中,我们一个个都长大了,成熟了,我们对爸爸也有了一个全面的认识。爸爸,一个坚定的、刚直不阿的无产阶级革命战士的形象完整地矗立在我们的面前。

"文革"前,爸爸一直不是一把手,但是在实际工作中,他总是挑重担、唱重头戏,主持学校的全面工作。所以运动一开始,斗争的矛头就指向了他。他是省上点名上报最早的所谓"三反分子"之一,在精神和肉体上都遭受了极大的摧残和污辱。尽管当时政治压力那样大,但他从来没有上推下卸,而是主动替他人承担责任,尽可能多地保护一些同志，尽可能缩小被打击的范围。而对那些顶不住压力、说了些违心话、做了错事的同志，他也很宽容，常常对我们说要理解他们当时的处境。后来，一些人上门致歉，他总是不计前嫌，宽慰他们要把帐算在"四人帮"头上，总结教训，放下包袱，继续革命。

的确，爸爸一贯为人大度，严于律己，宽以待人，他总是在战友同志遇到困难最需要帮助时，伸出友谊的手去拉一把。60年代初，北京的一位战友被打成"右倾分子"，生活十分困难，他不避风险，寄去了粮票和自炒的酥油炒面。成都的一位战友政治遭难后，爸爸寄去路费，邀请他来西安散心，返回时，又是送钱又是送大衣。"文革"期间，北京的一位战友病危，身边没有亲人，爸爸妈妈正在被批斗之中，处境困难，就派了大弟前往陪侍照料。三年困难时期，我们家上有老、下有小，十口之家就靠父母两个的工资生活，当时，安徽的一位战友家里发生了变故，爸爸二话不说，将这位战友的两个女儿接到西安，和我们共同度过了那一段困难的生活。还有一位北京战友的儿子到西安读大学，受其父母委托，多年来，从生活、学习到思想上一直受到爸爸、妈妈和我们祖母的关心和照顾，建立了深厚的感情。当他成家立业离开西安时，恋恋不舍地流着热泪对爸爸妈妈说"您们不是父母，胜似父母啊！"在以后的日子里，每当我们和爸爸提起这些往事时，爸爸总是告诫我们，人生在世，应该积德而不能积怨。做了好事，不应有图回报的思想。的确，当他帮助过的同志处境好转，甚至居于高位后，爸爸从来不去攀附，更不会向任何人提起这些事情。

爸爸的言行，对我们的影响是潜移默化的。他既是一个党的领导干部，也是一个知识分子。他不仅尊重知识、爱惜人才，还特别尊重劳动人民，向劳动人民学习。他在陕西师大工作期间，他经常利用茶余饭后的散步时间，到各系主任、老教师、青年教师家中走访，听取他们对学校工作的意见和呼声。他很会从小事上体察民情。常常对干部们说，不要在饭前到教师家中谈工作，影响人家做饭。要求干部到群众家中不要坐得时间过长，要体谅教师晚间备课的辛苦。由于他平易近人，所以和各阶层的人都能交朋友，打成一片。他和许多汽车司机、花工关系融洽，很有感情。有一次，在受迫害期间，他得了重病，校医挺身而出，为他诊治，司机还开车送他进医院，使他大难不死。被红卫兵赶出家门的保姆梁妈妈，年年坚持给他义务做棉鞋穿。连在长安社教结识的老乡，也多次前来看望安慰他。当然这一切，都只能是"地下活动"。

"文革"期间，爸爸受迫害达十年之久，但是他意志坚强，对马列主义、毛泽东思想有着至死不渝的信仰。当时，一些人对前途信心不足，忧虑忡忡；有的人悲观失望，产生了信仰危机。还有个别人由于受迫害，发生了自杀事件。而爸爸无论在多大的压力下，始终以乐观主义的态度对待人生。他当时曾说"经过四三年整风的人是不会自杀的，那些自杀的人太没远见了。历史是公正的，问题最终是会澄清的。"他特别相信毛泽东的"坏事能变成好事"的辩证思想。即使在那些被批斗的年代，他始终手不释卷地通读马列经典著作。他觉得，要不是关在牛棚里，哪里会有这么多时间呢？当时，陕西师大一位老师感慨地对我们说"像你爸爸这样的人太少了，受冲击这么厉害，现在还有几个人在读马列？"的确，爸爸无论处在什么境遇，总是离不开读书。我们小时候，曾天真地以为爸爸的工作、职业就是读书、看报和看文件呢。当爸爸生命的蜡烛将要熄灭的最后几天，躺在医院的病床上还仍然坚持读书，或者与来探望他的学者商讨学问、修改稿件。他忘了自己的高龄，忽视了自己的病情。他最后的三年，是他一生最紧张忙碌的三年，主编了三部书，达200多万字。他还兴致勃勃地向我们展示他宏伟的写作计划，除了再主编几本书外，还要单独撰写五部有关历史的书籍。可是，他操之过急，没有量力而行，终于倒在了工作岗位上。

爸爸的一生是无愧于党和人民的一生，我们为有这样一位好父亲

怀念敬爱的爸爸郭琦

感到自豪,更感到责任重大。虽然,我们都是社会上普普通通的成员,没有官位和权势,但是我们在各自的岗位上都是兢兢业业地、认真负责地为党工作,贡献着我们微薄的一切。爸爸,您是我们乃至我们下一代的榜样。我们要以爸爸为楷模,并且教育我们的子女后代,继承爸爸的遗风,在各自的工作岗位上自强不息,不断进取,勇于开拓,像爸爸那样学习、工作和生活。

(陕西师范大学出版社 1993 年 8 月版《著名马克思主义哲学家、教育家、史学家——郭琦》)

高校生涯

早在延安时期,郭琦同志就开始了他的教育生涯。新中国成立后,又从事教育理论研究工作。50年代起,先后在陕西师范大学和西北大学担任领导职务。

在长期工作实践中,逐步形成了一套比较完整的具有特色的教育思想和教育方法。他善于运用马克思主义理论,有出色的领导艺术,果断的领导魄力,能创造性地执行党的教育方针和政策。他十分重视高等院校的学科设置、图书资料教学设备配置、校园环境绿化等基本建设,尤其重视发挥知识分子在教学、科研工作中的骨干作用,为国家培养了一批又一批优秀人才。他非常关心高等学院的干部队伍建设,善于发现、培养、使用干部,为我省培养了一大批干部。

——摘自《郭琦同志生平介绍》

我的高教三十年

——郭琦教育思想口述实录

《郭琦高等教育思想口述》初步形成约于1989年下半年,为时任陕西省自然科学研究所副所长贺克毅先生协助录成,计有录音带六盘,为家人保存至今。

郭琦病逝于1990年9月,去世前一年,应同事文章之约,遂将一生从事高等教育工作之得失成败、经验教训予以总结,欲邀人行诸文字。后因故至其殁,终未如愿。此《口述》即为当时行诸文字前的准备材料,共分九个问题,后两个问题是注者在整理中将内容抽出编次,题目亦为注者所为,且第九个问题亦可作结束语,特此注明。

引　言

我所在的单位,有些同志说我是一个学者型领导干部。

其实呢?我也不是自谦,我经常公开讲我是个万金油。我只是喜好读书,求知欲还强,长期养成了一个读书的习惯,谈不上什么学者型。

作为一个高等学校的领导干部,我考虑有三句话就可以概括了:

第一,知识面广一点。

第二,有一定的组织能力。

第三,重视人才。

我就是这样的一个老干部。

首先我把我过去的一个简单经历、所受教育情况放在我所从事的高等学校的工作经历上来谈一下。

我1917年7月生在四川乐山一个叫牛华溪的镇上，两岁时随祖父全家迁居成都。

注：郭琦出生于一个破落的官僚地主家庭。其父郭昭麟，毕业于四川法政学堂，在四川省、西康省做过下层官吏，20世纪40年代后期失业；其祖父郭述㟁，字幼农，曾任清末云南保山知府，广西右江水师提督，民国后曾出任四川省政府秘书长、四川盐务局长、四川省禁烟督办等职，辛于1925年；其伯曾祖郭敬武1879年入成都味经书院，为经学大师王闿运弟子，四川乐山名儒。

高中我读的是省立成都师范学校文科，大学读的是川大中文系。

我这样一个受教育的情况，在高等学校工作，看起来，有它两个方面：

第一，我理科方面的知识不足。

第二，对中国的文史呢，还稍微有点涉猎。

仅仅如此。

后来，我参加革命，到了延安。

注：郭琦曾两度赴延安。1938年春第一次到延安，先就读于抗日军政大学，后考入鲁迅艺术学院音乐系学习，同年冬，通过鲁迅艺术学院音乐系主任吕骥同志努力，经中央组织部分配，回四川大学从事中共地下党领导的文化运动和学生运动。又一年，于1940年由中共川康特委介绍再度赴延安，入泽东青年干部学校学习。学习期满后，在中共中央财经部任秘书组组长。1941年任中央研究院经济研究室研究员。1942年秋调绥德师范当教员，后任教务科长。

我真正学习马克思主义，是到了延安以后。

在延安的初期，时间比较多的是在泽东青年干部学校和中共中央研究院，这个时期开始认真地学习了一些马克思主义。

1942年以后，我到绥德师范教书，当时主要是教政治和史地，也是经常接触马克思主义。

到了1946~1957年这近十一年的时间，是在中共中央西北局宣传部和中共中央宣传部工作,主要在学校教育处和干部教育处工作。在这十一年当中,接触的是学校教育和马克思主义的政治教育。

  注:郭琦1946～1954年历任中共中央西北局宣传干事、副科长、办公室主任兼教育理论处副处长等职。1954年秋至1956年秋在中央宣传部高教处工作。1956年8月调西安师范学院任副院长,实际到职时间为1957年4月初。

  特别是在解放初期,当时,全国进行为人民服务的思想教育,在干部中普及马克思主义,进行历史唯物主义和社会发展史的系统学习。

  注:解放后,党对知识分子开展了多次的思想改造运动,改造其资产阶级世界观,灌输马克思主义。1951年,在全国各个领域包括教育界,开展了第一次思想改造运动,其中鲜明的标志之一就是文艺界的对《武训传》批判,这使党越发意识到在各个领域进行马克思主义教育的必要性和迫切性。

  那个时期,我在大区各个机关是担任对社会发展史的辅导、讲授。不消说,对我自己的学习是有好处的。

  1952年,高等学校进行了思想政治运动以后,就考虑在学生当中,开设马克思主义政治课。教师从哪里来呢?由中央统一长期的培养,不可能满足这个需要。

  所以当时就由各个大行政区举办马列主义研究班来解决高等学校的政治课教师问题。这个时期西北大区培养政治课教师的任务就委托西北大学举办两期马克思主义研究班,一期一年。

  这个时期,我就兼任西北大学马列主义研究班的教授,主讲中国共产党党史和毛泽东思想。

  这算是培养了西北地区,主要是陕西和甘肃高等学校第一批马克思主义理论教师。

  因此,就我的知识结构而言:早期,在高中、在大学,是中国文史方面一些知识充实了;参加革命以后,主要是学了一些马克思主义。我自己有自知之明,是不是可以这样说,在社会科学方面的知识面还比较广。在文科型的大学,当时是师范大学和综合大学划到文科大学,知识面还比较适应。当然,文科大学只是一般而言,这里有文科,但像西北大学,主要是理科占的比例更大一些。因此,我在高等学校也存在着知识结构不全面的问题,主要是自然科学方面差一些,深感不适。

我就是带着这样一个知识基础,正式进入大学工作。

1957~1977年一共有二十年的时间,其中,有十年的时间在陕西师大主持学校的全面工作。1966年夏季文革开始以后靠边站。虽然这十年靠边站了,但也还生活在师大的知识分子群当中。

1977年夏天到西北大学工作。

以下就谈九个问题。一个问题一个问题地谈。

第一个问题：才为体，德为魄，培养德才兼备的人才

我国高等教育紧紧围绕的最根本的问题，就是培养德才兼备的人才。

我们过去在这方面有许多成功的经验和失败的教训。

总的来讲，培养大学生德才兼备，就是又红又专，是我们的目标和任务。为此，教育界建国后有过多次的讨论。

我首先认为又红又专问题，应该有一个具体的要求，具体的尺度，要针对不同的对象，不同的学校。

我总体感觉到，建国以后，教育方面大体上有两个倾向，一个就是文革前，我们对于"红"的要求，普遍来看，过高了一些。比如说，大家都知道过去我们开展过红专大讨论，而且不恰当地提出来所谓"红透专深"。"红透专深"这个口号的提出，显然不够确切。

注：红专大讨论指1958年春在全国高等院校普遍开展的那场红专大辩论。这是作为反右斗争取得的重大思想成果提出来的。1958年初春，反右斗争还未全部结束，在大跃进的一片声浪中，一至三月，毛主席、周总理以及高教部领导对教育战线和高校战线分别作出了关于勤工俭学、开展两条路线斗争、开展多快好省和少慢差费的斗争、加强思想教育等一系列指示。以反浪费，反官气、暮气、阔气、骄气、娇气等五气和实行勤俭办学、勤俭生产、勤工俭学活动为先导，掀起了高校教育革命高潮，矛头直指所谓资产阶级学术思想和所谓资产阶级教学秩序，开展向党"交心""厚古薄今""脱离实际脱离生产""教书不教人"等大辩论。在诸多大辩论中，"红与专"的大辩论最为让人记忆。

又红又专成为党培养自己知识分子的重要标准。注者以为又红又专,并不等于德才兼备,红的内容更多的是指政治觉悟,其本身就包含了极左成分。所以,当时大辩论向极左方向发展,是必然的趋势。

什么叫红透?什么叫专深?

这个透,我们一直到死,都不能说是透。

高等学校的学生处于一个人生观、世界观形成的时期,显然这个要求高了。

我们要求一个大学生毕业已经红透了,而且专得很深了,也就是说无法发展了,这不是事实,也不符合实际。由于这个要求过高,曾经发生过很多偏差,为我国的高等教育事业带来了重大的损失。

再比如说,批判白专道路,就把一部分人不愿意开会,或者社会服务工作不那么热心,而对于专业学习很努力的同志,也把他算成白专道路了。

我认为这样一来打击面就又过宽了。

固然,我们要提倡热心公益、热心服务,这是提倡,只要他不妨害公益,不妨害他人,或者开会不是那么积极,这种人的这种现象,属于教育的问题,起码不应该受到批斗。当然我这里并不是说提倡大家不热心公益。

总体上讲"文革"前十七年我们党在高等教育方面关于"红专"的问题,"德才"的问题,方向上走得偏了一些,甚至无限上纲,大大地伤害了一些同学。这方面的具体事例是很多的。

接下来,在林彪上台以后,到了1965年,又提出来所谓突出政治的大讨论。

注:自1959年林彪接替彭德怀为国防部长后,不断强化党在军队中的政治思想工作,并以编选《毛主席语录》作为在加强军队政治工作中突出毛泽东思想的重要手段,为毛泽东所欣赏。1962年中印边界自卫反击战的胜利和1964年第一颗原子弹的爆炸成功,也被看作是林彪加强政治思想工作、突出毛泽东

思想的胜利。1964年掀起了全国向解放军学习的群众运动。解放军的加强政治工作、突出政治的口号、突出毛泽东思想的经验，迅速推广到了全国各个方面、各个领域、各个部门。

当时解放军报一论突出政治，二论突出政治，三论突出政治。

林彪那个突出政治，当时我就感到，和我们培养社会主义的人才不相适应，比如他最为荒谬地提出来说，只要政治突出了，战士打枪打不准，还可以打第二枪。反过来看，如果政治不突出，你尽管枪打得好，那可能打向另外一个方面。

这后者嘛，也不能说它没有一点道理，还是有一定道理的。一个战士，不仅要求你瞄准、射击非常准确，而且要看你的枪口对的谁，毫无疑问，这是合理的。但再反过来讲，又不合理，是否专就不重要了？不重要的结果呢，按林彪的逻辑就是，在战场上，只要你政治上是坚强的，打不准，不要紧，还有第二枪。那么，从现代战争的角度上看，打不准，一瞬间就会被别人打倒了。

所以，当时谈到突出政治这一点，我就不赞成。

谁不赞成突出政治？

所谓政治工作是党的生命线，政治要统帅一切，这些我赞成。但是林彪的突出政治，我思想上就是不通，我认为不能搞空头政治嘛。

什么是空头政治呢？

就是我们培养的人，业务上根本不行，成天只突出政治，这本身按我们对大学生的培养任务和目标来说，很不应该。

我们高等学校培养的是什么人呢？是干部预备队伍。干部预备队伍，你出去业务上不能适应社会主义建设的要求，请问你这个突出政治表现在哪里呢？

所以，在讨论当中，我就公开地赞成突出政治要落实在业务上头。

当时，小平同志被批判，也在这个问题上。

注：指文革中批判邓小平业务挂帅。

这个问题我当时就讲了，说了一些话。

注：指文革前，林彪提出突出政治的时候。

我说林彪那个说法，突出政治要落实到提高思想革命化上，这个东西我根本想不通。我公开地在师大大操场全校大会上讲了，我说突出政治是上层建筑，思想革命化也是上层建筑，上层建筑落实在上层建筑上头，理论上首先讲不通。

落实在业务上，就是说上层建筑落实在物质基础上，我认为这样才符合毛泽东思想。

文化革命当中，批判我的时候，轰动了全校的我的罪行之一就是说我讲过这么个话：我说炊事员突出政治，要落实到炒瓢上头。

他们把我这个话，当成我反毛泽东思想"三反"罪行当中最重要的一条罪行。

这个话是把我当时的讲话简单化了。

当然，形象化地这样提也不是不可以。

我讲这个问题，当时是论证了各个方面，而且说老实话，这也不是我的创造。也是根据了毛主席在知识分子会议上头讲话说的。

注：文革前，中央专门召开关于知识分子问题的会议，查资料好像只有1956年的那次，具体时间为1956年1月14日至20日，会上周总理作了《关于知识分子问题的报告》，毛主席在闭幕式上讲了话，郭琦这里所说毛主席在知识分子会议上的讲话，是否就指这一次。

毛主席就讲了一条，说我们搞社会主义建设，我们北京烤鸭还不如过去好吃，我们的火腿还不如过去好吃，那不等于是反映不出我们社会主义的优越性？那么，我体会我这个提法是对的，就是说，突出政治，要使学生学得更好，当然不是什么专而深。要学得更好，要学到本事，具体到毕业以后，能更好地为人民服务。因此学生的任务，突出政治归根结底还应该是学习好业务。

问题是，要解决一个正确方向——为什么而学习？

我们是为了更好地学到本事，更出色地为人民服务，为社会主义建设服务。这样，又红又专就统一起来了。

既不是空头政治，也不是脱离政治方向的业务观点，我讲了很多例子，其中就讲到我们炊事员，如果我们讲突出政治，最后我们饭做得不好，我们突出政治就失败了。那么突出政治，对炊事员要求应该是什么呢？饭要比过去好，花色要比过去多，味道要好，美味可餐，以此来作为炊事员具体地对社会主义的贡献，对人民的贡献，对培养学生的贡献。对于干部来说，工人来说，突出政治都应该要有具体表现，否则就成了空头政治，也就是过去人们反感的，政治工作就是卖狗皮膏药。

所以突出政治落实在炒瓢上，当时我记不起这样一个简单的话，后来，我想到了，我是讲过这样一类的意思。

注：据陕西师范大学黎风先生1991年文章回忆：郭琦同志在20世纪60年代前期的报告或谈话中，经常强调一个观点，就是学习马克思主义、毛泽东思想，不能空学空喊，比如篮球队员光学马列而不刻苦练习投篮，是成不了好队员的；做菜的厨师光空谈马列主义，而不在如何切好菜、炒好菜的刀把子、勺把子上狠下功夫，是成不了名厨师的。用这些生动的深入浅出的比喻来说明了如何学好用好革命理论的大道理，在当时的师生员工中一时传为美谈，产生了积极的影响。文革中，却把他这些正确的谈话割裂开来，抹杀了他的根本原则和前提，只在所谓功夫要下在"投篮上""刀把上""勺把上"大作批判文章，加以歪曲和引申，从而制造出所谓"反党反社会主义"的大罪名来。

注者将黎风老师的这段话引在这里意还不在为郭琦辩诬，而是想让未经历文化大革命的人了解当年的极左路线是如何用这一荒谬逻辑为人罗织罪名。

再一个重点就是毛主席语录进课堂的问题。当时我也是抵制了的。

注：语录进课堂是当时我国教育战线出现的一个极左口号。1965年《解放军报》接连发表突出政治社论的同时，又早在此前头版报眼处，每天刊登一条毛主席语录，此举一出，全国各报起而效仿，于是，运用毛主席语录很快成为人们政治话语中的重要组成部分，在此形势下，毛主席语录进课堂已是顺

理成章了。

后来文化大革命时,讲我反毛泽东思想。我说,我反对语录进课堂,我不是反对语录。我自己写文章还有教条主义,还爱引用马恩列斯毛,这怎么个讲?

我说你牵强附会,是指比方讲数学要引段语录,而这个语录跟教师讲的完全不搭边,有啥意义?没有意义。我不主张把语录进课堂当作一个方向。

1965年,在咸阳开了个语录进课堂的教育现场会。就是教师每讲一个问题以前,先引一段语录。我当时就说,开玩笑嘛。教师按他的本来面目,他就是讲他的一套,何必要打扮一下?

比如说朱宝昌。

注:朱宝昌,中西方哲学及秦汉文学研究专家、作家。解放前后,历任上海无锡国专、四川北碚湘辉学院、西南师范学院、川东教育学院、西南军区师范学院、北京师范大学教授。1955年肃反运动中,因与胡风有同桌一饭之缘,被降为副教授。1956年调来西安师范学院,1957年被划右派,至1991年殁世,凡三十余年,副教授一职终未一迁。著有《分析批判罗素哲学的纯客观主义态度》《先秦学术风貌与秦汉政治》二书,另有《朱宝昌诗文选集》行世。

朱宝昌讲他的虚无主义,讲他的相对论、不可知论,还引一段语录,那不是开玩笑?当时我没有说朱宝昌,我说的是别个人。讲的资产阶级这一套,还要语录进课堂,这值得提倡还是不值得提倡?

再有就是理科,也是无阶级性,讲知识讲科学的,也要语录进课堂?

我当时强调的是用毛泽东思想指导我们的教学,当作一个科学世界观、方法论,那是可以的。

总的来说,1965年以前,我个人在思想上对于红与专的问题有一些自己的看法,但在大的政治背景和气候下,不可避免地发生了某些对同学过高要求的现象。

回头看，政治态度属于中间状况的同学还是比较多，其实任何社会都是中间状况的人占大多数，而我们都把它归入是不红。这个标准值得我们研究和深思。

大学、中学、小学都是又红又专，要有不同的要求。同样是学生、党员、非党员、团员、非团员，都各有不同的要求。

当然，都红更好，红有啥不好呢？

但是设想一下，我们把所有的群众都要求用党员的标准去对待，这现实不现实呢？何况我们的党员，他本身理应是先进队伍、工人阶级先锋队中的一员，但他的表现未必都好啊。从本质上说，从多数上说，党员都是好的，但是也很难说个别的党员，或者少数的党员，他的表现未必就比群众好。你对党员都不能普遍要求。如果党员碰见这种情况，他表现还不如群众，我认为这就是在糟蹋我们党，但少数人如此，你能开除他的党籍？能处分他？是不是？如果你能提出要求，让党员严格要求自己，不要损害先锋队的荣誉，这就不错了。

我甚至认为有些地方确实如此，就是入党以前要求很高，到转正以后，本人也不要求了，组织上也不要求了。

所以我们的党风，过去就存在这一类的问题。

再一个，我深感到我们的人事工作，不能适应形势，用左的一套对学生。

比如学生成份不好，存在什么问题呀，这个不仅学生，受害的连干部、连我们党的优秀干部都受害，所以我在当时就强调了一条，我说我们人事工作要注意，我们不仅要发现这个人有些什么问题，我们还要发现取消这个人的问题，这同样重要。

就跟我们肃反一样，对待反革命不纵不枉，不放纵一个真的反革命，也不冤枉一个人。

我说，比如人事工作我们就要考虑了，这个干部在学校几十年，毕业或者没有毕业就留在学校了，表现一直是好的，无可非议的，而且是当作优秀分子使用的。但是他的档案里有一个什么毛病,应该采用什么方法来对待他?

应该查明。

材料上揭发他有个什么问题,但揭发不一定都是事实,把事实查明,把档案里的不实之词否定了,这是不是人事工作的成绩?应该是成绩。所以,我觉得这方面从学生的角度来看,问题很大,其实干部里面问题也很大。在有些人看来,具体说,师大左的根子还不在文普华。

注:文普华,文革前,陕西师大党委副书记,分管学生工作。

文普华后来跟人谈,师大左的根子是赵正。

注:赵正,文革前,陕西师大党委委员,人事处长。

赵正是长期搞这个工作的。人事工作中,左的东西一直都存在。比方拿苏成全这个干部来说,当时也受打击。苏成全是一个啥人哩?

注:苏成全,外国文学专家,教授,曾任陕西教育学院院长。1957年西安师院中文系毕业,留校后作郭琦助手,相当于秘书工作。文革中进监改组接受批判。在牛棚里造反派与郭琦"拼刺刀",问他为什么重用苏成全,郭琦坦然说出了自己的看法。

我的看法,一定程度上在五七级中文系学生里,这个人政策观念比较强。有人问我,你为啥重用苏成全?

我说有两条:

一、苏成全文字干净,条理清楚,他写材料比许多人材料写得好。

二、苏成全这个人政策观念比较强,稳妥,就这两条,我欣赏。

我上次讲过,苏成全母亲去世的事,我认为他显然是怕了。

注:指文革后期,苏奔母丧,因其出身地主家庭,不敢服孝,已得村人诟病,然系上领导还认为他是地主阶级的孝子贤孙,并派人到村上调查他的问题。

所以,我们政治工作有好多问题。

另一方面,我1977年6月重新工作以后,就我个人接触,我觉得大学对专的要求还可以,对红的要求不太强调了。

红也就是对德的要求,我觉得不是个简单的问题。

我举个例子,七七级入学以后的事情。

注:文革后,1977年招收第一届大学生。

七七级由于各种原因,同学们的思想相当活跃,不可避免地也相当混乱。有很多人提出来,说我们的政治工作,比如对学生的要求,对知识分子的要求,就是个宪法标准,他只要符合宪法,你就少管他。

我感到这个说法是不合理的。

固然,宪法是根本大法,人人都要遵守,今天来说我们仍然要强调,党员在宪法面前不能有例外,宪法大?还是党的章程大?还是党的领导大?

当然宪法大,宪法是根本大法。

但宪法是最低限度的要求。对党员要求要更严格更高。另外仅仅用宪法来要求一个高等学校的学生也不够。

我当时就在会上讲了一下,同学们听了过后,起码在我个人看来,还没有反感。

我说,同学们考虑一下,我们高等学校是干啥的?是培养后备干部,未来要为社会主义建设服务,你们就是未来社会主义建设的中坚,未来的干部。那么,我们对你的要求,能不能降低到这个程度,就是说,只要我们的同学不违反宪法就对了?那不就等于说我们培养的学生不犯法,这就是我们政治上的要求了?

我认为这不妥当。不妥当在哪里呢?

不犯法,要遵守宪法,是对十亿人口的要求。

我们今天的十亿人口当中,能够进入大学的有多少?当时大体上有几十万人。我们大学生在我们民族中可以说是精华部分,也是幸运部分。我没有算这个账,像你们这样幸运的在你们同年龄人当中到底有多少?极少数吧。

国家对于培养一个大学生,一年需要花费多少呢?我当时算了一个账，大体上，国家要投资2500元。当然，每个学生谈起来，就会想我一个学生怎么用得了这么多钱？因为我要培养学生，我们才要办大学，才有工人，才有干部，才有教课的教员。从当时西大的状况来说，大约2500人这样的规模。一年的经费大概是500万，差不多相当于一人2000元。当然，还有其他投资，图书、基建，大体上就是这样的。国家花了这样多钱来培养一个大学生，而大学生又在人民当中占极少数，我们不能辜负人民对我们的期望，不能辜负祖国对我们的期望，我们除了要遵守宪法，和十亿人口一样，毫无例外地遵守宪法以外，是不是还应该要有政治上的要求？要有道德上的规范？

我们设想一下，你比如说，我们有些行为大家看不惯，但并不一定违反宪法，我们就能这样简单地降低要求？因此，除了遵守宪法以外，还应有政治上的要求，应有道德的规范，因为你们出去是干部，是社会主义建设的中坚，是带头的人，这就不能不提出这种要求。

况且宪法允许是一回事，我们提倡的东西又是一回事，我们不能满足于允许。比方说，宪法上离婚是合法的，离婚是允许的，但是我们提不提倡离婚？

我们不能提倡离婚。

当然，我们也不是说两个人毫无感情基础了，还要拴在一起，不是这个意思。再比如说我们宪法上规定，允许游行、示威、罢工、罢课，公民有这个自由，但是决不等于我们提倡罢工、罢课、游行、示威。

我们办学校的目的，就不是为了提倡罢课嘛。

至于我们学校办得不好，同学们罢课，这是不违反宪法的，但这决不是我们提倡的。因为如果成天学校闹罢课、动乱啊，这样一个不安定的形势下，怎么学得到好多本事呢？也就达不到我们培养的目标。

所以，仅仅用宪法来要求、来规范学生，我认为降低了学生的规格，这是一个大问题。

当时，存在的问题，可以说文革前过分了的一些东西，现在又走向了另外一个极端了。

如果说自己过去在师大的时候,精力花在学生上不是这样多的话,文革以后,学校重大问题就是学生工作。

当时,学生工作处处长、团委书记霍绍亮同志,就和我经常交换意见。

注:霍绍亮,陕西省文化厅厅长。时任西北大学团委书记、学生工作处处长。

我和霍绍亮交换意见的频繁,在一定的程度上,说老实话,也有点干扰正常工作。对怎么提高教学质量,出点主意啊,花在科研上头的精力啊,就不如过去花得多了,却对学生的精力花得不少。

常常要碰到新的问题和矛盾,就比如我们经济系有个叫张维迎的同学。

注:张维迎,北京大学光华管理学院院长,北京大学工商管理研究所所长,牛津大学现代中国研究中心研究员,经济学教授,我国国内最早提出并系统论证双轨制价格改革思路的学者,中国经济学界企业理论权威,主要著作有《企业的企业家——契约理论》《博弈论与信息经济学》《企业理论与中国企业改革》等。在西北大学上学期间,发表《为钱正名》一文,引起强烈反响,舆论一度以"精神污染"进行批判。郭琦在学校阻止了这种势头,而以讨论的方式,将当时颇具意识形态的批判引导为一次学术争论,他亦在争论中与张唯迎同学平等对话,抒发己见,辨明是非,达到了教育目的。

这个同学是陕北人,平时表现是好的,学习呢,还是冒尖的。他突然来了一篇文章,在《中国青年》大概是发表了,就是《为钱正名》。他的主题就是钱是好东西,过去我们采取清教徒的态度对待钱,这是错误的。他甚至引用了一句话,说钱就是勋章,就是功勋。

当时我们大家就研究,我们是不是采取另外一个形式来展开一个讨论,第一不要批判,造成压力;第二也不要求对方检讨。

他是在公开的报上发表了,我们呢,也组织个几版的文章摆事实讲道理。

当时在学校也展开了讨论，首先在经济系的老师里头展开了讨论。到底这个看法对不对。当然了，好几位老师都认为不对。不对怎么办？我们的意思，既然公开了这个问题，我们应该再将讨论继续下去。

一讨论，这个同学就来找我，意思问，是不是要批判他，是不是需要他检讨。

我就说，不存在这个问题，你既然提出了不同的看法，就我个人来说，不同意你的看法，但我们可以评论它。

当时我个别和他谈了，我那个发言也是这样谈的，我说你理解列宁讲的那个所谓钱、勋章，他指的是什么呢？是不是突击手？劳动英雄？指那些我们给他优厚的奖励？是指这个意思，而不是我们今天社会上存在的一切向钱看。

我们认为莫把这两个问题分开。当然在左的情况之下，割资本主义尾巴，吃大锅饭，我们都是反对的，我们意见是一致的。

现在我们要区别两点，第一点就是我们要讲经济效益。讲经济效益，你就要讲钱的价值问题。第二点，要强调按劳付酬，不能吃大锅饭。劳动好的，工资就要高，技术好的，贡献大的，都应该给奖金，这我都赞成。当时，我们已经提出一部分人先富起来，这呢，我们也赞成。我们还要讲究经济效益，要讲究产值，要讲究减轻损毫，要主张资金流动快一点，这都讲钱的问题，公家的钱，集体的钱。我们也讲按劳分配，多劳多得，优劳得优奖。但是，我们社会上现在存在的另外一个问题，什么事都说钱，没有钱就不行，按劳付酬成为按酬付劳，你说多少钱，我给你做多少事，这就不对了。

当时，我们党委态度是明确的，起码这个为钱来正名只正了一半，有一半不应该正的。个人的私欲上头，不能提倡的，也还要提倡共产主义劳动，这和左的是两回事。

这样一种讨论，不管为钱正名的这位同学本人如何，对多数的同志，还是起到了一定的好处。

所以这个讨论，我认为还比较稳妥，我们既旗帜鲜明，又使同学们受到了一定的教育。

总而言之，我感到我们要培养德才兼备的人才，我们的工作就要做得细，其中形势报告这个东西还是有效的，就是动之以情，晓之以理，平等地讲道理，而不是扣帽子，不是照搬和思想不对号的讲一套空头理论。这就要研究学生思想，要听汇报，了解情况。这里头过去有很多的误会，好像汇报就是整人，我的看法不是这样，我不着重于张三说了什么话，李四说了什么话。但是我认为我们做思想工作，就要研究学生到底想些什么，他对某些问题有些什么看法，问题不在追究个人责任。

如果我们按上面谈的这些情况，做法就会无的放矢。

所以，我认为高等学校，隔一段时间针对学生实际存在的问题，进行形势报告，仍然是行之有效的办法。

我感到文化革命以后，我们研究学生的思想动向不够，这是我们思想工作上一个不足的环节。

再一个就是对话的路子要畅通。

关于对话，我不是今天来赶时髦讲这个问题，我在西大经常和同学对话。而且，不管学生多么激烈，我都去对话，我觉得多少是收到了效果。

比如说，有一次历史系学生一个班，闹得比较厉害，我跟张岂之同志两个人去了。

张岂之同志当时是历史系主任。

同学当然讲了很多出格的话，愈是出格，鼓掌得愈多。

注：与历史系学生对话这件事发生在1977年，因后勤工作一时跟不上形势，导致学生在灶上被打引起罢课。关于此事，张岂之先生在《忆郭琦同志》一文中，有极生动的叙述：在郭琦担任西大党委书记兼校长的几年间，可能出于社会的影响，西北大学学生几次发生罢课的事。有一次历史系学生突然宣布

罢课。提出要和学校领导对话，我将此情况用电话告诉郭琦校长，并且说如果他不方便来学校和学生见面，我可以继续做学生的工作。他在电话中对我说："今天晚上七时我一定来和历史系同学谈谈，请你们安排吧。""文革"的阴影仍然残留在我们的心上，今天晚上的会不至于成为蛮不讲理的"大批判"重演吧？！晚上不到七时，学生们已经挤满大教室，和"文革"期间不同，没有声嘶力竭的呼口号声，也没有野蛮的呵责声，学生们安静地等待与校党委书记见面。郭琦同志准时到来。没有一个人跟着他。他同我们系的负责人打了个招呼，要我来个开场白。我要学生们先讲话，有什么意见尽管提出来，学生们一个接一个地发言，也有呼吁尽快地改善学习环境的……学生们宣布他们已经罢了一天的课，如果学校再不解决挨打的问题，他们将再继续下去。这时学生们高呼："请郭校长回答问题。"当郭琦从校长座位上站起来的时候，全场一片肃静。

我最后讲话。

我说：我今天来参加这个座谈会，我来讲话不要求你们给我鼓掌。实际上我心头也有底，他们也不可能给我鼓掌，我首先态度是很明确的。我说，我是作为一个共产党员，我是信仰正确的马列主义者，我用这个身份来讲我的一些看法，希望同志们耐心地听。

注：张岂之先生是这样来回忆郭琦的那次讲话的：他一开始就说，今天他到历史系来和同学们见面感到十分高兴，今晚的会和他过去在"文革"期间受批斗时的情况完全两样。他畅叙了他在"文革"期间的种种厄运令人心酸。转而他讲了国家在拨乱反正期间取得的成就，以具体的事实证明稳定来之不易，特别是大学尤其不易，今天高考制度恢复，同学们到学校读书，教育工作者梦寐以求的事实现了。说到这里，他沉思片刻，让学生和他进行默默的感情交流。转而他大声说学校的管理工作存在许多问题，正在设法解决，他着重讲学校一定要有纪律，学生被打，对打人者要按校纪处理。他劝同学们立即上课，如果学校的诺言不能实现，可以到校长办公室去找他。他的话一结束，教室里便响起热烈的掌声。张岂之先生说：郭琦同志多次处理学生罢课的事，表现了教育家的宽阔胸怀和循循善诱的教育方法，既坚持原则，又考虑到各种因素，对学生既提出严肃的要求，而在人的处理上又是十分慎重。不少从西北大学毕业的校友回忆往事，老校长郭琦的循循善诱的形象则和他们对于母校的怀

念联接在一起。

那天晚上,我记得教室坐满了人,而且窗子上都站满了人。但是我是讲道理,和大家讲道理,讲我个人的看法和你们的看法分歧在哪些地方。那天岂之也讲了一下。我想我们和同学感情上头没有什么隔膜。这是第二,对话的渠道要畅通。

还有一个问题就是多采取一些个别谈话的方式,特别是对思想偏激的人,请他谈有好处。比方我同一个年龄比较大的知青同学,他一个人差不多谈了两个钟头,我耐心地听他讲完了。

尽管最后,他不一定完全同意我的意见,起码他感情上没有抵触。通过个别谈话,我就发现一个问题,就是有些学生对中国革命,中国的社会主义建设缺乏信心。有个班级是七七级的,同学们学习很拔尖,但他们长期在陕北,从北京来的,在陕北。往往他们是以偏概全,局限于他们所看到的,或者他们听到的,而且听到的也是夸大的,就把我们的党和干部说得一团漆黑。

这个事情,我相信他们也不是完全没有根据,比如说,一些公社,当时还没有乡,但是不是我们主流全部如此呢?恐怕有些夸大,我就给大家开玩笑,我讲,不管咋说,外国搞得再好,我们设想能不能请尼克松来,请勃列日涅夫来呢?这个恐怕行不通吧。中国人的事情,还是要中国人来干。你说不行,那么我就寄希望于你们这一代,你们说怎么搞好?发牢骚不是办法。我们要提倡一个爱国心,要提倡一个民族自尊心。当时,我们就考虑到,要在同学当中进行爱国主义教育,提高民族自尊心。采取这个措施,好像还可以。就是在理科学生里头,讲点历史知识,讲点爱国诗词,学生还很感兴趣。岳飞的《满江红》啊,文天祥的《过零丁洋》啊,像这些东西,在我们文科看来好像是常识,理科同学听见了,还是很新鲜。这是民族自尊心的问题。

还有一个问题,当时发现对西方的许多事物出现了一种迷信的态度。比如他们说,我们之所以对学校的措施还提出异议,不完全赞成,也不是完全真心地不赞成，而是表明我们的民主权利，就给我们讲美国，像总统提出什么，议会从来都不是一致通过，是议员们考虑到他作为议员的责任感，他要投反对票，表示对政策不是全部的一致。我说这就是形式主义。如果真的不同意，当然可以投反对票；如果基本同意，你又投个反对票，表示为民主而民主，这有啥好的呢？我看不出有什么好的。所以，对西方民主有些东西，说老实话，作为程序来说，我们国家不能长期地这样在那儿清谈啊。所谓议论未定，兵已渡河。

注：典出陈邦瞻《宋史记事本末》，卷五十六载："宋人议论未定，(金)兵已渡河。"宋时有议论之风，学问、经术、时事、政治，乃至文学艺术无不争辩成习，连宋诗亦有议论特点。宋史称："世谓儒者议论多于事功。"是说宋时文人存在空议论多于干实事的弊端，即所谓议论未定，兵已渡河。郭琦在这里是说我们不能只是空头议论，要看实际效果。

北宋是这样，今天也是这样，明明我们同意，一定要在那投个反对票，没有必要。总而言之，个别谈话，特别是偏激的同学让他们多谈，让他先谈，谈了过后，甚至他还谈些出格的话，然后你再去谈，起码就取消了他思想的抵触情绪，感情上能够接受你的意见。

下来这个问题我认为也很重要，就是用理性的态度去对待一些学生当中的盲从情绪，也就是我们今天常常说的不要热处理。

当时学生当中动不动就罢课，动不动就要求惩办凶手，到处给你贴大字报，上街游行。我们就碰见了一次。

注：指1983年春另一次学生与炊事员发生冲突一事。

是为吃饭问题与炊事员发生了纠葛。

确实是这样的，炊事员也打了学生，但是打的也不是怎样严重，学生罢课了，轰动了，闹的后来成全校性的了，一下轰了两千人来。当时我就抓（找）到巩重起，我们两个人一道上台去。

注：巩重起，文革前，任陕西师范大学教务长，党委副书记，纪委书记。文革后，任西北大学教务长，副校长，校长兼党委书记，从事教育工作五十余年，编著有《工农联盟是人民民主专政的基础》《什么是社会主义，什么是社

会主义革命》，主编《政治学通论》等。

我们采取不卑不亢的态度，同学们既然要求要开会，就开吧。我们要求开会，就要整队呀，同学们不同意整队，他们说就这样，我说就这样也可以。不整队的话，你们就地坐下，要有秩序，你们递条子，我们答复。我们请办公室主任念，念一个条子，我们答复一次，念一个条子，我们答复一次。

最后我表态了，表明了这样一个态度：我说，同学们提的这些意见，我作为一个校长、书记来说，我们觉得有点惭愧，一个，我们工作没有做好，有点官僚主义。第二，即使你们有一点过火行为，也是我们教育不够。今天的问题，初步听来，炊事员不对，是管理工作当中有问题。你们要求惩办凶手这个问题，我们一定要调查研究后，严肃处理。我们决不会拖了哄你们。但我们必须调查清楚，落实事实，落实了就必须严肃处理。总之不管咋说，打人总是不对的。我当时也举了个例子，当时有些行政干部不完全同意。我说，比如说，商店的营业员、开饭馆的总不能打顾客，从来就没有这回事，不能这样搞。

你们这种行动，我是理解的。但是今天，我的意见，我们就说到这个地方了，然后这个事情发生在哪个系，下来我们再联系，是不是这个系的同学，下午我亲自来听你们的意见，亲自来谈。就这样，把全校性的罢课，转化成一个系、一个年级的罢课了。

然后，我就在下午的会上耐心地听，听完过后，就说我完全同意同学的这种情绪，我是两句话：第一句话，我们的工作没有做好。第二句话，你们的行动是完全可以理解的。学生还要求我支持，我说，我再多说一句话就对你们不利了，这个估计是最高了。我不能多说。还有没有话呢？还可以有话，以后再说。你们好好复课，放心，我们一定惩办肇事者。你们顾虑会被开除，或者要有处分，既然对你们的行动理解，是不会给你们算账的。

复课了三天，情绪恢复了，我就又给他们谈了一次。

我就批评他们，我说今天就讲第三句话了，当时不能讲第三句话。我今天仍然不翻案，我们有毛病，你们这个行为，我们可以理解，我们不能处罚你们。但是，你们这个做法是不好的，无益于解决问题。我们一定要游行、上街、写大字报？这个做法不好，当时我说了，你们接受不了的。但是今天你们平静下来了，我给你们讲，你们这个做法，可以引以为戒。抗议一下，也不是不可以，催促一下我们解决问题。但是，何必动这样大的声势，对你们也不好，耽误时间，把学校的秩序打乱了。设想一下，如果当时我把第三句话说了，那这个复课就复不了。但是，第三句话如果不说，就没有原则了。这件事的处理大体就是这样的。

注：郭琦处理这件事的得宜和气度，又一次得到了西大师生们的认可和赞许，他们在二十年后的今天回忆起来，依然津津乐道，记忆犹新：1983年春，一天晚餐时，学生与炊事员发生冲突，有学生被炊事员打了，引起学生激愤，要求校方处理，校方行动迟缓，导致学生聚集数千人冲击新校大门，并在校园游行，酿成事端。此时郭琦已不兼任校长，只任党委书记，当天晚上他又凑巧因会议住在校外，学生要求与校方对话，校方出面者举止无措，言语木讷，加剧了学生骚动。有人出主意，立即出车接郭琦书记返校。郭琦到场，立即站上桌子，举起话筒，神态镇定地说："同学们，我来迟了，处理问题不及时，让大家受累了，对不起同学们！"下边有人起哄，他又说："同学们这么多人，闹哄哄的，不便于解决问题，我提议，请大家推举若干名代表，到学校会议室和我们研究处理问题。"有学生大声喊："你想引蛇出洞，抓学生尾巴，我们不上当！"郭琦书记严肃表态："我决不问学生姓名及所属科系、班级，而且，我以党委书记的名义保证，绝不事后追查，若那位同学此后特别是毕业分配遭到报复，请来找我，我负责解决。"现场推选的学生代表若干人进会议室与校方对话。学生所提要求，不合理的，郭琦并不简单否定，而是做出真诚的合理的解释；学生的正当要求，郭琦立即答应。双方很快达成共识。学生代表表示问题已经解决，明日复课，取消原来罢课三日的决定。郭琦摇摇头，坦然地说："令出必行，你们既已宣布罢课，校方尊重你们的决定。正好同学和老师可以休息三天。"这个表态令众人惊诧不已，事后有人说："这个大气度、大

手笔，在西大只有郭琦才有如此气魄和智慧。"以上文字引自西北大学赵俊贤教授在陕西文史馆官方网站上发表的文章。

我认为文革以后，处理学生工作，我是总结了经验，是比较成熟的。

我是相信毛主席这一套的，但是毛主席在实践上自己并没有执行。就是批判从严，处理从宽。我在反右斗争中，我的调子是高了点，但在右派的处理上，我还是坚持了处理从宽。一比就看出来了，教师除了反革命，就是公安局抓的那些人，没有一个开除的。当然，学生没有保护好，太多了，各个系就给你搞了，也不可能保护得完。但是我到西大去了以后，碰见几次大的斗争，我都坚决保护学生。我不是无原则的，我跟学生们讲，我说我是共产党员，我是站在共产党员的立场上看人处世的。比方当时出了个《希望》刊物。

注：上世纪70年代末80年代初，西北大学学生方兢、王晓安、陈学超、吴予敏等创办的一份民间刊物，在社会上产生了一定影响。《希望》杂志首发了史铁生的处女作《遥远的清平湾》《午餐半小时》及贾平凹的小说等。时任《希望》杂志编委，现深圳大学文学院院长吴予敏教授在时隔近三十年后的2005年接受《深圳大学社科通讯》采访时，还深情地说：西北大学的《希望》，和当时一些大学学生刊物一起，成为培育文学新人的阵地。吴予敏告诉记者，学术自由和思想解放是并行不悖的。当时的西北大学党委书记郭琦特别拨出2万元经费支持学生办刊物，为一代新人的成长提供良好条件。多年后，这成为真正的希望之所在。

《希望》这个杂志算是非法刊物，公安局来插手，我就拒绝了。我说这个问题呀，你们不要管，我们学校来管，你们来管就把问题复杂化了。你们作为管理市容，不让他们到街上乱卖是可以的，处理由学校来处理。

学生跟我提出来，啊，这个雁塔区、碑林区都给我们列了专案了。我说没有问题，什么专案、专案组要经过我，我去给你们列专案，你们每个人都列专案了，我不去给你们列专案，别的地方列也没用，像这件事我就顶住了。学生他们怀疑，跟我对了一天的话。

我觉得有很多问题，我们首先找些共同点，肯定同学的共同点。我们之间的看法，或者好多问题的看法，我认为还是不同的，属于高层次里头的分歧。

是不是我有些地方也有强人的一面，比如今天的这个局势。

注：指1989的全国性的学潮。

这个问题我的看法就认为不能动乱。

注：1989年春夏之际的国内形势，令郭琦忧心忡忡。

但是我主张对人的处理采取说服的态度。这个事情的严重性，我可能看得严重了一些，但是，事情的处理我不主张扩大化。我强调一个稳定，安定人心，统一起来，凝聚起来。

当时的白专道路，我只提一个张岂之。就是说他不愿意多开会，业务抓得紧了一点，截止现在恐怕有些人还是这样看他，而且认为我用人不当，也是说这个。

我认为这个人从大的方面来说，还是很可以的。所以，白专道路的典型，等于是张岂之树了一个样板。

注：张岂之，中国思想史、中国哲学史学者，博士生导师，国家有突出贡献专家，曾任国务院学位委员会学科评议组历史学科组成员，国家教育部古籍整理管理工作委员会副主任，陕西省社科联主席，陕西专家顾问委员会委员，西北大学校长、名誉校长。著有《顾炎武》，主编《中国思想史》《中国历史 15 讲》、《中国历史六卷本教材、《中国传统文化》等等》1977 年，郭琦主政西北大学后，赞赏其学术才华及其学术组织能力，排除干扰，使其成为学科带头人和历史系主任，成为拨乱反正后西北大学树立的新的典型。

在西大，在处理学校工作上和巩重起、张宣，我们都是有分歧的。我们分歧归分歧，朋友归朋友，我们的关系还是很好的。比方张宣，我认为这个人左一些。

注：张宣，20世纪30年代四川成都地下党市委书记，郭琦的好友，一生友谊不辍。20世纪50年代初任西北民族学院常务副院长兼党委书记，后调西北大学任教，反右斗争中被划为右派，晚年著回忆录及诗文集多卷。

他经常讲，现在这个学生倒是值得我们学习的。

我说，我们学习他啥？他们的行动值得我们哪点学习？我们过去也不像他们这样搞法。

注：郭琦和张宣当年因从事抗日救亡工作，先后都面临着被当时的四川大学校方开除的局面，当时他们采取的斗争方式机智而果敢。郭琦认为经过文化大革命十年浩劫后的大学与当年不同，一切秩序正在恢复，学习机会难得，学生不应因与学校工作中的一些具体摩擦，动辄罢课而贻误学习，故有此语。

但是我认为学生的这些行为是可以理解的。这些东西我们有分歧。巩重起，我们也有分歧。巩重起反驳我时，说《资本论》已经几十年了，马克思主义过时了。咱们经常讲，《资本论》到现在已经有九十年了。是啊，九十年了，当时是七十年代。我说好，《资本论》过时了，那18世纪的那些东西（注：指18世纪风行的其它的哲学和思想思潮）是不是不过时？《孟子》《诗经》《离骚》是不是过时？他说，封建嘛，今天中国的封建还多，这个18世纪的东西整体还是好的。我说，我的看法不是这样，问题是现在我们中国的社会主义，还不完备，有封建的东西，但是你不能改变他是社会主义。我和巩重起有分歧，他在会上顶了我，我又转过来顶他。张宣也是一样，他说社会主义谁说得清？苏联是社会主义？中国是社会主义？东欧是社会主义？我说张宣啊，你这观点我不同意，按你的说法，世界就压根没有社会主义，那你还谈什么社会主义优越性？没有的东西，还有什么优越性？你敢不敢说没有优越性？他说不敢说。他这个话本身就是不合逻辑的，是不是？我这个思想大概如此。

注：郭琦在这里所谈及的是二十多年前的20世纪80年代，他和张宣、巩重起三人的思想认识。今天看来不管对错与否，有一点令人感动，三位老同事、老战友如此开诚布公的思想交锋、各抒己见，"他在会上顶了我，我又转过来顶他"，然而，竟"分歧归分歧，朋友归朋友"，友谊如故，此种光风霁月，磊落心胸，很让人怀想和追慕。

所以，有一次在会上我是有些发牢骚，我说我不讲话，我讲话呢，老的认为我是异端，年轻的认为我是"两个凡是"，我朋友里头也有认为我是"两个凡是"的。我说我不讲。有些同志说，你讲嘛，我们有些人还是同意你这个观点。

我是这样来考虑的，我自己走上马克思主义者道路，我是经过了摸索，我自认为我没有冒失。我不同意语录进课堂，我认为毛泽东可以一分为二，我都讲了，公开讲了，我今天仍然深信这一点。但是恰恰相反，过去认为我大反毛泽东思想的人，今天比我走得更远。这个问题，关键是什么？我认为我是科学的态度，他是盲目地对待，用盲目来反盲目，过去盲目地树立毛主席，今天又盲目地崇拜西方。

第二个问题：创造一个鸟语花香，书声琅琅的学习环境

注：郭琦"口述"之初，拟定七个问题，此题排于第二。"口述"中，郭琦提出此题可排于第六或第七。注者以为重视校园环境建设，乃郭琦高等教育思想中重要的理念之一，亦是中国传统教育理念的重要组成部分。比如大凡中国古代书院则多设于山明水秀之区，历史上著名的岳麓书院、白鹿洞书院以及清人顾炎武在陕西的华山书院，皆有名山依傍，竹水环绕，花香鸟语，琅琅书声。修心养情，求知励志，唯于天人合一中方可生成。郭琦深得其中理趣，所以，陕西师大也好，西北大学也好，努力创造一个优美的学习环境，始终是他管理工作中的着力之处。不管学校原来的条件如何，只要经他不懈的经营之后，校园面貌便为之改观，成为花木掩映，怡情畅怀的读书之处，文革前，尤以师大校园建设为人称道，乃至称誉全国高校中。当时的陕西师大校园，虽无北大校园之未名湖，亦无清华园朱自清笔下之荷塘月色，但陕西师大校园特别是教学区，以恢宏典雅的图书楼为中心，后有桃林，旁有牡丹园，楼前左右有草坪，广数十亩，周以花树高木，坪上遍置石桌石凳。教学区道路交横，垂柳成行，每栋教学楼前后，皆植青松绿树，有玫瑰、月季点染其中。于是，教室内"绿影摇窗，道路上柳丝拂头。每每晨曦中於绿叶扶疏的窗外早读，书声琅琅；斜晖里，三三两两学子在草坪上围石桌坐了，或探讨或阅读，人影幢幢。至于学生宿舍区、家属区尽管没有教学区这样清雅生辉，却也高槐大榆蔽路，花坛卉木迎人。那时候家属区没有楼房，是平房，一排一排的鳞次栉比，家家门前多有一片小院，也种花草，也植树木，全被绿荫覆盖着，可说是家家俱在绿荫中。注者有幸在这样的校园里度过了四年大学时光，身心受益匪浅，至今忆及，犹禁不住笔端溢情，心存感激。

这一段话，也是有争论的。

注：指题目"创造一个鸟语花香、书声琅琅的学习环境"这句话。

而且，最后，都还算是我的功劳。

注：不论师大还是西大，在美化校园之初，总是有反对和指责的声音。当年在师大领导层中就曾有在校园开荒种地还是植树栽花之争。而西大校园的美化虽已到了20世纪70年代末，且已不是60年代初期的三年困难时期，但依然有人指责美化校园是浪费行为。然而，校园美化以后，大家又都说这是郭琦的功劳。

但是师大给我出的大字报是，郭琦把师大办成了一个地主庄园。

注：指文革中批判郭琦的大字报。1960年前后，为美化校园，郭琦曾着人先后从农村，比如三原安吴堡等地大量收购民间柱头石置师大校园图书楼前草坪上，供学生学习之用，被批判为地主庄园。但当造反派正在批判郭琦把校园变成地主庄园的时候，全国的绿化工作会议又选在了师大召开，成为一件戏剧性的文革悖论。

我说胡说一气，地主庄园是这个样子？

西大刚开始也反对我，后来一搞成了。过后看，大家还是赞成了。

冯成林他对师大校园概括了几点，概括的还是很有文采的，好像是鸟语花香、书声琅琅，他很赞成。

注：冯成林，陕西师范大学中文系副主任，老教授。注者在师大采访时，经老人们回忆，冯成林老师赞扬校园的话大意有，柳荫道旁花香鸟语，紫藤架下琅琅书声等语。

我们那个校园的格局啊，清华大学也有人来考察，说好。好多人都认为好。

注：考察时间为1961至1962年间。

当然啰，在实现这个格局的过程中，同学们也花了很多劳动。

我一到西大就发现一个问题，西大的土地狭窄，比师大少了二百亩。学校规模是一样的，教师队伍也差不多，但学校太烂了。在这种情况下，我认为要创造一个好的学习环境。

我首先就发现物理楼和化学楼之间，是一块荒地，一片荒丘，中间有一个地下的防空洞，黄土一堆。

大家都知道，化学楼的空气污染很严重，物理楼，它是放置高精密仪器的，这中间没有一个绿化带不行。所以，我就提倡做了三个工程：

一个，在礼堂和办公院中间搞一个大草坪，夏天乘凉，晚上散步，早上读书。我认为是需要的，就搞了草坪，也搞了些柏树，周围种了些树子。另外呢，因地制宜，西大的土地比师大少，楼与楼间隔又近，这个楼说话，对面的楼都有干扰，我说拿个绿化带把它隔起来。咋办呢？当时想了一下，就左右两边修了两个走廊，立体化，一边是紫藤园，一边是木香园。这个绿化，就像有些回廊，我设想呢，是可以多坐一些人，那不是有栏杆吗？早上可以坐着读英文。地下也还可以垫个报纸坐人。搞的时候大家反对，结果，搞成了。我觉得意义呢，一个是创造一个优良的学习环境，不要干扰，不要骚扰，主要是要有个安静的环境。再一个还有个空气污染的问题，要个绿化带才好，地址太狭窄了，这是三个工程。

另外西大大门呢，太不像话，门都烂了，用铁丝绑着，开都不好开。后来大概花了两三万块钱，修了个大门，前边还搞了个喷水池。后来西工大根据我们西大的这个大门修得更好一些。

二一个，我一直强调后勤工作。后勤工作如果搞不上去就拉我们的后腿，所以我不管在西大在师大，我虽然不直接抓后勤工作，但我重视后勤工作。我认为后勤队伍的建设很重要，没有一些有干劲的人去抓，是不行的。

为什么加强后勤工作？我考虑有几点：

一，要有一支强有力的后勤队伍是很难的，像韦固安这样的人物太少了。

注：韦固安，文革前师大总务处长，文革后任副校长。早年曾留学美国，谙熟园林建设。郭琦主政师大期间，负责校园美化的规划、设计和具体实施工

作，富才艺，有眼光，当年陕西师大花园式校园之形成多赖韦固安手笔。

如果学生的伙食办不好，马上就动荡。

二，教师的房子解决不好，情绪就不稳定。

西大的那个困难，实在是难以令人相信，我去看傅庚生。傅庚生的房子里面，甚至于给我倒一杯茶都找不到地方放，只有一尺大的一个书桌，桌子上头放一块布，地方就那样紧张。傅庚生他们这些教授是四间房子住两家人，就是那种老房子，前面两间，后边两间，加个厨房、厕所。一位著名老教授这样个住房条件，这在全国都比较特殊。

注：傅庚生，教授、唐代文学学者，海内外知名古典文学专家，著有《中国文学批评通论》《杜诗析疑》数十部专著。

这一段西大就是这样一个局面。我觉得比起师大要差得太多。

还有个例子，化学系的一个双料教授，丈夫是教授，妻子也是教授，（注：指化学系的曹居久、余虹夫妇。）两个教授，只有一间房子，床底下，摆满香油瓶子，旧油瓶子，简直条件太差了。那些教师的藤椅都是挂在墙上。

那么，行政干部，一个科长，住的房子同教授是一样的，也是两间。当然，这也不算多。所以，我一看见过后，实在看不下去。

然后，看到西大的设备，落后之惊人，不能想象。

学生的课桌是什么样子呢？

是长板凳，不是坐两个人的长板凳，是坐三个人的长板凳。桌子底下没有抽屉，是空的。我专门请林茵茹来，我说，你参观一下西大的教学设备，我说我的看法：还不如泾阳县一个公社的中学。

注：林茵茹，时任陕西省革命委员会副主任，省高教局局长。曾任西安交通大学党委书记、革委会主任。2002年12月16日在西安逝世，享年92岁。

注：文革后期郭琦曾在师大泾阳农场劳动，去过县上的公社中学。

我到西大的时候，基本上从后勤从硬件设施来看，就是以上我看到的这样一种局面。

我春节正月初一就把总务处处长找来开会,要大家好生把这个后勤抓起来。所以我认为要办好一个学校,不搞好一支后勤队伍不行。当然重点是创造一个学习环境。这第二部分将来可以考虑改成第六,或者第七。创造一个优美的环境,特别是西大,面临个开放的局面,如果没有一个适当的校园,实在是不行的。

第三个问题:"出潼关,进北京,争取全国发言权"

这实际是讲科研。我认为办任何一个学校,就要使这个学校的师生凝聚起来,凝聚起来很重要。我到师大去的时候,一个什么问题呢?大家没有信心。当然,应该指出来,我到师大去是五七年,学校是五三年成立,当时刘泽如、李绵已经把学校的一个基础打了下来。教师队伍,系科布局,还有就是基建那些,基本上初具规模。应该承认,人家是把基础打下来了。

注:刘泽如,心理学家,教育家,西安师范学院院长兼党委书记,陕西师范大学校长兼党委书记。

注:李绵,陕西省高教局局长,陕西师范大学党委书记、校长,与人主编《陕甘宁边区教育资料》一书。西安师院刘泽如任校长兼书记时,李绵任副书记,副校长。

但是,这个时候的师大面临一个问题,就是大家没有信心。

师大不重视学术工作。师大要办好不容易,一个新的学校,老师里面信心不足,这也是很自然的。所以,我当时,采取的提法就是争取全国的发言权,要提高大家的信心。

注:郭琦 1957 年初先是由中共中央宣传部调任西安师范学院任副院长、党委副书记。1960 年西安师范学院与陕西师范学院合并为陕西师范大学,郭琦依旧任副院长、党委副书记,但上级文件明确规定主持学校全面工作。实际情况是从 1957 年调西安师范学院起到文革前十年间,一直以副职主持全面工作。用郭琦自己的话说这十年即是他"唱主角不挂头牌"的时期。

我认为,首先把它凝聚起来,凝聚起来总要有个目标,把陕西师大办成一个全国有名的大学。今天看来，这个目标基本达到了。经过这样多年的努力，当然不是我个人的努力，是师生们的努力。有个奋斗方向，我觉得这很重要。不能满足于秦穆公，不能满足于面向西方。

注：秦穆公，春秋时秦国的第九位国君，一代雄主。穆公时，秦国的主要国势是向西发展，战胜居于今甘肃西南天水临洮一带众多的戎族，所谓"益国十二，开地千里"，秦国国力大增，秦穆公亦成为春秋五霸之一。此处是说，我们在学术上，不能只满足于像当年秦穆公那样地向西方开疆拓土，而是要向东走出潼关，面向全国。

要在潼关以外争取生存权。

如果我们满足于西方的话，青海、宁夏、新疆没有什么大学。兰州呢，兰州师范学院比我们还强一些。我们不能满足于这一点，我们要面向东方，那我们的差距还很大。当然，这里头有左的东西，当时我们提出要办成一个共产主义大学。

注：共产主义大学的提法，是1958年大跃进在教育战线上的反映，是浮夸风的产物，其实质是半工半读的民办性质的大学。在大跃进的1958年，这类学校遍地开花，坚持下来的却只有江西共产主义大学一所。郭琦这里所谓的共产主义大学是个十分模糊的概念，当时的西安师范学院并不属于民办性质，把公办的大学办成共产主义大学显然更是一种极左口号了。

这个口号当然左了。但是办成一个第一流的知名的学校，我认为不左，就是大家力争全国的发言权。

什么叫全国发言权？就是师大的科研成果要有全国水平，国外人知道，国内人知道，这就是争取全国的发言权。

我开玩笑，我说科研不能争取联合教室的发言权，联合教室的发言权那容易。

注：联合教室是当时陕西师大召开大会、作学术报告的地方。这里指不能只满足在本校的发言权。

我认为这个口号是鼓舞了、激励了大家，而且采用了一系列措施。

当时，师大的科研实际上只有几个人出东西，史念海、霍松林，中年以高海夫为代表的有限的几个人。寇效信当时还没有发表什么东西。

  注：霍松林，教授，博士生导师，中国古典文学专家，文艺理论家，诗人。其《试论形象思维》一篇长文，开我国论述形象思维之先河，亦因此文革中受批判。其另外著作，如《文艺概论》《文艺学简论》《唐宋诗文鉴赏举隅》《文艺散论》《白居易诗译析》《〈西厢记〉述评》及其主编的《万首唐人绝句校注集评》等。）

  注：史念海，历史地理学家，中国现代历史地理学的创始人之一，与谭其骧、侯仁之并称历史地理学界"三杰"，著有《中国疆域沿革史》（与顾颉刚合作），《中国的运河》《中国古都和文化》《山河集》一至七卷等。对中国历史地理学的形成和发展做出了巨大贡献。

  注：高海夫，中国古典文学教授，享受国务院津贴专家，参加全国高等师范院校中文系古代文学教学大纲修订工作。上世纪五六十年代，即在《光明日报》《文学遗产》等全国性报刊发表论文，知名于学术界。有《柳宗元散论》《范成大诗选注》等专著存世，并主编《先秦汉魏六朝诗鉴赏辞典》、全国高校自学考试教材《中国古代文学作品选全译》、中国古典文学全国高校预科教材《阅读与写作》《唐宋八大家文钞校注集评》，编著《韩愈散文精品选》等。

  注：寇效信，《文心雕龙》研究专家、教授、国家教委确定的访问学者导师，陕西师范大学中文系主任。1962年在全国性刊物《文学评论》上发表《论"风骨"》，引起学术界注意。文革后，其《文心雕龙》研究系列论文计二十五万余字，受到海内外学人重视，成为自觉从范畴学角度研究《文心雕龙》的先行者以及成就斐然者。

  我认为，这十年当中，虽然一直到文化大革命前还没有大的成果，但是经过积累，我们在全国中心期刊，包括刘学林都出了不少的东西。

  注：刘学林，教授，陕西师范大学中文系古汉语辞典编纂组负责人，编有《文言虚词辞典》等行世。

  所以，学校里面如果不重视学术水平，在全国是没有地位的，人就是灰溜溜的。要压任务，要给大家压任务，要求学校争取全国发言权。

  到了西大又面临另外一个问题，西大是个老校，曾经是在全国有名的，它有一个黄金时代，就是西北联大。

注：西北联合大学，中国抗日战争时期创立的一所综合性大学。简称"西北联大"。1937年抗日战争爆发后，北平大学、北平师范大学、天津北洋工学院原名北洋大学，三所院校迁至西安，组成临时大学。太原失陷后，又迁往陕南。不久，临时大学改名为国立西北联合大学。1939年7月，西北联大改称为国立西北大学。后师范学院和医学院又相继分别独立为西北师范学院和西北医学院。抗战胜利后，西北大学迁往西安，西北师范学院部分师生返回北平复校，称北平师范学院，再后恢复北平师范大学校名。

西北联大是著名的，这个牌子就是厉害啊。当时，全国的精华大部分集中到西南联大，再一部分人集中在成都，一个昆明，一个成都，再有一个就是西北联大了。安徽那些地方虽然也有些敌后，浙江也有敌后，实际上都迁出来了。兰州是兰州师范，西北联大分出去的，北师大的，和北师大有渊源。

注：兰州师范，这里即指西北师范大学，1958年更名甘肃师范大学，后再更名西北师范学院，1988年再更名西北师范大学。前身是国立北平师范大学，抗战时内迁，抗战胜利后，回北京复为北平师范大学，发展为今日之北京师范大学，其余师生继续留兰州办学，发展为今之西北师范大学。

但是呢，我去西大的这个时期就遇见一个客观问题：原来，也可以说1960年之前，西大在全国的地位也算可以的，还是全国的部属重点大学，1960年教育部对全国部署重点大学进行调整，西北大学下调为省属大学。原因是陕西不同意把西北大学列为全国重点大学，不同意。

如此以来，很多新学校就发展起来了。

例如当时比西大落后的学校，像兰州大学不如西大；吉林大学，开始也不如西大；还有山东大学，从历史上来看，它也不一定比西北大学强。但是，后来这些学校都赶上去了。

那么，等我到西大的这个时期，我们是个老校，客观的情况，就不应该是信心的问题，而是一个紧迫感，一个忧患意识的问题。

所以，西北大学面临的形势是什么呢？

拿今天的时髦话来说,就是恢复西大的青春,就是西大首先是如何发扬像西北联大那时候在全国的作用。

我当时讲,我们西大不能满足已有的成绩,我们要看到当时西北联大在全中国的地位和今天西北大学在全国的地位是不是相适应。

我当时提出来,西大必须要再来一个少年西大、青春西大,恢复它的青春时期。这是解决一个紧迫感的问题,否则就要被淘汰。

当然啰,我在两个学校,应该说是两个时代,相隔二十年。我初到师大是 1957 年,我四十岁,我到师大是一个历史的偶然性,而到西大是 1977 年,我六十岁,刚刚相差二十年。如果说师大当时是没有自信的话,西大面临的问题是我们满足于现状。

我说,一定要恢复西北联大在全国的地位,要这样来要求我们,争取全国发言权。

在这里头,我强调的一点是学报。

我认为,学报是一个学校的窗口,人们了解你,首先第一步是通过学报来了解,最直接了解你这个学校的水平。所以学报我是亲自抓的。师大的时候,我四十岁,精力也好,还有当时的科研成果也不多,所以,基本上老师们的科研成果我都看。像朱宝昌的翻译我全部都看了,甚至江弘基搞的鲁迅语录我都全看了。1958 年到 1963 年,我做《人文杂志》主编,杂志编辑部移设到师大,作为师大的学报,稿子我是每期都认真地看,我认为学报必须抓,科研成果要通过学报争取扩大到全国去,按今天的说法,是提高知名度。

注:江弘基,陕西师范大学现代文学教授。

我觉得,到了西大以后呢,就更进一步了。

注:郭琦到西北大学后,更加重视学报工作。充实学报力量,甚至在学科建设上有些也依靠学报力量去完成,比如中国唐代文学学会的筹办,即是依靠学报来联系全国名家,沟通意见,组织力量促成的。

在西大,我对科研的布局,是这样考虑的。全国的重点大学已经有许多了，我们如果全面地拼，就人才全面的数量、质量要和全国性的一些大学，比方北大、清华，或者是复旦、北师大这一批大学拼，根本不可能，没有优势。

那么，到底我们抓什么？

就是要找一个人无我有的"土特产"，就是这个研究只有我这儿可以发挥优势，要抓这样一个突破口。

文科我考虑当时是这样来提，就是文科怎么发挥你的地理优势。

地理优势是什么？

秦汉学派，全国学者向往的地方，是不是应该发挥？

我们的力量在全国并不是很强，但是我们可以办到独此一家，你别人不可能研究。当时，我就留意了林英霞（音）的两个选题好，一个回民问题，宁夏回族自治区回族最大的；一个西夏问题，别个地方无法研究西夏。我说他的这两个题目选得好。

我说，我们是不是在秦汉隋唐的各方研究上下些功夫。

当时我们力量不够，力量不够，就西大、师大两个学校合作，分别成立了三个全国性学会：一个是秦汉史学会，一个是唐史学会，一个是唐代文学学会。

你要研究秦汉史那只能在西安。

唐代社会是封建社会最兴旺的时候，唐十八陵都在西安，博物馆、书法家的精华，颜、柳、欧、褚诸家都在西安。

这样一来，就把全国这方面的老一辈精华人物都请到了西安来。

比如唐代文学学会成立的时候，哪个来了？那个权威肖涤非来了。是最老的了，他是我们唐代文学学会会长。唐史学会成立，武汉大学唐长孺来了。

注：肖涤非，山东大学教授，文史学家，杜甫研究专家，第一届唐代文学学会会长，《杜诗全集校注》主编，主要著作有《汉魏六朝乐府文学史》《杜甫诗选注》《杜甫研究》等。

注：唐长孺，江苏吴江人。武汉大学教授、历史系主任，中国3~9世纪研究所所长，文化部文物局古文献研究室主任，《中国大百科全书·历史卷》副主编，中国唐史学会第一至三届会长，中国敦煌吐鲁番学会第一、二届副会长，湖北省历史学会、省考古学会会长等。专于魏晋南北朝史、隋唐史。组织整理和主编吐鲁番出土文书。主编《敦煌吐鲁番文书初探》，著有《唐书兵志笺正》《魏晋南北朝史论丛》《魏晋南北朝史论丛续编》《魏晋南北朝史论拾遗》等。

秦汉史学会呢？因为当时老的一批不多了，当时我去了，最老的是陈直。还有北京的历史研究所以及全国搞这个学科的地理学者也都来了西安。

注：陈直，考古学家，中国考古学会第一届理事。西北大学历史系教授，于中国古代史、考古学、文学、古代货币学、金石学，于汉书、竹木简、瓦当等研究，均有较深造诣，其重要论著有：《史记新证》《汉书新证》《两汉经济史料论丛》《文史考古论》等。

最后大家决定把秦汉史的办事机构设在西安。

这样，就给我们学校压了任务，既然摆在这，你就必须从培养研究生开始，来走出自己的特点。通过学会组织，提高了西大和师大的知名度，而且，可以交流经验，这对提高我们师资队伍，鼓舞我们士气有好处。

当时，张岂之是历史系主任，如何发挥陕西历史研究的优势，我们历史研究走什么路，他提出应该跟考古结合起来，这样就走出了个新路子。

因为，其一，陕西有丰富的考古文物资料；其二，陕西有一支队伍，一支强大的考古队伍。地方考古队伍西安最强，特别是西北大学有考古专业，这里有最老的秦汉史专家。

这样，历史研究就不会一般化了。

这个成绩是张岂之的，张岂之提出来的。

秦汉史研究培养了几个研究生，它就是走出自己的路子。

唐史学会、唐代文学学会在西安成立后,,学校里面培养了一批研究生,好几个还是师大毕业来的,都走出了自己的路子。他们的成绩,在全国都是走在前头的,都很有影响。

我对科研的指导思想是,基础一定要宽,教学面也要宽,什么课都能上。

但是,科研一定要窄,题目一定要窄,要在这个议题,这个领域,这个人的研究上,搞好多年,成为一个专家。当时,安旗搞李白。韩理洲,我叫他研究陈子昂,说你要把陈子昂研究好了,你就成为了全国研究陈子昂的权威,你可以搞陈子昂年谱、陈子昂评传、陈子昂诗的注释,把陈子昂的研究综合起来,搞几年,搞下去,不要转向。后来,韩理洲告诉我,说很多研究陈子昂的人来信,认为他是个老先生。我说你研究题目不能太多,不要今天打一枪,明天打一枪,就把这个问题搞透。唐史学会,唐代文学学会,这几个研究生都不错,还有阎琦,还有李云逸,他们都还不错。

注:安旗,女,李白研究专家,西北大学中文系教授,著有《李白全集编年注释》《李太白别传》等。

注:韩理洲,1966年毕业于陕西师范大学中文系,1981年,西北大学硕士研究生毕业后留校任教,中国古代文学教授,博士生导师,享受国务院特殊津贴专家,中国唐代文学会理事,西北大学国际文化研究中心主任,专著有《陈子昂评传》《唐文考辨初编》《唐高祖文集辑校编年》《全隋文补遗》等十余种。)

注:阎琦,1968年毕业于西北大学中文系,1981年获西北大学文学硕士学位,留校任教,唐代文学专家、教授,西北大学中文系唐代文学研究会主任,中国唐代文学会副会长兼秘书长,中国李白研究会副会长,专著有《韩诗论稿》《唐代文学研究论著集成第三卷》,与人合作有《李诗咀华》《李白全集编年注释》《唐诗精华二百首》《韩昌黎文学传论》《韩愈评传》《中国文学作品选注》等十余种。

注:李云逸,1965年毕业于陕西师大中文系,1981年获西北大学魏晋至

隋唐段硕士学位，留校任教，1991年病逝，专著有《王昌龄诗注》《卢照邻集校注》等。

秦汉史研究学会，结合考古，结合考古新发现，结合当时的文化，结合当时的一些生产，开拓一些新的课题，不停留在现有的史学当中。所以，研究生一搞起来了，我就提出了天时地利，地灵人杰，利用地灵地利，利用你的"土特产"的优势，利用这个地方特色来培养人，人自然可以培养出来，这才能争取到全国的发言权，不然人云亦云，你要跟上海、跟北京比，拼不过人家。我们用什么来拼？发挥我们地方优势，这是我们科研的一个办法，这是一点。

其次，当时面临开放时期，我们深刻知道，搞好科研，还要从事对外的文化交流。

这在当时如果按野心来说，已经不是所谓的要争全国发言权了，而是要走向世界了。

怎么走这个路子？

在国际学术交流方面，我提了个口号——以文促理。

用文科来促进理科的发展，里外作用，开展外事，建立兄弟院校的文化交流，来促进我们内部工作的改革。

西大要办好，水平要提高，我们自然科学必须要学习外国好多东西，学习外国的先进东西。那么，我们就要派大量的留学生、研究生出国，学习先进的东西，没有这个，学校要淘汰。

可是我们又不是部属学校，靠什么出国？

如果我们等省上、等中央给你名额，那名额就太有限了。

只有我们自己主动开展活动。

我们就利用京都和西安市的友好关系，我亲自带个代表团访问京都。

注：1980年5月以郭琦为团长，张岂之为副团长，王铁民为秘书长，李汝松为翻译，物理系教授侯伯宇、数学系教授王戍堂、中文系教授杨春霖为团

员等七人学术代表团访问日本京都大学,签订《西北大学同京都大学关于学术交流的备忘录》。

西北大学格局是啥?

它是以理科为主,确实理科比较强。但是,我发现了一个问题,和全国比,它的文科规模太小。我当时提出西大的文科要保持到这样一个格局:三分之一,占学校的三分之一,当时还不到三分之一。三分之二是理科,还有个工科,化工系。没有这个不行。

我说,我也深知,无论文科理科,我们都处于落后状态,都不是很先进的。如何打开局面?跟外国文化交流,我们如果不出去人,不吸引人家来研究,那么,我们理科的人就派不出去。

外国的数理化、生物、地理、地质它不会来中国学习,它认为它比你高明。你要派出去,要和它建立兄弟关系,必须加强文科,用文科来吸引它。

这就是用加强文科的办法来促进理科的发展。提出这个口号,文科很鼓舞,但是理科的同志不理解,有意见,认为我这个人不重理科。

记得1977年我刚到西大工作,第一次给大家讲,座谈这个西大要以文促理的问题,理科的同志们就砸我的锅,说我一个搞师范的不懂。

第二次我又提出这个口号,又有人说了,说我就是个搞文科的,根本不重视理科。

我就给大家讲,我这个口号表面上看起来好像是抬高文科,实际上是以文科来促进理科。我们深切知道,我们文科在西大地位也不如意,这是事实,但是想提高理科,还是要靠文科去和人家交流。

怎么交流呢?

我们欢迎外国留学生到西安来研究秦汉隋唐,这就可以吸引他们。

我们还可以派文科的教师出去讲学,讲中国文学、中国文化,还可以讲其它问题。比如讲化学等。

最后受益的,实际上派出国的人,文科还到不了三分之一,或者最多达到百分之二十的样子，百分之八十派出去的是理工的，主要是留学生，也有些教师，得到实惠的是理科。

但这个口号是有一定限度的，不是整个学校办学要用文科来促进理科，是针对西大文科数量太少，不能适应对外交流的需要这个形势来提出的口号，我认为从今天来看，效果还可以。

当时我在西大，还考虑到必须追踪前沿，提高西大知名度，产生全国影响。

除了搞几个重点学科以外，追踪前沿，追踪世界上最先进的东西，我们要及时吸收和学习。

当时，老三论、新三论有两个开山祖师。我们西北大学都请进来了。

注：指产生于20世纪20～60年代的控制论、信息论、系统论；
指产生于20世纪70～80年代的协同论、耗散结构理论、超循环理论。

首先，耗散结构的创始者伊里亚·普里戈金，他是比利时人，诺贝尔奖获得者。他开创了个学派，叫耗散结构理论。

注：耗散结构理论是由比利时的伊里亚·普里戈金教授在1969年首先提出的一种新型理论，并于1977年获诺贝尔化学奖，是用热力学和统计物理学的方法，研究耗散结构形成的条件、机理和规律的理论，在自然科学和社会学科的许多领域如物理学、天文学、生物学、经济学、哲学等领域都产生了巨大影响，被认为可能代表了一次科学革命。1979年8月由西北大学和北京师范大学联合承办的全国耗散结构理论学术研讨会在西安丈八沟宾馆举行。8月18日开幕，9月3日结束，共计十六天，出席研讨会的代表来自全国五十五所高校，十九个科研生产部门，一百一十二名代表。该理论创始人，比利时布鲁塞尔自由大学教授普里戈金应邀到会做了《耗散结构和不可逆过程》等多次学术报告，郭琦校长到会讲话，会后由西北大学负责出版了三十余万字的论文集。

而且很多人研究耗散结构，理科、文科都研究。今天仍然有生命力，起码开拓了我们的眼界。

后来钱学森讲了，说耗散结构这个东西啊，还不如协同论，协同论面还宽一些。所以 1982 年，大概 10 月份吧，我又邀请德国的搞协同论开山鼻祖的那个专家哈肯，请他来西北大学讲学。

注：1982 年 10 月，邀请联邦德国协同论创始人哈肯教授来西北大学为物理系师生进行为期十天的讲学，讲述协同学说的科学思想、基本理论及其运用领域与广阔远景。

注：协同论，联邦德国斯图加特大学教授、物理学家哈肯 1971 年提出协同论概念，1976 年系统论述的研究不同事物共同特征及其协同机理的综合性科学，亦称协和学。协同论认为，千差万别的系统尽管其属性不同，但在整个环境中，各个系统间存在相互影响，又相互合作的关系，其中包括通常的社会现象，如不同单位间的相互配合与协作，部门间关系的协调，企业间相互竞争的作用以及系统中的相互干扰和制约等。

我在西大这么做，开拓了我们文科、理科的眼界。所以我认为师大如果说是出潼关的话，西大呢，我当时的考虑是走向世界。这样学习，才能开拓我们的思路。

所以，我到日本去，日本认为我是第一个率中国高校代表团访日的，我们是他们接待的咱们中国当时唯一一个大学代表团。

美国也是我先去的。这是一个如何发挥地方优势搞科研的问题。

注：1983 年 5 月，以郭琦为团长，陕西省高教局副局长张克忍为顾问的西大代表团应邀赴美进行为期 15 天的访问，先后访问了密执安州立大学，纽约市立大学市立学院，内布拉斯加大学和宾夕法尼亚大学，对美国高等院校教学、科研及管理情况进行了考察，并与以上四校签订了合作计划。美国《华侨日报》以显著位置报道西大代表团访美消息，并以世界的视野热情介绍西北大学，称西北大学是中国重点大学之一，他设在号称"亚洲罗马"的西安。西安是中国十三个朝代的都城，其中包括中国鼎盛时期的周秦汉唐，同时它位于世界最大的黄土高原上，这使西北大学很自然地成为考古、地质和文学的中心地之一。指出研究唐诗离不开李杜，著名的李、杜诗专家傅庚生等教授和一批青年学者，都在西大任教，说西大在数学方面的成就，以点集拓扑、常、偏微分方程为主；激光研究目前在中国中西部占有重要地位。还报道了在地质学方面与日本、美国内布拉斯加大学进行合作研究的情况。在石油地质方面，为中国

培养了大批科技人员，对中国能源业有相当大的贡献。

我在师大和西大两个学校工作，还有一个共同的体会：就是搞科研关键要有学术带头人。

也就是我常常讲的因神设庙，而我的这个观点，常常遭人反对。

我认为，没有学术带头人和有学术带头人，成功率和失败率是不一样的。

成功率的例子我可以举。

比如，当时史念海在历史地理研究领域居于全国先进，是顾颉刚开创的这个学派，顾颉刚去世以后，他剩下三大弟子，北京一个侯仁之，上海一个谭其骧，西安一个史念海。而史念海本人这点了不起，文化大革命以后，接近七十岁高龄，陕西各县走完了，黄河中下游也走完了。他写了很多东西。关于生态生命保护，就是史先生提出来的。但他搞这个研究，在师范学院好像不适宜，历史地理属于一个综合学科，从历史学来说，它只是一个方面，作为培养中学教师它不是主要的。所以60年代初期，当时争论很大的一点就是在师范大学里面，历史地理要不要？这个学科要不要重视起来？

我提出来，这个学科要保留，而且要配备助手，形成学术队伍。当时还没有资格招研究生，就给史先生配备助手，把这个学科当作重点学科去搞。

历史系不同意我的看法，说我们培养中学教师，要什么历史地理？

我说，不管。当时就是最困难的时候，学生放假，干部下放。我说两个研究机构一定要保留，一个是史念海的，再有个赵恒元的声学研究所，把它保留下来。

注：赵恒元，教授，著名物理学家，享受政府特殊津贴。20世纪50年代创建了我国第一个声学研究所——中国科学院陕西分院应用声学研究所，后改为陕西师大应用声学研究所，于1982年筹建了陕西省物理研究所。曾任中国声学学会常务理事、中国生物医学工程学会理事、中国声学标准化技术委员会

委员、中国电子学会应用声学学会副主任委员、中国电子学会超声专业委员会副主任委员、国家科委生物医学工程学科组成员、国家科委发明评选委员会特邀审查员等,先后在法国巴黎第十一届和中国的第十四届国际声学会议、中日声学会议及《科学通报》《声学通报》《中国生物医学工程学报》等学术会议、学术刊物上宣读、发表过《功率超声学》《医学超声学》《超声点焊》《超声清洗》《生物和医学超声工程》等学术论文60余篇,出版专著四部。他主持研究的"航空铝电缆超声钎焊"技术打破了苏联对我国的技术封锁,实现了在航空工业中以铝代铜,减轻了飞机的重量,这项技术已被我国自行研制的"运七"飞机采用。他所研究的"妮钛超导线的超声钎焊"等十余项科研成果被列为国家级重大科研成果,主编的《机械工程手册》声学篇荣获全国科学大会奖和陕西省科学大会奖。有十项成果分别获省部级以上科研成果奖、科技进步奖。

当然,今天这个历史地理研究所,是文革以后成立的。这是由于史念海和后来的老师、后来的校长们都重视的结果,有近十人研究这个课题,里面有教授、研究生好几个,虽不是我在时成立的,它之所以形成,跟这个思想有关。

所以我就开玩笑,我说因神设庙,对不对?

按一般说来是不对的,但是作为学科来说,要因神设庙,庙里这个神一定要找准,这个庙才能立得起来,自然香火就兴旺。反过来,如果有庙,这个庙还颇具规模,众所周知,就是缺少一个神啊,大家知道没有菩萨没有神,这个庙就会衰败下去,默默无闻。

西北大学热化学在全国是最早的,全国都知道热化学西北大学最厉害,最早的了。后来不行了,不行的原因就是学术带头人冯师缘(音)去世了。

冯师缘是从苏联回来的,全国都知名。

西北大学学科哪一样最强?热化学。但是冯师缘死了。后来,他留下来的学生,我在的时候,已经有三个人提副教授了,应该说这三个人都可以,但是这三个人谁也不能成为一个学术带头人,因此,热化学在全国相对来说就衰落下去了。所以,关键问题是如何找好学术带头人,就是神和庙的关系。

带头人的问题,是极端重要的。搞科研有两条经验,一条是发挥地方优势,虽然你今天还不是一个很知名的人,但是你发挥你的优势,最终都会知名的。例如唐史研究,师大、西大都在搞,这在全国都还可以。唐史学会主要在师大,西大唐史研究也可以。秦汉史呢,主要在西大。再一条就是因神设庙,找好学术带头人。比如中国京剧院配八个龙套,马连良四个龙套。中国京剧院配八个宫女,梅兰芳四个,而且都长得很丑,梅兰芳不要求,但是价钱还是不一样。

注:这里是用京剧作比,说明学术带头人的重要。马连良和梅兰芳皆一代京剧大师,尽管他们和中国京剧院比起来,中国京剧院配八个龙套,马连良只配四个龙套;中国京剧院配八个宫女,梅兰芳只配四个宫女,而且还不漂亮,但梅兰芳和马连良戏票依然比中国京剧院同类角色演员戏票价钱不一样,要高。

学校关键是有几个或十几个第一流学者,整个学校就提起来了。

牡丹和绿叶的关系问题。

这个问题也很重要,牡丹虽好,全靠绿叶扶持。

当然,万绿丛中一点红,很重要。一点红就是学术带头人,没有这一点红,整个一片牡丹叶子就提不起来。但是牡丹再好,没有绿叶的扶持,光是一个孤立的学者,没有后续的队伍,没有梯队,这也不行。这也是我们的一条经验。比方西北大学,论学术地位,就是张伯声。

注:张伯声,地质学家,教育家,学部委员,一级教授,享受国务院特殊贡献专家津贴,西北大学副校长,我国地质界五大构造学派之一的"地壳漂流状镶嵌构造学说"创始人。代表论著有《波浪状镶嵌构造》《豫西煤田地质》《从黄土线说明黄河河道的发育》《中国东部地质构造基本特征读后》《难忘家乡山水情》《中国大地构造图》等。

张伯声当然对西北大学贡献很大。他的地位是副校长,也是学部委员,一级教授。但是,他在申报学位的时候发生了困难。当然,全国都知道他是地质界的学派开创人之一,但他缺少梯队,按规定学术带头人要有三个以上副教授,他没有,所以那次学位没有报上。所以呢，一定要处理好牡丹与绿叶的关系。学术带头人起决定作用，但是孤立了也不行。在这个问题上，在处理红花与绿叶的问题上，要舍得下功夫。

再比如西大的侯伯宇。

注：侯伯宇，物理学教授，博士生导师，国家级有突出贡献专家，"五一"劳动奖章获得者，获国家教委、国家科委优秀科技工作者称号，国际纯粹与应用物理学会数学物理理事会成员，中国高等科学技术中心高级顾问。国家攀登计划"面向二十一世纪理论物理重大前沿课题"专家组资深成员，曾任国家教委教学指导委员会委员、国家自然科学基金评委，"八五"国家攀登项目"九十年代理论物理重大前沿课题"专家组成员。其科研成就：20世纪50年代末，在国际上首先作出Green函数的完整的双中心展式。60年代，利用自己建立的"降算子多项式"在国际上首先证明了著名苏联数学家Gelfand的U(n)群无穷小算子矩阵元公式，该公式在核物理和量子化学中被广泛应用；1973年就在国际上同时独立发现SU(2)单极有拓扑性和可约化性质，并系统地用自己提出的规范协变的约化分解方法，研究了经典解及角动量；他在二维可积场研究方面系统地发现了非线性西格玛模型场、有二Kㄦling矢量的引力场、杨Mills场及超对称情况等多种相对论性场的无穷多守恒流，进一步找到了由这些无穷多守恒流产场方程解变换的完全集合等。最近几年又在共型场统计模型、量子群方面做出创新工作，明显得到共形场的聚合辫子行为的量子群高维表示式。首次明显给出椭圆精确可解统计模型的高秩一般的Bethe—Ansatz、量子与经典代数结构，发现其循环表示及差分算子表示等。

侯伯宇的理论物理有基础，全国有名气，作为这方面的学术带头人，我们就支持他。侯伯宇这个人也很厉害，是有眼光的。他对助手要求很严格，甚至现有的副教授他也觉得不合适，就由他在社会上，甚至于到外县去吸收了一些人。当时在陇县，这很偏僻的地方，有个一般中学的老师，他了解，调了来。来了后，不仅开展工作，还把这个学生送到国外去了，到国外攻读硕士研究生，说明这个学生不错。陕西不了解他，他了解。硕士研究生完了，继续攻读博士研究生，在国外五年。

当时我们也舍得花本钱，就确定要稳定这些人留在西大工作，要给他解决家属问题。当时也担风险，就是一般的副教授、副系主任，家属都调不来。但是有几个人，作为特调，不调你就把人才搞不进来。调来了，这些博士纷纷回来，回来就形成了一支强大的队伍。史念海那儿之所以搞得好，他是少而精，大体上有三四个博士研究生和副教授。一般的他都不要，要的是副教授以上，博士研究生。所以这个问题啊，关键是要解决好学术带头人和梯队后续队伍的问题，也就是红花和绿叶的问题。

　　还要考虑需要和可能。就是你需要了，当然了，我们咋不需要呢？但是还有个可能性的问题。西大生物系有位领导，很有战略眼光，他派了大概六七个分子生物学方面的学科配套的人，派到纽约去进修，而且成绩都很好。但是陕西经费很少，而分子生物学是花钱很多的，不是说几十万，一个仪器都是上百万。这些学好了本事的人，又形成了一个队伍，却发挥不了作用。

　　原因在哪里？

　　比方西大的理科，之所以能够发展，有些学科，理论物理也好，数学也好，主要是花钱不多，他们就很形象地说要一支笔、一张纸就能解决问题。当然，也不是这么简单，还要电子计算器呀，毕竟花钱不多，几万，十几万，西大还是可以的。生物系这个领域不是几十万了，是几百万，甚至上千万的设备。西大始终满足不了，所以这一部分力量就这样消耗了。

　　注：郭琦在学科建设中，突出优势，因神设庙以及牡丹虽好还须绿叶扶持等一系列系统理念的提出和实践，是郭琦教育思想中最具特色，最具个性，也是最为闪光的部分之一，充分显示出郭琦"出潼关，进北京，争取全国发言权"，乃至世界发言权的名校谋略和眼光。郭琦先后于文革前在陕西师范大学主政十年，又于文革后在西北大学主政七年，随着郭琦这一教育思想的贯彻落实，开花结果，为这两个大学的建设和发展发挥了重要作用。

第四个问题：根深叶茂，大器晚成

　　首先谈对学生的培养，我的考虑，特别是师范大学，刚开始，适应面要宽，基础要踏实。就是学生毕业了出去以后，对文科的学生来说，你教书不是只能教古代不能教现代，或者只能教中国史不能教外国史，或者只能教语法不能教文学。因为你培养的学生到一个中学去，不是上一门课的问题，因此适应面要宽。专的方面倒不一定这样很专，因为大学是基础，专应该在工作当中培训，这是一个考虑。另一个需考虑一种特殊情况，什么特殊情况？后来就不存在这个问题了。什么问题哩？就是学生的写作能力很差，特别是反右斗争以后，1957年以后啊，鉴于当时一些大字报，我看了以后，错别字，半文不白的一些表达，简直开玩笑。

　　注：1957年反右运动后，大字报遂成为掀起运动、大造舆论的重要手段，接下来的1958年成为大学校园里极其骚动浮躁的一年，这一年是我国国民经济建设第二个五年计划头一年，一种建设步伐上的盲目乐观和急躁的左倾情绪开始发酵和膨胀，在"鼓足干劲力争上游，多快好省地建设社会主义总路线"和毛主席倡导的"破除迷信，解放思想，发扬敢想敢说敢做的创造精神"两个口号鼓动下，全国即刻进入一派激情的大跃进之中，教育战线也即刻掀起了一场旨在去除苏联教育模式化的教育革命热潮，校园里一片沸腾。从这年年初的"除四害，讲卫生"爱国卫生运动起，反浪费，反保守的"双反"运动、教师干部的下放劳动运动、红专大辩论、"人人献策，个个亮宝"的教学改革、交心运动、"拔白旗"、进行学术思想批判、"高指标，放卫星"的大跃进、大办工厂、大办农场、大炼钢铁、大搞科研等等，日日有运动，天天掀高潮，为这接连不断的运动鸣锣开道、推波助澜的就是铺天盖地的大字报，犹如层层浪潮，在校园里汹涌。而郭琦却从这些大字报的字里行间找出了提升学生文化素

质的教育思路和门径。

所以我当时决定,要加强写作训练,我觉得那一段还抓得有效。当时,教师里头最艰苦的是写作,写作要改卷子,而且评职称呢,它又不像那些专业课,有深度,可以搞科研。所以我们特别采取优惠的办法。我亲自抓,带写作教师买工具书。而且公开讲,只要把学生写作提高了以后,他的职称评定不受限制。何况研究写作规律,这本身也是科研。

这样,就把一批年轻同志加强起来,调动起来了。

注:不仅如此,郭琦还把所谓有问题的教师和老教师请出来,让他们担任写作老师,比如中文系留美学者、右派教师高斌,有错误的老干部杨典,历史有问题的老教师赵怀德、郝子俊等都请出来发挥他们的一技之长。

这样一抓写作,对于大概1961年、1962年入学的学生还是很有帮助的。

另外,就是当时提出的加强"三基训练"。

注:即基础理论、基础知识、基本技能的训练。

比如物理系毕业的学生,在一所偏僻的中学当老师,他马上会碰见许多具体问题:这个电灯坏了,请老师解决一下,或者广播不响了,当时还没有电视,是广播,广播有问题了,请你解决一下,收音机坏了,你解决一下。不会这些基本的东西,没有动手能力不行。物理系的训练,就要把这些基本技能包括进去。

注:从1957年的反右斗争到1958年的大跃进,再到1959年的反右倾,在接二连三思想领域里的政治斗争和经济建设上的盲目冒进的双重夹击下,建国初期出现了前所未有的物资匮乏,实际上1959年下半年已经开始了所谓的"三年困难时期"。国家由狂热到冷静,开始全面实施"调整、巩固、充实、提高"的八字方针。1961年9月中共中央下达"教育部直属高等学校工作条例(草案),即高教六十条,恢复教学为主的教学秩序,使被教育革命弄得喧嚣一时的校园重又恢复了平静。抓住这一有利时机,全面主持师大工作的郭琦,立即制定出恢复教学秩序和坚持自己教育理念的一系列规定和措施,"三基训练,

便是其中措施之一。早在 1960 年初，高教六十条下达之前，郭琦就提出了改进基础课教学问题，并在文理、数学等各系狠抓落实。1962 年，学校还专门公布了《关于加强基础理论、基本知识和基本技能训练，提高教学质量的初步意见》，这是郭琦在师范教育中，既面向中学，又面向生产建设实际，当时农业是国民经济的基础，即既面向农业生产，又面向科研教育思想的综合具体体现。要求各个系都要根据自己的实际，制定各自的三基训练教育计划，比如数学系主要抓习题课，加强学生的基本训练，物理、化学、生物三系重点抓改进实验课，培养学生的基本操作技能，地理系重点抓学生的野外实习，培养学生实践能力。文科各系主抓学生阅读，讲授与写作能力的训练，如政教系，尤其要抓学生阅读马列主义经典著作的能力。中文系，郭琦亲自抓点，亲自与有关老师一起确定三基训练的具体指标，比如四年内要求每个中文系学生背诵古文一百七十六篇，精读二百一十七篇，背诵诗词三百首，阅读中外名著一百部等。低年级学生要掌握三千个常用词，消灭错别字，写出明白通顺的文章。高年级学生能正确掌握运用马列主义文艺理论基本知识分析评价作家作品，并能标点注解、翻译古典文学作品。为了确保"三基训练"的贯彻落实，中文系还针对性地提出了"三词六字"纲领，即阅读、写作、讲说。各教研室、各课程教师都根据自身课程特点，订立实施计划，确定什么是本课程的基本知识、理论和技能，学生每学期阅读多少作品，应写多少文章，怎样提高讲说能力等，上下同心，师生一致，中文系学生勤学苦练，早读作品，晚上自习，蔚然成风，教和学的水平迅速提高，成为师生们共同难忘的一段岁月。

当时图书馆也配合三基训练。

注：学校图书馆为了配合"三基教育"专门开辟了工具书阅览室，供学生使用，阅览室配有熟悉工具书的资料员帮助学生查阅，同时进一步为学生阅览室增加与专业课对应的参考书，供学生阅览。图书馆定期将《光明日报》《文汇报》等有学术专栏的报纸上的有关科研成果，剪贴下来，向大家通报等。

根深叶茂，谈对教师的培养。我们认为咋个培养教师队伍好呢？因为当时师大还没有招收研究生。

注：据陕西师大校史记载，本校及其前身西安师范学院和陕西师院 1961 年前从未招收过研究生。1961 年经陕西省高教局批准，于本年秋季在汉语、古典文学、外国文学、电子学、光学理论、声学、有机化学、函数率等九个专业

首次共招收研究生十三名,但因遭遇1962年下半年全国性调整机构、精简人员,不足一年又终止了这项工作,十三名研究生全部分配工作。

没有研究生,那么,就靠大学本科生。当时采取了这几个措施,一个确定了重点老师,主要是中、老年老师,发挥他们的特长。教师确定过后,无论老年教师也好,中年教师也好,要求他们提出自己的规划,你专攻什么学科,搞出什么东西来。这样使大家业务上有个方向,有个鼓舞。

当时,确定了几十个人。这个在我文革时期的交代材料里头也有。

注:根据这一提示,注者查阅了郭琦文革中的交代材料,得知《口述》中提及的几十位中老年教师一节,时间为1961年"高教六十条"下达以后,确定的中老年重点教师,共四十余人,计有霍松林、周俊章、史念海、胡锡年、叶元阔、聂树人、赵恒元、吕秉义、鲍银堂、李珍焕、周衍勋、王振中、黄国璋、高海夫、王守民、马家骏、寇效信、孙达人、牛致功、斑礼、李文俊、刘元汉、宋德明、仲永安、胡允德、蔺增光、王承决、谢兆奕、罗长勋、张安民、侯天岚、刘修水、慰松林、田岗、李林昆、祝大徽、李远会等,另有生化两系的教师记不清。这些中老年教师中,实际还包括了一部分青年教师,都作为骨干教师,提出规划,落实业务,以期在教学、科研上起带头作用。这一交代材料,让注者十分震惊,多年之后,提起这些教师的名字,郭琦依然如数家珍,这不仅仅是个记忆力好坏的问题,更说明作为一位大学校长的郭琦对自己的教师队伍是何等的深知和熟悉。

第二个办法就是给老教师配备助手。

注:据《陕西师范大学编年记事》载:为了发挥老教师的专长,促进教学质量和学术水平的提高,对部分老教师在完成任务前提下所开展的科研工作,学校给予了积极支持和帮助,仅1962年就为十五位老教师配备了二十名助手,协助老教师进行教学、科研,并在老教师指导下进修提高,继承他们的专长。

实际青年教师的培养离不开老教师,老教师的东西青年教师要学到手,你必须要当助手。我觉得这一条也还搞得好,使青老结合。

第三,我深刻地考虑,特别是办好文科,关键是怎样抓好马克思主义的指导。当时我就考虑我们的历史教师的核心问题，就是如何提高自己的眼界。除了你钻资料以外，当时下决心派出了一批人出去进修。搞历史教学的人可以到人大、到中央党校去进修哲学，进修历史唯物主义。有了历史唯物主义，可以在历史教学研究中提高一步。

第四，就是尽可能地派出一些教师，通过关系跟国内有名的专家去学，因为当时没有研究生，只有去当进修生，哪怕花点钱，也是值得的。

注：郭琦1957年从北京调西安师范学院后，反右运动中即着手大力进行教师队伍建设，选送教师到外校和国外学习。校史载，截至1958年学院先后选派近百名教师到国内学校进修，七人去苏联、波兰学习。学习归来，大多数成为教学、科研骨干和学术带头人。

第五，我们在教师里办了一个研究班，也包括在干部队伍中举办。分两个层次，一种是普遍地都要学马克思主义哲学，我记得1961年我还亲自给他们教了《费尔巴哈与德国古典哲学的终结》。我们办了半年。当时是啥形势呢？就是学生削减。

注：1961年到1962年陕西师大在三年困难时期，学生由四千一百名，减少到二千二百名，许多教师都闲置了下来。

教师怎么办呢？

抽一部分人提高业务，学马克思主义，中文系也有人参加，也抽调行政干部参加，包括丁淑元、肖枫同志。

注：丁淑元，陕西师大党委委员，时任中文系总支书记。

肖枫，西安外国语学院副院长，时任陕西师大校办主任、党委常委、物理系党总支书记等。

我认为行政干部要提高，就要提高他们的综合能力、逻辑思维，所以当时学写作、学逻辑，也学哲学，这是提高干部水平的好办法。

注：以上谈及将教师送出去学习和跟名家当进修生以及校内办研究班提高马克思主义理论水平和业务水平，诸项工作均始自1958年前后至1963年间

进行。研究班分三种类型：一种是组织教师干部参加的马列主义研究班，半年结束；一种是各系提高业务的进修班，也叫研究班，自1961年初开始，至1963年结束，为期三年；再是旨在提高行政干部政治素质、业务素质的党政干部研究班，1961年开始，1962年5月结业，为期一年，学习马列、哲学、毛主席著作，学习写作。各系的研究班、进修班和讨论班，还联系各系实际，比如中文系举办古典文学、现代文学、文艺理论、现代汉语的研究班和进修班；数学系举办数学分析进修班和高等代数讨论班；物理系举办电子学和电动力学进修班；化学系举办化学、数学讨论班等，使一大批青年教师在20世纪70年代，先后成长为学校教学和科研的骨干力量。这是郭琦利用三年困难时期学生精简的机会，组织教师包括行政干部提高马列主义水平，提高业务水平的重要措施之一。

第六，各个系要研究各自的重点发展方向。摸一下情况，你这个系有什么特点。今天看来，搞得比较好的是地理系，搞了陕西地理论。当时我就提出来建议，有十个专区市，我们是不是搞十个专区市的地理志。因为搞省太综合了，太大了；搞县太琐碎了。搞专区，以专区为一个单位，首先搞汉中，因为当时已经面临三线建设。我当时规划，两年出一本，二十年出完。出这个书的目的是什么？是为社会主义建设提供地理资源条件：气象、地质、水文。文化大革命时期停了一段。汉中地理志先搞出来了。

注：1962年上半年《陕西省汉中地区地理志》出版，由聂树人、刘胤汉、宋德明、齐矗华、刚雅芳、韩宪刚、杨启超、张崇信、罗枢运、刘兆谦、方正、张远广、肖志斌等十三位教师共同完成。

那么，截至现在基本搞齐了，所以这一点也算是成绩，从地理系来说，比较有特点。

注：沿着郭琦的思路，文革后地理系继续了这项工作，并上报省上立了项，至20世纪80年代末期，对陕西省六个地区，四个地区市的地理志情况进行勘察研究，终于完成了六地四市加上文革前已搞成的汉中地理志共十一本地区地理志的编撰出版工作，使陕西省成为迄今为止我国唯一有地市地理志的省份。

另外，又针对当时的情况，就是反右斗争以后啊，认为高等学校必须要培养新的教师，新的马克思主义一代教师。

当时是对老教师队伍的估计悲观了一些，这是反右斗争以后的估计，属于领导上的责任。

在有了这一个属于领导层的对老教师的错误估计后，直接就导致了我们在培养青年教师问题上有点急于求成。

我提出了小成、中成、大成的口号。不过尽管我们在批判了老教师的同时，也肯定老教师的业务我们必须要学到手。

注：在郭琦的教育实践中，他曾提出过两个著名的带战略性的口号，一个是前面已经提到的"出潼关，进北京，争取全国发言权"。另一个便是"高校六十条"下达后，郭琦于1961年向青年教师提出的这一"五年一小成，十年一中成，十五年一大成"的口号，并用王国维的"昨夜西风凋碧树，独上高楼，望尽天涯路；衣带渐宽终不悔，为伊消得人憔悴；众里寻他千百度，蓦然回首，那人却在灯火阑珊处"治学研究的"三种境界"来勉励大家。小成，指拿下教学任务；中成，指拿下科研任务，闯过科研关；大成，指教学、科研两方面均赶上全国水平。这一口号的提出，反映了郭琦对自己教育理念的始终坚持和在当时政治情景下的困惑。1958年大跃进的狂潮在高校所激起的教育革命中，郭琦一方面积极领导着红专大辩论，对所谓资产阶级权威的老教师学术思想进行批判，要尽快培养一支所谓属于无产阶级的教师队伍，一方面又坚持知识的必然传承性，深知造就一支青年教师队伍不可能一蹴而就。在极左的条件下，依然坚持着符合青年教师成长规律的成才之路，这是郭琦教育思想在特殊情况下形成的重要特色之一。

当时就提出来，毕业三年、五年你们能够应付上课，一个文科学生就算不错的了。毕业五年、十年过后，得到中成。具体还有所指，就是十年以后，你能赶上现在高海夫这个基础，就算是不错的了；十五年赶到大成，也不说什么第一流的，起码在全国比较著名的，就像类似在师大，你能够赶上霍松林，中文系的就算不错了。

后来，文化革命当中批判我，说我对老教师盲目崇拜。今天看起来，你十五年赶得上赶不上？还不说十五年人家也在学，也在进步，确实十五年要达到那个水准不容易。

当时我们肯定了，不是说不管高先生（注，指高元白。）也好，霍先生也好，人家晚上起码是两三点睡觉，这就值得你们学习。

总而言之，我提出这个目标，用大器晚成来要求青年教师，有两条，一条是青年教师一开始太急，马上要上，要搞个啥，我说不可能；另一个不管咋说，在这一点上我们是冷静的。

后来到文化革命，那当然就是笑话了。

当时我在中文系工作，有一段，在中文系当总支书记。

注：郭琦于1969年6月28日被师大革命领导小组宣布解放，1972年担任中文系总支书记，时间不到一年。

中文系这时候办了个进修班，招收工农兵学员，

注：指1971年陕西师大举办的试点班，学制为一年，当年只在中文系和物理两系试点，共招收工农兵学员一百名，一系各为一个班，五十名。

一年后毕业了，工宣队就提出来留这些人。

我不同意。我说要教课不行。

他们说培养一年就能行了。

我说一年，根据我的经验，五年要能够上课，还得是大学本科。

他们把上课看得很简单，说哪有啥？教材都有的，有了教材还不能上课？我说你不能照着教材念啊。

第五个问题：教学为主，质量第一

本来教学为主，这个口号毫无疑问，常识来说办学就是教学为主么，但是有一段确实没有为主。一个是运动的冲击，三年就要搞一次运动。像20世纪50年代后期，运动不断，大体上两三年就要搞一次运动。

注：50年代后期，这里主要指1957年至1959年，1960年"高教六十条"下来的这段时间，指反右运动、大跃进引发的教育革命、反右倾等对高校正常教学秩序的冲击和破坏。实际上1949年10月1日中华人民共和国成立后，整个20世纪50年代的十年间各种政治运动从未间断过，1950年开始的抗美援朝运动和农村土地运动；1951~1952年的"三反""五反"运动和针对知识分子的思想改造运动以及对电影《武训传》的批判、镇反运动；1953年的社会主义改造运动；1954年的对高岗、饶漱石反党集团的斗争以及学术界开展对俞平伯《红楼梦》资产阶级思想批判、对胡风反革命集团的批判，从1954年下半年开始直到1956年完成的农业合作化运动和工商业社会主义改造运动、1956年上半年开始的学术界"百花齐放，百家争鸣"以至1957年导致出的反右斗争，可以说不是两三年搞一次运动，而是有时候一年要搞几个运动，这一系列运动或多或少，或轻或重都直接间接地破坏着高校"以教为主，质量第一"的教学秩序和教学目标的完成。只是从1957年反右斗争开始到50年代末的两三年间，尤其1958年开始的教育革命，使以教学为主的教学秩序遭到了更为严重的破坏。据《陕西师大编年记事》载：1958年第二学期，体力劳动和工作实践被列入教学计划，比如政教系采取"上二下二制"，即大学四年中，在校学习二年，下乡下厂下中学参加体力劳动和实践二年。中文系采用"三三制"，单是体力劳动即占总时间的三分之一。物理系甚至实行"一二制"，即三分之二时间用于下乡劳动和实践等。劳动成了教学的主导内容。

运动的冲击对学生有影响，还不是主要的，主要的是生产劳动过多，学生一进来就要先参加生产劳动一年。生产劳动过多，占用了学生的时间。

  注：教育与生产劳动相结合，本来是一种教育理念，也是一种教育实践，这一本为来自中国传统的民间教育，后来被延安时代发展成为带实用性的民办的半工半读式的教育形式和苏联教育模式的结合。从延安时代起到新中国成立后的50年代，延安经验这一旨在实用能尽快提高大众文化水平的民办的半工半读教育一直都在时起时伏的进行中，直到1958年大跃进的教育革命才把这一普及教育的形式推到顶峰，村村社社都在办教育，民办大学、半工半读的共产主义大学遍布全国。20世纪50年代中期苏联教育提出了与生产劳动相结合的问题，此类问题同时在中国也引起了争论。所以，当1958年大跃进的浪潮滚滚而来的时候，便必然促成了延安经验和苏联模式的结合，生产劳动不再是民办学校和半工半读学校的特色，而成为整个教育体系不可或缺的内容，而且，全国的每一所高校，高校的每一个系科，都在大办工厂、大办农场，大搞勤工俭学活动，郭琦当时所在的陕西师范大学的前身西安师范学院亦不例外。据《陕西师范大学校史》载，当大跃进来临之际，1958年1月共青团中央就发布了《关于在学生中提倡勤工俭学的决定》，要求要一面劳动，一面读书，接着教育部发出通知，支持团中央的决定，全国高校的勤工俭学活动迅速开展起来，院党委和各行政部门立即召开会议，讨论贯彻落实"勤俭办学、勤俭生产、勤工俭学"方针，把"三勤"作为办学的根本方向，成立"三勤"办公室，对全院学生掀起的"三勤"办学热潮加以"组织和引导"，这是实际主持全面工作的郭琦唯一想出的要控制这种狂潮局面的一种办法。但接着，根据上级指示，更大的狂潮涌来了，"大办工厂""大办农场""大炼钢铁""大搞科研"的群众运动接踵而至，齐头并进。全院相继办了化肥、制砖、水泥、硫酸、炼焦、耐火材料等十八个工厂和灞桥、校内两个农场，后来又办的泾阳农场，直到文革后期还依然存在。所谓"大搞科研"实际上也是下乡进厂，比如政教系，一些师生下到大荔县许庄、石槽两个人民公社，调研人民公社问题；数学系部分师生到国棉四厂、六厂、金属结构厂、陶瓷厂等，调查研究生产中数学应用问题；历史系到渭南、华县，调查"渭华起义"，到大华纱厂、新秦纱厂、陕棉二厂、中南火柴厂编写厂史；中文系到陕南老区为老革命写回忆录，收集红色民歌，到烽火大队编写《烽火春秋》等等，即使这样，也还是要

一边调查,一边劳动,而且大炼钢铁的那一段是专门放假来炼铁的,生产劳动被强调到了至上的地位,可以说1958~1959年,生产劳动是高校最重要的内容,对以教学为主的教学秩序已不是干扰,而是几近取缔了。这便是郭琦所说的"运动的冲击对学生有影响,还不是主要的,主要的是劳动过多"的原因所在。

后来批判我的修正主义教育路线,说我否定劳动,其实我是赞成教育与生产劳动相结合的。所以后来我们规定了一个限度,就是本科生一年劳动三个月,专科生不超过两个月,还有放假一个月,"一二九""一三八",我记不得了。

注:1958年太过疯狂的教育革命,严重扰乱了正常的教学秩序,1959年全国性开始纠偏,开始恢复正常的教学秩序。当年一月中共中央召开了教育工作会议,提出了"调整、巩固、充实、提高"的工作方针,并修定了《关于全日制学校的教学、劳动和生活安排的规定》文件,在此精神下,郭琦主持制订了《关于教学生产劳动和生活时间的暂行安排意见》,规定了教学和劳动的具体时间,本科生每年放假一个月,劳动三个月,学习八个月,此即"一三八"制度;专科生规定每年放假一个月,劳动一个半月,学习九个半月,此即"一二九"制度。这样,便从时间上保证了以教学为主的教学秩序的恢复和运行。注者在陕师大采访时,从一些老人口中还得知当年郭琦尽管主持全面工作,但他并不关注大炼钢铁、大办工厂等工作,此类工作另有学院别的领导分管,他最关注的还是教学工作。1959年1月的全国教育工作会议,郭琦是参加了的,所以,开完会议回到学院便即刻规定了劳动和教学的时间比例安排。在郭琦从事高等教育几十年的历程中,面对极左的干扰,只要一有机会,他便会立刻抓住它,努力使教育回到自身的规律上来,这亦是郭琦教育思想的特点之一。

当然今天的大学生又反过来了,一点劳动没有,这也不是办法。

还有就是社会活动干扰。像六四级碰到这种情况,前期劳动多,后期干脆当社教工作组了。

我看就这三个因素,一个运动的冲击,一个劳动过多,一个社会活动干扰。那么,在这种情况下提出教学为主,质量第一是积极的。

我记得解放初期,我们很注意这个问题。当时土改,我在西北局,就跟江隆基，他当时在西北文教部。

  注：江隆基，北京大学党委书记兼副校长，兰州大学党委书记兼校长。1950年任西北军政委员会教育部部长，教育家，著有《江隆基教育论文选》。郭琦解放初期任中共中央西北局宣传部学校教育处副处长。

  我们共同商量，确定了这几个原则，今天看来还是对的：一个，对学生正面教育，可以参观土改，参观斗争地主，是参观学习，不是参加运动，以正面教育为主。第二，社会上的阶级斗争，贫雇农斗争地主不能够照搬到学校。第三，学校内部不能按土改划分阶级成份。学校内部咋个去划哩？要把家庭和个人分开嘛，我认为这还是稳妥的。

  所以，"教学为主，质量第一"这个口号是有针对性的，是积极的。本来教学为主，质量第一，这有什么？学校本来就应该教学为主，但实际上当时没有教学为主。所以到了后期，到了突出政治那一段，（指1964年全国学习解放军突出政治、突出毛泽东思想以后到文化大革命前的两三年间。）我再三强调这个问题，但又是一个提法了，就是教学为主，政治第一，要处理好业务和政治的关系。按重要性来说，政治是第一，第一不是唯一，而不是占过多的时间为第一。当时提出来政治第一，因为我们培养学生，考虑到学生阶段是世界观、人生观形成时期，因此我们要突出政治，强调政治第一，培养合格的人才，第一不是唯一，要教学为主。

  教学为主指的啥？就是拿时间分配来说，业务学习，教师的业务活动必须占绝大数的时间，不应该只是劳动、政治学习就完了。

  那么要把这两个关系搞好，当时又提出新的口号"政治第一，教学为主"。第一是说重要性，为主是指时间分配，因此当时就提出要保证六分之五，保证六分之五用于业务活动。实际上，六分之五都没有办到。你算，当时政治学习规定，我记得每周两个下午。所以业务时间确实少。

  学生里面我刚才讲了，也有个比例。

注：学生规定全学年五十二周，寒暑假九周，学习时间四十三周，其中劳动时间每年平均为四周。每周学生学习时间为四十八小时，政治活动时间每周半天。

所以从提出"教学为主，质量第一"，到后来提出"政治第一，教学为主"，每一次提出都是有针对性的。

注：从"教学为主，质量第一"，到"教学为主，政治第一"，再到"政治第一，教学为主"，围绕以"教学为主"这样三种不同提法背后，隐含着1960年到1966年文革前中国不断变化着的政治生态在高校的投影以及在文革前那种政治风浪一阵紧似一阵的情景下，郭琦为坚持高校教育规律，坚持自己的教育理念所显示出的那种夺路而走的用心良苦、无奈和固守，反右斗争极大地挫伤了中国知识分子参与社会主义建设的积极性，大跃进使中国经济陷入物质匮乏和一片混乱之中，但是，从1960年起国家才刚刚进行了不足三年的调整，国民经济刚刚出现平复的迹象，1962年毛主席便再一次发出了"千万不要忘记阶级斗争"的号召，预示着一场更大的政治风暴即将来临。从1961年9月下达"高教六十条"恢复"教学为主"，到1962年9月毛主席发出"千万不要忘记阶级斗争"，才刚刚平静了一年时间的高校校园，又将逐渐动荡起来。一开始，郭琦还可以置之不理，在1963年初学校第二届党代会上，依然以"高教六十条"为旗帜，号召"全校"师生员工，同心同德，深入贯彻执行"高教六十条"，为提高教学质量而努力。甚至在1964年学习毛泽东著作的活动中，还反复强调要坚持系统地学习毛泽东思想，理论联系实际，实事求是，坚决排除那种"走捷径""背警句""活学活用""立竿见影"这些当时解放军学毛选成功经验的庸俗化、简单化的干扰，正确处理政治与业务的关系，将政治落实到业务上去（据师大校史），1965年情况变了，《解放军报》三论"突出政治"所形成的巨大压力，郭琦不得不变换提法，"教学为主，政治第一"。山雨欲来风满楼，政治形势愈来愈险恶，文化大革命即将开始，郭琦只得把政治第一置于教学为主之前，这样欲以不断变换包装的巧妙方法在日益险恶的政治环境下，以确保教学为主方针的贯彻执行。然而在冲决和摧毁中国几千年文明的文化大革命面前，郭琦的这种坚持和努力显得多么的无力和尴尬。然而现在看来，为了能使"教学为主"的教学秩序不被破坏，郭琦与极左路线周旋不已的精神和智慧，是何等的令人钦羡和佩服。

第六个问题：发挥教师的主导作用，建立尊师爱生，新老合作的教学新秩序

这也是有针对性的。到底教师在学校里面，应该处于什么样的地位？学校工作到底依靠谁，这个问题始终有争论。当时提出来，学校里面就培养学生来说，依靠教师这个问题，有人跟我争论而且一些党委成员跟我争论得很厉害，说我右了，说农村里头依靠贫下中农，工业里面依靠工人阶级，你提出来依靠知识分子，而知识分子大量的又是资产阶级知识分子，你这岂不是右了？

注：这一问题的提出和争论，缘于1958年教育革命中对教师作用的否定。据陕西师大校史稿，在1958年的教育革命中，各系积极组织成立了领导干部、教师和学生的三结合小组，进行讨论、修订教学计划、课程设置、教学大纲以及编写教材等工作。这种在"左"的思想支配下，所组成的领导干部、教师、学生三结合小组，虽然主观上是想把工作做好，却因要求脱离实际，效果不佳；而且在破除迷信，解放思想中又不适当地批判了所谓"资产阶级学者""学术权威"的学术思想等，贬低了教师的主导作用，因而造成了教师和学生间的一些对立情绪，挫伤了教师的教学积极性。这部校史出版于1994年，实际成稿于20世纪80年代末期，编者的思想及用语，还十分谨慎，实际上1958年的那场学术思想批判的情形比校史描述得要严重得多。学生批判老师，青年教师批判老教师，教师之间相互批判、自我批判，在学校工作中应该以谁为主导，依靠谁的问题上造成了极大的混乱。但这一混乱的根源所在却是由党对知识分子的基本态度和认识引起的。文革前，党认为知识分子队伍基本上是由资产阶级知识分子组成的，对他们的基本策略是利用和改造，不是依靠对象，整个50年代对知识分子的思想改造运动、反右斗争，对资产阶级学术思想的批判，都基于这一基本认识和基本策略。虽然，1956年初，在中央召开的关于

知识分子问题的会议上，周总理作了"关于知识分子的报告"，高度评价了知识分子在社会主义建设中的作用，虽然1962年初，在广州召开的全国科学技术工作会议上周总理和陈毅给知识分子"脱帽加冕"，宣布取消"资产阶级知识分子"帽子，加以"革命的知识分子"称号，但后来的事实证明，这并不是党的主流意识，更不是毛泽东的态度。党要造就一支属于自己的无产阶级知识分子队伍。1958年把大量的工农子弟和干部送进大学，让这批人迅速占领科研阵地、文化阵地就是这种努力的显著证明。郭琦提出的"五年一小成，十年一中成，十五年一大成"的成才之路，也是想尽快在高校培养一支属于无产阶级的青年教师队伍。但郭琦的可贵之处在于实事求是、尊重教育规律。大学是育人的地方，育人的主体是教师，大学的依靠对象只能是教师，是知识分子。1959年初，全国教育工作会议后，郭琦在关于本年度工作安排的报告中，就明确提出了"发挥教师在教学工作中的主导作用"，"建立民主团结的新型师生关系"，但是，这一思想的贯彻在当时显然是有很大分歧和争论的。

我认为不右，当时我的解释是这样的，我说，我们党员处于什么样的地位呢？是领导地位。你总不能说，比方我们搞好农村工作，依靠党员不能提吧？在农村，在工业战线应该是党领导下依靠贫下中农，党领导下依靠工人阶级。

那么，在学校里面就应该是党领导下依靠知识分子。知识分子作为依靠力量，并不等于说我们放弃党的领导，党领导下依靠知识分子这不右。我给大家讲，学校里面能不能依靠工人阶级？学校工作不能。能不能说依靠学生，也不能。学校工作的主体是学生，但不能说办好教学要依靠学生。当然发挥学生的积极作用是必要的，没有学和教的配合，那是搞不好的，但这是另外一回事了。依靠工人？学校的工人能不能抓好教学？能不能培养合格的人才？何以见得？所以只能依靠教师。当时批判我的特别是包括一部分老干部，就觉得没有把他们当作依靠力量。我说你依靠了的话，就是降低了你的作用了，你是党委委员。这是一个背景。

再一个就是。1959年春天，中央召开学校工作会议，开了两次，春节前开一次，春节后开一次。上海组就提出来，知识分子是斗争对象。

注：即指上注所说的中央教育工作会议。这次会议在北京新侨饭店召开。会议共分两个阶段，第一阶段为1959年1月12日~2月19日，第二阶段为2月20日~3月1日。会议内容主要针对1958年教育大革命中出现的问题，提出"巩固、调整和提高"的方针，强调贯彻以教学为主的原则，发挥教师的主导作用，正确贯彻党的知识分子政策等。在这次会议上，知识分子是斗争对象的提出是上海组副组长张春桥在上海组的发言中提出的。在西北组上，郭琦发言，对张春桥的一系列"左"的提法开了头炮，提出了疑问，表示了反对意见，随后，西北组的江隆基、赵守一正式表达了反对意见，支持了郭琦。郭、江、赵是这次中央教育工作会议上唯一的在大会中正式表达反对意见的人。尽管会下有不少人也对张春桥的提法不认可。

在这个会议上争论很大，社会主义革命时期，首要前提要弄清知识分子是什么知识分子？是资产阶级知识分子。

注：在1957年的反右斗争和1958年的教育革命中，资产阶级知识分子取代了知识分子和小资产阶级知识分子的提法。

小资产阶级知识分子既然升级了，知识分子是不是斗争对象？上海组提出这个问题。上海啊，一直是左，不仅文革左，教育上也是左，他们不仅提出来知识分子是斗争对象，而且到了后期，在研究生和导师的关系上，什么是学好了？张春桥提出的口号是：什么时候你把你的导师推翻倒了，你就是学好了。

注：其实，张春桥这一推翻导师的提法是和毛主席1958年初在成都会议上提到创办《红旗》杂志时的讲话十分相似的。一提到教授，毛主席用的也是"推翻""打倒"这样的词。他说"怕教授，进城一来相当怕，不是蔑视他们，而是有无穷的恐惧，""历史上总是学问少的人推翻学问多的人"，"现在我们要办刊物，是压倒资产阶级知识分子。我们只要读几十本书就可以把他们打倒。"

这恐怕不行。

有批判的一面，也有继承的一面，什么时候都是批判继承，你不能批判倒了，你的业务就学好了，未必如此。当时在西北组里面讨论，我在会上也发了言，反对了张春桥的观点，隆基同志、守一同志支持了我，公开支持我的人不是太多，但会下支持的人还多。回来我传达时，就主要强调要发挥教师的主导作用。教学为主，教师起主导作用。

协调新老教师的关系，这个问题责任不在青年教师，责任在我们党委的指导思想，我的指导思想。

注：在1958年教育革命中，学校依靠青年教师，对老教师进行了资产阶级学术思想批判和组织学生进行教学大辩论。

你既然要批判老教师，要依靠青年学生，依靠青年教师去批判他，当然这个关系就搞紧张了。

搞紧张了，你怎么学得好？学不好嘛。

当然这是全国性的，师大也是这样的。

我们党委，我作为主要负责人，还是或多或少地执行了"左"的东西，依靠青年学生占领阵地。

对老教师呢，就是有些地方不尊重。寄希望于青年，那是可以的，今天也可以这样说。但是新老关系应该是协调的，所以，建立新老协调新秩序是针对"左"的一套来的。尊师爱生这一点，指导思想是一直坚持的。

注：郭琦从北京参加中央教育工作会议回到学校后，着手组织全校师生学习韩愈《师说》的活动。

我们从来没有说依靠学生去斗争老师，那样一搞非搞乱不行，而且当时，我是强调要认真学习。

注：学生向老师学习，青年教师向老教师学习，通过学习达到知识承传的目的，是郭琦教育思想中主要的方法论。1958年教育革命后，他不仅在学生和教师中强调认真学习，而且还针对当时把实践强调到非理性程度而贬斥书本知识的情况，专门写了《认真读书》一文，批驳了"实际知识胜过书本知识"的片面看法，澄清了"只承认直接经验，否认学习间接经验"的糊涂认识，和"提倡认真读书，是否会脱离政治"，走上"白专道路"的担心。他指出如果不要间接经验，只要直接经验，那么，吃饭就得先从"茹毛饮血"开

始，居住就得先从"穴居野处"开始，治病就得先从"尝百草"开始。这是不可能的，"指出"一个人走白专道路"主要是立场、观点、方法的问题，而不是认真读书的结果。……一个有高度政治觉悟的人，必然有高度的学习热情，不断提高自己为人民服务的本领，一个人不愿意认真读书，往往是政治热情衰退的开始，长此下去，即使已经"红"了，也会慢慢褪色。"等等，这些议论在当时的历史背景下，是很有见地的，也是振聋发聩的，而且文章最后还循循善诱地指出来如何认真读书？方法是"我们主张有计划、有重点、有选择地读书"不能开卷有益式地盲目地读。有计划、有选择、有重点地读，还应该和正确地处理古今中外的关系联系起来考虑。……现在是过去的发展，不能割断历史；中国是世界的一部分，外国的经济政治情况我们需要了解，外国的科学技术成就更要吸收，总之，对于古代的、外国的东西，都要采取分析、批判的态度去学习，取其精华，弃其糟粕。外国的、古人的知识，某些部分不能直接运用于现在，某些部分甚至是不可靠的知识，可是如果我们不首先去学习，怎样能够谈得到批判吸收呢？"这篇发表于40年前的1959年《中国青年》杂志和1960年收入《青年共产主义》丛书的谈认真读书的文章，今天读来，依然闪烁着读书方法论的光辉，给人以启迪。由此亦可见在那个混乱的年代，郭琦为恢复和建立尊师爱生、新老合作的教学秩序所做的极富创造的不懈努力。

后来又批判我，说你提认真读书，没有说认真读毛泽东的书嘛。

我说不是这样的，那样我成了林彪了。

我的文章意思是必须要有广博的文化知识，共产主义不能离开人类文明的轨道，也就是列宁讲的，青年团的任务就是学习，学习，再学习。所以发挥教师的主导作用和建立尊师爱生新老协调的新秩序，新的教学秩序，在当时是起了积极作用的。

第七个问题：管理工作

大学的管理工作，根据我的经验是这样的，首先是领导核心的团结一致。这两个学校（指陕西师范大学和西北大学。），我认为领导核心都比较理想。

在师大这一段工作当中，其他的人很多，但主要的最核心的是一个文普华，一个巩重起，当然其他人合作很多，但时间比较短。

这一段，我感到比较轻松。

在师大的这一段工作，轻松在哪里呢？就是好多问题呀，文普华是比较辛苦的，学生工作、后勤、生产，他都包了，而且他这个人工作比较深入，是直接住在学生区域，学生的情况及时地掌握，这个同志有很多很感人的东西，你比方那一段正是困难时期，学生有病，如何采取措施，加强伙食，防止一些疾病的蔓延，我们上午在党委会上一定，他下午马上就召集班主任、伙管科的人开会落实，抓得很紧。

后来，在西大工作的时候，杨德厚（杨德厚，主管后勤工作的副校长。）同志在这个问题上也是抓得实，比如下大雨发大水，报说西大一些房子烂了，大概四五层砖以上就是泥坯，甚至把面粉也淋湿了。

那么杨德厚同志亲自查看，看这些受水灾的群众，另外提出来，大家发湿了的面粉公家拿好的面粉去换，这样的处理，使我就少分心。

巩重起呢？我们的合作是另外一个特点。

我们个人接触很少，而且往往在好多问题上看法又不完全一致，但是他在师大的这一段贡献在哪里呢？就是比较接近实际，能在两个方面比较弥补我的不足：一个呢，在党内斗争当中我有些过火时，他的意见都是比较持平，他当时就不太同意，事后他也没有埋怨，所以，就使我的决策避免了好多错误。再一点，我这个人搞工作，有时候有点对程序性的问题注意不够，比方教学安排呀，那个时期运动冲击，我总是强调中心工作，运动方面我抓得紧。但是学校毕竟主要是办学，有好多具体的一些安排，他能及时提出自己的意见。我觉得这两点，对我帮助很大。尽管我们之间个人生活接触得少一点，但是重大问题的决策上头，他给我弥补了很多东西。所以这段工作，大家比较一心，虽然工作上头有不同的意见，大家都能坦诚相见，而且互相接受意见。在西大，除了杨德厚和巩重起外，还有刘敬修同志。

注：刘敬修，先后任陕西师范学院、陕西师范大学党委副书记、副院长、副校长；西北大学党委书记、副校长；西北农学院党委书记、院长；西北大学党委副书记、副校长。

刘敬修同志和我们在师大合作了一段，时间比较短，到了西大以后，他是老人手，在西大时间比较长，文革当中比较得人心，也是我们一个老大哥，我们互相尊重，配合得也比较好。所以，一个学校要办好，关键是个班子，班子的团结一致，大家有意见能够互相体谅，互相吸收，我认为是重要的。

注：郭琦谈到他在师大和西大两个学校的领导班子时，充满了愉悦，充满了感情，让他看重的不是班子成员对一把手的绝对服从，而是大家坦诚相见，互相体谅，互相吸收，互相尊重，这样的团结一致，比之今天普遍存在的一把手政治和利益共同体来，实在让人欣美不已。

第二，班子的团结一致。重大的决策一致后，下来的关键是执行，执行的关键是中层干部。中层干部呢，我认为每一个单位，每一个学校，就是要有一个什么东西来加强大家的凝聚力，如果没有一个凝聚力，就很难团结起来。在师大这一段，情况是这样的，当时我比较年轻，精力也比较壮旺，除了开会见面以外，大体上都是这个规律，就是系上有重大问题，及时到办公室来谈。另外，每天晚上，几乎成了一个定规了，大体上就是六点多钟，晚饭一吃，管绿化的干部和工人，花个十分钟汇报一下当天绿化进展情况,明天计划干什么,天天汇报。这十几分钟过去了,七点多钟开始,到晚上九点半或者十点钟,这一段时间各个总支书记或处长,不断来个别谈,或者工作方面交换一些意见,这样及时地就疏通了。在西大,大体也是如此,这个时期,我也有一条规定,我下去的时间比较少,但是我公开宣传一条,我办公室的门是开的,谁都可以来,到我这儿的同学、教师、干部直接来就行了,我的办公室门是不锁的。

团结中层干部的凝聚力是什么?就是要有一个共同的目标,这就是要把学校办好,有了这样一个共同目标很快就可以把大家凝聚起来。师大因为搞得比较长一点,将近十年,不说了。

到了西大以后,首先碰到的是清查"四人帮",接下来,就转入到对"文化大革命"的总结和认识。当然,我到西北大学来是很幸运的。是在粉碎"四人帮"以后,正处于三中全会的酝酿时期,我去开了十一大。

注:郭琦不是十一大代表,特邀列席。

十一大开了,正在深入批判"四人帮"。当时批判的调子还是用毛主席的东西来批判,就是"四人帮"违反了毛主席的东西。

到了三中全会以后,情况就不一样了。尽管这里有两点不利,西大是个老学校,我去了以后,跟干部的感情还没有建立起来。

另外,在批判四人帮时大家意见是一致的,但接触到毛泽东晚年的错误,批判两个"凡是"这个时期,干部当中就有了不同的看法。

但是,我到西大去的初期,正是由政治运动频繁,转到进一步开展正常的教学科研,恢复而且进一步的提高时期。这一转变,符合人心。毕竟学校是搞教育、教育人才的。我去了不久,就接着招收第一届学生七七级。这样一个转变由政治运动频繁转到或是文化学习,或是科研,转入到业务上,这一点是全体一致的,就把大家凝聚起来了。再一个转变就是批判了与"四人帮"有关的一些东西,当时是咋个提的来？就是清查与"四人帮"有关的人和事。

当时搞清查，这一点也是比较得人心的。我在那里当时很注重的就是这两条：一个由不断的运动，所谓交白卷就是好的，宁愿要社会主义的草，不要资本主义的苗。在人才的培养上，是说卫星上天红旗落地，我们转变了这个，再加上因地制宜地提了些要求，这一下把大家凝聚起来了。

再一点，在干部中平反甄别，也很快把大家凝聚起来了。尽管我说在西大这一段，大家彼此感情并不是很了解，另外在这个转变当中，有些同志或迟或慢，由两个"凡是"转入到实践是检验真理的标准，是需要一个过程的。当然，刚开始还没有提出这个问题，但实际存在这个问题了。当矛头针对到"四人帮"的时候，大家意见一致；矛头针对到两个"凡是"的时候，接触到华国锋的问题了，华国锋的问题也就是毛主席晚年的问题，意见就未必一定一致，有干部就提出来，是十一届三中全会大呢，还是十一次代表大会大？

注：十一次代表大会的调子和十一届三中全会不一样。

像这些问题，在初期是很难避免的。因为干部各方面的水平、经验不一样。

我觉得西大这一段最满意的是，尽管有这些东西，党委会上可能有些不同的意见，但是定了过后去执行的时候，大体上各个系各个处都比较一致，西大干部的素质还是比较好的。我在会议上提出了一些看法，甚至一些批评。有一条，批评和被批评的双方，我觉得今天还很怀念，很愉快的，就是我们都认为可以有些不同的意见，也可能有些批评，但是都不整人，没有整人。比如哪些同志说了些不妥当的话，我们没有扣人家的帽子，这点就取得了群众的谅解。另外，有些同志尽管也不同意我的意见，但是下面去做的时候，不唱两个调子。所以，这一段在西大的党委，是比较愉快的。比如说我们对知识分子的处理，对知识分子的看法，也不是说完全没有不同的意见，执行呢，没有两个调子，当然形势也不一样了。总的，在处理知识分子这个问题上头，西大比师大好像还要顺利一些。师范大学，我和大家的感情时间比较长，但是总是在知识分子这个问题上头，有些不同的看法，在西大这种情况很少有。我举个例子，我上面已经谈了，在师大总有少数同志怀疑我，认为在高等学校里面，我没有依靠党员，而是依靠了知识分子。我当时已经解释了，比如说后勤工作，我们就是要依靠韦固安，韦固安虽然是个非党员同志，我们为什么不可以依靠？至于党员，我们没有说不重视党员，党是领导的力量，要把学校办好，只能依靠知识分子。当然啰，还有依靠其他的工人同志，大家的事情大家来办。我们在学校提出依靠谁？团结谁？知识分子既是我们团结的对象，也是我们依靠的对象。

办法不能像农村那个办法，依靠贫下中农，团结中农，孤立富农，打击地主，不能采取土改的做法，这是我们一贯坚持的。在这个问题上，在西北大学比较顺当一些。当然对个别一些人和事的估计上，高低还是有不同的意见，但总体上是比较一致。这一点是我感到工作最愉快的。特别当时主管组织的同志，在落实知识分子政策上是大胆的，而且比较没有什么疙瘩，处理得很顺当。差不多落实的事我都管得很少，好像没有什么抵触，当时是朱思杰等同志，他们管着这方面的工作，还有康世成，意见都比较一致。

当然，师大和西大这两个集体都不错。

如果说师大这一段主要班子成员大家互相支持和谅解让我感到比较愉快的话，那么西大这一段，在一些大政方针上的一致就尤其令我怀念。

关键就在这个问题上，要通过一个凝聚力把大家凝聚在一起，而不可能是其他感情上的拉拢，或者封官许愿。工作目标的一致，或者执行路线的一致，是最大的凝聚力，这是一个核心问题。另一个问题就是领导干部要有广大的骨干，否则搞不成。这个骨干就是中层干部了，系主任、处长、总支书记，凝聚要通过工作来凝聚，而不是什么私人关系。当然大家的私人关系我也不反对。我也有缺点，接触的可能少一点。但是我觉得，关键还是工作上一致。

我的看法，在高等学校工作，如果本身不懂得知识，缺少知识，而仍然摆起当官的架子来，那么就不容易跟大家处好。所以，我到社会科学院去了过后，我强调说，最好不要搞地委书记或者什么专员到这些科研单位来。为啥哩？他受罪。如果说像这些学校的待遇呀，连一个公社的党委书记的权都没有，县委书记的生活都比这个好。你比方一些团级干部，他在团里有勤务员，出去可以坐车，有公务员，还有助理员。你到大学来当处长，或者总支书记，什么事情都自己跑路，连秘书也未必配得起。有秘书，他也不给你总支书记当秘书，秘书有秘书自己的工作。

所以高等学校的工作是比较艰苦的，长期当官的，搞这个工作，待遇低，而且事事自己搞，要求高一点，不仅自己跑腿而且要自己动笔，不适应的。这样，也就不容易凝聚起来。所以我讲了如何团结大家？有了一个共同目标，中层干部就一致了。一致了，事情就好办了，现在就是怕不一致。

第三，要搞好工作，决策上要有个智囊班子，能够多听听他们的意见，这个问题十分重要。在师大我感到比较高兴的一点在哪个地方呢？就是差不多每一次的报告，我作报告，都要花一个礼拜以上时间作准备，然后再讲。我作一次报告花的时间比教课备课还要麻烦。首先要摸清情况，到底这一段形势如何？情况如何？得有一部分人给你提供，多搞一点，捋出几个问题，然后对这些问题有什么看法。如果没有这个东西，你讲出来的就没有意思。为此在师大这一段我作报告，差不多经常找几个人，或者总支书记里头，宣传部，还有教务处，找几个人来，差不多比较固定一些的。

比如张安民同志、田岗啊、苏成全啊、邝萍啊，邝萍当时在宣传部。找这几个人大家商量一下。

注：张安民，历史学教授，享受国务院特殊津贴专家，陕西师范大学历史系主任，党总支书记，校党委委员，教育系主任兼教育研究所所长，与人共同主编《陕甘宁边区教育史》，曾师从历史学家白寿彝先生，一生发表历史及教育学论文数十篇，为学界瞩目。

田岗，陕西师范大学政教系哲学教授。

邝萍，陕西师大宣传部部长。

有时也请团委的人来商量一下，研究个什么情况，讲些什么问题，大体上谈得差不多了，我理出一个线索了，这个时候搞个提纲。

在师大大体上每次每年的工作部署都要找几个人先研究一下，多给你出点主意。

在西大又是另外一个情况，差不多讲问题，就是我自己讲了，缺少一个固定的几个人来提供情况，研究问题。

但是西大有另外一个好处，总有几个人经常推动你，把工作搞上去，也算是一个智囊班子。主要是咋个把西大的经费多争取一点，把西大的知名度提高一点。

这一点，主要是当时科研处处长和党办，经常在我耳朵里头灌。我开玩笑说，他们把我推动前进。

师大是思想咋个抓，智囊班子比较经常，西大不是考虑这些问题，他考虑的都是咋个把事业推进，经常给我提些问题。

在那一段接触多的大概有这几个人：一个科研处刘顺康，一个姜秉正。

注：刘顺康，西北大学常务副校长，郭琦主政西大时的科研处处长。

姜秉正，宝鸡师院院长，郭琦主政西大时的党委办公室主任。

再一个是管学生工作的霍绍亮，我们接触比较多。

霍绍亮管学生工作，学生工作经常出事，大家经常一起扯，在一起闲谈。我是坚持晚上在西大值班，星期天、星期三回家取一点饭。我当时考虑最好不要在食堂里头吃饭，在食堂吃饭容易引起矛盾，干脆自己从家里带饭，带饭就没有矛盾，我吃我自己的。晚上也差不多养成个习惯，一开灯就有人来，大家在一起谈。实际上也有见解不完全一致的同志，但是大家处得好，随便谈。团结、依靠一些对事业上有上进心的同志，能够出些点子，就如何办好学校，虚心地听取他们的意见，没有这个不行。

总起来说，我的看法管理工作就三条：领导班子的团结一致，中层干部，就是党的骨干，通过一个工作上的凝聚力，把大家扭成一气，上下一致；通过了解情况和有事业心的同志交谈，多听取他们的意见，起到智囊团的作用。有了这样三条，领导工作就顺一点，好一点，惰性就少一点，工作积极性也就多一点了。

第八个问题：高校如何团结知识分子

现在我讲另外一个感想，就是高等学校如何团结知识分子的问题。过去开会，党内开会，都谈知识分子政策。高等学校关键就是怎样处理好知识分子的问题，这一点我深有体会。大体上我的体会是这样的，在运动当中，确实在师范大学我是伤了不少的人，党内、党外，伤了很多人。但是在业务上，我总是支持大家干出成绩，我在这个问题上是不是也有点好大喜功，反正哪个人愿意干啥，只要有可能性，我都尽量地支持，在业务上充分估计他们的长处，学习他们的知识。这样，尽管在运动中伤了一些同志，但是我认为大的感情上还可以，就是在业务上没有共同的语言。如果你在政治运动中伤害了人家，在业务上又没有共同语言，这个问题比较麻烦。

我在所有的高等学校工作都是碰见运动。

注：在高等学校工作都是碰见运动，不仅是郭琦，也是所有从事高等教育工作者共同面临的现实。从20世纪50年代到80年代中期三十多年间，大学校园几乎从未平静过，教育工作者紧跟形势，犹恐不及，更何谈对教育的独立思考。在这样一种背景下，郭琦一系列富有创见性的教育理念和思想，就显得尤为难能可贵。

我1952年在甘肃师范大学搞八个人的思想改造运动，搞三反，打老虎，接下来搞清党、清理队伍、改造思想。但是至今，西北师范大学（即甘肃师范大学）的那些老教授跟我个人的关系还都是好的。

我仅仅在那工作了八个月。二十多年后，我到西北大学工作，中文系的郑文、郭晋希这两个教授都提出来想到西大来工作。

我说我欢迎，我这儿没有问题。你们一来，你们只有三个教授。还有彭铎，中央大学毕业的。把你的台柱子都拆了，这搞得成？至于你学校如果同意放你，那我西大欢迎得很。比方当时研究美学的洪毅然教授。我到兰州去，大家都认识。

  注：郑文、郭晋稀，西北师范大学中文系古典文学教授；彭铎，西北师范大学中文系古汉语教授；洪毅然，西北师范大学艺术系美学教授。

  在高等学校工作，我感到在业务上头应该和大家有共同的语言。

  在陕西师大，我总是高度评价一些人。

  当然啰，青年教师在我领导下批判了老教师，下来我总是说，有批判的一面，也有值得我们学习的一面，我们是不是诚恳地向人家学习。

  注：这里所说的"青年教师在我的领导下批判了老教师"，是指1958年下半年和1960年上半年的两次学术批判，注者有幸采访到了当时的一些细节：1958年下半年在教育革命中展开的那次学术批判，是以外国文学家、教授，当时的青年教师马家骏的一篇与外国文学专家老教师习儒钧先生商榷的文章开始的。青年教师马家骏刚刚从北师大进修回来，发现老教师习儒钧先生的外国文学讲义上有资产阶级观点，便写了一篇长文与其商榷，因文章采取了讲道理，不扣帽子，口称与先生探讨的温和口气，被郭琦赞赏。在开展学术批判的动员会上，郭琦举到了马文的例子，但是这也就等于此次学术批判先点了老专家、老教师习儒均先生的名，习先生十分紧张。此后的学术批判形成运动，多位老教师涉在其中，运动也渐次加温，出现了有的青年教师给老教师"扣帽子"现象，郭琦召开会议，制止此种现象，要求青年教师坚持摆事实，讲道理的温和作风，然而经过解放后多次思想改造运动和反胡风反革命集团以及反右派的残酷斗争，老教师依然心惊胆颤，噤若寒蝉。第二次学术批判是1960年春天，这次批判是以霍松林先生为重点的。当时，中苏关系公开破裂，我们要反修，于是便又在学术领域展开了一场学术批判，矛头所指是资产阶级人道主义，霍松林先生曾编写过一本《文艺学概论》的讲义，是参照苏联的有关理论编写的，在五十年代的新中国，这样的教材尚属首举，后来还由出版社正式出版，在反修的大背景下，学术批判的矛头自然就指向了霍先生的这本书，郭琦依然坚持摆事实、讲道理、不扣帽子、不打棍子的原则，但还是给霍松林等有学术成就的老教师带来了巨大压力。当时，郭琦极力要弥补这种学术批判所造成破坏性的方法之一，就是虽然批判大势所趋，不得不搞，但青年教师在学问知识上必须向这些专家学者的老教师学习。

  当时指定了很多的人，向老教师学习，我自己也向老教师学习。比如说，在师大有一次，我们讨论嵇康、阮籍，朱宝昌（注：朱宝昌便是郭琦高度评价的老师之一，高度评价他的学问和为人，与之交谊很深。朱亦说过"共产党只有一个好人就是郭琦"的话，来表达自己的心情。）他提出他的看法，我也和他两个交换了意见，我也在会上发了一点言，我问他，到底对嵇康、阮籍的看法，有些啥资料，他也给我提供了。再比如孙为霆。

注：孙为霆，就读于南京东南大学，1953年经顾颉刚推荐入西安师范学院历史系任教，旧学功底深厚，且师从曲学大家吴梅学习曲学，熟解曲律，能唱曲。1961年郭琦在各系办研究班，提高青年教师业务，请孙老师为中文系研究班讲曲学，后郭琦将孙老师调中文系任教，学校还出资为其出版线装散曲创作集《壶春乐府》一书。与其同时出线装集的还有高宪斌老师的《百二寓屋诗词散曲稿》，由学校出资为老教师出线装书者，至今唯有此例。后《壶春乐府》一书传入日本，得到日本汉学界好评。文革后还曾向师大有关领导索要此书。），他算是吴梅（注：吴梅，我国近代曲学家，曾任教北京大学、东南大学，与同时代梁启超、黄侃等大师齐名。于曲学，吴梅不仅能写词谱曲，还是当时一代传奇作家，自己还能唱曲，能表演，是全才的曲学大师，周作人曾这样描述他当年给北大学生讲曲学的情景：穿长衫的吴先生，手拿笛子，走进讲堂，一边讲，一边还要唱几句。当学生们发现他唱的跟在戏馆听的不一样，他就解释，这是昆曲。）的嫡传弟子。

那么，"曲"，作为中文系的教师，应该了解，我们专门请孙老师开了个学习班，他自己也很高兴，系统地把曲的知识、小律到传奇都给大家讲了。

注：曲即是元曲，唐诗宋词元曲为我国古代各自鼎盛一时的文学样式，曲由词发展而来，单一首曲叫小令，几首组合叫散曲，多个组合叫套曲，各有严密的格律定式。用曲的演唱来表现完整的人物故事的叫杂剧，元代的杂剧叫元杂剧，著名的有《窦娥冤》《西厢记》《赵氏孤儿》等。元杂剧作为一种戏曲样式，只有唱，没有道白，到了明、清，唱中又加了道白，来展现人物心理和推进故事进展，这样的戏曲样式叫传奇，明清传奇代表性的有《长生殿》《桃花扇》《十五贯》等。

每一课我都去听。所以，如果没有共同语言这一条，恐怕脱离群众就更严重了。

当然，这里我也并不是说运动就是应该的。尽管我在运动当中有时扩大化,有些东西没有必要搞,但当时的形势,也不能说不搞。比方反右,截止现在中央还是这个估计,扩大化。确实我脑子里认为,嗯,这里头有些人搞鬼,我也不是迫于上面的压力。但是,我有个传统观念,就是思想批判从严,组织处理从宽,我没有想到组织处理这样严格。啊呀,一下就降了三级、四级,这样不太符合事实啊。

注:郭琦在《口述》第一个问题里,在谈到自己反右的教训时,也曾说他是"相信毛主席这一套的",即思想批判从严,组织处理从宽,"但是毛主席在实践上自己并没有执行",使他"没有想到组织处理这样严格"。由此可见,郭琦是位真诚的马克思主义者,但却不是政治家,且仅仅是一位大学校长,或者说是一位只懂得"道",不懂得"术"的人文知识分子,他不了解作为政治家的毛主席运用的是"术",甚至是权术,所以,才对毛主席的这种言行深感不解和吃惊。由此也才会实事求是地向上级反映,争取对划定右派的人从宽处理。

大家都知道,既然思想批判从严,有些人的言论,当时我就觉得不一定属于右派言论,批判了就行了,而有些呢,虽然今天来看并不错,但是当时确实我也认为是异端思想。我举个例子,比方朱老师(注:指朱宝昌老师)他讲了一句话:儒分为八。

注:战国时期儒家内部分化形成的八个学派。八派之说,始见于《韩非子·显学》:"自孔子之死也,有子张之儒,有子思之儒,有颜氏之儒,有孟氏之儒,有漆雕氏之儒,有仲良氏之儒,有孙氏之儒,有乐正氏之儒。"从《论语》看,孔子思想具有博大而多面性的特点,孔门弟子对孔子言论的理解难免各执一端,而儒家和墨家同是当世之显学,所以,韩非认为:"故孔墨之后,儒分为八,墨离为三,取舍相反、不同,而皆自谓真孔墨。"据《荀子·非十二子》记载,在战国百家争鸣中,儒家一方面同其他学派激烈论争,另外自己内部各派争论也,十分尖锐,儒家八派正是儒家内、外论争发展的结果。

儒家分为八派,墨子分为三派,基督教分为十二派,马克思主义也要分。不仅当时人们认为不对,我思想上也不高明,我也认为是大逆不道的言论。但是,今天经过历史的检验,有欧洲马克思主义,欧洲马克思主义又分为两种:一种是党员的马克思主义,如意大利、法国;一种是非党的马克思主义。就东欧来说,有苏联模式、有罗马尼亚模式、有南斯拉夫模式等等，这个问题，今天来看没有啥了，但当时我也认为这简直是一个离经叛道的说法。当时还有些东西，比方说，没有按教育部的什么规程，也就是没有按教育部的教学大纲教课，这也是右派。问题不能这样搞，讲教育部的，也可以讲教授编的，或者说教育部的课程大纲也是学者搞的，是这一学科带头人搞的，学者之间就有不同的意见，怎么能说不按教育部编的大纲讲就是右派呢？我们提倡按照大家普遍都能接受的意见来讲，然后再去发挥你个人意见，这是允许的嘛。不管咋说，我认为后来对右派处分重了。而且确实根据师大当时的情况，有些老教师还离不开，还要发挥他的专长。所以我总是这样给领导反映，有的，可以考虑因为他家庭比较困难一点，工资不动，职称降一级；有的可以降一级，不要降三级，职称得保留，让他发挥作用。这样对右派的处理，也不能说合适，只是减弱了一些而已。师大的反右斗争是我主持的，我认为大家对我还是谅解的。当然啰，谅解不是说我正确，我不正确，我也说了，扩大化了，扩大化的责任在我，只是大家都还谅解罢了。我就分析这个问题，谅解的原因是什么？我想就是不把一个人整到死，比方像张文华同志。

  注：据注者在陕西师大老同志中采访得知，张文华为老革命，曾参与领导"渭华起义"，后脱党，反右前为西安师范学院经济学教授，反右中在省委书记张德生同志的亲自过问下，被划为极右。

  我把他搞得重了，当然搞得重了也包括党内的一些看法，他的问题就是张德生亲自过问的。张德生说这个人历史上是一贯右倾的，把他搞了。这个人也有点过激的言论。当时把他整了，算是整得最过分的一个人，他自己不检讨，那就回家，回家就回家。但我还是坚持把生活待遇给他保留了。

  后来我跟他见面，我说，把你搞错了呀。

  他说，没有啥没有啥。

  事后他跟别人讲，说郭琦是方法问题，张华莘是立场问题，这个人不行。

注：张华莘，20世纪50年代陕西省委文教部部长、高教局局长。1959年因右倾机会主义错误，调任西安师范学院教育系任副系主任，1960年后教育系撤销，调本校教育研究所。

所以，我感到如何向知识分子学习，这个东西不叫投降主义。

文化革命当中批判我投降主义，文化革命以前说我严重右倾，划不清界限。比方对韦国安，就是划不清界限，严重右倾。

后来赵正同志在批判我的时候，他作了一个发言，他批判我的这个发言我还满意，发言说我是严重的右倾，而且出奇得右倾。

我满意在哪里？他文化大革命以前就是这个调子，文革中还是这个调子，他没有给我上升什么一贯反党反社会主义，赵正这个人还实事求是。他认为我对黄国璋、对朱宝昌还有其他同志，甚至对党内同志都是右倾的。

注：黄国璋，著名地理学家、九三学社创始人之一，中国地理"三杰"之一，有中国地理学先师、泰斗之誉。湖南省湘乡县人，曾赴美国芝加哥大学地理系攻读研究生。学成归国，历任南京中央大学地理系教授、北平师范大学地理系教授、主任、西北联大训导长兼地理系主任。1944年底，与许德珩、潘菽等发起民主科学座谈会，翌年更名九三学社。抗战胜利后，复任北平师范大学教授、地理系主任、理学院院长。1952年调陕西师范大学地理系教授、主任。"文革"中受迫害，含冤去世。

当然我也注意一条，过去我绝不到教授家里吃饭，认为这是糖衣炮弹，简直不得了。

像黄国璋他属于二级教授，九三学社的中央秘书长，又是第一届全国地理学会会长。

有一次碰见我了，说请我一道吃饭，我就有防备。

我这个人是外表比较随和，我经常给大家介绍说我这个人是不拘小节的，但是也受左的影响。像黄国璋请我吃饭这件事，我就没有去。后来邓小平、胡耀邦就放得开一些，说做实际工作，做知识分子工作嘛，大家在一起吃吃饭，随便谈一谈，没什么。我决不敢。

你看当时，那个左的空气，这一点我是小心的。

第九个问题：作为高等学校的主要负责人要超脱一点好

（结束语）

作为高等学校的主要负责人，我总认为不管青年同志，还是中年同志，超过我，取得的成绩比我大，我很高兴。

教师的业务，教师的水平，教师的待遇比我高，我毫无意见，而且支持，特别支持青出于蓝。比如我离开西大以后，后来的校长声望各个方面超过我，我就很高兴。拿教师来说，他取得的成绩大，取得的待遇高，我认为也是我们的成绩。党派我们到这个学校来领导，如果你领导的人都不如你，我认为这是最大的失败。如果你领导的这个学校，这些人成绩不管政治工作或者管理工作或者教学科研都比你大，那证明你领导是好的。不然，就不会人才济济。

其次，不跟群众争东西。

说老实话，我们作为一个老干部，一个领导干部，本来待遇就比较好一点，跟其他的干部不一样，我们还要去争，就损害了人家，这样就不好了。所以，我在那个集体里，总是强调这个问题。比如我到社会科学院工作以后，组织一个领导班子，我们就互相勉励一条，我们的子女、家庭问题，不给单位提出来，不要增加单位负担。我所到的单位里，比如搞教学的人，搞得好，我支持，决不会采取这个办法，我是一把手，那么所有的待遇各个方面我是最高的，别人不能高于我。我认为各是各的，你是管理领导这个学校的，我们的工资就相当于四级教授。

那么教授呢，也有三级，有二级，越多越好，说明我学校办得好。

所以，就这一点，我觉得超脱一点好。

有两个不超脱，一个，认为自己是党的领导，到了这个单位，那就应该我最高，你们再高也不能超越我，这个是农民意识。比方泾阳县有个大队最有意思，一个大队支部书记，他说全国听毛主席的，在这个大队就应该听我的，所有的教员，供销社的，你们的待遇不能超越我，超过我的一律抹下来，因为我是领导，党的领导。

当然，高等学校没有这种情况，但多少是不是也有点农民意识啊。再有一种是搞业务的人也不容易超脱，认为在这个学校里面，我就是最高水平了。作为一个业务干部，争最高水平，我认为是合理的，是很自然的，家有敝帚，享以千金嘛，文人相轻，自古而然。但是作为一个领导，就不能了，那就害贤忌能了。你比方，如果我要说我是教授，而且是个够格的教授。因为文化革命以前，我这里开玩笑，西北大学办第一期马列主义研究班，我就是教授，正式聘请我作为教授，这是第一。第二，落实政策，这些研究班的同志提出来要按研究生对待，这一点大家后来也解决了。

那么，我认为我不仅是大学教授，而且是研究生的教授。

但是我从来填表不填这些东西。

比如当时学校规定教授有些物质享受，当然也不是什么了不起的东西，一斤香油，两条纸烟什么的，我宁愿不要也行。

我觉得争没有意思，因为我的主要工作是管理，是领导，你争一份，就少一份，不能这样搞法。

但是，对于其他类似的人搞的话，我也没有一点意见。但我自己不去争。啥都有你的？行政对你有利，你就去行政上头要点东西；教育有利，你又去搞。我只是行政干部。像评职称，比方，当个县长，他是学农的，评个农艺师，领导农业的，啥都不是，评个经济师？听说某一个党委副书记,申请研究员,既不能讲,又不能写。要我说,能讲能写,已经是个万金油干部了,你就是能讲能写的行政干部,我自认为我自己是能讲能写的,写不是指啥,就是写一般的报告。作为专业来说,教马列主义我还教了几年。不要去争了,现在党政干部去争这个东西呀,最脱离群众。

关于我自己,说我是个学者型干部,我自己很惭愧。我认为我有志于搞学问,也不是不可以搞。孙达人说了这样一句话,我一点意见也没有,我认为他是公平的。

注:孙达人,中国农民史研究专家,浙江大学历史系教授,曾任陕西省副省长,著有《中国农民变迁论》《中国古代农民战争史》等。

注:郭琦是位学者型干部。

我这个人特点是啥?

老干部认为我是个学者,是个教授。知识分子认为我是个领导干部、党政干部。

具体来说我就是,外行看我是内行,内行看我是外行,我是属于这一类的人。我也不是说不能搞,确实我认为单位的任务太重了,无法搞,你一搞,势必误旁的工作,就这样全心全意地搞都还搞不成。

注:郭琦具有深厚的马克思主义理论和哲学修养,致力史学研究,尤勤于《史记》《汉书》,曾主编《陕情要览》《当代中国的陕西》《陕西五千年》《陕西一百个著名人物》《杨明轩传》《陕西通史》等多部史书,计七百余万字。郭琦晚年,在从工作岗位上退下来后,除致力于主编一系列有关陕西的史书外,还准备写作五部汉史方面的著作,已作了大量卡片和读史笔记。去世的前一年,关于吕后的这部书已准备就绪,并开始了第一章节"喋血长安"的写作。不幸的是,在一次《陕西通史》的编辑会议上,突发脑梗,不久,便与世长辞了。郭琦一生,忠于职守,行政管理工作占用了他几乎全部的心力和才华,使他在自己钟爱的学术领域,留下了无法弥补的遗憾。

我觉得比较公允的说法还是爱学习,而且还愿意增加一点新知识,什么知识都愿意增加一点。

师大的干部也说："像你这个年龄，"那个时候我还没有工作（注：指文革时期。），"你成天还在那儿读书，还要攻读马克思主义，啊呀，不多，不多。"田文棠（注：田文棠，陕西师大历史系魏晋思想史学者、教授，西安统计学院党委副书记。）跟我开玩笑："老郭呀，你读这个马列干啥？人家不用你，你在那读干啥嘛。"

我当时说，按你说学习做官了，读书为了做官？正因为现在闲，没有事情，我就自得其乐，就学习。我正因为此，这十年没有荒芜。当然啰，我今天一想，如果当时就专门搞历史，可能现在的成绩要大一些。

再一个是我这个人，有些事情可以推了，我可以不搞，我又不在职了，但还是推不掉，最近写《杨明轩传》，还叫我牵头。

另外，我这些年写的东西都是从工作的需要，研究思想上的一些问题写的。如果我当时专门去搞点历史，我认为我不是不可以写出点著作出来的。

但是，组织上叫我担担子，我就担了。

文化大革命当中，我有些灰心，有些知我的人，我就提了这个问题，我说以后再叫我工作，我决不会像在师大这样卖力气搞，我搞得越多，整得越厉害。

张安民最有意思了，他说："不可能，你要哪一天工作了，过后，你一样的积极，你不可能不积极。"

张安民还是比较看得准的。

果然如此，在西大我的工作时间安排是一天三班：上午开会，下午工作，晚上工作一段，不回家，晚上就住在那儿，星期三回家。

这几年，大体上每天晚上10点钟开始，就进入我的学习时间。到了那个时间，头脑也就清醒了，不会少于三个钟头到四个钟头。所以我的知识就是从这儿来的。我看一篇稿子，审查一篇稿子，总要找原文来对，要作个印证。我自认为我是工作认真，好学的。

我写东西也是这个问题，大体上，前期我写了一个民主的阶级实质。（注：即《论民主的阶级实质》陕西人民出版社出版。1958年版。）就是反右以后，针对当时一些对民主的错误看法写的一本小册子。今天来看，里头有左的东西，但是总的来说还是站得住脚的。再是1959年我写了一篇"认真读书"的文章，针对当时很不重视读书，学校办的主要成劳动了。

另外，师范教育我强调一定要着重提高水平。不要认为综合大学培养的是物理学家、历史学家，师范学院培养的是历史教学家、语文教学家，主要搞教学就行了。我认为师范大学要能够对整个教育提高质量，必须要提高自身的学术水平，这个学术水平不能低于综合大学。这是牵扯到高等学校如何联系实际的问题。有人强调联系的是中学，这是对的，但我认为有片面性。中学教什么，大学里就学什么。我说不对。我有一篇文章，是在这个背景下写的。

当时张际春来师大，我给他汇报工作。

注：张际春，时任国务院文教办公室主任，1958年9月间到师范学院视察工作。他肯定了郭琦的师范教育思想，并让《光明日报》刊登介绍西安师范学院的文章，宣传西安师范学院的教改经验。

注：1958年10月8日《光明日报》用两版篇幅介绍西安师范学院教学改革情况，同时刊登郭琦的文章《批判"师范教育特殊论"，贯彻党的教育方针》。文章在否定过去为师范而师范的师范教育特殊论的同时，全面论述了郭琦自己的师范教育思想，提出师范教育不能仅仅面向中学，而要面向整个社会主义建设，当时尤其要面向农村的经济建设。师范教育同样要提高学术水平，不能只满足于教学方法的研究。

我说高等学校应该是面对农村的经济建设。

因为当时我们整个师范学院培养出来的人是分配到农村去的，提高农民的文化水平，提高干部的文化素质，要面向这个东西，而不仅仅局限到面向中学。面向中学啥意思？就是中学教什么，你学什么。我认为教学法不宜多，要少一点。你本身对历史不精通，学那样多历史教学法有啥用处？你讲语文不行，又不能写又不能研究，你读教学法这个东西有啥用处？后来 1965 年开半工半读会议，蒋南翔很欣赏我的这个意见，最后师范院校起草小组吸收了我参加。他跟我谈了，我就把我的观点说了。他说你这个有道理，其他人就不懂，北师大的党委书记就不懂。说过去最多的时候学习苏联，教育方面的课程要将近三分之一，太多了。

  注：借着1958年教育革命的机会，郭琦否定了师范学院只是培养中学教师的教育方针，提出了自己的师范教育思想。在混乱的破坏教育的所谓 1958 年教育革命中，催生出自己与之完全相反的师范教育理念，坚持教育规律，这一举措不能不说是郭琦执着于自己教育思想的胆识和智慧。

  我的教育思想是师大教师要提高科研水平、学术水平。学生首先要提高专业水平，然后怎个教，是第二步。你可以在工作实践当中去提高。哪个教了我大学校长工作法？也没有哪个教我讲演。怎个讲演，你慢慢就摸到这些窍门了。关键是你要站得高，研究得深，自然而然讲演就有内容了。光说手怎个办，眼睛怎个办，姿势怎个办，内容是空虚的，干瘪瘪的，人家不听。我就是这个观点。张际春听了以后，认为我们学校很有思想，就叫《光明日报》给我们组织版面介绍师大。

  但是想一想，我也有另外一个方面的错误，是不是我对教育学的研究重视不够？

  对师大这点我自己也要反思。

  三中全会以后，我认为应该抓实践是检验真理的标准，这个还是走在前面的，我们编了一本书叫《科学与实践》（注：本书由西北大学自然辩证法研究会 1979 年 9 月编辑成书，1980 年 6 月由陕西人民出版社出版。），我写了序，这篇文章实际上就是宣传实践是检验真理的标准，大概有五千多字（注：这篇序的题目叫"坚持实践第一的基本观点，发扬实事求是的传统作风"。发表在 1978 年 10 月《西北大学学报》上，实践是检验真理的标准的讨论始于该年上半年。）。再就是

"为钱正名"的时候,我组织了个讨论,我上头都介绍了。再有就是我写的几篇文章,针对改革开放,外来思想渗透进来,我们既要坚持改革,又要坚持马克思主义。(注:这几篇文章为1980年3月6日"西北大学校刊"上载的"组织学习邓小平同志报告应注意的几个问题";1984年第1期"西北大学学报"所载的"重视对矛盾特殊性的研究,建设具有中国特色的社会主义";1985年《社会科学评论》第五期所载的"新技术革命与社会科学";《人文杂志》1986年第3期所载的"马克思主义是科学,要用科学的态度对待它"等。)

当时《第三次浪潮》轰动一时,这个托夫勒他写了《预测与前提》(注:《第三次浪潮》是美国著名未来学者阿尔文·托夫勒1980年所著一本书的书名,书中将人类社会划分为三个阶段,即三次浪潮,第一次浪潮为农业阶段,约一万年前开始;第二次浪潮从工业革命阶段开始;第三次浪潮即为当今的信息化阶段,从20世纪50年代后期开始,20世纪80年代此书传入中国,销量上千万册,曾给改革开放之初的中国人带来极大的思想震撼。继《第三次浪潮》之后,托夫勒又写了《预测与前提》一书,重述《第三次浪潮》一书的基本观点,并论述了第三次浪潮思想形成的根据以及未来学的研究方法等。)他就谈到,他是早年的马克思主义者,后来他不信仰马克思主义,而且他罢过工,他觉得马克思主义不灵了,他走另外一个路子了。我觉得这个说法不准。我既肯定他分析资本主义的好多新东西,同时又不能受他的毒害,认为马克思主义不灵了。所以我就提出马克思主义是科学,要用科学的态度去对待他。我认为今天还是有针对性的。另外,我在《社科评论》上写了一篇文章:"新技术革命"(注:即"新技术革命与社会科学"一文),当时师大那些老校友,比如韩理洲看了,对我女儿说:"哎,你爸爸的思想还新,好多名词我们都不懂。"

他是专门搞古典文学的。

这篇文章主要讲我们大胆地开放,不怕外来思想进来。我们应该来做个纱窗，等于我们自己主观上搞一个空气清洁器。就是打开窗户，既要开放，又要安上纱窗，防止腐朽的东西进来。这篇文章就提出了这样的新思想。我不同意全盘西化，也写了一篇文章：《全盘西化是没有出路的》。

再一个就是纪念江隆基的那篇文章。

注：江隆基，于1966年文化大革命开始不久，便被康生等人迫害致死。文革结束后，郭琦著文"学习江隆基同志平易近人务求实效的作风"来纪念他，对他无论在什么条件下皆能坚持实事求是的品质予以高度评价和赞赏。此文曾载于《人文杂志》1987年第2期。

这篇文章主要谈关于实事求是，我深有体会，就是我上次讲的，正常情况下容易实事求是，运动一来，就不容易实事求是了；常态下实事求是容易，急剧的政治变化下实事求是就难，变态下不容易实事求是；领导欣赏你、信任你、重视你，容易实事求是，领导怀疑你，像江隆基，说他严重右倾，把他贬职，到了这个时期，他还坚持抵制左的东西，这就不容易了。

所以我觉得他值得我们学习的就在这个地方，就是组织上不信任你的时候，或者你并不是很顺利的时候，你还坚守实事求是的精神和品质。

注：郭琦在这里关于实事求是的论述，既是对江隆基的赞许，也是对自己一生做人处事信念的总结。他在《学习江隆基同志平易近人务求实效的作风》一文中饱含激情地议论道：做人"难就难在平易二字，平易就是要保持自己的自然本色，胸襟坦荡，表里如一，对人以诚，平等对待"。他赞扬江隆基"和同志相处，除工作外无私交"，"对干部应有的关心和探望，是从领导岗位应有的责任出发，不包含其他的目的，更无亲疏厚薄之分"，"同领导交谈工作时，认识到什么就谈什么，绝不见风行事"，"与同志交，淡如水，久而弥甘"……他赞扬江隆基的这种作风是居高位而不骄其下，处困境而不降其志的值得人敬重的书生习气，等等，这一切不也正是郭琦的平生志趣和操守吗？

总之，大体上我写的文章都是有针对性的。

我到了社会科学院，我抓了一条，就是省情的研究，陆续编了两本书，一本是《陕情要览》，一本是《当代中国的陕西》。

　　《陕情要览》我写了个序《陕西上下古今谈》在《人文杂志》发了，总的还是鼓励陕西咋个上去。有人看了，觉得还有可读性。司马迁提到这样一个问题，就是我们中国古代历史发展，凡起事者往往起于东南，而守事功者往往是在西北，今天就面临这样一个情况，各方面经济起步最发达地区在东南沿海，但是，最后还是西北。

　　如果西北不振兴起来，全国的现代化就搞不成。

　　注：郭琦在20世纪80年代中后期的对我国西部地区重要性的认识，如"如果西北不振兴起来，全国的现代化就搞不成"的看法，在他去世后不久，以江泽民总书记为首的党中央就发出了西部大开发的伟大战略计划。

（薇林　匡燮整理、注释）

生平事略

郭琦同志的一生,是革命的一生,战斗的一生,为人民服务的一生。在50多年的岁月里,他始终忠于党,忠于人民,表现了一个优秀的共产党人的崇高品格。

——摘自《郭琦同志生平介绍》

郭琦同志生平介绍

今天，我们怀着极其沉痛的心情，哀悼中国共产党的优秀党员，著名的马克思主义哲学家、教育家、史学家，中国唐史学会名誉会长，陕西省社会科学学会联合会名誉主席，原中共陕西省顾问委员会委员，陕西省社会科学院前任党委书记、院长郭琦同志。

郭琦同志因患心脏病医治无效，于1990年9月9日上午7时50分在西安不幸逝世，终年73岁。郭琦同志的离去，是我省理论界、教育界、文化界的重大损失，我们为此感到十分悲痛。在这里，我代表省委、省政府、省顾委及参加遗体告别仪式的全体同志和朋友，对郭琦同志的逝世表示深切的哀悼，对郭琦同志的夫人、子女及亲属表示诚挚的慰问。

郭琦同志是四川省乐山市人，生于1917年7月。1936年，他参加了我党秘密外围组织"中华民族解放先锋队"，从此开始了半个多世纪的革命征程。

1937年秋，郭琦同志考入四川大学中文系，1938年春赴延安抗大、鲁艺学习，同年冬被组织分配回川大从事地下党领导的文化运动和学生运动，1939年4月加入中国共产党。1940年5月由川康特委介绍赴延安青年干部学校学习。1941年5月调中央财经部任秘书组长，同年9月任中央研究院经济研究室研究员。1942年秋任绥德师范教员。1946年至1954年，历任中共中央西北局宣传部干事、副科长、学校处副处长、办公室主任。1954年秋调中共中央宣传部高教处工作。1957年10月担任西安师范学院副院长、党委副书记。1960年12月至

1966年8月,担任陕西师范大学副校长、党委副书记,主持学校全面工作。"文革"期间,郭琦同志受迫害达十年之久,但始终坚持马列主义信念,对党忠诚不渝,对共产主义事业深信不疑。1978年10月,省委作出了为郭琦同志彻底平反的决定。1977年夏,他担任西北大学党委书记、校长,1980年5月任省社会科学学会联合会主席,1982年被选为党的十二大代表,1983年12月任省社会科学院党委书记、院长,1983年当选为中共陕西省顾问委员会委员,1987年5月被选为省社会科学学会联合会名誉主席。1988年,经省委批准离职休养。

郭琦同志长期奋斗在高等教育战线上。早在延安时期,郭琦同志就开始了他的教育生涯,建国前后又从事教育理论研究工作,50年代起先后在陕西师范大学和西北大学担任领导职务。在长期的工作实践中,逐步形成了一套比较完整的具有特色的教育思想和教育方法。他善于运用马克思主义理论解决实际问题,有出色的领导艺术,果断的领导魄力,能创造性地执行党的教育方针和政策。他十分重视高等院校的学科设置、图书资料、教学设备、校园环境等基础建设,尤其重视发挥知识分子在教学、科研工作的骨干作用,为国家培养了一批又一批优秀人才。他非常关心高等院校的干部队伍建设,善于发现、培养、使用干部,为我省培养了一大批骨干力量。他对我省教育事业做出的贡献,我们将永志不忘。

郭琦同志在担负省社联和省社会科学院的领导工作期间,为推进马克思主义理论研究和宣传工作,繁荣哲学社会科学事业,发展壮大理论队伍,呕心沥血,成绩显著。生前,他手不释卷,不懈地研读马克思主义经典著作,坚持理论联系实际,亲自开展和组织对国内外重大理论和现实问题的探讨,对开展省际、国际间的学术交流,发挥了重要作用。他在马克思主义哲学、历史学等学科的研究中,有自己独到的见解。早在1983年,他就提出新时期"既要开天窗,又要安纱窗",坚持改革开放的正确方向。在真理标准问题讨论中,他利用多种途径和场合，阐述和宣传马克思主义真理观，为推动我省理论界的思想解放做出了努力。在对资产阶级自由化的斗争中，他立场坚定，旗帜鲜明，伏案撰稿，对资产阶级自由化观点进行了严肃批判。在思想理论战线的反倾向斗争中，他实事求是，坚持党性原则，不走极端，赢得了理论界的称颂。

郭琦同志为了党的事业，不辞辛劳，开展了广泛的社会活动。他不仅支持教育界、理论界的同志和朋友，而且积极组织考古界、书画界、金石界、科技界及旅游界开展活动，为繁荣我省的科学文化事业做了大量工作。郭琦同志的社会交往，不仅有党内干部、学者，而且有党外专家教授；不仅有省内的同志和朋友，而且涉及其他省、市和海外友人。他深得社会各界的敬重。

离休之后，郭琦同志仍抱病努力工作，勤奋笔耕。近年来。他集中较大精力思考、研究我省省情。他参与主持了当代陕西研究会的工作，为我省决策提供了有关咨询和论证；主编了《陕情要览》《当代中国的陕西》《陕西五千年》等著作，字数达200多万。谢世前夕，他还在领导组织《陕西通史》与《当代陕西简史》、"当代陕西丛书"的撰写工作。即使在病危期间，仍然惦念这一事业。夺去他生命的病魔，就是在讨论《陕西通史》编写工作的会议上发作的。他最终倒在了工作岗位上。

郭琦同志的一生，是革命的一生，战斗的一生，为人民服务的一生。在50多年的岁月里，他始终忠于党，忠于人民，表现了一个优秀的共产党人的崇高品格。正当"四化"建设需要郭琦同志继续发挥作用的时候，他却离开了我们。他高尚的思想品德和精神风貌，将长久留在我们心中。

悼念郭琦同志，要学习他自强不息、不断进取、忘我工作的革命精神；要学习他无私无畏、坚持原则、严于律己、宽以待人、作风民主、清正廉洁的思想品质；要学习他坚韧不拔、积极进取、勇于开拓的工作作风；要学习他谦虚谨慎、宽容大度、团结同志的广阔襟怀。让我们化悲痛为力量，紧密地团结在党中央周围，坚持四项基本原则，坚持改革开放，促进两个文明建设，以告慰郭琦同志。

　　　　（陕西师范大学出版社 1993 年 8 月版《著名马克思主义哲学家、教育家、史学家——郭琦》）

附：

郭琦同志遗体告别仪式在西安举行

习仲勋等送了花圈、挽联或发来唁电，
章泽等参加，牟玲生主持，孙达人介绍生平

【本报讯】 中国共产党的优秀党员、著名的马克思主义哲学家、教育家、史学家，中国唐史学会名誉会长，省社会科学学会联合会名誉主席，省社会科学院前任党委书记、院长郭琦同志，因病于1990年9月9日在西安逝世，终年73岁。向郭琦同志遗体告别仪式于9月17日上午在西安三兆公墓礼堂举行。

习仲勋、王任重、马文瑞、邓力群、张稼夫、常黎夫、李启明、高沂、胡立教、秦川、丁济沧、金照、陈煦、李屺阳、张勃兴、白清才、周雅光、安启元、张方海、梁琦、支益民、孙克华、陶钟、徐山林、郑斯林、张斌、林季周、吴庆云、孙天义、崔林涛、吕剑人、白纪年、谈维煦、陈元方、林茵如、刘庚、罗文治、李琦、程十发、何海霞、李琼久、史念海、张岂之、胡采、杜鹏程、王汶石、李若冰等同志送了花圈、挽联或发来唁电。省委、省顾委、省政府、中央宣传部干部局、省直有关部门和教育、理论、文化系统的一些单位送了花圈。四川大学和郭琦同志的家乡四川省乐山市五通桥区发来了唁电。

省委副书记牟玲生主持告别仪式，副省长孙达人介绍了郭琦同志的生平。章泽、李溪溥、常黎夫、张方海、支益民、余明、徐山林、

向郭琦同志遗体告别仪式在西安举行

张斌、孙天义、林茵如、罗文治、丛一平等和各界人士600余人参加了告别仪式。

郭琦同志1936年参加革命工作，1939年4月加入中国共产党。历任中共中央西北局宣传部办公室主任，西安师范学院副院长、党委副书记，陕西师范大学副校长、党委副书记，西北大学党委书记、校长，省社科联主席，省社会科学院党委书记、院长等职。曾被选为党的十二大代表、省顾问委员会委员。

郭琦同志在高校的长期工作实践中，善于运用马克思主义理论解决实际问题，重视学校的基础建设，尤其重视发挥知识分子的作用，扶持了一批学有专长的知识分子，培养了大批优秀人才。

郭琦同志为推进马克思主义理论研究和宣传工作，繁荣社会科学事业，发展壮大理论队伍，呕心沥血，成绩显著。他实事求是，坚持党性原则，赢得理论界的称颂。

郭琦同志离休之后，仍抱病努力工作，勤奋笔耕，主编了《陕情要览》《当代中国的陕西》《陕西五千年》等著作，即使在病危期间，仍然惦念研究工作。郭琦同志的一生，是革命的一生，战斗的一生，为人民服务的一生。

（载《陕西日报》1990年9月18日）

郭琦传

亦澜 王磊

一、青少年时代

1917年9月14日,郭琦出生在四川省乐山县(今乐山市)流华溪的一个书香世家。

郭琦,原名郭先泽。祖上原籍江西太和,高曾祖时迁居四川乐山。伯曾祖郭敬武是著名经学大师王闿运(壬秋)的高足,后在流华溪开馆讲学,道德学问均为人所称道。郭琦的祖父郭述皋(字幼农)博学多才,善书法,好交游,担任过四川省盐务局长、禁烟督办等职。1919年前后,全家迁往成都居住。这位老先生虽一生受封建教育,却思想比较开明。他聘请了专门讲授"国学"的家庭教师,但仍将子侄及孙辈送到公立学校受"新学"教育。家里还置有留声机、风琴等娱乐用具。郭琦的祖母许氏,识字不多,但贤惠能干,善于持家。

郭琦的父亲郭昭麟(字懋年),曾就读于四川公立法政专门学校。但他生性淡泊,无意于仕途,所以毕业后赋闲在家,研究中医,练习书法。后来做过职员,薪水微薄,不足养家。到郭琦上中学时,曾鼎盛一时的郭家开始衰败。父亲已拿不出学费,得靠典当来维持生计。后来,母亲带着弟妹寄居在外婆和亲朋家中,弟妹十岁时就以糊火柴盒为生。

小时候,对郭琦成长影响最大的人是他的母亲。母亲名吴佩琳,是乐山大盐商吴某的独生女。她知书达理，心底善良，待人宽厚，喜读新旧小说。由于郭懋年脾气不好，性情急燥，课子读书时动辄打骂。母亲不忍心儿子受罚，便主动承担了课读的责任。她深知娇生惯养之弊，对子女要求很严，但只是温和亲切地劝导感化，从不威逼训斥。郭琦小时如果完不成当日背诵或珠算的任务，母亲就不许睡觉，但一定亲自陪到夜深，鼓励、督促、引导，关怀体贴无以复加。因此，郭琦从小对父亲敬而远之，对母亲的感情非常深厚。他幼年性情温顺，待人诚恳、宽厚，做事踏实认真，肯帮助别人等，都无不受母亲的影响。

郭琦是家中的长房长孙，祖父对他寄以厚望，所以5岁时就启蒙读私塾，7岁上公立西城小学，后转到私立建本小学直至毕业。当时小学的教育内容仍是四书五经，要求学生死记硬背，郭琦对此觉得枯燥无味，但对《千家诗》《百家词》和书法很感兴趣。古典诗词给他以文学和历史的熏陶，书法则养成了他的艺术情趣。郭琦当时不但要完成每日的功课，寒暑假还要接受家庭教师的强化训练辅导，学书法和珠算。旧教育规矩森严，课程乏味，学生负担沉重，还经常受到竹板打手心的体罚。尽管如此，郭琦仍从古典文学名作中吸收了不少营养，幼小的心灵中已萌生了爱国思想和报国的激情。当时建本小学的同学、今西南民族学院教授李国瑜先生，曾在其旧诗中写到小学时的郭琦，"挺肩共负匡时愿，张胆同吟报国词。"李先生说，郭琦读小学时即颇有抱负，念念于匡时扶世，报国救民。

郭琦小学毕业后，考入建国中学。在中学阶段，他的性格发生了很大变化，由拘谨内向变得热情开朗，活泼好动，很重友情和义气。他曾经是"宝字篮球队"的队长；他幽默诙谐，爱开玩笑，经常维妙维肖地模拟老夫子们的神态，逗得大家捧腹大笑。他文言功底很好，初中一年级时，读梁启超的《饮冰室文集》就能深刻领会，且颇多感慨。郭琦在中学时就已表现出作文、演讲的才能，常常有自己的独特见解。他的一位中学及大学的同学说："郭琦的'宝里宝气'，其实是大智若愚。"

郭琦上初中时，家庭每况愈下，靠母亲典当衣物首饰来交学费。三年后初中毕业，母亲连可资典卖的衣饰都没有了。郭琦无可奈何，不得不放弃了读普通高中的夙愿，投考了可免费提供食宿的省立成都师范。

郭琦青少年时，目睹了社会黑暗、政治腐败、军阀混战和人民群众受压迫剥削的悲惨现实，又亲自经历了郭氏家族由盛而衰、日渐败落的过程，对旧的社会制度日益不满。加之经常阅读进步书刊，接受了马克思主义的影响，就开始走上革命道路。1936年，郭琦从成都师范结业后当了短时期的小学教师。就在这年，他参加了中国共产党的秘密外围组织"中华民族解放先锋队"。1937年秋，考入四川大学中文系。

1938年，郭琦奔赴革命圣地延安，先后在抗大、鲁艺学习。同年冬季，由组织派遣回四川大学，从事中共地下党领导的文化运动和学生运动。

1939年4月，郭琦加入了中国共产党，成为一名无产阶级先锋队的战士。

1940年5月，由川康特委介绍，赴延安青年干部学校学习。

1941年5月，调中央财经部任秘书组长。同年9月，任中央研究院经济研究室研究员。

1942年，秋，担任绥德师范教员，讲授政治和史地课。

1946年至1954年，郭琦历任中共中央西北局宣传部干事、副科长、学校教育处副处长、办公室主任等职。解放初期，全国高等学校开设马列主义课程，急需一批马列主义教师。为了满足西北地区高校的需要，西北大学举办了马列主义研究班，学期一年，专门培养高校马列主义理论教师。郭琦受聘担任研究班教授，主讲《路德维希·费尔巴哈和德国古典哲学的终结》、中共党史和毛泽东思想。

1954年秋至1957年3月，郭琦调到中共中央宣传部高教处工作。

从1938年到1957年，这20年是郭琦学习、研究、掌握马克思主义基本理论和从事社会主义教育事业宏观管理的时期，也是他的教育思想的形成时期。青少年时代，他对旧教育的弊端有亲身感受。参加革命后，逐步掌握了马克思主义，又有绥德师范和西北大学马列主义研究班的教学实践，加上西北局和中宣部工作期间，对一个大区和全国高校的情况有较全面的了解，对党的教育方针、政策和社会主义高等教育的基本规律、特点有了基本的把握。这些都为他以后担任高校领导提供了有利条件，使他最终成为颇有建树的教育家。

二、陕西师大的20年

1957年3月，郭琦担任了西安师范学院党委副书记、副院长，从此开始了他长达20余年的高校生涯。

他到西安师范学院不久，就遇上整风与反右。在这场扩大化的政治斗争中，郭琦再三强调实事求是，坚持思想批判从严、组织处理从宽的原则，在处理人的问题上持十分谨慎的态度，尽可能少伤害一些知识分子，做到教师学生一个不开除。就这样，后来他仍长期为此事感到内心不安，晚年在为《陕西师范大学校史》写的序中，还以文字形式公开表示了自己的歉意。

1958年开始，高校与全国其他战线一样，刮起了大跃进的狂风，由"教改大辩论"发展到"教育大革命""拔白旗""批白专"、大炼钢铁等等，运动不断，正常的教学秩序被破坏，党的教育方针的贯彻受到严重干扰。

郭琦坚持实事求是的原则，对日益泛滥的极左思潮表示了不满和抵制。他认为："我们党领导教育工作，就是要保证教育方针的贯彻执行，这是检验我们工作成败的主要准则。"他提出，"高等教育要出人才，出成果，就必须依靠广大知识分子"；"党委书记和校长要敢于把调动教师的积极性作为中心环节来抓"，"管理人员、服务人员的积极性，都要落实到调动教师和学生的积极性上来"，"领导工作，管理工作，从广义上说都是智力开发的后勤工作"。他反对把"又红又专"曲解为"先红后专""以红代专"，认为离开"专"的"红"，只能是"空头政治"。他也不同意在青年学生中提"红透专深"的口号，认为这个口号不科学，不切实际。如果大学毕业就"红透"了，那以后还需再学习提高吗？大学阶段是专业上打基础的时期，怎么能要求学生在专业上达到很深的造诣呢？后来林彪一伙提出"把政治落实到革命化上"，郭琦也认为不对，他坚持政治应该落实到业务上。这些，在"文革"中都成了他反对毛泽东思想的罪名。"左"的一套束缚了郭琦的手脚，使他无法放手工作。

  1960年冬，党中央开始纠正"大跃进"中"左"的错误。12月，中央批转了全国文教工作会议《关于1961年和今后一个时期文化教育工作安排的报告》；1961年9月，中央批准试行《高教六十条》。这两个文件，强调高等院校必须把提高教学质量放到首位，强调按教育规律办学，提出了全面理解和贯彻党的教育方针的精神，使郭琦有"松绑"之感。他精神抖擞，决心不失时机，大干一番。他所在的西安师范学院1960年与陕西师范学院合并，成为陕西师范大学。1960年12月，郭琦任党委副书记、副校长，并主持学校全面工作。

  当时的陕西师范大学虽比西安师院人员增加，规模扩大，但仍处于草创阶段，与重点师范院校差距甚大。郭琦与其他领导一起，审时度势，制定了办好陕西师范大学的战略规划。重视人才是郭琦教育思想的核心，他认为高等学校的根本任务就是要出成果、出人才。而要想给国家培养出大批高质量的人才，就得有一支高水平的教师队伍。为了加强教师队伍的建设，提高学术水平，郭琦采取了以下主要措施：

第一，明确战略目标，制订培养计划。

郭琦先后在中文、历史、数学等系蹲点，经过充分调查研究，1961年，他在教师会上提出了"五年小成，十年中成，十五年大成"和"出潼关，进北京，争取全国发言权"的两个战略性口号。"小成"，指拿下教学任务，闯过教学关；"中成"指拿下科研任务，闯过科研关；"大成"指教学、科研两个方面均赶上全国水平。这个口号主要是对中青年教师而言。宣布口号的当时，郭琦指着在场的中文系一位助教刘学林（现为陕西师大中文系教授）说："给你五年时间，成不了才，你就离开学校！"所谓"出潼关，进北京，争取全国发言权"，是说在教学和科研上，陕西师大不能满足于在陕西或西北地区达到较高水平，而必须有冲出潼关，向国家级水平进军的勇气。这两个口号使当时的中青年教师既感到沉重的压力，又受到巨大的鼓舞。正是在这两个口号的激励和鞭策下，一批人埋头钻研十多年，终于取得了全国发言权。

1961年底至1962年初，陕西师大各系、室按照郭琦提出的要求，拟订了培养师资、提高教师业务水平的《十年规划》，并研究确定了第一批重点培养的中青年教师65人（文科33人，理科32人），让每个重点培养的教师都制定个人进修、提高计划。校系共同采取措施，以确保规划的执行和实现。如给这批教师减免兼职任务、减少社会活动和教学负担，免除定期劳动，优先提供参加有关学术会议的机会，放宽图书资料和实验设施的使用限制等等。

第二，尊重老教师，充分发挥他们的传、帮、带作用。

郭琦一向尊重知识、尊重人才，对校内学有专长的老教授非常关心。历史系孙为霆教授对元曲很有研究，中文系教授高宪斌在古典诗词方面造诣很深。郭琦很珍视他们的成果，在他的提议和推动下，由学校出钱，给两位老先生各出版了一部他们写的散曲集和诗集。出的是古本线装书，字体大，纸质好，印刷也精美。

为了充分发挥老教授在培养提高青年教师业务能力方面的作用，郭琦采取了两种方式，一是动员青年教师拜老教授为师，用师傅带徒弟的办法；二是用开讲课班的方法，请老教授给青年教师讲课。郭琦对此非常重视，亲自参加拜师会，在会上讲话，鼓励青年教师认真向老教授学习。同时，他还亲自到讲课班听课，作虚心向老教授学习的榜样。有的老教授（如中文系朱宝昌教授）在1957年曾被错划为右派，郭琦敢于冒着政治风险，照样尊重、信任他们，让他们带徒弟。

历史系史念海教授是全国著名的历史地理学专家。在60年代初，陕西师大曾围绕着要不要开设新兴的历史地理学科，展开了一场争论。当时不少人认为，师范大学应面向中学教学，不应设置此类高深的学科。郭琦力排众议，认为高等院校既要以共性分类，更要以个性立身，各院校的学科设置应当有特色，办出个性，办出自己的带头学科。他坚持支持史念海教授的历史地理学，并给他配了助手，使这门学科在陕西师大生根开花，成为今天陕西师大蜚声中外的"拳头"学科。

第三，提倡学术交流，推动科研工作。

郭琦积极倡导、支持校内和校际的学术交流活动。陕西师大每年至少召开一次全校性的学术报告会，并出版了《科学论文选辑》和个人学术研究专集。许多闻名中外的学者、专家如李健吾、陆宗达、吴宓等，相继被请至学校作学术报告，给青年教师介绍治学经验和自己的学术研究成果。这对活跃学术空气和推动教学科研工作起了积极作用。同时，郭琦还主编过哲学社会科学刊物《人文杂志》，为学术讨论提供园地，成为进行对外学术交流的窗口。由于以上措施，陕西师大的教学、科研工作发展很快。数年之间，有200多名教师承担了科研项目，其中71名教师的169篇学术论文在省内外公开发表，11本专著正式出版。几位崭露头角的青年教师在"文革"前，便已在苏轼研究、《文心雕龙》研究、农民战争史研究等学术领域里，取得了"全国发言权"。与此同时，还逐步健全完善了教师队伍的专业结构和年龄结构，造就了各系、室、各专业的教学科研带头人，形成了学术梯队，为陕西师大的学科建设奠定了坚实的基础。

在加强教师队伍建设的同时，郭琦考虑寻找提高教学质量的突破口。他经过反复思考，认真总结了多年来高校教学工作中的经验和教训，决定从加强基础入手，提出了"三基"教学的初步设想。所谓"三基"，指基础理论、基本知识、基本技能。"三基"教学就是要求加强这三个方面的教学措施，从而达到使学生基础理论扎实、基本知识丰富、基本技能熟练的教学原则。郭琦一再强调"打基础要不惜'工本'，务求坚实"；"根深才能叶茂"。在他的主持下，1962年陕西师大制定并公布了《并于加强基础理论、基本知识和基本技能训练，提高教学质量的初步意见》。根据这个《意见》的要求，各系、室先后制定出本专业的"三基"教学规划，并定出了具体实施办法。

为了推动"三基"教学的实施，郭琦亲自在中文系抓点，对课程设置提出两条意见：写作课是中文系课程的基础之基础，必须加强，开设时间由一年改为两年；给一年级增设书法和工具书使用法课，请文字学、文献学专家郭子直先生任教。当时国内其他大学还没有开设这门课的，直到70年代末，教育部才要求开设文献检索课。陕西师大先行一步，表现了郭琦的先见之明。郭琦还参加写作教研室的活动，与大家共同研究如何改进教学，提高学生的写作能力。为了鼓励写作课教师热爱本职工作，他主张可将能否改好作文作为提职晋级的条件之一，对其科研要求可以放宽。在他亲自抓写作课的那几年，中文系写作教研室的工作很有起色，学生的学习兴趣被调动起来，写作基本功比以前扎实多了。1985年，陕西师大中文系邀请校友作家、诗人和著名新闻工作者返校介绍写作经验，这些校友都异口同声地说，他们之所以能在写作上取得一点成绩，和当年在学校打下比较坚实的基本功是分不开的。

郭琦还通过言传身教，切实加强基础理论教学。1960年，郭琦主持了陕西省高等院校哲学教材的编写工作。1961年至1962年,他又亲自为陕西师大政教系两届高年级学生讲授《路德维希·费尔巴哈和德国古典哲学的终结》(以下简称《费尔巴哈论》)。他对这一著作进行了深入细致的研究,按照自己的研读原著方法,先逐句读懂,再对难句一一加注,有时一条注释就长达1000多字。在精读原著时参阅大量资料,如黑格尔的著作、费尔巴哈的著作、青年黑格尔派的著作,特别是马克思、恩格斯、列宁的著作,弄清原著的写作背景,并联系各种哲学学派产生的历史环境、主要观点及社会作用,对哲学思潮进行深入分析和历史唯物主义的评价。郭琦严谨的治学态度和科学的治学方法,给中青年教师作出了良好的榜样。他曾对当时的青年教师祝大征(现为陕西师大政教系教授)说:"一个人不可能熟悉所有原著,但可熟悉和精通一两本原著,这对一个人一生的事业是大有好处的。"祝大征从郭琦的研究方法中深获教益,潜心研究《费尔巴哈论》,于1988年出版了阐发这本原著的《哲学中伟大革命的系统总结》一书,受到学术界的好评。

郭琦认为,"学校在任何时候,任何情况下(除非大规模的战争环境)都要以教学为主,长期不懈地把主要精力用到提高学术水平和教学质量上。"为了保证教学工作,郭琦还抓了两件与此相关的事,一是充实图书资料,二是美化校园。郭琦对书画文物有很高的鉴赏能力,旁及古书版本、古代工艺品,都有精到的研究。为了扩充图书馆的藏书资料,并给以后增设艺术系作准备,他经常出入于古旧书店、文物商店,更多地是到收藏家的家中去求购古书、字画。还派人到外县外地搜求访购,为学校增添资料,为国家保存文化遗产。经过多年努力,陕西师大图书馆收藏的碑帖、书画、石刻艺术品等等,跃居西安高校之首。如今,无数校内外参观者惊叹收藏品的丰富精美,这其中凝结着郭琦的心血。对校园的绿化美化工作,郭琦也很重视。他认为学校应该为师生提供一个清静美好、鸟语花香的读书环境。为此,他与总务长韦固安一起研究安排植树种花，铺草坪，建亭台，摆石凳，使校园里绿树成荫，花开不断。

郭琦虽然是主持全盘工作的副校长，却没有一点架子，表现得虚怀若谷，平易近人，善于联系群众。他不仅虚心向专家求教，听孙为霆讲元曲，向史念海请教历史地理学方面的问题，向赵恒元、吕秉义、王振中教授请教许多自然科学方面的问题，而且和花工交谈，虚心听取他们在学校园林建设方面的意见。工作中，他经常召集一些干部和教师开"智囊团"会议，研究解决问题。他写出文章，常请中文系教写作的阎景翰老师帮助修改。阎景翰开始觉得郭琦是一校之长，自己是个普通教师，不好意思放手改。郭琦就把韩愈的《师说》从头到尾、一字不差地用浓重的四川口音朗读了一篇，意思是说，在文章写作中，也存在着"无贵无贱，无长无少，道之所存，师之所存"的道理。他的一句口头禅是"要尊敬叶圣陶先生！"经常以毛主席如何尊敬叶圣陶，毛选四卷都由叶圣陶校订过文字和标点的事实，教育大家虚心向文字表达能力强的同志求救。郭琦还组织了校内党政干部语文学习班，请阎景翰去教写作课，并要求参加学习班的中层领导干部和所有学员都得交作文。

正当郭琦全力以赴、信心十足地为办好陕西师大勤奋工作时，十年浩劫打断了他的宏伟计划。

1966年开始的"文化大革命"，结束了他在陕西师大"台上演戏"的前十年生活。1966年8月，郭琦被打成"反革命修正主义分子""走资本主义道路的当权派"，在报纸上点名批判，关进"牛棚"，受尽了精神折磨。在无数次的批斗会上，他从不上推下卸，诿过于人。当造反派揪斗一些中层干部时，他挺身而出，主动承担责任，减轻了他们的压力。在那些黑云压城的日子里，他自己政治上失去自由，朝不保夕，却仍为保护一批干部和老教授而操心。当一些知名的老教授被打成"资产阶级反动学术权威"关进"牛棚"时，他暗中叮嘱和自己关系好的监督人员:"这几个教授要关照他们,以后教学上还要重用的。"

郭琦以对祖国对人民的深厚感情和对共产主义的坚定信念作为自己的精神支柱,经受住了"文革"这场严峻酷虐的政治风浪的考验。不管肉体和精神上受到怎样的摧残,始终保持了独立的人格,表现出一个老共产党员的高风亮节。批斗会后回到"牛棚",他是那样镇静、坦然,对未来充满信心。不管条件多么恶劣,他都坚持学习马克思主义著作,记读书笔记。他用极为工整、干净、小如绿豆的字迹,记下马列主义经典作家的论述,写下自己的心得体会,提出自己思考的问题。

1969年初,郭琦被宣布"解放",从"牛棚"回到家中,听候"审查"。他在家里更加专注地研读马列主义著作。有一次,他让老母亲带话给中文系教师马家骏,请他到自己家里来。原来,他在读《费尔巴哈论》时,产生了一个问题:德国古典哲学的发展,从康德经过谢林、费希特,到黑格尔是一条线索。这条哲学史的线索,以及这些哲学大师们在学说上的前后师承、批判与发展,郭琦比较熟悉。但从康德到黑格尔,还有一条经过席勒的线索,这涉及到美学问题。郭琦想让教欧美文学的马家骏老师帮他搞清楚。马家骏看到他受到那么严重的摧残,刚出"牛棚"居然能静下心读马克思主义著作,思考这样细微的哲学问题,不禁由衷地感到敬佩。

1970年初,郭琦被派到乾县去领导学校的一支"教育革命"小分队。下半年,到陕西师大泾阳农场负责领导小组工作。不久,又担任过短期的中文系党总支书记。1972年以后,一直赋闲在家,即所谓"靠边站"。在1972年至1977年这长达五年多的时间里,郭琦主要做两件事,一是认真读书,二是广交当代书画家。

郭琦曾对人说:"叫我靠边站我不怕,我可以读书,充实自己。过去老是忙忙碌碌,哪有这么充足的读书时间。"他不仅认真学习马列原著,也大量阅读文史书籍,并指导一些教师研究历史人物。他对

"四人帮"炮制的那些时髦观点很反感。在指导何清谷等人研究秦始皇时，经常提醒大家："咱不赶时髦，抱定老主意，实事求是。要靠史料说话，缺乏史料根据的观点，不管多么动听，总是站不住脚的。"他安排何清谷等人先分别编了三个资料：一、马克思主义经典作家论历史人物评价；二、有关秦始皇的史料；三、历代学者和政治家对秦始皇的评价。郭琦自己日以继夜地读了《史记·秦始皇本纪》《李斯列传》《六国年表》《秦会要订补》《绎史》等许多史书，在指导写作中提出了许多宝贵见解。

"文革"期间，我国的文化艺术事业受到严重摧残，优秀的文化遗产几乎被毁灭。许多杰出的艺术家惨遭迫害。郭琦的挚友、当代长安画派的主要代表人物之一石鲁，被打成"黑画家""现行反革命"，被迫害到精神失常的程度。在赋闲的几年中，郭琦通过登门拜访和书信来往的方式，与许多著名的书画家交朋友。当时这些人，如石鲁、黄胄、刘旦宅、周昌谷等，都受到批判、冲击，政治上压力很大。郭琦作为马克思主义者和艺术鉴赏家，充分认识到这批艺术家的创作成就和他们的作品在祖国文化宝库中的价值，在那些极其困难的日子里，对他们表示理解和支持，关心他们的生活和艺术创作。郭琦自己当时还是审查对象，在这些画家遭受冷遇的时候，敢冒着政治风险与他们交往，正是出于对人类艺术财富的爱护和对艺术人才的重视。随着时间的推移，人们才意识到他的良苦用心。

1976年粉碎"四人帮"以后，全国开始出现新的转机，郭琦兴奋不已，期望早日重返工作岗位，为党和人民贡献出自己的力量。

三、西北大学的七年

1977年夏，郭琦被陕西省委派去担任进驻西北大学的联络组长，主持拨乱反正、治理整顿工作。不久，被任命为西北大学党委书记兼校长。

当时，经过"文革"劫难的西北大学满目疮痍，正处于百废待兴的局面。郭琦看到这种情况，心急如焚，长期被压抑的工作热情像火山一样喷发出来。他把自己的工作日程安排得非常满，从早上8点到晚上11点，每天紧张工作10多个小时。他首先和联络组的同志一起发动群众，揭批"四人帮"推行的极左路线，以及迫害革命干部和知识分子的罪行。同时，他又教育群众严格区分两类不同性质的矛盾，团结一切可以团结的人。郭琦把揭批和清查的重点放在思想清理上，把"四人帮"颠倒了的是非重新颠倒过来，而重在提高认识，消除派性，加强团结。在人的处理上，郭琦持极为慎重的态度。尽管在"文革"中他吃尽了造反派的苦头，但在清查造反派头目的问题时，仍耐心地做思想工作，教育挽救他们。只要他们认识了错误，取得群众谅解就行了。西北大学在清查中，除因打砸抢严重触犯刑法的以外，没处理一个人。

当清查工作搞了半年多以后，郭琦就及时把工作重点转移到抓教学和学科建设上来。他一个系一个系地开座谈会，找教师个别交谈，花了很大精力调查西北大学的校情。根据西大的实际情况和国际上高等教育发展的趋势，提出以开放为中心，发挥优势、形成特色的发展战略，并在学科建设方面采取了几项具体措施：

第一，发挥多学科综合的优势。他认为西北大学是西北地区历史最长的一所综合大学，基础学科比较齐全，又有重视基础理论教学与研究和基本技能训练的传统。因此，西北大学要走多学科综合发展的道路。为了适应现代科学发展中基础理论与应用技术紧密结合、社会科学与自然科学相互渗透的趋势，要首先改变西大专业面太窄、门户隔绝的状况，促进各学科交叉渗透和文理科的综合发展。

第二，发挥地区优势，调整学科结构。郭琦认为，西安是周秦汉唐的古都，外国专家学者对以西安为中心研究中国古代文化有浓厚兴趣。这种历史、地理环境是西大发展的优势。当时，西北大学只有中文、历史两个文科系，郭琦指出西北大学"文科这条腿太短"，应调整文理科结构，恢复和增设外语、哲学、经济、法律等系，使在校本科生人数达到文科与理科四六开的比例。

第三，突出学科重点，逐步形成自己的特色。郭琦认为，办好大学，必须有自己在全国叫得响的重点学科，有自己学校的特色。他经过深入调查和多方论证，提出一批当时应作为重点来抓的学科和课题，如文学方面，突出唐代文学和当代文学的研究；在史学方面，加强秦汉史、中国思想史、考古的研究；在生物、地学方面，加强对黄土高原和秦岭、巴山的研究；在化学方面，突出农业化学和环境化学的研究；在物理方面，突出粒子物理、低温物理和激光的研究；在数学方面，突出拓扑学、微分方程的研究。这些设想是很有道理的，后来多数得以实现，对西北大学的发展起了重要作用。

郭琦非常重视人才，他认为办好大学靠三材：人材、教材、器材，而有一批学科带头人是最重要的。他常以剧团演戏来作比喻。他说，一个普通的剧团，服装道具都很漂亮，人家宫女四个，他搞八个，可以穿得花团锦簇，就是主角一般，那戏票只能卖八角。如果梅兰芳演戏，配角较差，宫女四个，可他的一张戏票就能卖两块或四块，常是满座，票抢不到手。我们看戏不是看跑龙套穿得多么漂亮，跟头翻了多少，主要看主角的表演。当然，好的配角更可以给主角增添光彩。所以，他千方百计扶植人才，培养学科带头人。他曾感慨地说："西大的岳劼恒教授是居里夫人的高足，如果不是过早去世，让他集中精力带出一批人就好了！冯师颜教授如果不是"四人帮"的摧残，仍然健在的话，西大的热化学研究就可能在全国是领先的。"

郭琦采取了抢救保护老专家、扶持中年学者、培养青年人才三方面的措施。首先是为健在的一些学有专长的老教授配备助手、招收研究生，使其后继有人。中文系傅庚生教授是位研究唐诗的知名学者，

1979年已近70岁，患有严重的心脏病，行动不便。为了让傅教授早日住院治疗，郭琦多次找省卫生厅的负责人联系，让他住进省人民医院高干病房。为了替傅教授配备助手，郭琦曾不下十次找有关部门商量，调河南某县的刘清惠来西大工作。此事因种种原因未办成，刘清慧后来被河南省委调去担任宣传部长，但郭琦的竭诚努力使人深为感动。陈直教授是全国著名的秦汉史专家，年事已高。为了使这个学科不致中断，就积极帮助他的助手林剑鸣迅速成长。郭琦把林剑鸣从正在劳动锻炼的养猪场调回系上，让他专心从事《秦史稿》的写作，并以陈直教授严谨治学的态度为榜样，让林剑鸣在初稿写成后多方听取意见，反复修改，提高质量，使他后来成为很有建树的学者。

　　郭琦把"识别人才，当好伯乐"作为学校党组织的一项重要任务，如果做不到这一点，就是失职。他要求各级领导干部注意发现扶持中年教师中的突出人才，使他们尽快成为学科带头人。数学系教师王戌堂是西大1955年的毕业生，一度被人瞧不起。但他默默地攀登科学高峰，走向世界数学研究的前列。1964年，他在波兰科学院出版的《数学基础》（数学基础研究的世界权威刊物）上发表了《WU——可加拓扑空间》的论文，解决了波兰著名数学家西哥尔斯基院士提出的"WU—距离化问题"，得到美、苏、加拿大、日本、匈牙利等国著名学者的肯定及应用。但"四人帮"横行时，王戌堂竟被诬为"里通外国"。当郭琦了解到王戌堂的成就后，让有关部门整理出他的材料，向全校、全省公布，并积极支持王戌堂参加全国性的学术会议，去北京大学作学术报告，以利于不断提高。后来，王戌堂又被越级晋升为教授，确定为全国有突出贡献的专家。在1986年国际上公布的以中国人名命名的20项发明创造中，王戌堂的某些创造性成果被誉为"王氏定理"。

　　西大另一位被国际上誉为"侯氏定理"创造者的物理系侯伯宇教授，甘于寂寞，不慕名利，埋头搞科学研究。郭琦为了帮他组成自己的研究班子，做了大量工作。经过几年的艰苦努力，将国内与侯伯宇合作的文振翼教授、王珮教授从西安矿院、四川大学调入西大。侯伯宇的研究生在国外攻读博士学位，经党委研究，将其爱人调入学校，为西大现代物理所的发展和全国博士后流动站在西大的建立奠定了基础。在郭琦的主持下，西大党委研究决定，在选拔培养学科带头人时要破除"论资排辈"及"金要足赤，人要完人"的思想，不能求全责备，并要为学科带头人开展工作创造有利条件。当时提出了四条措施，提交学校党代会通过：1. 给学科带头人以挑选工作助手的权利，以利于形成和谐的研究班子和梯队；2. 优先解决他们的实验用房、研究手段和图书资料；3. 减轻他们的非业务工作负担，确保六分之五的业务工作时间；4. 支持他们尽可能多地参加国内外学术活动，接触学术前沿，开阔眼界，以利其提高发展。

  郭琦认为，学科带头人的造就，如果只着眼于现成，是短视的表现，应从战略高度，考虑几代人才行。对确有专长的老教授，主要是发挥其传帮带作用；中年教师是主力，重在支持其形成学术梯队；学校未来的希望则主要寄于青年教师，特别是一批研究生身上。到1983年，西大已先后留研究生100多人，他们的年龄多在30至40岁之间，并且大都具有较强的独立研究能力。郭琦很重视这批青年人，经常亲近关心他们，要求他们"教学面要宽，科研要专"。他非常希望我们的人才能像发达国家一样较早成熟，涌现出一批年轻的学科带头人。

  郭琦作为一个学者型的领导干部，他尊重人才，敢于用人，凡是发现有专长的人才，就大胆选拔任用。西大总务上的李钟琦被打成右派下放到兴平县一个公社，郭琦了解到他是个搞总务的人才，就专门给省高教局打报告，千方百计调他回来工作。他主张用人要用其所长，而从不强人所难。侯伯宇、王戍堂等人适合专搞科研，就给他们创造条件，让他们在各自的学术领域中发挥才能。张岂之是著名历史学家、教育家侯外庐的高足，他既是国内外著名的学者，又有组织管理才能，郭琦就推荐他担任学校的领导工作。在此之后还有董丁诚等。他还把一些有行政工作才能的同志推荐到省政府有关部门去工作。

为了推动教学与科研，提高西大的总体学术水平，郭琦很注意开展学术交流，形成一种开放的风气。1979年，郭琦支持中文系鲁迅研究室编辑出版了《鲁迅研究年刊》，他担任主编。这份刊物成了对外进行学术交流的一个窗口，面向海内外公开发行，在国外发行量达800多册，产生了较大影响。1980年，由西大牵头，与陕西师大、陕西人民出版社共同发起召开了全国唐代文学学会成立大会及学术讨论会，郭琦全力支持此次会议，亲自组织筹备工作。他两次向陕西省委负责人和主管领导汇报，争取他们的支持。又派人与中国社会科学院文学所联系，并写信给肖华、杨植霖、赵守一等人，让他们支持并与会。为了使这次会真正开成具有全国水平的会，他特意让人去北京、上海等地走访唐代文学方面的著名专家学者，邀请他们来开会。这次会上，全国一流水平的专家差不多都来了，是一次盛况空前的唐代文学学者大聚会。郭琦要求会议期间校领导不坐小车，保证与会专家的用车需要。著名杜诗研究专家萧涤非教授在会议期间病了，郭琦非常关心，安排他住进省医院高干病房，会后又派专人送他回家。1981年，在郭琦的主持下，西大成功地举办了鲁迅诞辰100周年学术讨论会，曹靖华、李何林、李霁野、戈宝权、鲍昌、周海婴等许多专家与会，规模仅次于在北京召开的同类会议。

郭琦很关心学报工作。他分管学报，要求编辑部的同志在组稿上下功夫，要有理论勇气，敢于发表新观点。他在给学报推荐稿件时，从不强加于人，而是让编辑把关，决定取舍。到1983年，他又经过极力争取，创办了西北大学出版社，这在陕西高校中是第一家。

在改革开放中，要提高重点大学的教学质量，赶上发达国家水平，进行国际间的学术交流已是势在必行。尽管当时有些人还很不理解，但郭琦高瞻远瞩，率西北大学学者代表团先后出访日本、美国。1980

年去日本，与京都大学、同志社大学建立了友好关系。1983年访问美国，与纽约市立大学、密执安州立大学等五所学校建立了友好关系。西大陆续派往国外留学、进修的达300多人，先后回国的有200多人。侯伯宇、郝克刚、薛祥煦等骨干教师都曾出国进修，回来后在科研上取得了出色的成绩。郭琦又提议修建了西大宾馆，邀请外国专家来讲学，并接收外国留学生。这些都对西大的国际交流起了促进作用。

80年代初，是高校学生思想最活跃的时期，也是思想比较混乱的时期。郭琦在学校的思想工作中，既拥护改革开放，主张解放思想，又坚持四项基本原则，反对资产阶级自由化。他形象地说："既要开窗户，又要安窗纱"。一方面，中国高等教育的发展必须坚持搞改革开放，如果不打开窗户，呼吸新鲜空气，在世界新的科学成果大量涌现的今天，就会变得固步自封、因循落后。但打开国门，不等于全盘照搬国外的东西，还得安上窗纱，防止蚊、蝇进来。同时也要"过滤空气"，有分析，有鉴别，吸收对我们有利的东西，取其精华，弃其糟粕。他特别强调不能搞民族虚无主义，不能把外国的垃圾也当成宝贝。他说，我们中国有悠久的历史和丰富的文化遗产，我们应当继承中华民族优秀的传统，走自己的路。郭琦认真总结了解放以来历次政治运动的经验教训，坚持实事求是，相信群众，重在教育的原则，正确开展反倾向斗争。他认为对师生中存在的思想认识问题，只能采取民主的、讨论的、说服教育的方法，正确地加以疏导，绝不能用压服的办法。

高校和社会上一样，存在着各种各样的矛盾和问题，有时难免发生请愿、罢课、示威等突发事件。郭琦善于按照国家的法制和党的政策，正确处理新时期的人民内部矛盾。1983年3月的一个星期天下午，学生吃饭时与炊事员发生了纠纷，炊事员打了学生。由于处理抓得不紧，到晚上矛盾激化了，闹了一夜。郭琦当晚不在，第二天一上班，有1000多名学生拥来冲击行政办公楼。学生拿来话筒，让他表态。他说:"你们不要这么办好不好?有意见可以派代表和我对话。"学生叫喊说:"这不行,要开会。"他看到这种情形,就说:"那就开吧。"学生鼓掌了,对他的态度表示赞赏。他说:"我岁数大了,可不可以下午开?"学生喊:"现在就要开!"他说:"你们一定要开,我也赞成。"学生又鼓掌了,情绪有点缓和。他问:"怎么个开法?"学生要求念条子,并说:"校长书记年岁大了,可以坐下来听。"念完条子,郭琦表了态,主要是两句话。一是"你们罢课,还有的罢餐,向学校请愿,这种情况是可以理解的。因为炊事员打了你们,而且还打伤了。我们领导上有官僚主义,工作没有做好,你们这样干是可以理解的。"二是"学校不会给你们档案里装材料,也不会向你们算后帐,主要看你们今后的表现。"他说:"我就是这两句话,多说对你们就不利了。"同时答应下午和事件发生的那个班对话。学生对他的表态比较满意,就散去了。这样就把全校性事件缩小到一个班。下午,他和这个班一起座谈,耐心地说服教育,终于化解了矛盾。这时有的学生问他,上午你说再讲就对我们不利是什么意思?他说:"我要讲的第三句话,就是你们这种行动我是不赞成的,无助于解决问题。"这些学生也表示理解。

  郭琦把处理此类闹事问题的经验归纳为三点:

  一、不惊不惧。他举自己在国外大学看到的事情为例,说明现代社会中,学生请愿、罢课、示威的事在所难免,中外都如此,不必大惊小怪。郭琦说的"不惊不惧",不是置若罔闻,而是要平时加强法制教育,让学生懂得搞请愿、罢课、示威不能违犯法律。同时,他主张对学生闹事中提出的问题不能采取官僚主义态度,漠然置之。应该是提得对的,就接受,尽快改;一时办不到的,作出解释和说明;不对的,明确指出,积极给予正确引导。

  二、审时度势。他说:"凡是群众自发闹事,皆由盛而衰",在他们开始火气正大的时候,不能以"虎气"相对,应当有点"猴气",也就是要多点灵活性,要设法使他们克制、缓和下来。他认为领导者此时"切不可和学生感情疏远,更不能对立。"要设身处地替他们着想,与他们对话,平等待人,不摆官架子,不打官腔,这样就会使学生的激情逐渐克制,态度缓和下来。"如果不这样,就会激化矛盾,把事情弄大。

三、冷下来再教育。一般来说,在火头上很难讲清道理。所以郭琦主张"要冷下来再教育"。1983年3月那次闹事,等学生平静下来后,郭琦在该班总结会上对同学们说:"你们不能把宪法第35条和第51条割裂开来。"第35条规定"公民有言论、出版、集会、结社、游行、示威的自由",第51条规定"公民在行使自由和权利的时候,不得损害国家的、社会的、集体的利益和其他公民的合法的自由和权利。"这两条是有机统一的。他批评学生:"你们不上课,不吃饭,还不允许别的同学上课、吃饭,拿喇叭喊什么'狗熊才上课,上课是狗熊','吃饭是狗熊'等等,这不是妨害他人上课、吃饭的自由和权利吗?"学生们接受了他的批评,承认自己的某些行为是违犯宪法的。如果不是冷下来再教育,就不会收到这样的成效。

郭琦认为,办好一所大学,必须有一个团结和谐、精干奋进的领导班子,同时还必须增加集体内凝聚力,形成好的校风。即使在他有病住院时,也在思考如何增强内部凝聚力的问题。1982年12月的一个夜晚,他在医院里为反复思考此事而失眠,就干脆起床,给已在党委会上酝酿过的八字校风作注释,并起草了西大校歌的歌词。天亮后,他步行从医院回到西大,将稿子交给党办,建议打印出来交党委和全校讨论修改。他提出的八字校风是:团结、奋发、严谨、求实。他为西大校歌写的歌词是:

华岳巍峨,

河汉浩荡。

我们在祖国文化摇篮的哺育下发轫,

在革命圣地延安精神照耀下成长。
今天我们又肩负着振兴中华的历史重任，
要培养出一代代优秀的共产主义新人，
要开放出光灿灿的精神文明的花朵。
只有团结奋发，才能开创新的局面，
只有严谨求实，才能攀登科学高峰。
同学们，莫迟延，要苦战！
同心同德猛攻关。
沿着毛泽东思想给我们开辟的道路前进！
我们的局面就一定能开展，
我们的目的就一定能实现。
能开展！
要实现！

郭琦在西大工作期间，留给人们印象很深的特点是，他作为一个领导干部，政治上很清醒，思想上很解放，作风上很民主。能调动领导班子成员和各级干部的积极性，只要明确了基本原则，就放手让大家去干。出了问题，郭琦总是首先承担责任。工作中善于听取各种不同意见，先让大家讲，然后他拿出自己的看法。他刚到西大那几年，条件较差，用车很不方便，他就住在办公室。每周星期三、星期六回家去带点饭菜，用电炉热着吃两三天。有一次病了，家里不知道，副校长杨德厚给做了点他想喝的拌汤。当时医生已提醒他有心脏病，不可大意。可他不当回事，仍然一心扑在工作上。由于郭琦平易近人，待人厚道，很随和，所以不论老教授、中年教师还是青年学生，都愿和他谈心，交朋友。郭琦一般把晚上安排为看书和与人谈话的时间，每天夜里差不多都有人来谈话，他晚上十二点以前几乎没有睡过觉。几年间，交了不少知心朋友。每逢过年过节，他总要到学校看望老同志、老教授，调离西大后仍然如此。他去世那年春节，大雪纷飞，路上积雪很厚。他的身体已很虚弱,却冒着风雪到西大,看望故旧相识。他忘不了一起工作过的同志,忘不了曾倾心交谈的老朋友。

四、省社会科学院的四年

1983年12月,郭琦调任陕西省社会科学院党委书记、院长。

郭琦从事哲学社会科学研究的组织领导工作是很有经验的。早在60年代初,就担任过陕西省哲学学会副会长。"文革"后期,哲学学会恢复活动后,他任会长。1980年,他负责筹建陕西省社会科学学会联合会。1980年5月,陕西省社会科学学会联合会正式成立,郭琦被推选为主席。在社联尚未成立的十一届三中全会前夕,郭琦就抓了实践是检验真理标准的大讨论。组织社联和各学会的主要负责人,深入学习马克思主义经典作家的有关论述和中央领导同志的讲话精神,以唯物主义辩证法来批判"两个凡是"的错误观点。通过讨论,使社会科学工作者进一步解放思想,适应改革开放形势的要求,开创了学术研究的新局面。郭琦对社联机关的作风建设非常重视,他多次对主持机关工作的负责同志说:"社联是党联系社会科学界的桥梁和纽带。要把社联办成社会科学工作者之家,不要办成行政机关。社联要为学术界竭诚服务。"他还要求社联机关工作人员对兄弟省社联来的学者、专家、领导要热情接待,"要以热情周到的服务来弥补物质条件的不足。"有一次,湖南社联来了两位客人,想去东线看看,由于当时车辆安排有困难,郭琦就自己出钱,买了两张带空调的旅游车票,送客人去东线参观游览。

1980年春,著名史学家、武汉大学唐长孺教授,前往成都参加中国古代史规划会,途径西安,住在西北大学。唐先生对西安的文物古迹赞不绝口。乘这个机会,郭琦约请陕西师大的史念海教授与唐先生共同商量，倡议成立中国唐史研究会。他又召集西安史学界、考古界的有关人士，讨论拟定了成立唐史研究会的倡议书。这个倡议书在中国古代史规划会上宣读后，得到学者们的响应。郭琦又积极参加组织筹备工作。1980年9月下旬，中国唐史研究会正式成立，1983年改名为中国唐史学会，郭琦一直担任名誉会长。

郭琦到陕西省社科院后，经过调查研究和认真思考，提出了自己的办院方针。他认为，地方社科院既不同于中国社科院，又不同于大学，它不像中国社科院那样学科门类齐全，又不必和大学那样讲教学的系统性，完全可以根据本院实际选择专业和课题，突出某些方面。他形象地称之为"红烧鲤鱼吃中段。"他提出的办院方针有两条，一是为陕西省的经济建设服务，二是要有地方特色。这个办院方针经过全院多次讨论，得到了大家的理解与支持。根据这一方针，他主张加强经济学研究，自己也钻研熟悉陕西地方经济情况。同时，成立社会学所，将党史研究所改为陕甘宁边区研究所，集中力量研究陕甘宁边区的历史。文学研究所主要抓延安文艺研究，历史所抓长安佛教研究。1984年11月，在郭琦倡导支持下，文学所创办了《延安文艺研究》杂志。坚持8年，在国内外产生了较大影响。长安佛教研究为与日本进行学术交流打下基础，取得显著成绩。在为陕西经济建设服务方面，他多次举行陕西经济体制改革研讨会，参与陕西经济及社会发展战略的制定。

郭琦主张社科院应为科研人员提供宽松的环境，允许研究人员按课题自由组合，并重视组织学术讨论，活跃学术气氛。在学术上和用人方面，他都持宽容、豁达的态度，不因为某些人有缺点错误或反对过自己而不用。

郭琦在主持陕西省社科院和陕西省社联工作期间，充分发挥了学术研究组织者的重要作用。在哲学学会的会议上，他多次强调哲学研究要跟上时代的步伐，回答理论和实践中提出来的一系列新问题。在

1983年的一次讲话中，他说，恩格斯的《路德维希·费尔巴哈和德国古典哲学的终结》写于1888年，列宁的《唯物主义与经验批判主义》出版于1909年，后者距前者仅21年，列宁对马克思主义哲学就有很大发展。我们现在距《联共党史简明教程》（1938年出版），距《矛盾论》和《实践论》（1937年出版）已有40多年。这期间，自然科学的发展是突飞猛进的，比上个世纪要快得多，但哲学的概括却跟不上。因此，要像马克思当时回答人类社会进步所提出的种种问题那样，我们现在的理论研究也要有一个新的突破。1986年哲学年会上，郭琦在讲话中又说，哲学工作者要在两个环节上努力，一要学习自然科学和社会科学新知识，吸收当代科学的新成果；二是研究社会改革实际，充分关注我国社会主义发展战略，对此进行哲学思考。只有从这两方面进行知识更新，才有可能发展马克思主义哲学。

随着改革开放，西方现当代的社会文化思潮会不可避免地进入中国，郭琦认为不可能用封锁的办法来解决问题，应当以马克思主义对待人类文化遗产的态度，加以分析鉴别。郭琦先后组织了对托夫勒《第三次浪潮》、普里高津"耗散结构论"、汤因比《历史研究》、马克斯·韦伯"新教伦理"、萨特的存在主义哲学等西方著名学术著作和观点的讨论会。他一方面指出这些理论维护当代资本主义制度的实质，另一方面指出分析这些理论的必要性，要求对这些理论在当代中国将会产生何种影响作出基本估计。当改革开放不断深入，对中国传统文化的价值判断成为理论界的"热点"时，郭琦一再强调要维护和弘扬中华民族的优秀文化传统，同时要坚决清除封建遗毒。1988年，当电视专题片《河殇》播出之际，郭琦正在山西太原主持"武则天问题学术讨论会。"他认为《河殇》否定黄土文明的观点不符合历史事实。从地处黄土高原的陕西历史看，开放与创造是中华民族历史进程的主旋律，中国在历史上的大部分时期都走在世界前列，落后只是近几百年的事，因此，黄土文明绝不能等同于封闭和落后。相反，只有弘扬黄土文明中的积极因素和成功经验，才能为社会主义现代化事业输入动力。他在会议期间发表了自己的看法，又买了十几本《河殇》解说词单行本，让有关方面的同志传阅，共同分析评判。1988年9月，郭琦又主持陕西省老年理论工作者协会和青年理论工作者协会共同组织的关于《河殇》问题的讨论会，对各种歪曲历史事实的说法和民族虚无主义观点进行了批判，确认了弘扬民族优秀文化传统的方针。

郭琦非常重视陕西青年社科理论工作者的培养、教育和扶持。他注意国内外报刊和出版机构发表的我省青年理论工作者的著作和学术观点，认真听取青年同志在社联组织的各种讨论会上的发言，及时肯定他们取得的成绩，并特意将他发现的理论工作的"苗子"推荐给中央及陕西省、西安市的领导同志，使青年人的学术成果能很快得到重视、支持和应用。1984年，在条件已经成熟的情况下，他与省委和省社联其他领导同志一道，热情帮助陕西省青年社会科学工作者协会的成立，并在经费、科研项目、学术成果评奖、宣传等方面给予了极大的支持。1988年，他因年事已高而担任省社联名誉主席时，还提议补充部分青年同志担任省社联的理事和常务理事，得到有关领导的批准，为青年人进一步发挥作用创造了有利条件。

五、离休以后的三年

1988年，郭琦离休后，虽身患心脏病，但仍壮心不已，将全身心投入于古今陕西历史的研究上，他先后主持编撰了一系列重部头的著作，在陕西乃至全国史学界产生了很大的影响。1984年，当他还在社科院主持工作时，就着手组织编写了《陕情要览》，并亲自撰写了题为《陕西上下古今谈》的绪论，扼要地论述了陕西的历史和现状，分析了唐代以后陕西变得落后封闭的原因，指出要振兴陕西，必须打破"左"的束缚，打破封建宗法观念的束缚，打破满足现状的自然经济小农思想的束缚的基本观点，为陕西省委和省政府和重大决策提供了咨询和参考。

离休以后，他不但没有清闲度日、颐养天年，反而以抱病之身，更加紧张忙碌地从事编书工作。短短两三年时间里，先后主编了《当代中国的陕西》《陕西五千年》《杨明轩》三本书，共计200多万字。此外，还组织领导了《陕西一百个著名人物》《当代陕西简史》《当代陕西丛书》的编写工作。

《陕西五千年》1989年7月由陕西师大出版社出版后，受到社会好评。著名史志学家陈元方以"五千年来事斑斓，一编宏文天下传。炎黄子孙重抖擞，而今历史更胜前"的诗句予以高度赞扬。还有学者评价此书"写法严谨，史料翔实"，"填补了陕西欠缺通史的空白"。日本学者称它是"中国以外的人了解陕西的一部百科全书。"郭琦知道后，在兴奋之际进而萌发了编纂多卷本《陕西通史》的设想。1989年10月，他在住院治病期间，多次与陕西师大出版社的同志商议编写《陕西通史》的事，并于1990年1月拖着病躯亲自主持召开了第一次会议。会后，他雄心勃勃，四处奔走，网罗人才，组织领导班子和编写班子。在向省委负责同志汇报编写《陕西通史》的计划时，郭琦动情地说，我和张岂之、史念海（该书的另两位主编）都不是陕西籍人，但长期生活工作在陕西。我现在退休了，想利用余生为陕西人民干点事，编一部通史。省委领导很受感动，表示全力支持。经省委、省政府批准，郭琦担任《陕西通史》编委会副主任和第一主编，主持这部14卷、300多万字巨著的编写工作。

郭琦从不愿作挂名主编。他每次担任主编，不但负责全书的总体框架设计，还仔细审阅提纲和稿件。在主编《陕西五千年》时，他常常带着稿子到作者家登门指导，详细说明该怎么修改。有时为一篇稿子要和作者讨论修改几次，直到基本满意为止。为了编撰多卷本《陕西通史》的事，他费尽心血，由于劳累过度，1990年8月28日在陕西师大开主编会时,心脏病突然发作,昏倒过去。经抢救苏醒后,他还要求继续开会,被大家劝阻,送进医院治疗。当病情稍有缓解时,他就在病床上审改送来的书稿,并急着要出院,想尽快把《陕西通史》编出来。

郭琦的一生,可以说与书有不解之缘,始于读书,终于编书,一辈子与书本打交道,养成了好学深思、手不释卷的好习惯。由于他读书面广、文史哲、古今中外无不涉猎,又勤于思考,在许多问题上都有自己独到的见解,所以与各方面的专家学者都能在业务上找到共同语言,被对方视为知音,从而结交了不少各界的朋友。加之他作为领导干部,能尊重知识,尊重人才,知识分子都乐意向他倾吐心里的话,愿意在他的领导下工作。即使在离休之后,他的周围仍自然地形成了一个高层次的知识分子群。老年学者视他为挚友,青年学者视他为导师,成为沟通两代人心灵的桥梁。

郭琦知识渊博,思维敏捷,这不但为同仁所佩服,而且受到外国朋友的称赞。不论他出国访问还是接待来访的外国代表团,都落落大方,应对自如,言谈举止非常得体。发表即席讲话,总是言辞精辟,生动风趣。有一次,美国一个高校代表团访问西安,郭琦陪同他们到东西两线参观游览。一路上,郭琦见山说山,见水说水,凡沿途所见风物以及民情风俗等,都能介绍得清清楚楚。代表团中有几位朋友对红薯、石榴、辣椒很感兴趣,郭琦就向他们介绍了这些东西的来历、俗名、学名、种植方法、生长规律、化学成分、营养及药用价值等等,外国朋友感到非常满意。到临潼参观时,他从骊山讲到始皇陵,从陶俑的兵阵布局讲到铜车马的制造技术,从蒋介石说到张学良、杨虎城,讲得生动具体,有声有色。外国朋友听得津津有味,眉飞色舞,个个举起大拇指夸口称赞"好极了!知识太丰富了!"代表团长说:"这次西安之行,不仅大饱眼福,广增知识,而且幸遇一位知识渊博的大学校长,上了一堂生动的中国文化课。跟随郭琦一起参加过外事活动的同志说,从郭校长身上能让人感到中国人的自豪和东方文化的魅力。

经过半个世纪的风风雨雨,郭琦晚年格外注重实事求是的精神和对知识分子坦诚相待、平等共事的民主作风。他在《学习江隆基同志平易近人务求实效的作风》一文中,颇有感慨地写道:"在正常情况下,坚持实事求是较容易;在搞运动时,或一股错误思潮来自上面,大家认识上也认为是理所当然的情况下,要坚持实事求是就难了;在个人处于顺境下,坚持实事求是较容易;在个人处于逆境时,还能坚持实事求是就更为困难。"他同时指出,新时期的知识分子工作,更不能把知识分子当作外人。一个单位的领导要切忌把自己看成单位的主人,同知识分子有你我之分。不仅"我来改造你"不行,就是"我来帮助你"也未必妥当。既然都是自己人,为什么不可以改为我们共同来改进工作,互相帮助,互相学习,纠正错误,更好地完成某一任务呢!这是郭琦发自内心的肺腑之言,也是他与知识分子共事的根本态度和行为原则。

中共十一届三中全会以后,是我们国家解放以来最好的一个时期,也是郭琦一生中最辉煌的时期。他的工作欲望如此强烈,热情如此高涨,以致忘记了疲劳和疾病,最后倒在了工作岗位上。

郭琦在病危之际,仍念念不忘工作,不忘陕西。1990年9月7日,省社联的同志去医院探望他,他还惦记着即将召开的法门寺文化国际学术讨论会,遗憾地说:"看来法门寺去不成了,有岂之同志主持会,这个会一定能开好。"他一再提到《陕西通史》的编写工作,说:"我虽非陕籍,但在陕西工作和生活了几十年,全家人都喝着陕西的水,吃着陕西的饭,晚年能为陕西做点事,报答陕西人民的养育之情,这是感到欣慰的,遗憾的是总感到时间太短,精力不足,做得太少。"

1990年9月9日,郭琦在西安病逝,终年73岁。

附：

识才·选才·育才

——记西北大学党委书记、校长郭琦

《陕西日报》记者 李其贵

"千里马要有伯乐来识别，人才也要有伯乐来发现、培养。学校是培养人才的地方，学校的领导要做伯乐。"在西北大学采访的过程中，党委书记兼校长郭琦同志的这一席话，给了我们很深的印象。

1977年6月，年过花甲的郭琦同志服从组织上的分配，来到了西北大学。那时，他心情激动，浮想联翩。他想到了自己整整靠边站了11年，现在又重新走上了教育岗位，继续担负起为祖国培养人才的重任；他想到了这十多年来，林彪、"四人帮"摧残了一大批人才，造成了现在各条战线的队伍都存在着青黄不接的状况……任重而道远啊，他决心把自己的余年，全部献给党的教育事业，为祖国造就人才。上面的这一席话，他是这样想，这样说的，也是这样做的——

一

毛主席说："必须善于使用干部。领导者的责任，归结起来，主要地是出主意、用干部两件事。"郭琦同志刚来西北大学的那些日子里，工作是够忙的：他深入到各个系里去，了解情况，征求办学的意见；他召开党委会，探讨按教育规律办学的问题。经过多次讨论研究，

识才·选才·育才

党委"一班人"共同认为:办好学校靠"三材":人材、教材和器材;有了人材,其它两材就好办。要培养出质量好的学生,必须建立一支水平高的师资队伍;要建立水平高的师资队伍,首先应该抓好骨干教师的培养提高。

西北大学是一所具有42年历史的老学校。原先,这里教师的底子比较厚,具有一定的水平。经过林彪、"四人帮"的浩劫,剩下的骨干教师已经不多了。为了更好地发挥这些骨干教师的作用,郭琦同志代表西大党委,对他们十分爱护。傅庚生教授是一位研究唐诗的知名专家。他年近七旬,患有严重的心脏病,由于供血不足,下肢近于瘫痪,行动不便。郭琦同志想到:对待这样的老教授,一是要想方设法替他治病,让他早日恢复健康,继续为人民服务;二是要尽快地为他配备助手,帮助他带好研究生,使唐诗研究工作后继有人。为了让傅教授早日住院治疗,郭琦同志亲自多次和卫生部门的负责同志联系,让他住进了省人民医院高干病房;为了替傅教授配备助手,郭琦同志曾十次找有关部门商量,联系调配助手。党的政策的威力是巨大的。当我们专程去省人民医院访问傅教授时,一谈起此事,他就十分激动。他对我们说:"前十多年,我的身体好,想干工作不让干,不能干;时光如流,现在年老多病,想干、能干又干不成了。心急如焚啊,我要抢时间,战病魔,争取早日恢复健康。回校以后,我还要著书立说,带好研究生,把耽误的时间夺回来。"

老专家们大多年迈多病,急需要提拔新生力量。新生力量哪里来?是伸手向上级要?是从外边调?还是自力更生?西大党委和郭琦同志的回答是:就地取材,自己培养。他们说:领导者的责任就是把那些有能力的学术带头人提拔到教学和科研的领导岗位上来,使我们的事业后继有人,以此来带动一大片,推动教学和科研工作前进。

郭琦同志根据学校党委的决议,为把中年教师、历史系副教授张岂之提拔到系主任的岗位上来作了大量工作。张岂之是我国著名历史学家侯外庐的得意门生。他刻苦好学，先后发表过不少论文，在学术上的成就是一致公认的。在"四人帮"横行时期，这样一位有才能的教师却被说成是"白专道路"的典型，被诬为"张岂之道路"，受到批判。郭琦同志早在来西大以前，就看到过张岂之的著作，对他有一定的了解。在西大以后，在党的会议上多次听到对他的情况介绍，通过和他的接触，发觉他不但在学术上有成就，学术组织能力也比较强。我们党不是正需要一大批行家来担任各级业务领导吗？郭琦同志和两位副书记看准了这一点，就在党委常委会上给大家谈了这一想法，得到了大家的支持，确定提拔张岂之为历史系主任。在未宣布这个决定以前，学校党委根据在揭批林彪、"四人帮"斗争中的政策精神，拨乱反正，为所谓"张岂之道路"——即白专道路平了反，这就为他作系的领导工作铺平了道路。接着，多次让他参加学校、系里有关研究教学、科研工作的会议，让他在会上发表意见。这样做，既让张岂之熟悉各方面的工作，得到锻炼；也借他发表意见的机会，接受群众的检验。

事实证明，提拔张岂之的决定是正确的。他没有辜负学校党组织和领导的期望。自他担任系主任工作以来，历史系的工作搞得较为出色，受到大家的称赞。

二

"识别人才，当好'伯乐'。"这是郭琦同志经常在各种会议上强调指出的，也是西大党委和各系党总支在工作中十分注意的一个问题。他们认为，这是学校党委和各系党组织做政治工作的一个重要任务。如果做不到这一点，就是没有完成任务；如果没有发现人才，发现了没有抓住，就是失职。

数学系王戌堂讲师就是这一思想指导下被挖掘出来的。王戌堂是西大 1955 年的毕业生，今年 46 岁。他貌不惊人，默默无闻，一度被人看不上，瞧不起。但他有自己的奋斗目标：攀登科学高峰，走向世界数学的前列。1964 年，他在波兰科学院出版的《数学基础》（数学基础研究的世界经典刊物）上发表了"WU——可加拓扑空间"的学术论文，解决了波兰著名数学家西哥尔斯基院士 1950 年在《数学基础》上提出但未解决的"WU——距离化问题"，得到美、苏、加拿大、日本、匈牙利等国十余名著名学者的评论及应用。前进的道路是不平坦的。就是这样一位有受人尊敬的人民教师，在"四人帮"横行时期，竟被诬为"里通外国"而受到迫害。在"四人帮"倒台以后，他的重大贡献也没有受到应有的重视。郭琦同志来西大以后，在听取学校科研处和数学系党总支汇报时，了解到王戌堂的成就和情况，让整理出他的材料。这样一个被埋没达 15 年之久的人才，终于被挖掘了出来。在今年 3 月省科委和省高教局召开的陕西省 1978 年高校科研成果大会上，王戌堂的科研成果获得了一等奖，名列 59 项重大科研成果的前茅，得到了他应该得到的重视和地位。

这个人才挖掘出来以后，郭琦同志十分高兴。他和数学系的领导十分爱惜他，锤炼他，使他能更快地成长。中国科学院在上海召开函数论学术讨论会，让他去了；在成都召开中国数学年会，支持他去了；我国著名数学家、北大数学系教授江泽涵邀请他去北大作学术报告，郭琦同志亲自批准他去；去年 10 月，武汉大学副校长李国平、数学研究所研究员、《数学学报》总编辑张素成、数学研究所研究员王元等十名专家来西大讲学，郭琦同志让他参加接待工作……所有这一切，郭琦同志不是把王戌堂拿在客人面前夸耀，更不是作什么社交活动，而是让王戌堂在浩瀚的知识海洋里遨游，借机进行学术交流，使他开阔眼界，活跃思想，在学术上更上一层楼。现在，王戌堂的学术论文《广义数及其应用》，即将在 1979 年的《中国科学》杂志上发表。这个一向被人认为"不问政治"的数学家，第一次向党支部递交了入党申请书,决心献身科学,为党、为祖国争得更大的荣誉。

被埋没的人才应该竭尽全力地挖掘出来,恢复他原有的光泽;有培养前途的年青人,即使不很成熟,甚至还有缺点,也要及时发现,尽快培养,使他们茁壮成长。这就是西大党委和郭琦同志的工作准则。青年教师林剑鸣和研究生李鲁歌的发现培养,就是明显的例子。

林剑鸣1961年从西大毕业,是留校研究秦汉史的。这位同志的功底虽不甚厚,但很用功。郭琦同志对于勤奋好学的人是喜爱的。底子薄没关系,只要努力,坚持学,就一定会有所长进。去年西大的学术讨论会上,林剑鸣作了题为《试论商鞅变法成功的原因》的学术报告。初稿写成后,郭琦同志曾拿来看过,并叫系里讨论了一次,作了修改。郭琦同志认为这篇文章还应该提高,特地从陕西师大请来了历史系副教授孙达人、牛致功等同志,亲自主持会议,帮助提出修改意见。林剑鸣花了六七年的时间,写了一部约有20万字的《秦史》,年青人性急,认为这篇东西写了这么多年了,修改了不知多少次,想很快能出版。郭琦同志知道后,叫林剑鸣把这部著作中的一两章拿来给他看看,亲自和他交谈,以别人的经验教训,启发教育他不要性急,要虚心征求意见,善于听取不同的意见,不怕反复修改,提高质量后再拿去出版。

李鲁歌是新招来的中文系鲁迅研究室的研究生。入校前,他是乌鲁木齐市26中的语文教员。他喜爱鲁迅的作品,在一些报刊上多次发表过研究鲁迅的文章。但在是否录取他的问题上,却经历了一番波折:李鲁歌多年前曾犯过一次错误,负责招生的同志因此对是否录取他拿不定主意。郭琦同志了解到李鲁歌的考试成绩很好,为了不埋没人才,就派人专程去乌鲁木齐市调查了解。调查人员走访了乌市教育局和26中,了解到李鲁歌工作勤勤恳恳,有一定的业务专长,过去虽犯有错误,但已有改正和进步。调查人员回到学校,郭琦同志根据调查结果,同中文系领导交换意见,并经校学术委员会讨论,取得了

识才·选才·育才

一致认识，决定录取。李鲁歌进校以后，郭琦同志勉励他要认真总结历史经验，吸取教训，严格要求自己，争取更大的进步。李鲁歌在学校党组织的教育下，正在刻苦学习，勤奋上进。

三

有人把教育工作者比作"手执金钥匙的人们"，能打开各种学生的心灵大门；郭琦同志在执行党的知识分子政策时，也善于打开各类教师的心灵大门，使他们解开疙瘩，精神振奋，为党的教育事业发出光和热，为祖国造就人才贡献力量：

在采访过程中，我们听到了一个关于郭琦同志"三顾茅庐"的故事。

去年农历腊月二十八日夜晚 11 时，原化学系主任刘致和教授在宿舍楼下的空地上来回踱步。此时，数九天气，十分寒冷，但刘教授的心里却热呼呼的。深更半夜，他哪来的闲情逸趣在寒风中散步？他是在等待着学校科研处肖克平处长的归来。因为郭琦同志已经亲自登门，要他出任化学研究所所长职务，他不能让郭琦同志再来第三次了。他急于找到肖处长，向他表示愿意接受工作。再过两天就过春节了，这件不解决，刘教授过不了年啊！

事情是这样的。西北大学根据上级有关部门的指示，要成立一个化学研究所。谁出任所长呢？郭琦同志听取了有关同志的介绍，认为刘致和教授是一位合适的人选。刘教授在西大任教已有 40 年，过去作系主任工作时，善于组织教学，把精力用在支持别人搞出成果上，好为"人梯"。他虽有想早日出来工作的愿望，但由于在文化大革命中受过冲击，特别是 1972 年重新任教时又受过批判，思想上有些疙瘩还未解开，加之，身体也不太好，不太愿意出来担任领导工作。郭琦同志先请对刘教授比较了解的肖克平处长登门做思想工作；继而三次登门，希望刘教授出任化学研究所所长。蒙受过创伤的心需要爱抚，遭到过冤屈的人需要公正的评价。郭琦同志了解老知识分子的特点，在党委会上对刘教授过去的工作，给予肯定的评价。特别指出，刘教授好为"人梯"，愿意牺牲自己，把别人促上去的精神，正是我们事业所需要的，值得提倡发扬。当这一正确评价传到刘教授的耳朵里的时候，当郭琦同志亲自登门的时候，这位老教授的心被打动了。刘教授心里想：我搞教学工作几十年，图的是党对自己的信任，图的是为国家培养人才。现在，党是这样看得起自己，器重自己，什么思想疙瘩都应该解开了，再不接受工作真是太不像话了。刘教授经过近三个月的思想斗争，终于接受了任务。刘教授现在是心情舒畅，干劲十足，正在为组建化学研究所而四处奔走。心情一痛快，他的身体也觉得比过去好多了。

教育事业是千千万万人的事业，要大家来做才能做好。郭琦同志在工作中，即使对犯有错误的教师，也是耐心诱导，帮助他们认识错误，改正错误，调动他们的积极性。

数学系有一位讲师，在文化大革命中犯有错误。这个教师在学术上却能刻苦钻研，有一定的造诣。他曾与当时在三机部六院六二三所的技术员竺苗龙在数学上合作，钻研火箭和星际航行课题，取得了成就。对这样的人是不是应该表扬奖励？郭琦同志和几位党委副书记认为，这个教师在政治上犯有错误，应该帮助教育；在学术上的成就还是应该肯定；表扬奖励也是教育。这样，才能团结一切可以团结的力量，调动一切可以调动的积极因素，同心同德地为四化建设服务。在以后的日子里，学校党委和郭琦同志多方面地教育他，帮助他总结自己所犯错误的经验教训，让他在一定的场合检查自己的错误，取得群众的谅解。有一段时间，这个教师的负担较重，说话非常谨慎，大小会上事前都备有发言稿，发言时照稿宣读。郭琦同志对他说，只要你真正认识错误，改了就好，我们决不抓辫子，打棍子。金钥匙打开了他心灵上的锁。他在大家的帮助下检查了自己的错误，在去年召开的全国科学大会上，他和竺苗龙同志合作的项目得了奖。之后，学校校刊上也给予登报鼓励。

　　骨干教师是在群众中产生出来的，骨干教师又能带领广大群众前进。现在，西北大学已经开始树立了一批骨干教师，他们在群众中正在发生着影响。正像一位教师对我们说的："这批骨干教师的树立，对那些埋头苦干、辛勤劳动的教师是一个鼓励。大家感到，只要忠诚党的教育事业，像这些骨干教师一样干下去，就会赢得党和人民的尊敬。"西大党委和郭琦同志在抓好骨干教师的同时，正在花很大气力抓广大教师，特别是中、青年教师的培养提高。这项工作虽然是艰巨的，但西大已经有了一个好的开头。这是多么好的一个开头啊！

（载《陕西日报》1979年5月16日）

郭琦年谱

1917 年
07 月 14 日　郭琦出生于四川省乐山县流华溪镇。

伯曾祖,郭敬武,乐山大儒,师从经学大师王闿运,在流华溪开馆授徒。

祖父,名述皋,字幼农。曾任清末云南保山知府、广西右江水师提督,民国初年任四川军政府秘书长、四川省禁烟督办、四川省盐务局局长。娶妻许氏及五房姨太太。

父亲,郭昭麟,毕业于四川法政学堂。在四川、西康两省曾任区长、法院审判员等下层小吏。三十年代后期赋闲在家,以研习中医为好。

母亲,吴佩琳,其父为乐山盐商。吴佩琳女士通文墨、喜读中外小说,略识英文。

1919 年　02 岁
郭琦随祖父全家迁居四川成都。

1922 年　05 岁
郭琦因是家中长房长孙,祖父郭述皋对其寄予厚望,于本年启蒙,背诵《千家诗》《百家词》,并聘请家庭教师习颜体书法。

1924 年　07 岁
09 月　郭琦进入成都西城小学学习。

11 月　考入由四川大学教授肖仲仁先生任校长、郭琦祖父郭述皋老部下陈子猷将军任校董的私立建本小学。考入该校,之前大都受过私塾教育。

12月 祖父郭述皋聘请成都大学历史系毕业生吴玫华先生为郭琦讲授《春秋公羊传》《诗经》《尚书》，并补习英文、数学。凡两年。吴玫华后任四川邮政储金汇兑局副局长。

1925年 08岁

09月 郭琦祖父郭述皋去世。田地、房租在亲友协议下，由郭琦姑姑、叔叔收取，以维持生活。

1931年 14岁

07月 郭琦小学毕业，考入成都建国中学。

11月22日 建国中学校长姚勤如请"九一八"事变后东北大学流亡青年学生到校演讲，郭琦于听演讲之时，失声痛哭。

11月底 郭琦自校图书馆借阅梁任公《饮冰室全集》，精读、背诵。

12月22日至31日 郭琦和同学金振华、李国瑜等自发组织抗日救亡宣传队，步行到成都郊区龙潭寺、简阳等地宣传抗日。郭琦常常率先登台演讲，痛陈日本帝国主义对中国的侵略，声情并茂，颇具感染力。郭琦平生长于演讲，由此打下基础。

1933年 16岁

07月 郭琦自建国中学毕业，因家庭经济情况不佳，无力就读建国高中，即考入食宿、学杂费全免的省立成都师范学校，就读文科组。

在省立成都师范33级文科组学生中，郭琦与同寝室同学周韧、邓泽、蒲安朋、胡绩伟等于课后传阅《新声》《读书生活》等进步刊物。

1934年 17岁

08月 暑假期间，郭琦开始阅读康德、尼采、弗洛伊德等西方哲学家著作，写读书笔记十万余言。

11月 郭琦到中共川康特委军委委员、成都努力餐馆老板车耀先同志开办的"注音符号传习班"听讲，由此结识了车耀先同志，开始接受马克思列宁主义思想启蒙。在此期间，郭琦和周韧、邓泽、蒲安朋交往甚密，其友谊持续一生。

1935年　18岁

02月　中共四川省委遭严重破坏，四川地下党各级组织活动陷于停滞状态。

12月12日　一二·九运动在北平爆发。郭琦除参加自发的抗日活动之外，继续阅读大量西方哲学著作。特别对康德等德国古典主义哲学家的经典著作阅读尤为深入。

1936年　19岁

04月　参加国民政府组织的军事训练。

07月　郭琦自四川省立成都师范学校文科毕业。根据国民政府对公费师范生必须为社会服务一年后，方可报考大学的要求，郭琦经姐姐郭先芝介绍，前往成都土桥小学任史地教员。

08月　成都爆发"大川饭店"事件，郭琦参加了爱国学生和各界民众奋起反抗日本帝国主义在蓉设立领事馆和倾销日货运动。

10月　因8月下旬北平一二·九运动学生领袖、北京大学学生会主席、平津学生南下抗日宣传团第一团团长、中华民族解放先锋队筹备委员韩天石及王广义转学入四川大学理学院学习，中华民族解放先锋队成都队部于是月正式成立。

10月下旬　郭琦即经周韧、邓泽介绍，在省立成都师范加入"民先"组织，成为首批包括四川大学、省立成都师范16名民先队员之一，从此走上了以中国共产党领导的，为寻求民族独立与自由、解放的道路。

1937年　20岁

06月　郭琦考入四川大学文学院，时任四川大学文学院院长为辛亥革命重庆地区的首义者之一向楚，其曾任四川省代省长，四川大学代校长等职。

7月8日下午七七事变第二天，郭琦和"天明歌咏团"的同学们一起走上街头，在春熙路等成都闹市区，用歌声声讨日寇的侵略罪行。

自此，直到年底，郭琦作为"天明歌咏团"的骨干，和战友陈伯林等在成都高歌抗日救亡歌曲，并经常受邀到国民党办的广播电台播唱或教唱以及在沙利文等剧院演唱抗日救亡歌曲。

1938年　21岁

01月中旬　经郭琦本人强烈申请，中共川康特委同意并介绍，与陈可大等经西安八路军办事处前往延安。

02月上旬　郭琦入延安抗日军政大学学习。

04月10日　延安鲁迅艺术学院成立，设戏剧、音乐、美术三个系。后增设文学系。学制六个月。1940年至1941年，学校为加强专业化学习，学制一律延长为三年，实习期除外。

05月上旬　郭琦考入鲁迅艺术学院，为该院第一届音乐系学生。

06月　郭琦在鲁艺学习期间结识解放后曾任陕西省委宣传部部长的王荣。并与邓泽、郑律成、王荣、曾凌等几个好友利用周末进延安城吃挂面，改善生活。

07月3日　四川大学停止郭琦学籍。

11月上旬　郭琦于鲁迅艺术学院音乐系毕业，和同学曾凌一起向音乐系主任吕骥申请回大后方从事抗日救亡活动。吕骥报中央组织部，介绍郭琦等同学搭乘八路军军车前往成都。并介绍在成都从事"新音乐运动"的陈伯林与郭琦联系。

11月22日　郭琦抵达成都。与省师同学、地下党员彭兆麟接头，后与四川大学中共地下党总支副书记杨天华、总支委员邓照明会面。经四川大学地下党组织决定，郭琦除从事学生抗日救亡运动外，主要参与并负责开辟成都的新音乐运动，并做好在川大的复学工作，以此作为社会职业，掩护革命工作。

11月23日　郭琦的姐姐郭先芝会见郭琦小学时的家庭教师吴玫华先生，请吴先生转托成都大学同学，时在四川大学图书馆工作的范午先生打探消息、疏通关系为复学作准备。

11月24日傍晚 郭琦姐姐郭先芝在没有告知郭琦本人的情况下，通过家庭老关系拜访向楚。向楚与郭家住对门，向楚的几个孩子与郭琦同学。

11月25日 郭琦向国民党CC系地方实力派、四川大学秘书长孟寿春当面递交了书面复学申请。复学申请书如下：

孟秘书长：

兹因家有要事，于本年三月申请休学，因邮差遗误，致学校停学，莘莘学子，远道前来，进退维谷，尚祈念在求学之切，遗误手续之非出本意，请予变通办理，准予复学。

此致

学生郭先泽
二十七年十一月二十五日

孟寿春签字，予以注册后，中共地下党员彭兆麟安排郭琦在枇杷院和中共地下党员赵德勋同住。

11月29日 郭琦复学成功。

12月 郭琦先后找到老天明歌咏团（三七年）骨干杨戈、郑玉研、王友愈、张启予、芦济英、夏叔恋、胡叔英等党员和张勘、沈纪云等人一起活动。

1939年 22岁

03月 郭琦祖母许氏去世。许氏治疗和安葬费用，使郭家将所余的六十亩地、一院房产全部卖掉。彻底破产。

03月15日 郭琦经杨天华介绍加入中国共产党。一起入党的还有曾凌、王友愈。和王怀安、杨天华三人编在一个党小组。定于每周在郭琦家中开会，组织学习郭琦自延安带回的《论持久战》《论新阶级》。在郭琦家中开会学习期间，杨天华针对郭琦喜欢读西方现代哲学家著作问题，进行了批评。

郭琦入党后，主要负责成都天明歌咏团工作。

05月中旬　日本空军对成都进行大轰炸，四川大学迁峨眉山。学校中"天明歌咏团"大部分人员随王怀安组织的抗敌宣传团步行去峨眉。

郭琦负责和留下的叶冷、萧枫、杨戈、史俊明、郑玉研、陈伯林、吴仲华继续天明歌咏团成都的抗日宣传活动。

06月　郭琦任中共四川大学文学院中共地下党支部书记。仍以天明歌咏团为工作重点。

07月中旬　以郭琦为首，组织以天明歌咏团为中心，有东总歌咏团、电信歌咏团、武汉流亡青年歌咏团参加的成都抗日歌咏宣传周。

经四川旅外剧社丁洪、电影评论家瞿白音介绍，郭琦、陈伯林为主唱，为西北电影制片厂拍摄的电影《在太行山上》录制主题歌曲。

09月　郭琦离开天明歌咏团，前往已迁峨眉的四川大学，陈伯林留成都负责天明歌咏团。

12月　郭琦参与杨天华拟组织"成都抗日军政大学同学会"，后未果。

1940年　23岁

05月　郭琦经中共川康特委介绍，再赴延安，进入延安泽东青年干部学校学习。

08月　开始精读《资本论》，做笔记八万余言。

1941年　24岁

03月　与邓泽、康乃尔等成都地下党战友在延安新市场小饭馆聚会，郭琦畅谈《资本论》读后体会，表现出对马克思经济学的极大兴趣。

03月19日　张闻天到学校讲课，郭琦课后向张闻天请教马克思《资本论》相关问题。张闻天将郭琦的《资本论》读书笔记带回批阅。

05月　在延安泽东青年干部学校学习期满。任中共中央财经部秘书组组长。

08月01日　延安中央研究院成立，院长张闻天。

09月　郭琦调入延安中央研究院经济研究室，任研究员。延安中央研究院是一所专为党培养高级理论干部的"红色教授学院"，其时延安中央研究院共设九个研究室，有研究人员112人，其中特别研究员有范文澜、王思华、陈伯达、王实味等10余人，研究员20人左右，研究生88人。

12月　中共中央财经部、陕甘宁边区财经办事处抽调中央研究院经济研究室研究员郭琦、马恒志由贾拓夫负责，三人赴绥德专区调查边区经济情况及农民经济负担情况。

1942年　25岁

01月　党内开始整风运动之初，张闻天在中央研究院全院大会上做报告，强调毛泽东同志的学习态度和学习方法始终是扎扎实实的、脚踏实地的，理论密切联系实际的，是全党学习的楷模，号召大家要老老实实地向毛泽东同志学习。

延安整风，党内反对教条主义，同时出现一股极左思潮，将学习马列主义也作为教条主义来反，郭琦不同意这一极端做法。因张闻天讲话，郭琦在经济研究室的讨论中，发言说：难道以后我们就不用学习马克思主义的经典著作了？我认为首先要学习马克思主义经典著作，然后才能老老实实地向毛泽东同志学习。张闻天同志否定自己不是实事求是的态度。

01月底　张闻天下乡进行社会调查回到延安后，在中央研究院约见郭琦，就郭琦在经济研究室讨论中的发言进行了耐心的批评教育，并要求郭琦为此写出书面检查。

03月16日　罗迈（李维汉）在《解放日报》发表《要清算干部教育中的教条主义》一文中指责了1938年以后的党的干部教育，造成了"两耳不闻窗外事，一心只读马列书"的风气。

03月27日　郭琦在政治经济研究室讨论学习罗迈的《要清算干

部教育中的教条主义》一文时再次发言说:"一心只读马列书不能说有错误,共产党人当然要读马列的书,特别是在研究室这个岗位上,更应该认真学习研究马克思主义经典原著,室主任王思华同志宣布他过去信赖并且投入了大量精力进行研究学习的马列经典著作'比屎还没有用处'不符合客观事实,这才是教条主义的表现。"

03月29日 邓泽、曾凌、邓照明、康乃尔、陈可大、杜秭生等郭琦在成都的同学、战友纷纷前来延安中央研究院,劝说郭琦并警告不要乱讲话,努力跟上形势。

04月3日 中共中央宣传部发出"四三决定",即《关于在延安讨论中央决定及毛泽东同志整顿三风报告的决定》。该日夜,曾凌、马志恒与郭琦竟夜长谈,要郭琦收回在研究室讨论会上的发言。当夜,曾凌将郭琦自1940年8月开始精读《资本论》的读书笔记三十余万字全部拿走销毁。

04月05日 曾凌陪郭琦拜访中央研究院挂名副院长、中央军委敌工部部长、日本马克思主义理论大师河上肇的学生王学文,就学习马克思主义经典原著是不是必然会滑向教条主义的深渊等在整风运动中所遇问题进行请教。在王学文处,郭琦遇原红五军团政治委员、西路军政治部主任、时任西北局宣传部部长李卓然。王学文向李卓然介绍郭琦。李卓然教育郭琦和曾凌,共产党人要少说话,多干事,搞理论研究也是同样的道理。

06月初 延安中央研究院文艺研究室特别研究员王实味宣布退出中国共产党。

06月09日 郭琦写作短文《王实味问题之我见》,对造成王实味事件主客观两方面原因进行分析,誊抄三份,一份送延安中央研究院文艺研究室主任欧阳山,一份送好友曾凌,一份送时在《解放日报》工作的同学胡绩伟。在胡处,遇大众读物社报纸科科长赵守一。二人读后,告诉郭琦,发表有难度,先把稿子拿回去,以后再说。

是日　曾凌劝郭琦立即追回稿子，必须和党批判王实味保持高度一致。郭琦到欧阳山处要稿子，欧阳山告知，稿子已丢失。时过五十多年后，欧阳山在一篇题为《延安整风运动和王实味》一文中谈到郭琦：他是从成都来的青年知识分子，搞经济学研究，但在王实味的问题升级以后，郭琦竟然送给了我一篇文章，提出对王实味问题的疑问。在我的记忆里他是延安、至少是在中央研究院内部，第一个也是唯一一个对王实味问题提出疑问的青年知识分子。我当时出于复杂的原因，没有把稿子再还给他，但也没有上交，我批评了郭琦同志，说他稿子写得乱七八糟，其实，我这样做是从客观上保护了他。

07月　郭琦继续参加延安中央研究院的整风运动。

08月　郭琦和萧枫结婚。

下半年　王思华见贾拓夫，希望贾拓夫帮助郭琦联系单位，告诉贾，如果郭琦再不走，鉴于他前一个时期的言论，只能把郭琦抛出去了。

11月　郭琦由中央研究院经济研究室调绥德师范学校任史地教员。

1943年　26岁

05月01日　郭琦大女儿郭薇林出生。

05月底06月初　在审干运动中郭琦被诬为红旗党、国民党特务。

是年冬　开始干部的甄别工作，该工作由绥德地委宣传部部长李华生同志负责，否定了郭琦是国民党特务，后交由郭琦所在绥师审查。

09月　任绥德师范学校教务科科长。

1944年　27岁

上半年　绥德师范党支部为郭琦做出结论："无政治历史问题"，时任党支部书记为宋养初。

1946年　29岁

02月　组织部门调郭琦、萧枫夫妇回延安，住招待所，等待回四川从事地下工作。后因时局变化，郭琦于6月分配工作至西北局宣传部教育科工作。

07月　郭琦前往延安大学，传达西北局宣传部部长李卓然关于延安大学高中部对待"非党员同学学习"事件的意见，并代表西北局会同江隆基处理该事件。

1947年　30岁

06月　任中共中央西北局宣传部理论教育科副科长。

07月14日　郭琦二女儿郭晓霜出生。

08月　土改机关三查期间，在学习讨论中，郭琦的家庭成分被正式定为破产地主。

10月15日　郭琦受西北局宣传部派遣，由碛口西渡黄河，前往河西了解绥德师范、米脂中学情况，路遇在延安大学工作的老战友张宣。

1948年　31岁

08月　郭琦主持起草了《中共中央西北局关于接管黄龙新区教育工作的决定》。此文件，成为1949年建国初期，西北接收国民党教育领域的指导性文件。

1949年　32岁

07月03日　郭琦大儿子郭凯军出生。

11月　一次郭琦负责组织招待西安民主人士的宴会工作，因在凉菜中上有一道凉拌黄瓜，曾受彭德怀批评为破费。西安刚解放，物资供应奇缺，此可作一则逸闻参看。

12月　郭琦致信在四川的王维舟，信中主要谈及父亲郭昭麟现在西康法院任职，请王维舟帮忙打听下落，在可能的情况下，请助以路费，让父亲回成都家中。

1950年　33岁

01月　西北局宣传部、组织部委托郭琦提名西北军政委员会文化教育委员会处长级名单。郭琦提名崔哲任西北文委秘书长、余峥任计划处处长，王荣任副处长等。

02月　担任西北局《党内通讯》主编。

任西北局整风学习委员会办公室主任。

03 月　郭琦由西安回成都，三周。去重庆逗留一周，会见了老战友陈可大等人。

1952 年　35 岁

02 月　西北局决定，郭琦兼任甘肃省高等院校系统"三反五反"及"知识分子思想改造运动"工作领导小组组长。

03 月　郭琦母亲吴佩林、六弟郭先予乘木炭汽车经广元抵宝鸡，后坐火车至西安，全家团聚。

05 月　甘肃工作期间，因与早年恋人邂逅交谈一事，被组织批评，西北局决定，郭琦改任西北局宣传部理论教育处副处长。

1953 年　36 岁

03 月　郭琦代表西北局宣传部参加由陕西省委宣传部在咸阳召开的小学教师代表会，并以西北局的名义起草了《关于集训小学教师代表会的形势和试点工作报告》。

7 月 25 日　西北行政委员会作出《关于西北区高等学校教师政治理论学习的决定》，并决定由郭琦任副主任委员，主任委员为杨明轩，副主任委员还有张仲实、侯外庐。

西北局委托西北大学举办两期马列主义研究班，一年一期，郭琦被聘为马列主义研究班教授，主讲中国共产党党史和毛泽东思想，为西北地区高校培养了第一批马列主义理论教师。

1954 年　37 岁

6 月 10 日至 14 日　郭琦分别在西安师范学院、西安交通大学、西北大学作《总路线第四单元学习》报告。

10 月　调中共中央宣传部高教处任干事。

1955 年　38 岁

此年在北京钢铁学院等高校作兼职教授，讲授恩格斯《费尔巴哈与德国古典哲学的终结》等；再讲，重新备稿，补充最新材料与心得。

1956年　39岁

12月底　自北京调任西安师范学院副院长，暂住陕西省委招待所。

1957年　40岁

4月　郭琦到任西安师范学院副院长，领导整风运动。从此开始了他自己所说的"唱主角，不挂头牌"的师大文革前的十年主政时期。

6月22日　郭琦在西安师院师生员工大会上做《整风运动初步检查报告》。

9月5日　郭琦任西安师范学院党委副书记。

9月14日　郭琦在新生开学典礼上作《本学年度工作纲要和工作改进情况的报告》。

11月30日　郭琦受党委委托，向西安师院全体师生员工作《整风运动第二阶段的小结报告》。郭琦一直相信毛主席的"思想批判从严，组织处理从宽"，但在反右运动后期发现"毛主席在实践上自己并没有执行"，使他"没想到组织处理会这样严"，于是，他在处理右派时，实事求是不断向上级反映，要求对右派既然思想批判从严了，就要组织处理从宽：家庭困难的，工资不动，职称降一级，降级的只降一级，不要降三级；职称保留，让他们发挥作用。这是当年郭琦唯一能做到的对右派的从轻处理。

12月11日　郭琦向西安师院全体师生员工作《在全院掀起整改高潮》的动员报告。

是月郭琦在《人文杂志》发表长文《为捍卫马克思列宁主义在思想领域中的领导地位而斗争》。

12月19日　郭琦贴出大字报，在大字报中表示：我决心接受大家提出院长开课的意见，决定在下学期参加哲学教学工作，从明天起，每周听课一次。

12月29日　郭琦代表西安师院党委和学校，在听取各系、科的汇报整改情况后，作总结发言。

1958年　41岁

2月25日，郭琦在西安师院院务扩大会议上就西安师范学院今后的工作发展，作重点发言，布置开展"三勤"（勤俭办学、勤俭生产、勤工俭学）工作。

03月18日　郭琦以"继续苦战一个月，重点深入开展双反运动"为题，号召西安师范学院行动起来，横扫官气、暮气、阔气、骄气、娇气。

03月20日　郭琦任中国科学院陕西分院社会科学组副组长、党组成员。

是月　郭琦所著《论民主的阶级实质》单行本由陕西人民出版社出版。

04月01日　郭琦作动员报告，明确指出师范学院今后发展的方向，教育要为发展生产力服务，要求大家要向群众学习，依靠群众推动教学改革，做到"有物、有人、有思想、有措施"，彻底改革教学面貌，为国家培养出更多更好的合格的人民教师。

04月08日　郭琦任中国科学院陕西分院社会科学院副院长。

04月22日　郭琦在西安师院举行的民主党派人士大会上，表示支持民主党派代表向党交心的发言。

是月　郭琦提出并鼓励地理系师生编写我省各地市地理志。一九六二年完成汉中卷，此后各卷延至上世纪八十年代陆续完成计六个地市十一卷，此项工作乃全国首举。

09月　郭琦任《人文杂志》主编。

09月11日　郭琦向国务院第二办公室主任张际春汇报西安师范学院教学改革情况。张际春在听取汇报后，指示《光明日报》作专版报道。

10月02日　郭琦在西安师范学院物理系召开的科学研究与教学、

生产会议上说：在科研方向上，物理系应抓住尖端、普及、教学三个方面，尖端科学研究要扩大应用范围，达到为生产服务，不至于脱离实际。

10月08日　郭琦在《光明日报》发表长文《批判师范特殊论，贯彻党的教育方针》。首次提出了我国师范院校的办学方针不仅只面向中学，更重要的是面向社会主义建设，尤其是面向广大农村社会主义建设，同时提出师范院校不能只学教学法，要和普通大学一样搞科研，提高教学质量。第一次校正了我国师范学院教学的苏联模式，这是郭琦在我国师范教育上的理论贡献之一。

1959年　42岁

01月　赴北京参加中央教育工作会议，第一阶段会议。

01月29日　郭琦主持院务会议，根据学生劳动太多的情况，制定"一三八"和"一二九"时间安排，即本科每年放假一个月，劳动三个月，学习八个月；专科生每年放假一个月，劳动一个半月，学习九个半月。

02月　再赴北京参加中央教育工作会议，第二阶段会议。

是月　在中央教育工作会议休会期间，回西安，根据陆定一讲话，概括地提出了"发挥教师的主导作用，建立以教学为主的正常秩序"的口号。

03月上旬　郭琦参加省委组织召开的教育工作会议。在会上做反思一九五八年教育革命的发言。

是月　中共陕西省委相关领导认为郭琦领会政策快，指示将郭琦讲话在陕西人民广播电台全文播出，在教育界产生广泛影响。

03月下旬　郭琦赴京参加高等教育会议。会上陆定一否定了1958年对资产阶级知识分子的学术批判，认为学术领域中"破"得多，"立"得不够，1958年三结合编写出来的教材，革命性有余，科学性不足。

04月初　郭琦在学校党委会和校务委员会上介绍韩愈《师说》中提出的"师者所以传道授业解惑也，师不必贤于弟子，弟子不必不如师，闻道有先后，术业有专攻，如此而已。"强调教师在教学中必须起主导作用，要提高教师在学校的地位。

05月11日　中国科学院陕西分院社会科学组召开党组会，贯彻全国省委文教书记会议精神。落实中共中央宣传部提出编写高等院校教材的任务，确定编写哲学、经济学教材，由郭琦担任主编。郭琦以兼职过多，不就。

中共陕西省委宣传部向西安师范学院党委下达书面通知，由郭琦担任哲学教材主编，李宗阳、巩重起担任副主编。

06月　郭琦参加国务院副总理、中宣部部长陆定一在西安召开的高等院校负责人座谈会。

06月13日夜　郭琦前往陕西宾馆，见陆定一。询问有关中宣部宣传处处长秦川写作关于四川人民公社的调查报告一事。陆定一告诉郭琦，秦川的调查报告很好，实事求是。

06月14日上午　郭琦给秦川写信，转述陆定一的看法。但数月后，秦川被打成右倾机会主义分子。

06月15日　郭琦向西安师范学院党委传达了陆定一在座谈会中的讲话精神，说：陆定一的讲话，一句话概括之：要恢复学校正常的教学工作秩序。郭琦进一步谈到：教育革命只要坚持三条，一是教育为无产阶级政治服务，二是教育与生产劳动相结合，三是教育工作由党来领导。除此之外，其他方面的条件不具备的情况下，应先利用旧的，待条件成熟时再改，至于学术批判更不要简单化。谈到关于学生参加劳动的问题，郭琦说：对于劳动多少时间为宜，要研究。学生参加劳动的目的主要是培养劳动人民的感情，养成劳动的习惯，在此基础上学点技术。

上半年，郭琦在学校依靠谁的问题上，提出"在学校应该是党领导下依靠知识分子"。

07月　郭琦参加在西北农学院召开的高等院校哲学教材二次改稿会议。会议期间,郭琦表示,对这本哲学教材没有信心,如果要写好,需省委书记处书记赵守一、省委宣传部部长王荣及李宗阳等人亲自每人写一章,需三到四个月。郭琦的意见未被采纳,随后,这本教材以郭琦为主编,作为西北五省高等院校的哲学教材出版发行。

07月21日　郭琦在西安师范学院六级干部会议上作《认清学校形势,改进工作作风,进一步贯彻教育方针,提高教学质量》的报告。

09月　郭琦回成都。

10月28日下午5时　郭琦携长子郭凯军、次女郭晓霜前往西安火车站接父亲郭昭麟。

1960年　43岁

02月　《人文杂志》发表郭琦文章《坚持毛泽东同志的阶级分析观点 反对修正主义的超阶级观点——评一部宣扬阶级斗争熄灭论的教育学讲义》。

02月14日至20日　在教学工作会议上,郭琦强调抓"三基"训练,即加强基础理论、基本知识和基本技能的训练。

04月20日　中共陕西省委宣传部通知:郭琦同志兼任陕西师范大学党委副书记,行政职务待中央批准后另行通知。

05月07日　郭琦参加陕西师范大学成立大会。

上半年　郭琦提出合校后,着力校园美化工作,指定专人负责规划设计和实施。并着手下乡大量收购柱头石等置于校园中,创造一个"鸟语花香、书声琅琅"的学习环境。

07月 08月　郭琦利用暑假,再次精研了《费尔巴哈与德国古典哲学的终结》和《社会主义从空想到科学的发展》。

08月　青年共产主义丛书发表郭琦的文章《认真读书》。

09月下旬　郭琦在陕西师范大学讲授《费尔巴哈与德国古典哲学

的终结》和《社会主义从空想到科学的发展》。师大附近高校哲学教师亦闻风赶至听讲。

  10月初 中共陕西省委确定：郭琦同志主持陕西师范大学党委工作和陕西师范大学行政工作，刘泽如同志集中力量进行心理学的研究。

  12月09日 中共陕西省委通知：中央批准郭琦任陕西师范大学副校长。

1961年 44岁

  3月上旬 郭琦父亲郭昭麟于西安逝世。

  07月 郭琦和章泽合作写作《陕西知识分子调查报告》。

  09月20日 上午郭琦拜访来陕的吴宓。

  09月21日下午 郭琦宴请吴宓。

  10月下旬 郭琦向教师提出在科学研究上"出潼关，进北京，争取全国发言权"和"五年小成，十年中成，十五年大成"两个口号。并用王国维学习的"三个境界"鼓励大家。

1962年 45岁

  02月01日 西安哲学学会成立。彭康当选会长，郭琦当选副会长。

  是月 郭琦主持开办教师脱产进修班、行政干部进修班。郭琦担任政治课教师，主讲《费尔巴哈与德国古典哲学的终结》

  07月13日 郭琦主持学校选定62名骨干教师，制定长期规划，进行重点培养。

  下半年 在学校进行系科调整的形势下，郭琦力排众议，主张对史念海的历史地理专业和赵恒元的声学研究所不仅不能砍掉，而且要配备助手，并因此提出了在发挥优势学科上"因神设庙"的著名口号。

  07月中旬 郭琦主持再次公布《关于基础理论、基本知识和基本训练，提高教学质量的初步意见》

  11月中旬 郭琦为高宪斌教授和孙为霆教授主持分别出版线装作品集：《百二余屋诗词散曲稿》和《壶春乐府》

12月中旬 郭琦在西安东亚饭店与王子云、赵望云、石鲁、韩秋岩、蔡鹤汀等画家聚会。

1963年 46岁

12月 中共陕西省委书记处书记舒同请郭琦抓一部京剧剧本后,陕西省戏剧家协会以公文形式,再请郭琦组织创作京剧剧本。郭琦约宁锐、李玉岐教授等数人讨论长篇小说《野火春风斗古城》改编事宜。后无果。

1964年 47岁

3月3日 中共陕西省决定成立内部理论刊物编辑小组,由舒同、彭康、刘端棻、陈元方、丁济仓、丛一平、方杰、郭琦、林牧等9人组成。组长舒同,副组长刘端棻、郭琦,编辑小组的任务是负责管理有关公开发表的批判现代修正主义文章和向西北局内部理论刊物供给稿件的工作。

05月 中共陕西省委指示郭琦考虑在西北大学和陕西师大增选一名高级知识分子为全国人大代表。郭琦推荐上报史念海教授,并获通过。

1965年 48岁

03月 传达北京大学社教经验时,郭琦在师大党委范围内再次提出学校依靠谁的问题时说:"阶级路线,在学校不能像在农村那样划分,把教授划成地主。对资产阶级知识分子不能像对地富那样斗,资产阶级知识分子不是革命对象;学校工作依靠谁?政治上作为阶级力量,要依靠党团员左派,但这要和具体使用区别开来。使用上还是在党的领导下依靠广大教师,依靠知识分子。"

06月18日 郭琦从长安引镇社教团返回陕西师范大学。召集陕西师大部分总支书记和班主任,研究"九评"学习中,对人的处理问题。郭琦提出:①不要以整风的名义整学生;②一定要分清两类不同性质的矛盾,暂时分不清的先按人民内部矛盾处理;③处理有错误的学生，材料要有学生本人签字；④反对"唯成分论"。

郭琦还在这次会议上再次提出并强调学校的工作，一切围绕教学去进行，不能妨碍教学工作。保证教学质量，是衡量政治工作的标准之一。各部门要明确树立以教学为中心，和为教学服务的思想，积极围绕教学进行工作。高等学校的政治工作应落脚到教学水平和科研水平，党的组织路线也要求为教学服务。

07月初　陕西师范大学党委向全校师生传达毛主席《七三指示》精神时，郭琦提出：既要政治第一，又要教学为主。既要减轻学生负担，又要提高教学质量，政治要落实到业务上，确保知育第一。郭琦还针对传达《七三指示》精神，提出了一个原则：思想积极、行动稳妥，只准胡说，不准胡做。

08月下旬　郭琦在制定《减轻学生学习负担的暂行规定》中，写道："学生在课外学习毛主席著作，学生要根据自己的学习基础，结合思想实际，自选内容，自找时间，不作统一规定，不要强调集体，不要单纯追求组织了多少个小组，开了多少次讨论会。"

10月　郭琦长安社教回校后，将刘泽如四年前所写三万余字的关于《〈中庸〉的人性论》的检查私下销毁。

11月　郭琦在师大一次党委会上说："在真理面前人人平等，毛主席也一样。"

是月　陪同李卓然参观乾陵、茂陵等地。

12月　郭琦赴北京，听取高教部部长蒋南翔传达中央杭州会议精神。

1966年　49岁

03月　参加省委工作会议，支持张军的发言，说胡耀邦来陕西才几个月，陕西工作上不去，能有多大责任？

04月　郭琦受西北局、陕西省委委托负责起草并完成《西北大区学术批判规划》，受到西北局第二书记胡锡奎肯定。该规划的核心是将对柯仲平、付子东、霍松林等人的批判限定在学术范畴之内。然未及实施，文化大革命爆发。

05月　郭琦参加省委召开的文化革命座谈会。

06月03日　造反派起来开始揭露隐藏在中央的刘邓资产阶级司令部的罪行，郭琦在全校大会上说："不能够只相信毛主席一个人，要相信中央其他领导同志。"

06月05日　陕西师范大学中文系学生贴出第一张批判郭琦的大字报。

06月08日　在联合教室召开对陕西日报登载"三反分子彭康"一文表态大会上，数名造反派冲上讲台，临时用字纸篓糊成的高帽子揪斗郭琦。

是日傍晚　郭琦办公室门上、墙上、窗户上已经贴满大字报。郭琦立即给省委工作队队长杨作义写信。杨老：给你汇报几件事：1.今天下午六时有三百余人在看。2.办公室的窗户已经贴满，今天发展下去，势必贴到宿舍，这一条是否讲清楚，个人与家属不能同罪。3.昨晚快睡时，有一女人打电话问我父亲何时死的，家属问她是哪个单位的，她不说，并发脾气，这点请你尽快了解一下。4.今晨六时半，陆续有人来。估计昨天又出一些大字报，号召大家来看，今天人会更多。我认为用对联采取讽刺，就是人身攻击，况且这样多的人，扯闹要求参观，并对家属采取无礼行为，比八条走得远。昨晚吃安眠药，三时才睡，六时又有人来，我身体实在支持不下，究应如何，望给予出路。

06月09日　凌晨五时，郭琦居所墙上、门上、窗户上亦贴满大字报。

是日　郭琦被关进"牛棚"。此后，即不断接受大小会批斗、"拼刺刀"，当面落实问题，逼迫提供各部门、各系大小走资派的罪证。郭琦的回答是"他们都是执行了我的修正主义路线"，从不上推下卸，文革十年，始终如此，深得干部群众赞誉。

是日　郭琦被政教系师生唤去，在回答质问时，郭琦说："我相信毛主席思想，不是相信毛主席个人。"

07月30日　中共陕西省委宣布，停止郭琦党内外一切职务。

08月12日　《陕西日报》一、四版通栏，公开点名批判郭琦是：反党反社会主义反毛泽东思想的黑帮分子党内走资本主义道路的当权派。

08月13日20时　陕西师范大学筹委会召开大会再次揪斗郭琦，"坐喷气式飞机"、戴高帽。

08月15日16时至20时　三位中、小学女革命小将在郭琦居所用西瓜皮等物殴打郭琦，并宣称将郭琦母亲晚上要拉到会场陪斗。郭琦母亲受惊吓心脏病发作，卧床不起。

08月23日　陕师大临委会25名同学闯进郭琦家，宣布在15时前，立即搬到师大西二排三号居住。

12月27日　郭琦被揪斗至西安地区红卫兵革命造反司令部、西安地区工矿企业文革联合会在西安体育场举行的"西安地区红色造反者誓死保卫毛主席、斗争反革命修正主义大会"，后游街示众。

1967年元月—1969年6月　50岁—52岁

在牛棚接受改造，扫厕所。同时开始了他一生中第三次集中学习马列时期。郭琦称：第一次是延安时期，第二次是中宣部时期，第三次便是"文革"十年，使他再次系统地学习了马列著作。

1969年　52岁

06月28日　陕西师范大学革命委员会宣布郭琦解放。

1970年　53岁

01月　陕西师范大学教职工"战备"疏散于永寿，郭琦被学校派往乾县"教育革命"小分队担任领导。郭琦参与了"教育革命"乾县小分队师训班在乾县县城十字办到的小评论专栏的工作。

09月10日　郭琦任泾阳农场领导小组组长。

1971年　54岁

被安排在陕西师大写作组参与工作。

1972年　55岁

被安排在中文系任党支部书记，不足一年。

1973年　56岁

03月　郭琦陪同旅美画家李山拜访石鲁。郭琦、李山、石鲁进行了关于中国画创作方面的交谈。李山向石鲁表达敬仰之情，说：石先生的艺术将会在中国美术史上留下来。郭琦告诉石鲁：当一个新的艺术流派出现时，总会受到非议。任何一个流派，如果以为已达到至善至美之境，不必变化发展，那就会失去生命力，你现在的可贵之处，就是在不断探索，永不自满地追求创新。从这个意义上来说，人家批评你野、怪、乱、黑正是你艺术创作精神之所在。

08月　为《商君书新注》起草前言。

12月　郭琦在前往北京《人民日报》送稿时，先后拜访张稼夫、李卓然、宋养初、吕冀、李斛等人。

1974年　—1977年6月　57岁—60岁

在家赋闲，精读《商君书》《史记》《汉书》《商君书》。与石鲁、赵望云、何海霞等长安画派画家交游甚欢，与亚明等金陵画派画家、程十发等海派画家书信往来频密。

在家赋闲期间，还指导了何清谷等人做秦始皇研究。当时正是四人帮搞"评法批儒""小报套大报，大报看梁效"的时期，郭琦提醒何清谷等教师：不赶时髦观点，抱定老主意，实事求是，靠史料说话，不是从大量史料中归纳出的观点，缺乏史料根据的观点，不管多么中听，总是站不住脚的。

1977年　60岁

06月10日　郭琦任陕西省教育局西北大学联络组组长。

06月19日　郭琦在西北大学召开的党员和部分师生员工大会上发表讲话，分析揭批四人帮运动的形势和群众的思想状况。

07月　经郭琦推荐,四川嘉州画派创始人李琼久进入文化部中国画创作组,与李若禅、黄永玉、李可染等成为首批成员。

下半学期某天晚　因西大学生灶职工与历史系学生发生事端,引起历史系学生罢课。郭琦前往现场与学生对话,动情晓理,使学生深为感动,罢课遂止。西大校长张岂之回忆往事说:"不少从西北大学毕业的校友回忆往事,老校长郭琦的循循善诱的形象则和他们对于母校的怀念连接在一起。"

08月29日　中共西北大学委员会举办"十一大"文件学习班,郭琦着重就整顿作风问题发表讲话。

10月05日　郭琦主持召开全校师生员工大会,动员广大师生深入揭批"四人帮",并安排部署学校清查工作。

10月06日　陕西省教育局领导小组组长林茵如到西北大学宣布:郭琦任中共西北大学委员会副书记,主持党委工作。

10月09日　晚饭后郭琦前往张伯声教授家看望。

10月13日　西北大学召开党员大会,郭琦安排学校下一步清查工作重点。

10月14日下午　郭琦前往章泽处,商讨关于西北大学报请教育部重点高校的有关问题。

10月15日上午　郭琦先后致信李尔重、李瑞山、于明涛,就关于西北大学报请教育部重点高校问题进行相关情况的说明。

10月21日　郭琦先后致信张稼夫、张际春、王震,信中提及关于西北大学报请教育部重点高校的有关问题,并托请张稼夫寻求与刘西尧直接对话的机会。

10月26日　中共陕西省委组织部(1977)181号文件通知,中共陕西省委决定:郭琦任西北大学党委委员、常委、副书记,革委会委员、常委、副主任。

10月31日　郭琦任西北大学招生委员会主任。

11月15日 在西北大学全校大会上,郭琦传达中共中央37号文件和省委第15号文件。郭琦讲话,强调揭批"两个估计"的斗争是当前揭批"四人帮"第三战役的重要组成部分,要发动群众,迅速掀起一个大揭发、大清查、大批判的高潮,把"四人帮"搞乱了的路线是非、思想是非、理论是非一一纠正过来,肃清其流毒。

11月19日 郭琦致信邓力群,信中再次提到关于西北大学报请教育部重点高校的有关问题,托请邓力群玉成此事。

11月22日 郭琦主持召开西北大学党委扩大会议,传达华国锋主席在中央政治局讨论招生工作时的讲话。

11月23日 郭琦主持讨论并通过西北大学向中央教育部的报告:《关于报请西北大学列为教育部重点大学的报告》。

11月24日 郭琦主持召开西北大学党委扩大会议,传达教育部电话会议精神。

11月29日 西大召开全校师生大会,批判"四人帮"对教育战线的"两个估计",郭琦到会讲话。当晚,前往章泽家中再次交换关于报请西北大学列为教育部重点大学的意见。

1978年 61岁

01月01日 郭琦会同学校其他负责同志,正式向省委文教书记章泽汇报西北大学申报教育部重点大学问题,取得省委支持。

01月02日晚 郭琦前往傅庚生家中拜访。

01月03日下午 郭琦前往石鲁家中探望。

01月04日中午 郭琦前往石鲁家中取石鲁给赵守一、华君武的信。

01月05日 郭琦同刘瞬康、雷明德、符景垣启程前往北京向教育部等有关部门汇报西北大学申报重点大学事宜。至21日返回西安。此期间,郭琦先后拜访了张稼夫、马文瑞、张邦英、梅益、梅行、邓力群、赵守一、王震、宋养初、秦川等。

04月14日 中共西北大学党委召开全校大会,郭琦在会上宣读了国务院批转教育部关于恢复办好重点大学的通知,报告西北大学的发展设想。

04月20日　郭琦赴北京参加全国教育工作会议。

05月16日　全国教育工作会议闭幕。会后,人民日报记者对郭琦进行了专访,并在人民日报第一版发表了专访郭琦的文章。

05月19日　赵守一、秦川、郭琦等老友共进午餐。

05月20日　郭琦约陶然一起拜访宋养初。

05月29日　郭琦在西北大学全校大会上传达全国教育工作会议精神。在会上,郭琦解答了五个方面的问题:1. 办学究竟以什么为主？2. 如何处理与知识分子的关系？3. 对学生要不要管？4. 如何看待后勤工作？5. 要不要抓重点,抓尖子。并提出了四项措施:1. 继续深入开展"一批双打"运动,抓纲治校。2. 采取各种措施,进一步调动广大知识分子的积极性。3. 充分发挥主观能动性,大干实干,千方百计提高教学质量。4. 抓紧学生纪律整顿工作,加强学生思想政治工作。

06月　郭琦参加中国古代史学术讨论会,在会上发言谈道:学术研究要以实际出发,各地各单位都要有自己的土特产。

06月01日　根据中共陕西省委组织部(1978)067号文通知:郭琦任西北大学校长兼党委书记。

06月28日　郭琦就"文革"期间发生的西北大学化学楼事件,在全校师生员工大会上指出:凡是过去受此案牵连的、受迫害的同志应予以彻底平反。凡是强加的一切不实之词应予以统统推倒。并提出要进一步加强党的领导,做好犯错误同志的思想转化工作。正确区分两类不同性质的矛盾,按党的政策办事,把揭批"四人帮"的斗争进行到底。

07月01日　西北大学举行教学经验交流会,郭琦到会讲话。

07月06日到15日　郭琦参加陕西省委高校书记、校长会议。

07月14日　郭琦拜访来西北大学讲学的美籍华人、生物学家牛满江教授和夫人张葆英、旅美学者肖淑、王尔中、谢少娴。

07月17日　郭琦向西北大学教研室主任以上干部传达陕西省委高校书记、校长会议精神。

08月29日　郭琦拜访王任重，就聘请王任重担任西北大学校务委员会主任一事交换意见，同时还向王任重提出了争取为西北大学多拨经费的问题。

09月30日　郭琦在西北大学中层干部会议上宣布时任中共陕西省委第二书记的王任重兼任西北大学校务委员会主任的决定。

是月　西大学生创办文学刊物《希望》，郭琦对编辑们说："办刊主要是两件大事，一是印刷，一是要编辑。印刷的事情，学校帮你们解决，编辑的工作，就全靠你们自己了。让我们坚持百花齐放、百家争鸣，创作和出版思想上和艺术上的好作品。"此后，又多次对《希望》给予支持。反对自由化时，《希望》被停刊，引发学潮，问题解决后，郭琦特别指示："不能影响参加《希望》编辑工作和在《希望》上发表作品的学生的毕业分配。"事实证明，这些同学分配的工作还更好一些。

10月10日　郭琦在西北大学师生员工大会上传达省委常委扩大会议精神，要求大家"掀起揭批曾在我省把持很大权利、终于投靠四人帮的胡炜的高潮。"

10月11日　中共陕西省委作出《关于为郭琦等同志平反的决定》。《决定》说，在无产阶级文化大革命初期，经原西北局批准，对郭琦等定为反党反社会主义分子，撤销党内外一切职务。经省委讨论，认为对郭琦等12位同志的定性和处理是错误的，应予以平反，恢复名誉。

10月17日　郭琦在西北大学党委召开的"实践是检验真理的唯一标准问题"的讨论会上，做重点发言。

10月20日　郭琦在西北大学党委扩大会上传达省委有关文件精

神，讨论"清查""双打"运动的专案材料问题。

11月12日　老战友张宣到西安外国语学院郭琦家中拜访。郭琦就张宣五十年代初，在西北民院犯"错误"之根源，无保留地交换了意见，显示出郭琦对朋友一贯的真实和坦诚。

12月21日　郭琦在西北大学教职工代表大会上作报告，号召"全校师生把工作重点转移到教学、科研上来，把西北大学办成既是教学中心，又是科研中心的重点大学"。

1979年　62岁

01月　郭琦在《陕西教育》杂志发表《坚持实践标准　克服本本主义》。

01月03日　郭琦在西北大学党委扩大会议上传达省委扩大会议精神，就如何贯彻中央工作会议和三中全会精神，把学校工作重点转移到教学、科研上来做出安排，提出了十三条具体实施意见。

01月09日　郭琦会见日本京都大学名誉教授吉川幸次郎一行十人。

01月10日　郭琦陪同王任重视察学校。

01月10日　郭琦出席日本京都大学访问团与历史系和中文系的座谈会，并讲话。

01月18日　郭琦在西北大学校党委召开的全校教研室、研究所（室）正副主任会议上做重要讲话。明确教研室和研究所（室）任务及职责。

04月06日　郭琦会见联合国科教文组织装备处处长林考斯基、赞查罗夫博士、费兰肯博士、布鲁尔教授、多布林教授、舒兹教授。

05月04日　郭琦出席西北大学春季田径运动会。

05月05日　郭琦会见美国加州大学贝克劳仑斯实验室摩尔教授。

05月09日　郭琦在中共陕西省委文教部召开贯彻四项基本原则教育经验交流会上，向与会的全省各大专院校200余人介绍西北大学的经验。

05月11日　郭琦在东亚饭店与华君武、李可染、王朝闻等宴谈。

05月14日　郭琦会见日本京都市学术代表团上田正昭等人。

06月20日　郭琦在中共西北大学委员会召开的全校理论宣传干部及部分学生干部共300余人参加的思想理论座谈会上发表重要讲话。

07月18日　郭琦在西北大学第二次教职工代表大会闭幕式上作总结报告。从搞好党风，抓好思想路线教育，加强师资工作，提高教育质量，握紧拳头抓好科研，面向学生贯彻德、智、体全面发展，努力为教学科研创造条件五个方面安排部署了新学期工作，要求全校师生员工，发扬民主、群策群力，把学校办成教学、科研两个中心。

08月17日　郭琦会见被西大邀请前来参加由西大主办的全国耗散结构理论学术研讨会的耗散结构理论创始人、比利时布鲁塞尔自由大学教授、诺贝尔化学奖获得者普利高津。具体体现了郭琦追踪科技前沿的教育理念。

08月18日　郭琦在全国耗散结构理论学术研讨会上讲话。

08月23日　郭琦召集部分教师代表，就"实践是检验真理的唯一标准"问题进行讨论。会后，西北大学自然辩证法研究会将17位同志的发言，编辑成《科学与实践》一书，由陕西人民出版社出版。郭琦写作了序言。

09月。1日到10日　郭琦在西北大学党委自1日至10日召开的扩大会议上，就加强基础、突出科研重点、搞好实验室建设、加强管理和思想政治工作以及校长、书记实行分片领导等问题讲了话。

09月18日　郭琦会见日本东北大学社会科学友好访华团名誉教授北住敏夫、金谷治博士。

10月22日　郭琦出席全国超导隧道效应学术讨论班，并发表讲话。

11月29日　郭琦在西北大学化工厂下午四时，发生1100公斤三氯化磷流出、扩散，对周围空间造成严重污染事故后，立即带领化学系有关人员全力抢险，直至次日凌晨两点方将事故平息。随后数日，郭琦前往污染区进一步走访群众，做好善后工作，并要求各有关单位记取教训，加强安全防范工作。

12月25日　郭琦在西北大学"三好学生、青年突击手"表彰大会上发表讲话，勉励大家戒骄戒躁，再创佳绩。

12月30日　任继愈《中国道教史》打印稿寄郭琦。

1980年　63岁

01月26日　郭琦会见澳大利亚格利佛兹大学考尔·曼格莱斯教授。考尔·曼格莱斯教授是为西北大学和澳大利亚格利佛兹大学建立友好学校而来的。

02月　郭琦、唐长孺、史念海三人在西安酝酿成立中国隋唐史学研究机构，并向全国隋唐史界发出倡议书。

03月　郭琦托请张宣写信邀请王利器前来西北大学讲学。

03月02日　郭琦写作《组织学习邓小平同志报告应注意的几个问题》。

04月18日　郭琦、王利器、张宣、刘煜增游览大雁塔、合影。

04月21日　郭琦请王利器到自己家中小叙。

05月12日　郭琦参加陕西省社会科学联合会成立大会。当选陕西省社会科学联合会主席。他为省社联制定的工作方针是：竭诚为学术界服务，将社联办成学术界之家；并为省社联的发展方向定位：重视基础研究，加强应用研究，大力支持特色学科和新型学科高等学科的发展。

05月24日至06月06日　应日本京都大学前校长岗本道雄和现任校长泽田敏男的要求，郭琦率西北大学学术友好代表团赴日本访问。访日期间，郭琦代表西北大学和日本京都大学签订了《西北大学同京都大学关于学术交流的备忘录》。郭琦这次率团出访日本，为国内高等院校自"文革"后，最先走出国门的少数几个大学代表团之一，在西北地区是第一个高等院校学术代表团出访。

06月07日　郭琦在北京和王利器、任继愈见面，交谈了对于任继愈新著《中国道教史》的修改意见。

上半年　郭琦面对阻力，着手美化西大校园，建紫藤苑、木香苑、草坪等绿化工程，为师生改善教学环境，继续贯彻自己环境美育的教育理念。建成后，异议遂退，且得到师生赞誉。

08月　王利器交张宣私藏敦煌石窟唐人写《大般若波罗蜜多心经》、古藏文《无量寿经》。托郭琦将此两卷古经分别以王利器的名义赠送西安香积寺住持常明、兴教寺住持常慧。

08月29日　郭琦会见联合国开发计划署考察团来西北大学进行考察的一行六人。

09月　郭琦当选中国唐史学会名誉会长。

09月01日　郭琦接待老同学、中医唐步琪，并向陕西科技出版社推荐唐步琪专著《咳嗽之辨证论治》。该书1982年出版。

09月02日　郭琦会见美国明苏尼达大学副校长肯尼斯·凯勒。

09月17日　郭琦会见美国密西根州立大学教务长拉尔夫·斯勒。

09月19日　郭琦在西北大学礼堂向日本国财团法人东方研究会理事长、东方院院长、东京大学名誉教授中村元颁发西北大学哲学名誉教授证书和西北大学校徽。

09月26日　郭琦携大女儿郭薇林、外孙女郭昭昭前往兴教寺，向常慧住持转赠王利器所藏古藏文《无量寿经》。

10月09日　郭琦拜访谢兴尧。

10月20日　郭琦会见日本京都大学前校长、日本科学技术会议常任议员冈本道雄。

10月17日　郭琦会见美国密执安大学维斯楚姆教授。

11月1日至17日　郭琦前往扬州参加中国唐史学会年会，发表讲话。

12月09日到11日　郭琦在中共西北大学第七次代表大会上作题为：《改善和加强党的领导，为造就人才、多做贡献而努力奋斗》工作报告，并被选为西大出席中共陕西省第六次代表大会代表。并出席陕西省第六届代表大会。

1981 年　64 岁

01 月　郭琦开始整理 1973 年、1974 年、1975 年精读《汉书》的笔记。

01 月 17 日　郭琦致信王利器，谈拟准备写作有关汉史五部著作的计划和大体构思。

03 月 21 日　郭琦同来访的日本同志社大学总长上野直藏就西北大学和同志社大学两校教师、研究人员、学生和图书资料的交流问题举行了会谈。

03 月 26 日　郭琦会见埃及开罗大学副校长伊斯默尔·哈希姆，交换了有关高等院校的管理问题。

04 月 13 日　郭琦陪同蒋南翔参观西北大学中心实验室。

04 月 18 日　郭琦与夫人，西安外国语学院副院长萧枫女士在人民大厦会见著名旅美华人学者、传记作家唐德刚。

04 月 20 日　郭琦和刘持生一起拜访来西北大学讲学的著名学者徐中玉。

05 月 05 日　郭琦接待日本京都大学代表团。

05 月 09 日晚　郭琦拜访日本来访西安的红学专家松枝茂夫等学者。

05 月 23 日　郭琦接待日中人文社会长桑原武夫一行。

06 月 11 日　郭琦宴请程代熙。

06 月 12 日　郭琦在西安接待蔡仪。

06 月 16 日　郭琦在《西安地区纪念鲁迅诞辰 100 周年学术讨论会》开幕式上致欢迎词，出席这次学术讨论会的有曹靖华、戈宝权、周海婴等。

07 月 19 日　郭琦接待来西北大学访问的杨振宁。

07 月 20 日　郭琦开始写作《三十二年来高等教育的回顾》(提纲)。

07月26日　郭琦拜访来西安的萧华。

09月03日　郭琦同美国纽约市立大学市立学院代理院长阿瑟·蒂德曼签署备忘录。

是月　郭琦促成中国秦汉史研究会在西大正式成立。学会联络处设西大历史系。

10月　郭琦会同刘宪增、谈维熙等共同发起"纪念陶行知诞辰九十周年大会"。

10月21日　郭琦出席陕西省自然辩证法研究会成立大会。

12月24日　郭琦在西北大学第十届工会代表大会上讲话。

1982年　65岁

02月　郭琦、张宣、赵守一在西安商谈解决王利器在北京住房问题。

04月01日　中央同意免去郭琦西北大学校长职务。

04月15日　郭琦在学生哲学学术交流会上讲话。

04月22日　郭琦参加陕西省社会科学联合会年会,并作题为《振奋精神,勇攀高峰,为繁荣社会科学建设两个文明多做贡献》的报告。

05月02日　郭琦出席全国唐代文学研究会成立大会暨第一次学术讨论开幕式,并讲话。

自1980年至1982年,郭琦竭力促成唐史学会(办事机构设师大)、中国秦汉史研究会和中国唐代文学研究会的成立,这是郭琦在学科建设上突出地方特色,发挥优势学科,在全国乃至世界争取发言权之教育理念的进一步深化和体现,是其名校建设的重要基础之一。

06月25日　郭琦接待吴健雄、袁家骝。

07月　郭琦在《美术》杂志发表文章《笔墨奔放　雄奇灵秀》。

09月　郭琦当选中国共产党第十二次全国代表大会代表。

是月　石鲁去世,郭琦参加追悼会,献挽联:惯惹千夫之指,野怪乱黑,毁誉随他,讵识长安画派,艺苑争夸添异彩;不失赤子之心,谐虐痴狂,高下在我,永怀蜀道故人,黄垆谁与话平生。

09月25日　郭琦在陕西省体育馆向西安地区科教系统党员干部传达党的十二大报告。

10月　郭琦参加中国外国文学学会理事会。

10月中旬　郭琦在西安饭庄宴请俞振飞。

12月　郭琦参加西北大学文科座谈会。郭琦针对西大这所综合大学文科薄弱的情况，提出应加强文科建设，其格局应占学科的三分之一，并创造性地提出，在国际学术交流上，要以文促理，用文科带动理科，以促成理科的发展。他的这一教育理念，当时理科有人反对，但事实证明，郭琦的这一思想是正确的，以文带理，促成了西大理科与世界的学术交流。

1983年　66岁

04月初　郭琦与史念海、白寿彝宴叙。

是年春　西大学生再次与炊事员发生冲突，酿成事端，数千人欲冲出校门，并在校内游行，在与学生的对话中，因领导举止失措，骚动激化，时已卸任校长职务，只任书记的郭琦即刻被请回学校，登台讲话，使问题得以解决，制止了骚动。被师生誉为："在西大只有郭琦，才有如此气魄和智慧。"

05月下旬至06月上旬　郭琦率西北大学代表团赴美国密执安州立大学、纽约市立大学市立学院、内布拉斯加大学、宾夕法尼亚州立大学考察美国高等院校教学、科研及管理情况。

访问期间，郭琦应邀到唐德刚家做客。美国《华侨日报》在显著位置报道代表团访美消息。

07月07日　郭琦主持西北大学部分文科教师学习《邓小平文选》座谈会。

08月　郭琦在《龙门阵》杂志发表长文《忆石鲁》。

10月　郭琦赴成都参加中国唐史学会第二届年会。郭琦在大会中发言说，我不专搞唐史，我要求辞去名誉会长职务。会上，专家学者均考虑到郭琦对成立中国唐史学会所做出的贡献,以及考虑到他能发挥别人不易发挥的作用,依然推选他为名誉会长,直至去世。

11月　郭琦写作《重视对矛盾特殊性的研究,建设具有中国特色的社会主义》。

12月01日　郭琦任陕西省社会科学院院长、党委书记。

1984年　67岁

04月17日　郭琦受聘担任陕西省委特邀研究员。

05月23日　郭琦在省委宣传部的会议上提出:陕西的考古工作要处理好人与人之间的矛盾,以党的事业为重,过去的积怨一笔勾销。

06月　郭琦主持编辑《当代中国丛书 当代中国的陕西》。

上半年　郭琦为省社科院制定工作重点:加强省情研究和理论研究,突出地方特色。为此,开始编写《陕情要览》一书,并为该书写作"绪论";提出佛教研究的理论课题。并将原陕西近代史研究所改为陕甘宁边区史研究所,创办了《延安文艺研究》。他将自己的这一重视省情研究和理论研究、突出地方特色,形象地比喻为"一个胸膛,两个拳头"。

07月19日　陕西省委组织部陕组干任95号文通知,中共中央同意郭琦任西北大学顾问,免去其党委书记职务。

08月20日　郭琦、于光远游览耀县药王山。

1985年　68岁

03月26日　郭琦出席中华药王孙思邈研究会成立大会。

07月　郭琦和夫人萧枫前往成都,参加四川大学80周年校庆,与老同学相聚甚欢。郭琦提议,有周韧等同学参加,同游绵阳、江油、广元等地。

08月下旬　郭琦写作《新技术革命与社会科学》。文中,在论述如何迎接世界性新技术革命挑战中,提出哲学社会科学工作者要"打开窗口,过滤空气"的精彩论断。即既要破除以往的因循守旧,"打开窗户",面向世界;同时又不要全盘西化,要"安纱窗""过滤空气",区别精华与糟粕,"既不要泼污水把婴儿也抛出去,也不要把垃圾误当宝贝"。

1986年　69岁

02月01日　写作《郭琦藏画集》序言。

03月　郭琦写作《陕西上下古今谈》。

03月上旬　郭琦在《人文杂志》发表《马克思主义是科学 要用科学的态度对待它》。

04月22日　省委宣传部通知,省委同意免去郭琦陕西省社会科学院院长、党委书记职务。

10月下旬　郭琦在"清代同治年间陕西回民起义学术讨论会"闭幕式上讲话,深得与会学者好评。

11月1日　郭琦参加全国二十七城市高中学生小论文总结颁奖大会。

1987年　70岁

03月23日　郭琦当选陕西省社会科学联合会名誉主席。

04月　《人文杂志》发表郭琦的《学习江隆基同志平易近人务求实效的作风》。

06月　郭琦出席陕西省哲学社会科学"七五"规划会议。

07月　郭琦赴太原参加"唐史学会武则天学术研讨会"。

09月19日　郭琦前往延安,出席了陕西、甘肃、宁夏社会科学院、社会科学联合会共同发起的"纪念陕甘宁边区政府成立五十周年学术讨论会"。

10月08日　郭琦出席"纪念西北青救会和安吴青训班成立五十周年"暨"抗日战争时期青年运动"学术讨论会。会后第二日,郭琦宴请了成都时期老战友韩天石及黄华、罗文治等。

1988年　71岁

郭琦主编的《陕西一百个著名人物》出版。

12月20日　中共陕西省委同意郭琦离职休养。

1989年　72岁

06月14日　郭琦在《人民日报》发表文章《野怪乱黑—大家石鲁及其绘画》。

郭琦主编《陕西五千年》由陕西师大出版社出版。

10月　郭琦因健康状况不佳，住院休养。在住院其间，郭琦动议，与陕西师范大学出版社的同志商量编写多卷本《陕西通史》。

1990年　73岁

1月22日　郭琦任《陕西通史》第一主编，主持召开编纂设想讨论会第一次会议。这次会议就编纂多卷本《陕西通史》的必要性、可能性、基本原则、作者队伍、体例与上下限、工作组织机构、编纂经费解决的途径等问题，达成了共识。并多方为编写出版此书组织资金。

07月　郭琦主持组织《中国神话人物大辞典》编辑委员会。

08月21日　郭琦与章泽、孙达人、史念海、张岂之、赵炳章等参加《陕西通史》编委会会议。

08月28日　郭琦在陕西师大刚落成的新专家楼主持召开《陕西通史》编写工作部分专家会议时，突发心脏病，住院。

09月09日　郭琦在西安医科大学附属二院谢世。

（郭彤彤编撰）

郭琦遗文选

郭琦先生毕生从事革命，于马列主义尤为精研，得其精髓，故其立身下世，治学育人，咸有所本。其遗文中尤多阐述的撰著，足徵其渊源的所自。……今读其遗著，犹能想见当年的风采。惜未能悉见于笔墨，使后来者多所汲取。

——见史念海先生《序》

新技术革命与社会科学

  一个民族要想兴旺发达，如果不能攀登当代的理论高峰和科学高峰，是不可能的。我们的国家要想繁荣富强，就要依靠先进的自然科学和技术科学，同时也要依靠进步的社会科学。科学技术和社会科学、物质文明和精神文明只有同时协调发展，互相促进，才能对四化建设起到推动作用。

  目前在西方国家里，一个以微电子技术和计算机技术为中心的新的技术革命正在蓬勃崛起。可以预料，在本世纪末到下世纪初（编者注：指20世纪末21世纪初），或者更长一点时间内，如果将已经和正在被突破的新技术全部运用于生产和社会，无疑会给社会生产力带来新的飞跃，并使经济组织和社会生活发生深刻变化。方兴未艾的新技术革命，还向哲学社会科学提出了挑战，使我们的理论界和学术界面临的形势异常严峻。

  新技术革命向社会科学提出的新挑战，首先表现在传统意义中的社会科学，已经不能完全适应四化建设的需要，不能科学地回答现实生活中出现的新问题。加之马克思主义经典作家著作中又不可能提供对当代现实问题的各种现成答案，特别是在社会主义国家进行经济建设中，又或多或少地出现了一些曲折，这就使一些人不禁产生了这样的问题：社会科学还有没有用？马列主义还灵不灵？

  造成这种状况的原因何在呢？

  首先，社会科学的发展不能适应科学技术的发展。

  据英国技术预测家詹姆斯·马丁测算，人类的知识在19世纪时每50年增加一倍，20世纪时每10年增加一倍，70年代时每5年增加一倍，而目前大约每3年增加一倍。我们现在普通设置的学科，是在过去知识增加相对缓慢状况下产生的。这些学科怎样能适应被人称为"知识爆炸的时代"呢？我们知道，科学是不分国界的。学科不适应的状况不仅对我国，就是在西方技术比较发达的国家也是如此。对我国来说就更为严重。我国的社会科学的学科设置除了在一段时间照搬苏联的经验之外，以后也有一些改革，但是，我们对于世界各国的情况和经济很少了解和借鉴。十年内乱时期，林彪、江青反党集团大力推行禁锢文化的愚民政策，使整个青年一代既不知道过去的中国，更不了解现在的世界。而我们现在设置的学科基本沿袭着过去的传统学科，反映不出科学技术的新成果。就拿经济学来说，经济专业人才不足，现有搞经济学的人才大多是专攻政治经济学的，部门经济学的专业人员就特别缺少。如统计经济学、环境经济学、生态经济学、自然经济学等方面人才，当前非常需要。缺少这些人才，社会生产中的多种经济问题很难解决。例如，前多年搞的"毁林开荒""围湖造田"从眼前看来，增加了粮食生产。然而，"毁林开荒"、围湖造成了生态平衡的破坏，不但取消了树木对空气、对水分的调节作用，而且带来了水土流失的严重后果。水土流失在经济上造成的损失，仅就冲刷表土肥料一项，用全国一年的化肥总产量还不能全部抵偿。我们如果只顾眼前不顾长远地向自然界无限制地索取，就要受到大自然的严重报复。这说明，搞经济建设，不但要符合经济规律，也要符合自然规律。杀鸡取蛋的做法再也不能重复了。可是，因为我们搞这方面的研究不够，或者虽有研究但并不为领导农业生产的同志所理解。直至受到自然惩罚严重威胁的时候，我们才逐步地清醒过来。但是我们要从恶性循环走上良性循环，还需要几代人的努力。违反自然规律比起违反经济规律，更要较长的时间才能发现，因为受到严重惩罚后，才能引起人们重视。要纠正过来，也要较长时间才能收效。搞工农业生产，都要注意保护环境、保护资源。生态经济学、资源经济学的研究，十要重要。再如，经济决策不但需要定性分析，还需要定量分析。我们过去只注意了定性分析,很少注意定量分析,使一些决策与生产之间出现较大距离。其原因是这方面的专业人员奇缺,不能为决策机关提供有价值的成果。另外,如人口学、社会学、科学学、未来学、信息论、控制论、系统论等学科,在国外都有了相当发展,而我们前多年既没有介绍,更没有及时建立起这些新兴学科。很多东西至今还是空白,这怎么能适应四化建设需要呢?

其次,是知识结构不适应。

新技术革命的特点在于科学技术化和应用于生产的时间大大缩短,迅速形成了新兴的技术群和工业群,而且由于科学和生产的互相结合,自然科学和社会科学互相渗透,互相交叉,形成了新的研究群体和新的知识群体。在新技术革命面前,我们仅有2000万个受过现代科学文化教育的知识分子,这对于有着10亿人口的大国来说是太少了。而且,即使在这些人中,也不能说全都掌握了现代知识。我们哲学社会科学工作者的知识狭窄,畸形发展,几乎处于封闭和半封闭状态。不少哲学工作者在实践上既缺乏感性经验,又缺乏对自然科学和其它社会科学的了解。文艺理论工作者不懂得美学、社会学、民俗学、心理学,他们对作品的分析常常是言必称"斯基",按照"别、车、杜"的观点肢解作品,形成了一套固定的模式:一主题,二人物,三意义,四缺点;"角度定向化,结构程式化,路子单一化"。这种状况和我们的大学教育有密切的联系。我国的大学专业分得太细,造成了学生的知识面异常狭窄。当他们用狭窄的知识视野研究复杂的社会问题时,不能不处于捉襟见肘的困境。其实,大学教育应该是通才教育,应该把主要力量放在掌握基础学科上。有了坚实的基础,才可能更好地发挥他们的创造才能,在自己的劳动岗位上较快地成为各个门类的专才,如此才能适应复杂多变的社会对自己的选择,实现由博返约,再由约到博的良性循环。

第三,研究的方法和手段不适应。

在知识以几何级数增长的现在,我们好些学科的研究方法仍然处在多年前的注释、考据的书斋式的手工业方法。电子计算机、微机处理机、通讯卫星、视听录像器材、微缩胶卷、复印机等现代化的研究工具，只在较小的范围内使用，普及就更谈不上了。美国的一项研究指出，若用传统的、手工业方式从事研究，科研人员花在搜集情报资料上的时间要占50.9%，处理数据占9.3%，而研究时间仅占32.1%，其余的7.7%用于思考了。利用计算机系统，10分钟可以查完的一个课题资料，就相当于一个人用30种语言看完2000多种杂志上的9万多篇文章。新技术提供的现代化手段，不仅使研究人员从毫无创造价值的机械性、重复性劳动中解放出来，还可以使研究人员把绝大部分时间用到创造性思维上去。这样不仅节约了时间，也大大地提高了工作效率，为一些新兴学科的发展创造了条件。

国外的一研究方法也值得我们借鉴。《第三次浪潮》的作者阿尔文·托夫勒，1950年大学毕业后，先后到美国钢铁厂、汽车厂当了五年工人，还做过卡车司机，后来又当记者，主编《幸福杂志》劳工专栏。这就使他有较多机会接触美国社会各种上层人物，对底层人民生活也有深切的了解。正因为他做了大量的调查研究，积累了大量资料以后，才有了自己的创见，写出了《未来的震荡》和《第三次浪潮》等著作。《大趋势》的作者奈斯比特也是如此，他在美国各大公司任顾问12年，此间他根据200多万篇地方报纸关于城镇发生的事件的报导，并通过在他创办的《趋势报导》季刊的工作人员，又监读6000种地方报纸之后，才终于写成此书，被誉为研究美国社会、经济、政治和科学技术发展趋势的权威。虽然他们的结论我们不一定同意，世界的未来也未必完全如他们预测的那样。但是，他们认为"预测未来的最可靠的方法就是了解现在"这种研究方法是值得我们效法的。我们这些从学校毕业的社会科学工作者，一般来说很少接触实际，有些人依靠一支笔、一本稿纸，手工式地搞研究，所谓的成果不过是资料搬家、演绎推理、观点重复、缺乏创见。这和2000多年来的经学研究是差不多的。注释经典，然后又疏解注释，结论都是代圣贤立言，没有一点自己的创见。久而久之，我们的研究方法逐渐形成了一种简单化、模式化的倾向，或把研究对象同社会历史条件作机械地对照联系，或者生硬地乱贴标签。另一方面又不恰当地把这种方法定为一尊，把其他方法视为异端，盲目排斥，把自己封闭起来。这种单一的封闭的研究方法，同开放的时代，同多维多向、立体交叉的社会结构异常相悖，直接影响着社会科学研究在更大范围、更深层次里向前发展。因此，我们必须在财力物力许可的范围内，积极地借鉴、更新和开拓西方的研究方法，使我们的哲学社会科学能在促进社会主义物质文明和精神文明建设方面发挥更大的作用。

哲学社会科学这种不适应的局面，在新技术日新月异发展的情况下，使自己处于一种受挑战的被动地位。是积极应战，改变哲学社会科学的被动地位，还是抱残守缺，甘作"桃花园中人"？这是哲学社会科学工作者面临的新抉择。

哲学社会科学的命运，要由其满足社会需要的程度而定。在新技术革命的挑战面前，我以为有两种态度是不可取的。

一种是闭关自守，对于新技术革命引起社会发展的新趋势闭目塞听，对于自己不理解的东西一概认为不符合马列主义，斥之为"邪门歪道"，固守一隅。另一种态度是对于西方流行的理论、方法、流派不加分析，精华和糟粕一律照抄照搬。在这些人看来，凡是自己没有听说过的就是新的，而新的就是好的，好的就要全部吸收。其实，在这些人看来是新的东西，也不一定就是新的，而新的也不一定就是好的。他们认为过去为之信仰的马列主义不能反映新技术的发展，过时了。在我看来，这两种倾向似乎矛盾很大，但有一个共同点都是把马克思主义同科学对立起来。

我们要承认，马克思主义首先是科学，是人类智慧的结晶。马克思作为革命的社会科学家，密切注视着当时各门学科最新的发展，敏锐思考和积极探讨科技的进展给人类社会带来的深刻变化。即使这种科学不会给人类社会带来眼前利益，但马克思主义创始人也从发展的眼光予以高度的评价。恩格斯曾这样评价马克思："在马克思看来,科学是一种在历史上起推动作用的革命的力量。任何一门理论科学中的每一个新发现,即便它的实际应用甚至还无法预见,也都使他感到衷心喜悦。"当然恩格斯本人也是采取这种科学态度的。像摩尔根的《古代社会》一书出版后,资产阶级历史学者都对它抱着沙文主义情绪,缄默不提,但马克思和恩格斯都十分重视。恩格斯认为摩尔根的研究,"重新发现了马克思在四十年以前所发现的唯物史观,并且以此为指导,把野蛮和文明加以比较,在一些主要点上,达到了和马克思相同的结果"。他还认为摩尔根发现母系氏族这一点,"对于原始历史的意义,也和达尔文的进化论对生物学和马克思的剩余价值学说对政治经济学的意义相同"。马克思主义就是在19世纪自然科学三大发现即进化论、细胞学说、能量守恒和转化定律的前提下批判地吸收了德国古典哲学、英国的古典政治经济学和法国的空想社会主义学说之后创立的。可见,马克思主义是在19世纪自然科学最高水平基础上产生的。不能指望马克思主义经典家们为我们准备好了回答现实问题的一切答案。这绝不是一种科学的态度。

另外,对马克思主义要进行科学的理解。既然马克思主义是一门科学,我们就应该以科学的态度对待它。任何真理都无权代表终极真理,它只是通向终极真理的台阶或桥梁。马克思主义只是为我们开辟了走向真理的道路,并没有,而且也不可能结束对真理的认识。在19世纪自然科学最高水平基础上产生的马克思主义,怎么可以设想能够在这些著作中,找到回答自然科学飞速发展的20世纪所面临的问题的现成答案呢?这是对马克思主义的一种僵化的教条主义态度。对任何科学包括马克思主义,我们都不应该采取这种态度。

大家知道,早在19世纪40年代,资本主义尚处于上升阶段,马克思和恩格斯即认为社会主义革命在单独某一个国家不可能胜利。它只有在大多数文明国家里进行共同的攻击才能获胜。这个论断在资本主义仍然平稳地向上发展时，是完全正确的。可是到了20世纪初，上升的资本主义变成了腐朽的资本主义，战争暴露了世纪帝国主义阵线无法克服的弱点，而发展不平衡的规律，预先就决定了不同国家的无产阶级革命成熟的时间不同。这时列宁根据马克思主义的基本原理，根据已经变化了的新形势，认为社会主义革命有可能在资本主义薄弱环节突破。这两个原理是相互矛盾的，但它们都是正确的。一切都要以时间、地点、条件为转移。

中国革命道路所显示的真理亦是如此。苏联和一些社会主义国家几乎都是首先在城市依靠工人阶级采取罢工斗争，在中心城市夺取政权，然后把革命推向农村。而中国是一个农业国，农民占人口的绝大多数。如果照搬苏联的经验，依靠城市的工人阶级，而不依靠农民阶级，首先在反动势力集中的城市夺取政权，血的教训说明了这是不可能的。毛泽东同志依据马克思主义的普遍原理，具体分析国情，认为中国革命，要走农村包围城市，武装夺取政权的道路。我国革命成功的实践证明，毛泽东同志的论断是正确的。社会主义建设也是如此。在社会主义建设的经验中从来只讲计划经济不讲商品经济，一讲商品经济就认为是资本主义。我国三十多年社会主义建设的经验告诉人们：商品经济极不发达的国家，实行计划经济是行不通的。中央根据社会主义建设面临的新问题，在党的十二届三中全会上作出的《中共中央关于经济体制改革的决定》中指出：社会主义经济是公有制基础上的有计划的商品经济。实践证明，这个决定搞活了我国的经济，在理论上既坚持了马克思主义，又丰富和发展了马克思主义，给马克思主义宝库里增添了新的东西，表现了我们中国共产党人的理论勇气。如果马克思有幸活在今天，他也会修正自己原来的某些具体结论，他也会高举双手表示赞成，称誉我们党中央是他的好学生。

马克思主义从来是科学。科学向来是发展的，不会停留在一个水平上，它时刻都吸收新的信息，丰富自己，发展自己。我们不能用

"两个凡是"的态度对待马克思主义。另外,要想依靠马克思主义解决具体学科的具体问题,也是一种不科学的态度。因为马克思不是总结了一门具体学科的规律,而是总结了自然、社会、思维发展的一般规律之后,创造了马克思主义理论体系,它只能概括各门学科,而不能代替各门学科的研究。

由此看来,在新的技术革命挑战面前,马克思主义不是不灵了,而是更加需要了。自然科学的发展,需要哲学去进行思维、概括和总结。问题是采用什么哲学来进行思考。辩证法是不加成见地如实反映世界,不是从头脑中去想出联系,而是从事实中去发现联系,是最科学的理论思维方法。哲学也需要自然科学的进步来丰富充实自己。马克思主义哲学是不断地概括各个学科的成果,使自己不断发展的。我们哲学社会科学工作者应该像马克思那样,密切地注视、公正地评价和合理地汲取新技术革命在各方面的最新成果,以急迫的现实感和高度的责任感研究新技术革命给社会各个方面带来的新变化,促进两个文明的繁荣发展,丰富和发展马克思主义。

在新技术挑战面前,哲学社会科学工作者的正确态度应该是:打开窗口,过滤空气。

多年来,由于极"左"思潮的影响,我们生活在一个封闭半封闭的环境里,对于国外的新信息知之甚少或者简直一无所知。实行开放政策以后,我们才知道,我们不仅在科学技术上落后,在新技术群的开发和新工业群的发展方面也落后了,在培养科学技术人才方面更是落后了,哲学社会科学落后的距离就更大了。如果我们不打开窗户,呼吸新鲜空气,在新技术已影响到社会生活各个领域的今天,就会变得愚昧因循,就会严重影响到我们的事业,我们的目标,我们的后代。在自然科学和社会科学互相交叉、互相渗透、互相融合的今天,我们必须打开窗户,呼吸新鲜空气,奋起直追,了解和熟悉这场以微电子技术和电子计算机为核心,以信息技术和信息产业为主导的新技术革命，以适应时代对我们的要求。

"开窗子"的同时要"安纱窗"，谨防"蚊""蝇"混入。打开窗户以后进来的空气不一定都很新鲜。这就需要"过滤"和"净化"一番。所谓"过滤空气"，就是不要全盘照搬，要区别精华与糟粕，吸取自己有用的东西，适应我国国情加以应用。既不要泼污水把婴儿也抛出去，也不要把垃圾误当宝贝。

当前流行的《第三次浪潮》《大趋势》这两本书，使我们了解到当前世界新技术革命的概况和发展趋势，引起了我们对新技术革命的关心和兴趣，也使我们看到了自己的弱点和不足，从而激发了广大群众、干部、知识分子的爱国热情，鼓起了迎头赶上的勇气。可是由于作者世界观的局限性，特别是出于为资本主义制度辩护，为资本主义制度寻找摆脱困境的目的，不少结论是片面的，有一些观点是公开反对马克思主义的。如果我们离开我国国情去全盘照搬，这两本书中的错误的、不科学的东西就会在一部分群众，特别是在一部分青年知识分子中产生消极影响。

全盘照搬的教训我们是深有痛感的。王明机械地照搬马克思主义书本上的个别公式，照抄外国的某些经验，硬套中国的革命实践，几乎葬送了中国革命。建国初期，我们照搬苏联的一些经验，也使社会主义建设出现了曲折。社会科学其他学科研究领域，要注意记取这一历史经验教训。

总之，社会科学面临着挑战，而且是严重的和深刻的挑战。面临挑战的社会科学，其前途不是必然一定胜利，有些学科也有可能经不起挑战最终落伍于时代和形势。所有社会科学工作者应该充分认识到这一点。不要盲目乐观，不要以为胜利已经在握。历史形势迫使我们必须具备强烈的紧迫感甚至危机感。要奋力攀登，积极进取，力争通过我们的创造性劳动，使社会科学的面貌在短期内有个较大的转变。

（载《社会科学评论》1985年第5期）

三十二年来高等教育的回顾(提纲)

认真总结建国 32 年高等教育的经验教训,这涉及正确评价我们过去贯彻党的教育方针所取得的成绩、出现的偏差,涉及正确评价毛主席的教育思想等一系列重大问题,对于我们正确处理当前高等教育面临的新情况和新问题,具有很重要的现实意义。32 年来我国高等教育的基本经验是什么?我认为有以下三个带根本性的问题,需要我们认真探讨:

一是坚持党对教育工作的领导

二是正确对待知识分子

三是按照教育规律办事

历史经验雄辩地证明,当我们正确执行这三条的时候,高等教育就发展、前进;当我们在某一方面背离了这三条的时候,工作就出现偏差、失误。可以说我们高等教育的成败、教育质量的高低、培养社会主义建设人才的任务完成得好不好,都和这三条密切关联。

一

坚持党对教育工作的领导,主要是坚持党的政治路线;坚持马列主义、毛泽东教育思想,正确贯彻党的教育方针。

我想着重谈一谈贯彻党的教育方针方面的问题。

我们党的教育方针是什么?就是党的十一届六中全会《决议》中所概括的:"坚持德、智、体全面发展,又红又专,知识分子与工人农民相结合,脑力劳动与体力劳动相结合"。这是对我党建国以来一贯执行的教育方针的完整总结。它包含了1957年毛主席提出的培养"有社会主义觉悟、有文化的劳动者"的方针，也包含了党在1958年提出，"教育必须为无产阶级政治服务，必须与生产劳动相结合"的内容。

办学校的根本任务是培养人。问题是培养什么人？教育方针就是解决这个问题的。它决定着我们的办学方向和培养目标。我们党建国32年形成和坚持的这个教育方针，就体现了我国教育事业的社会主义方向，体现了我们的目标是培养一代具有高度精神文明的、又红又专的新人。这是我们区别于资本主义教育、区别于封建教育根本之点。我们党领导教育工作，就是要保证这个教育方针的贯彻执行，这是检验我们工作成败的主要准则。当然，高等学校要发展科学、提高学术，还要保证党的双百方针的贯彻执行。

过去我们在这方面，一是认识上缺乏自觉性；二是对教育方针理解和贯彻上的片面性，造成工作上的偏差和失误。许多情况下，党领导主要是抓政治运动，把贯彻党的教育方针只看成行政的事，只看成教学问题。很长时间，我们许多领导干部、特别是政工干部的致命弱点就是不管教育方针的贯彻，使我们的领导工作、政治工作常常脱离学校的中心任务，脱离教学、科研实际。

建国32年总的看来，我们在贯彻党的教育方针上是成功的，但是在某些时期，由于当时历史条件的影响，在实际工作上出现过强调这一方面忽视另一方面的片面性。如1957年、1958年，一度片面强调参加政治运动和生产劳动，培养"劳动者"，忽视了智育的发展，使教育质量明显下降；1960年以后特别是高教60条以后，虽然使这种左的倾向问题得到一定纠正，但没有从根本上解决问题，以致十年浩劫中由批判"智育第一"发展到批判知识，培养"头上长角身上长刺""流氓加文盲"式的"英雄"，使社会主义教育制度遭到极大的破坏。这就说明，一旦党的正确方针不能得到贯彻，教育会走上多么危险的道路。

粉碎"四人帮"后,我们党在教育战线进行拨乱反正,总的目标就是要把遭到严重破坏的教育,恢复到党的教育方针的轨道上来,使党适应社会主义现代化历史任务的要求。主要是清除左的危害。而前两年资产阶级自由化倾向在学校的影响,则是企图用西方的所谓民主自由,削弱并取代我们党的领导,使我们的学校离开党的教育方针的轨道和马列主义指导,实质是要改变我们高等教育的社会主义方向。不批判和纠正这种倾向,我们党的教育方针就不能得到贯彻,我们高等教育就不可能为建设"两个高度文明"的根本战略目标服务。

总的来看,最近几年,我们贯彻党的教育方针的情况是比较好的,成绩是很显著的。但是也还存在着一些值得注意的问题,主要表现为程度不等地存在着忽视政治工作、忽视实践、忽视劳动的倾向。这些问题需要引起我们思想上的重视,并在总结历史经验的基础上认真地加以解决,否则,党的教育方针就不能正确地贯彻。

二

我们搞建设需要知识,需要培养大批具有专门知识的人才。高等教育要出人才,出成果,就必须依靠广大知识分子,调动教师的积极性,调动学生的积极性,调动管理干部和有关人员的积极性。列宁曾明确指出:"学校的真正的性质和方向,并不由地方组织的良好愿望决定""而是由教学人员决定"。因此中心问题是正确贯彻党的知识分子政策,这是办好高等教育的关键。32年的实践中,每当我们在贯彻知识分子政策上出了偏差,和知识分子的关系搞紧张了,教育事业就必然受到挫折,学术研究也必然失去生气。建国初期的七年,我们对知识分子采取团结、教育、改造的政策,使他们适应新社会的需要,取得了好的效果。1957年反右斗争的扩大化，1963年以后阶级斗争扩大化，对知识分子的估计出了问题，把知识分子一直当作改造的对象，使我们和知识分子的关系越来越紧张。"四人帮"更把知识分子（包括广大干部）推到敌人的位置上。

这里有几个观点长期在我们一些干部的头脑中作怪。

一是认为知识分子不是自己人，靠不住。认为工农干部才靠得住，而知识分子多数出身剥削阶级，社会关系复杂，一概看成异己的力量，政治上歧视。把知识分子作为凝固不变的改造对象，而工人、农民、工农干部则是天然的改造者，把二者对立起来，中间划了一条不可逾越的鸿沟。提出打破知识分子的一统天下，掺沙子。

二是把知识分子与资产阶级等同起来，不承认知识分子的变化。1956年周总理主持召开知识分子会议，肯定知识分子有很大进步；1962年广州会议，肯定大多数知识分子已经转变为劳动人民知识分子，脱帽加冕。这些正确结论都受到来自左的干扰、批判。结果，不仅旧社会过来的一律被看成资产阶级分子；过去说是小资产阶级知识分子的被升格为资产阶级知识分子；而且连我们解放后培养的也被划入资产阶级知识分子，以世界观划阶级属性。

三是把知识看成产生资本主义和修正主义的祸根，培养精神贵族的温床。不承认知识分子主要从事脑力劳动有其不同于体力劳动的特点，形成了对知识分子看法上的偏见。把红与专对立起来，凡是搞点专业，就认为是只专不红；业务上冒尖的，就是修正主义苗子。认为苏联出了修正主义是因为大量知识分子、专家进入中央领导集团。把为教学科研服务看成是为资产阶级精神贵族服务。"四人帮"推到极端，得出"知识越多越反动"的公式，把知识分子列为"臭老九"，作为打击对象和专政对象。这些左的观点长期影响着我们一部分干部，至今仍然存在对知识分子在革命和建设中的作用估计不足的问题。否认知识分子在学校教育中的主导作用，不能坚定不移地实行政治上一视同仁，业务上大胆使用，工作上大力支持，生活上安排照顾。到现在还有人认为我们对知识分子的估计右了，说知识分子是劳动人民的一部分还可以，不能是工人阶级的一部分。有的同志安于外行领导内行，对干部要专业化、知识化持怀疑、抵触态度。长期以来我们各级领导干部的构成上，知识分子没有得到充分重视，包括高校校一级的领导层，也存在这个问题。这些问题不解决，必然影响我们教育质量和学术水平的提高，影响我们开发智力，培养一代具有世界水平的科学人才。

高校能不能充分调动起知识分子的积极性，调动起学生、干部、工人的积极性，决定于党的领导，关键是正确贯彻党的知识分子政策。学校有教师、管理干部、服务工作人员，办好学校要依靠这三部分人，三个积极性离了哪一个也不行，都很重要。但是，三者的作用不同。教师的工作直接关系着学校的学术水平和培养人才的质量。党委书记和校长要敢于把调动教师的积极性作为中心环节来抓，要肯下功夫培养、建设一支结构合理的、高质量的师资队伍；要敢花力气扶持一批出色的学术带头人和"冒尖教师"，建立一支教学、科研的梯队；要构成一种浓厚的学术研究空气，精心为教师的教学、科研和学生的学习创造一个较好的条件和环境。管理人员、服务人员的积极性，都要落到调动教师和学生的积极性上，起到保证作用，目的都是为了培养高质量的又红又专的建设人才。所谓提高管理水平，包括政治工作的管理水平，根本要求就是调动人的积极性。管理工作、人事工作不是消极地管人，而是调动人的积极性，包括思想政治工作，目的也是调动人的积极性。既要尊重知识分子的劳动和创造，又要帮助他们克服自己的弱点。学校管理工作和总务工作的成果，反映在教师和学生身上，反映在教学、科研出成果出人才上，所以；为教学科研服务，就要树立为教师服务、为学生服务的思想。领导工作、管理工作，从广义上说都是智力开发的后勤工作。

三

　　教育是一种培养人才、开发智力的社会活动，在整个社会主义建设中，它是重要的一翼。教育又是一门科学，有它自身发展的规律。32年的一条重要经验教训，就是必须按照教育规律办大学。每当我们脱离了教育自身发展的规律，脱离了正常的轨道，我们的高教事业就要遭受挫折、损失，而且要花很长时间，费很大的力气才能恢复元气。这里有几个问题要解决好。

　　第一个问题是，学校在任何时候、任何情况下（除非大规模的战争环境）都要以教学为主，长期不懈地把主要精力用到提高学术水平和教学质量上。因为培养人才是一种智力的再生产，它建立在传授和深化人类科学文化遗产的基础上，建立在总结和概括前人和今人的科学知识和思想成果的基础上。学科的建设和师资的培养，教材的建设和实验室的装备、改进，都有一个长期积累的过程，循序渐进的过程，不是一时突击、搞个运动所能奏效的。这就需要有一个持续稳定的秩序。从学生智力的个体发育看，对学业的掌握，也有一个循序渐进的过程，需要一个稳定的教学秩序。这样才能保证我们的科学水平和教育质量比较快地得到提高，保证我们培养的人才在智力水平上、在为人民献身的精神上，超过资本主义国家，显示和发挥出我们社会主义制度的优越性。这本来是可以办到的。但是由于我们某些时候违背了教育规律，像1958年那样动不动就停课搞革命，停课搞劳动，用大炼钢铁冲击正常的教学秩序，用革命大批判代替正常的课程，以至于"只要专政，不要专业"，结果降低教学质量和科学水平。1964年以后又有社教运动的冲击。直到"文化大革命"停课十年，使我们的大学教育几乎断了香火，大学要不要办都成了问题，这可说是我国文化教育发展史上的一个大倒退，造成今天教师和科研人员梯队接不上茬，缺了几代人，这个惨痛的教训值得我们永远记取。

第二个问题是办教育同办其他事业一样，要根据中国的国情，走出自己的路子。中国有悠久的历史传统和丰富的文化遗产，我们应当继承。对国外一切先进的科学技术和教育经验我们都应当学习、吸取。但是无论是古人的还是外国人的，都不能照抄、照搬。解放前我国的教育照搬英美，造成畸形，建国初期，我们又照搬苏联的，结果连苏联的教条主义也搬了进来，造成了体制、专业设置、教学体系和方法上的许多弊病。别国的经验在人家那里是成功的，我们照搬了来就会出毛病。尤其我们是一个发展中的社会主义国家，我们的教育事业要在马列主义的指导下，从我们的国情出发，结合我们四化建设的要求，结合我国经济建设的实际，走出我们自己的路子。建国以来，我们什么时候在这方面做得好，高等教育就得到蓬勃发展，成果也就显著。拨乱反正后，特别是十一届三中全会以来，我国高等教育面临一个如何适应工作重点的转移，如何适应四化建设需要的问题，面临着一个改革的任务。在完成这个历史任务中，我们固然应当吸取外国的有益经验，但更应重视我们自己的经验，重视我们自己的传统和国情。

第三个问题是要按照教育工作的特点办教育。教育工作是培养人的工作，人常说："十年树木，百年树人"，形象地说明了教育工作具有周期性长的特点。根据这个特点，为了培养出又红又专的符合规格的各类建设人才，就需要有一个相对稳定性和恒常性的教学计划和教学秩序。

回顾我们走过的道路：50年代初期，教学秩序比较稳定，教学计划一度虽有照搬苏联的缺点，但毕竟有章可循，教育质量基本上能够得到保证；50年代中期以后，接连不断的政治运动，冲击破坏了正常的教学秩序，动辄停课闹革命，停课参加劳动，停课搞卫生……教学计划随意更改，一变再变，以至于根本不要计划，或者虽有计划却无法执行，从而严重地影响了教育质量的提高。近四五年来，教学秩序和教学计划出现了较长时间的持续稳定,这是建国以来历史上所少有的。近几年来,高等学校教育质量不断有所提高,这不能说不是一个重要因素。

总结正反两方面的经验教训,必将大大提高我们按照教育规律办事的自觉性。

要正确总结和对待以上三个方面带根本性的经验教训,必须明确以下几点:

1. 毛主席在教育思想方面为我们留下了宝贵的财富,这是必须充分肯定的。建国后,在社会主义革命和社会主义建设中,毛主席根据马列主义理论和中国的具体实践对教育工作提出许多具有长远意义的基本观点和方针政策,今天仍然是我们发展社会主义教育事业的指针。1957年,毛主席提出德智体全面发展的教育方针,1958年提出"两个结合"的方针及又红又专的口号,毛主席反复强调的"知识分子要同工农相结合""为什么人的问题是一个根本问题",这都是我们正确贯彻党的教育方针的指导思想。在贯彻这个方针的实践中,毛主席一贯强调要减轻学生过重的学习负担;提出要学生生动活泼主动地学习,以及要注意培养解决实际问题的能力等。不要迷信权威,还提出要缩短学制,这些对促进学生全面发展,最大限度地开发学生的智能,使之有一个较好的知识结构,能够在智力发展的最佳年龄期进入研究队伍,都是正确的。当然对60年代毛主席在教育方面提出的一些过急的想法和不符合实际的估计,我们应当实事求是地加以否定,不搞"两个凡是"。至于1958年前后,1964年前后,我们在执行毛主席提出的教育方针方面也出过一些偏差,受过"左"的影响,这大多属于执行中的片面性的问题,不能由此而否定毛主席提出的教育方针本身的正确性。十年动乱中,毛主席的教育思想,遭到"四人帮"的肆意践踏与篡改。拨乱反正中我们既清算了"四人帮"的篡改,又清理了我们过去指导思想上"左"的错误,这不仅不是否定毛主席给我们留下的宝贵的教育思想遗产，相反，是在新的历史条件下恢复了毛主席教育思想的光辉，沿着毛主席开辟的道路，摸索教育为社会主义现代化服务的路子，这实际上是对毛主席教育思想的发展。

2. 必须充分肯定建国32年教育战线的成绩是主要的，实践中取得的经验是宝贵的，这是我们社会主义高等教育健康发展的基础。虽然1956年以前学习苏联中出现过照搬的偏向；1958年劳动过多、政治活动过多，影响了正常的教学秩序，教改和学术批判中出现过"左"的偏向，1964年也出现过类似的问题。但这些都是在坚持社会主义方向坚持党的领导的大前提下，执行党的教育方针中某一时期、某一方面出现的偏差，而且都在一定程度上很快得到纠正。不能因此而否定我们的全局和主流。17年来我们培养出大批人才，基本上都成为今天各条战线的骨干力量，充分说明我们的社会主义教育是成功的。十年浩劫中，"四人帮"始终把教育战线作为斗争的重点，破坏最烈，学校广大干部和知识分子受害最深，但是，并没有把我们整垮。粉碎"四人帮"后，高等教育能够这样快地得到恢复，走上正轨，取得许多成果，涌现出许多人才，这说明我们社会主义教育基础是雄厚的，说明党的教育方针、毛主席的教育思想，在广大干部教师中深深扎下了根。现在，经过拨乱反正，推倒"两个估计"，党的十一届三中全会后，又从两个"凡是"的束缚中解放出来，高等教育可以说出现了一个新局面。当然并不是十全十美的，比如我们在专业结构和教材内容上，还不能适应四化建设和现代科学发展的要求；教学计划和教学方法上过死，注重传授知识，而不注重开发智力，这一段对参加体力劳动和培养学生技能有所忽视；还没有摸出一套适合新时期大学生特点的思想政治工作，对学生道德风尚的培养、锻炼不够等。这些，都需要我们在今后的实践中解决好。

3. 当前要注意的思想倾向，总的还要继续清除"左"的影响，同时不能放松纠正资产阶级自由化，反对资产阶级腐蚀的斗争。教育的成败，总是和一定的政治路线联系着。教育是社会最敏感的部分，总是和一定的政治路线联系的部分。当我们党的政治路线正确的时候，当社会政治局势稳定的时候，教育就能健康地发展，出人才、出成果都比较快。相反，当正确路线受到干扰的时候，大局不安，教育往往首先受到冲击，思想动荡，教学秩序被打乱，教育质量必然下降。建国以来几次"左"的冲击，都是这个情况。十年动乱更是这样。而且它所造成的思想影响，曾经长期起作用，直到三中全会才得到扭转。而要从实际工作上医治这种创伤，还需要很长时间的努力。思想的转变，工作的转变都有一个过程。值得注意的是，历史上纠正右的乱子时，"左"的东西容易抬头：1957年，1964年的教训都是这样。所以，当前我们一方面要坚定地纠正资产阶级自由化倾向，坚持四项基本原则，另一方面要继续用主要的力量，清除在我们头脑中和工作中长期发生过影响的"左"的错误，以保证我们高等教育能够在十一届三中全会正确路线的轨道上向前发展，沿着中国式的社会主义高等教育的路子稳步提高，完成新的历史时期所赋予我们的任务。

（写作于1981年）

认真读书

呆读死记,脱离实际,是资产阶级教育的根本特点。列宁曾经说过:"旧时资本主义社会所遗留给我们的最大祸害之一,就是书本与实践完全隔离。"(《青年团的任务》)教条主义的主要特点是理论脱离实际,也是一种资产阶级的形式主义的思想方法。这种教条主义的学习方法,任何时候都是应该反对的。但如果由此得出不必读书,或者可以不重视书本知识的结论,那同样是错误的,是资产阶级形式主义的思想方法在另一极端的表现。

在今天主张完全不读书的人,虽然是没有的,但对读书不够认真的人,却还大有人在。

不认真读书的理由之一,就是认为"实际知识胜过书本知识",因为书本知识的来源是实践。是的,书本知识确实源于实践。一切知识,不外社会科学和自然科学两大部门,自然科学是自然规律的总结,社会科学是社会规律的总结,在阶级社会,则是阶级斗争的规律的总结。

一切知识都离不开自然斗争和阶级斗争的实践,离开了实践的知识,就是"无源之水,无本之木"。就实践与理论孰先孰后的意义上来说,"实践出理论"这句话毫无疑义的是辩证唯物主义的论断。马克思之所以能写出《资本论》,科学地揭示了资本主义社会的发生、发展和死亡的规律,首先是由于实践。如果马克思不生长在资本主义社会,即使像他那样的天才,也不可能写出像《资本论》那样宏伟的著作。同样的道理,马克思生活的时期,还是资本主义向上发展的时期,资本主义垂死阶段的矛盾,还没有充分暴露,无产阶级还处于准备夺取政权的阶段,因此,帝国主义论和无产阶级专政的学说,便只能由生活在帝国主义时代的列宁来完成。可见,任何天才,总是离不开实践,总是受生产力发展和时代条件的限制。但如果由此而引申得出"有了实践就等于有了理论",那就成为荒谬的。理论虽然离不开实践,但理论并不等于实践,它是在实践的基础上加以综合总结和提高而产生的。在资本主义社会和帝国主义时代生活的人,何止万千?但写出《资本论》和帝国主义论的只有马克思和列宁,这是因为马克思、列宁,除了实践之外,还天才地继承和发展了前人知识的总汇,他们对生活的认识,不像一般人那样,只停留在表面现象。普通万千的常人,虽然也生活在资本主义社会,天天在实践,实际上是视而不见,听而不闻,即使有些理解,也是皮毛的,一鳞半爪的,没有反映事物本质的。"要完全地反映整个的事物,反映事物的本质,反映事物的内部规律性,就必须经过思考作用,将丰富的感觉材料加以去粗取精、去伪存真、由此及彼、由表及里的改造制作,造成概念和理论的系统,就必须从感性认识跃进到理性认识"。(《实践论》)只有这样,才能对事物给予科学的解释和理论的说明,找出它的发展规律。不认真读书,不重视理论的错误,就在于把实践和理论等同起来,误认为只要有了实践,就等于有了理论。

一切真知,归根结底,虽然都是发源于直接经验,"但人不能事事直接经验,事实上多数的知识都是间接经验的东西,这就是一切古代的和外域的知识"。(《实践论》)不认真读书的另一糊涂观念就是只承认直接经验,否认学习间接经验的必要。事实上,人一生下来后就是社会的人,就是在前人创立、发展的条件下开始生活的。如果不要间接经验,只要直接经验,那么,吃饭就得先从"茹毛饮血"开始,居住就得先从"穴居野处"开始,治病就得先从"尝百草"开始。这是不可能的。我们现有的知识都是从无数世代前人的直接经验中积累发展起来的。我们应当很好地吸收前人的成果,认真学习间接经验,吸取其中一切精华部分,并使之发扬光大。恩格斯写的《家庭、私有制和国家的起源》，大量利用了摩尔根的《古代社会》及其它有关史料。如果他只限制在自己直接经验的范围，怎么能够写出阐明古代社会发展规律的巨著呢？问题是这些材料是否符合客观实际，如果是符合客观实际的，那么，在我虽是间接经验，对人来说则是直接经验，这些知识就是可靠的知识。我们通过这些间接知识，就能够"上知天文，下晓地理"，"博古通今"，真正做到"秀才不出门，能知天下事"，而不致成为孤陋寡闻的"井底之蛙"。

人们谈到认真读书，往往容易把读书和教条主义者的书呆子习气混为一谈。其实我们说的认真读书，既包括勤学苦练，也包括科学的态度，而教条主义者并不是这样。他们对书本知识采取了不认真、不科学的态度，如不问条件、生搬硬套，等等。斯大林同志曾用这样一个故事讽刺教条主义者。他说：当克里木的海陆军起义的群众去找社会民主党人请求指示时，于是这些教条主义者就从《资本论》第一卷翻到第三卷，翻完了也找不出马克思对这一起义的指示，结果这次起义只好陷于失败。马克思主义当然不可能解答每个实际斗争的具体方法，但是我们根据马克思主义的立场、观点、方法，具体分析当时的阶级关系和斗争形势，就完全能够制定出符合于当时实际斗争的战略方针和策略原则，在这里马克思主义的普遍真理仍然是起指导作用的。指导阶级斗争必须了解各阶级的实际情况，分析各阶级的关系，从客观实际出发。第二国际社会民主党人，恰恰是违背了马克思主义的这些最本质的东西。他们只注意了马克思主义的词句，而忽视了马克思主义的精神实质，学习马克思主义，又直接违背马克思主义的科学态度。由此可见，教条主义的毛病，正是由于读书不够认真，对书本知识没有采取科学态度。

有人顾虑：提倡认真读书，是否会脱离政治，走上"白专道路"。其实一个人走"白专道路"，这主要是立场、观点、方法的问题，而不是认真读书的结果。如果脱离实际，不关心人民，将知识作为个人的资本，那是完全可能走上"白专道路"的。马克思曾经指出："如果一个有学问的人不愿意自己堕落，就决不应该不积极参加社会活动。不应该整年整月地把自己关在书斋或实验室里，像一条藏在乳酪里的蛆虫一样，逃避生活，逃避同时代人的社会斗争和政治斗争。"（保尔·拉法格《忆马克思》）攒到乳酪里的蛆虫，当然是没有出路的，我们应该时该警惕脱离政治、脱离实际的倾向。但在党的教育为无产阶级的政治服务、教育与劳动生产相结合的方针指导下，一方面加强思想改造，一方面认真读书，结果自然是走上红专的康庄大道。这里还要说明，红与专是统一的，只有红透才能专深，而专深又有助于红透。一个真正有高度政治觉悟的人，必然会有高度的学习热情，不断努力提高自己为人民服务的本领。一个人不愿意认真学习，往往是政治热情衰退的开始，长此下去，即使已经"红"了，也会慢慢褪色。青年是共产主义事业的接班人，要担当起这个光荣的历史任务，不认真学习，不掌握丰富的文化科学知识是不行的。因此对青年来说，学习决不是个人的事情，而关系到共产主义事业的重大问题，是严重的政治任务。

当然，要掌握丰富的文化科学知识，不是一件轻而易举的事情，不仅要有科学的态度和方法，还要有刻苦顽强的精神。学习本来是艰苦的劳动，知识是一点一滴积累起来的，有一分耕耘，才有一分收获。如果不愿意付出辛勤的劳动，想走捷径，是不会有好结果的。因此我们对学习要采取认真的态度，老老实实地学，踏踏实实地学。今天党和国家为我们创设了十分有利的学习条件，只要我们刻苦努力，循序渐进，持之以恒，就一定可以攻克科学堡垒。

还有人将认真读书理解为开卷有益，我们认为这两者是不能混同起来的。我们主张有计划、有重点、有选择地读书；而"开卷有益"，则是无计划无目的的读书。在古代印刷技术不发达的情况下，书籍本来不多，不外乎"四书""五经"；提倡开卷有益，也许是有一些道理的。但在今天，世界各国文化充分交流，科学日新月异地向前发展，书籍种类异常繁多，如果仍然是盲目地、无选择地、无重点地读，那将会浪费很多时间而收效不大。

有计划、有选择、有重点地读书，还应该和正确地处理古今中外的关系联系起来考虑。从前韩愈曾经说过，非"三代两汉之书不读"，这是极端崇古的。五四运动后，一些崇拜西洋的留学生又走另一个极端："线装书扔到茅坑去！"完全不读古书。"全盘西化"派和"三代两汉"派都是绝对主义、不足为法的。他们研究问题，越古越好，越洋越好，"言必称希腊"，"埋头到故纸堆中"，对现实的问题反而不感兴趣。这种不正常的风气，曾经对青年同志起过坏的影响，必须继续加以清除。但是，这并不等于说我们可以拒绝学习古代的和外国的知识。现在是过去的发展，不能割断历史；中国是世界的一个部分，外国的经济政治情况我们需要了解，外国的科学技术成就更要吸收。总之，对于古代的、外国的东西，都要采取分析、批判的态度去学习，取其精华，弃其糟粕。外国的、古人的知识，某些部分不能直接运用于现在，某些部分甚至是不可靠的知识，可是如果我们不首先去学习，怎样能够谈得到批判吸收呢？汉朝汜胜之写的一部古农书，其中记载在关中地区两千多年前就出现过亩产六百多斤小麦的高额丰产田，采取"区种法"，运用深耕、施肥、半耕半休等措施，达到丰产。

这一记载是否完全可靠，具体方法是否全部适用，这当然是可以研究的，能够启发我们的思想，这总是可以肯定的。列宁曾经说过："只有用人类创造出来的全部知识宝藏来丰富自己的头脑时，才能成为共产主义者。"（《青年团的任务》）这是值得我们深思的。

（载于《青年共产主义丛书》第14集，中国青年出版社1960年版）

坚持实践第一的基本观点
发扬实事求是的传统作风

（一）

当前全国正在开展的关于真理标准问题的大讨论，是一场关系到捍卫马克思主义根本原理，坚持马克思主义认识论的原则的大论战。这场论战也涉及到如何正确对待马克思主义、毛泽东思想问题，即真高举还是假高举的问题。

开展这场大讨论不是偶然的。粉碎"四人帮"，标志着无产阶级文化大革命的结束，我国进入了新的历史发展时期。由于林彪、"四人帮"多年来颠倒是非，在实践中自然提出了许多问题要加以澄清，比如，关心劳动群众的物质利益是马列主义还是修正主义？按劳分配是社会主义原则还是复辟资本主义？"资产阶级权利"是不是产生新生资产阶级的物质基础？当前条件下，自留地、家庭副业和集市贸易是社会主义集体经济的补充还是资本主义的尾巴？等等。所有这些，都牵涉到哲学上的一个根本问题，即这些争论的是非归根结底是根据什么来判断？是根据书本，根据"长官意志"，还是根据社会实践？这就是讨论实践是检验真理的标准的现实意义。

毛主席在《实践论》等哲学著作中，曾经指出："真理的标准只能是社会实践"，"人的正确思想只能从社会实践中来"；由社会实践中产生的思想（包括理论、政策、计划、办法）是否正确，只有经过社会实践才能证明它究竟是正确的还是错误的，此外再无别的检验真理的办法。实践是检验真理的唯一标准,这本来是马克思主义的基本常识。基本常识竟成为问题,需要讨论,可见林彪、"四人帮"践踏马克思主义理论原则,把人们的思想搞到了何等混乱的程度。因此今天我们要拨乱反正,澄清思想理论路线是非,还得从 ABC 开始。

实践是检验真理的标准,是同"实践的观点是辩证唯物论的认识论之第一的和基本的观点"①相联系的。列宁指出:"马克思在 1845 年,恩格斯在 1888 年和 1892 年都把实践作为唯物主义认识论的基础。"②把实践引入认识论领域,是哲学上的一场根本变革,是马克思主义哲学同一切旧哲学根本区别的重要标志。一切唯心论都是否认实践的,就是唯物主义者费尔巴哈也不了解实践的意义。过去所有的哲学派别,无不认为自己的哲学是最正确的哲学,自己的哲学是真理,别人的哲学是谬误。真是公说公有理,婆说婆有理,莫衷一是。但是,判定认识或理论之是否真理,不是依主观觉得如何而定,而是依客观上社会实践的结果如何而定。正如马克思所说的:"人的思维是否具有客观真理性,这并不是一个理论的问题,而是一个实践的问题","关于离开实践的思维是否具有现实性的争论,是一个纯粹经院哲学的问题。"③这就是说,人是否能认识现实世界,人对现实世界的认识,是否能正确反映现实,这不是一个理论问题,而是一个实践问题。离开实践来判断人的认识是否反映了客观真理是说不清的。这里引用两千年前的一场哲学辩论,也许有助于我们理解这一问题。在《庄子·秋水》中,记载了庄子和惠子的下面这样一段对话:

庄:看那鱼儿从容漂游的样子,它是多么快乐啊!

惠:你不是鱼,怎么知道鱼的快乐呢?

庄:你不是我,又怎么知道我不知道鱼的快乐呢?

惠:按照你的逻辑,我不是你,当然不了解你。那么,你不是鱼,你不知道鱼的快乐,就完全包括在你的逻辑前提中了。

像这样的抬杠还可以无休止地进行下去,无非是这两个公式的重复：

A. 人不是鱼，不可能知鱼之乐。

B. 你不是我，我是否知鱼之乐，你是不可知的；我不是你，我对你能否知鱼之乐的判断，你也是不可知的。

从这两个极端怀疑论者的诡辩中，可以引出两个哲学问题：

1. 判断某一认识是否是真理，凭主观论证，是不能解决问题的。

2. 对这些以及其它一切哲学上的奇谈怪论，最令人信服的驳斥是实践。我们知道，鱼在生活条件（如水温、气压以及氧气等）适当时，就在水中悠然自得；而当这些生活条件不适当时，就烦躁不安，甚至跳出水面。这可以通过实验来证明。但在庄子那个时代，人们还不可能用实验来检验它，今天就完全能够检验了。当然，今天我们对有些事物，例如宇宙形成、生命起源、物质结构等等方面的许多问题，也还不能检验，或不能完全检验，还有待于今后科学技术的新发展。这说明实践标准也有相对性。"实践标准实质上决不能完全地证实或驳倒人类的任何表象。这个标准也是这样的'不确定'，以便不至于使人的知识变成'绝对'，同时，它又是这样的确定，以便同唯心主义和不可失论的一切变种进行无情斗争。"④实践标准既是相对的又是绝对的。今天的实践尚不能检验的，明天的实践就完全可能检验。从总体上看，实践能够检验一切认识，不存在什么不能检验的东西。在自然界人能制造出某一自然过程，这就说明我们对这一过程的认识是正确的。在人类社会中，我们某一政策或措施在实践中取得了预期的结果，这也说明我们的思想是合乎客观外界规律性的，是真理。如果失败，那就证明不合实际，是谬误。

有人担心，坚持实践是检验真理的唯一标准，而不同时把马列主义、毛泽东思想作为标准，会不会引起人们对马列主义、毛泽东思想正确性的怀疑。其实，这种担心是完全不必要的。我们在上面已经说过，对怀疑论以及哲学上的其他奇谈怪论，最有力的驳斥是实践。马列主义、毛泽东思想之所以是真理，就是因为它是科学，科学是不怕接受实践检验，经得起实践检验的。坚持实践是检验真理的唯一标准，不仅不会引起人们对马列主义、毛泽东思想正确性的怀疑，而且，只有这样，才能使人们在实践中日益相信它的正确性。在我党历史上，机会主义为什么会不断遭到人们唾弃，毛泽东思想为什么愈来愈深入人心，还不是因为中国革命的实践经验证明了毛泽东思想是正确的，机会主义是错误的。

二

在讨论实践是检验真理的标准中，很自然地联系到这样一个问题：马列主义、毛泽东思想是真理，为什么不能作为检验真理的标准呢？提出这个问题，是把真理的作用和检验真理的标准混为一谈了。

所谓真理，是指人对客观事物的认识是符合客观事物的本性，能够正确指导实践的。但是怎样来证明人的某种主观认识是真理，是同客观本性相符合，能够正确指导实践的呢？这只能靠实践来检验。说马列主义、毛泽东思想是真理，这是一回事；说实践是检验真理的标准，这又是一回事。绝不能把这二者混同起来。实践与认识的关系实践是第一性的，认识是第二性的，这是辩证唯物主义认识论的一个基本观点；坚持实践是检验真理的标准，就是坚持实践第一这个基本观点。承认实践是检验真理的唯一标准，承认人的认识是否符合实际只能靠实践来检验，这当然也就是承认认识依赖了实践，实践是决定者，认识是被决定者，承认实践和认识的这种决定与被决定的互相对立的地位是绝对的，是不能变更和颠倒的。但是，这样讲，绝不是否认马列主义、毛泽东思想的普遍意义，否认这个普遍真理的指导作用。我们提出和解决任何问题，都只能把它放在一定的范围内。我们说实践和认识的对立是绝对的,这只是就什么是第一性的和什么是第二性的这个认识论的基本问题而言。超出这个范围,就不能这样讲了。超出这个范围,实践和认识的对立无疑是相对的。就人的认识发展过程来说,我们就不仅承认实践对认识的决定作用,而且承认认识对实践的反作用,承认认识在一定条件下对实践也会起重要的决定的作用,承认马列主义、毛泽东思想对实践有巨大的指导作用,是推动实践发展的伟大力量。毛主席的著名论断:物质变精神,精神变物质,就是我们对这种认识发展过程的观点的高度概括。那种不区别不同问题的不同范围,认为承认实践是检验真理的唯一标准,就会降低或者否定马列主义、毛泽东思想的指导作用的看法,是完全错误的。

我们从来都认为,马列主义、毛泽东思想是我们行动的指南,对于马列主义、毛泽东思想在革命斗争中的地位,我们从来都是高度重视的。没有革命的理论,就没有革命的运动。

理论一旦掌握了群众,就会变成物质的力量,我们干革命就是靠马列主义、毛泽东思想。共产党不宣传马列主义、毛泽东思想,还要共产党干什么?我们党章中规定要求党员做到的八条,首先就是"认真学习马克思主义、列宁主义、毛泽东思想"。毛主席提出的无产阶级革命事业接班人的五项条件和识别修正主义的"三要二不要"的二项基本原则,都把坚持马列主义作为第一条。区别香花与毒草的六条政治标准,也是坚持马列主义原则的具体化。这些标准当然也是我们行动的指南。离开它,就要犯这样或那样的错误,但这都讲的是这些真理的原则在我们实际行动中所发生的作用,而不是讲这些真理原则为什么是真理。它们是否是真理,只能靠社会实践来检验。

决不可以把舆论的作用和检验真理的标准混为一谈。如果混淆两者的区别,那就实际上是否认了实践是检验真理的唯一标准,承认检验真理有两个标准,一个是实践的标准,一个是书本的标准。如果承认书本可以为检验真理的标准,那就等于提倡无须验证就可以自明的公理公式，那样就把真理看成是凭空出现的东西，变成为人们不可捉摸的纯粹抽象的公式，那就必然导致唯心论的先验论。

"不是一般的书本，而是马列、毛主席著作，这种理论是来源于实践，又经过了实验的普遍真理，为什么不可以作为检验真理的标准呢？"也不可以。因为实践是不断向前发展的，新事物层出不穷，而真理总是具体的。马克思主义理论是共产主义运动的经验总结，如果我们将适应于彼时彼地的原则结论，机械地搬用于此时此地，不仅不能解决问题，还可能坏事。我国民主革命时期二次"左"倾机会主义路线所犯的本本主义、教条主义错误，对中国革命带来的危害，就完全能说明问题了。这些机会主义者否认实践，拒绝对于事物做任何艰苦的研究工作。他们"言必称希腊"，口口声声"拿本本来"！认为完全照书本办事，才是"百分之百的布尔什维克"，山沟沟里不会出马列主义。

结果碰得头破血流，把中国革命引入绝境。

"你们否定理论的指导作用。"不是。我们坚持实践是检验真理的唯一标准，正是要发挥理论的指导作用。理论再好，如果不与实际发生关系，那就一点用处也没有。只有和实践结合起来，在实践中加以丰富和发展，才能真正发挥指导作用。

列宁反对了孟什维克照抄照搬马克思主义词句，把马克思主义的普遍真理同俄国革命实际相结合，开辟了十月革命道路。毛主席反对了王明等人照抄照搬苏联经验，坚持把社会主义的普遍真理同中国革命的具体实践相结合，使中国革命的面貌为之一新，开辟了农村包围城市的武装夺取政权的道路。列宁和毛主席都是在实际斗争中，运用马克思主义的立场、观点和方法，分析研究了自己国家的社会特点，具体分析各种社会矛盾的关系，制定出属于自己国情的战略策略，经过了无数次实践—认识—再实践—再认识的循环往复的过程后，才摸索出了一条正确的革命的道路，终于取得了革命的胜利，丰富和发展了马克思主义,把马克思主义推向了新的历史阶段。如果照书本标准,而不是坚持实践标准,像布尔什维克领导俄国革命那样,继续拘守资本主义和平发展时期的刻苦斗争策略,在帝国主义发生危机时代,爆发了世界大战的新形势下,不敢用适应于新的历史条件的新原理、新结论,去代替过时的旧原理、旧结论,仍然采取议会斗争的方式,不敢武装夺取政权,那么十月革命就不会从俄国这个薄弱环节突破。同样,如果按王明指导中国革命那样,机械搬用适合于资本主义国家的斗争策略,把工人罢工、武装夺取大城市等作为革命斗争的主要形式,不敢用适合中国革命特点的新原理、新结论去代替旧原理、旧结论,那么,中国革命也不会在帝国主义时代半殖民地的东方大国这个薄弱的环节突破。可见,只有坚持实践是检验真理的唯一标准,才能充分发挥理论对实践的指导作用。反之,放弃了这个标准,那就只会削弱以至取消理论对实践的指导作用。

三

在这场讨论中,可以看到林彪、"四人帮"对党的学风的严重破坏。这也涉及到如何正确对待马列主义、毛泽东思想这一根本问题。讨论中有些人总是怀疑实践是检验真理的唯一标准这个提法的正确性,总觉得除了实践标准以外,还应当加上理论也是检验真理的标准,才更全面。当提到马列主义、毛泽东思想不仅不能作为检验真理的标准,它本身还要受实践的检验时,更被认为是大逆不道。这说明林彪、"四人帮"把人们的思想禁锢到怎样的地步,搞乱到何等程度!看来,林彪、"四人帮"破坏完整准确地理解马列主义、毛泽东思想的流毒还在"流",不能低估。他们的什么"顶峰"论,"绝对权威"论,"句句是真理","一句顶一万句","句句照办"等等,把扎根于群众中的

坚持实践第一的基本观点发扬实事求是的传统作风

革命领袖偶像化；把科学的革命理论变为迷信；把完整的科学理论，像开中药铺一样，肢解、分割为且不联系的词句，变成为教条集录、条规。他们采取对号入座的办法，搞什么"带着问题学"，实用主义地抓住片言只语，仿佛顺手就可以从百宝囊中，摸出包医百病的灵丹圣药，找到现成答案，收到"立竿见影"的效应。林彪的这一走捷径的江湖骗术，在一段时间内被吹捧得神乎其神，什么"举得最高，跟得最紧，学得最好，用得最活"等等，影响所及，败坏了党的传统作风，使一些人的思想凝固僵化，给革命事业带来了极大危害。在讨论中，还给我们提出了这样一个严肃的问题：毛主席领导中国革命这条道路是怎样走出来的，我们今后在华主席领导下进行新的长征，应该沿着什么道路前进？我们研究问题，处理工作，解决矛盾，究竟是按照党的实事求是，一切从实际出发，理论与实践相结合的传统作风，按照这一马克思主义根本观点，具体问题具体分析，从实际情况出发决定工作方针呢，还是按照"句句照办"那一套，照抄照转，讲原则话，做原则事，绕开矛盾，不解决实际问题？毛主席在整风报告中指出，中国共产党的二十年，就是马克思列宁主义的普遍真理与中国革命的具体实践日益结合的二十年。又谈到马克思列宁主义的伟大力量，就在于它是与各个国家的具体的革命实践相联系的。这是我们党用鲜血换来的宝贵经验，是我们党经过斗争，失败，再斗争，再失败，直至胜利的整个历史过程的总结。我国革命由失败走向胜利，就是沿着这条道路走出来的，今后新的长征也应当沿着这条道路前进。毛主席亲自培育的我们党的传统作风，实事求是，一切从实际出发，理论与实际相结合等原则，就是马列主义的普遍真理与中国革命具体实践相结合的这条道路的科学结论。这些才是毛泽东思想的精华，马列主义的根本原则，我们继承、捍卫、发展的应该是这些根本原则，而不是拘守某些个别的具体原则、具体结论。

最近，华主席党中央号召我们"思想再解放一点，胆子再大一点，办法再多一点，步子再快一点"，加快社会主义建设的速度。这里，关键是要思想解放，只有解放思想，胆子才能大，办法才能多，才能达到步子快的目的。解放思想，首先是要在新的历史条件下，发挥实事求是，一切从实际出发，理论结合实际的党的传统作风，善于用毛泽东思想的立场、观点、方法，实事求是地研究革命和建设中不断出现的新情况和新问题，推动革命建设向前发展，丰富和发展毛泽东思想。实现四个现代化，是一场深刻的革命，我们将遇到许多新情况、新问题。如果我们思想不解放，仍然按老套套、老章法办，夜郎自大，骄傲自满，故步自封，那就很难适应新时期总任务的要求。

为了使我们的工作适应新时期总任务的要求，打好揭批"四人帮"第三战役这一仗，落实党的各项政策，促进各项事业的人多干快上，我们的思想就要适应客观外界的变化。在这个急剧转变的新形势下，有许多东西，只要我们对它们陷入盲目性，缺乏自觉性，就可能成为迷信，阻碍各项事业的发展。只有破除迷信，解放思想，我们的工作才会有创造性，我们的各项事业才能够人干快上。在当前现实生活中存在着许多思想不够解放的情况。主要表现在我们进行工作处理问题时，究竟是根据什么标准办事，是根据实践第一的观点，一切从实际出发去办，还是根据其它标准去办？事实上有人就是根据本本办事，根据"长官意志"办事，据先进经验办事，却唯独忘记了按照实际情况决定工作方针这个一切共产党员必须牢记的基本的方法。

"我们需要本本，但一定要纠正脱离实际的本本主义"。⑤这就是说，不应当只是学马列主义的词句，而应当把它当成革命的科学来学。"本本主义"当前的特点，仍然是把科学论当宗教教条来对待，找现成答案，机械照搬。本本上没有的，就不敢说，不敢做，本本上有的就不敢变化发展。用这种态度去对待马列主义、毛泽东思想的人，自以为是对马列主义毛泽东思想的旗帜"高举"了，其实只是直接违背了革命导师的指示。马列主义，毛泽东思想既然是科学，它就要尊重实践，倾听实践的呼声，接受实践的检验，随着实际条件的变化而发展变化，而不会停顿不前。要真正高举马列主义、毛泽东思想伟大旗帜，就要敢于根据实践发展中提出的新原理、新结论来代替过时的旧原理、旧结论，不断丰富和发展马列主义、毛泽东思想。马列主义的基本原理永不过时，必须坚持；具体原理、具体结论要随着客观形势的发展变化而发展变化。马克思主义如果不再发展了，那还有什么生命力？客观情势变了，我们仍抱着旧原理、旧结论不放，那岂不成了以不变应万变的顽固派？

毛主席在《实践论》中讲道："不论在变革自然或变革社会的实践中，人们原定的思想、理论计划、方案，毫无改变地实现出来的事是很少的。"并指出部分改变的事是常有的，全变的事也是有的。斯大林讲得很深刻："机会主义有时还表现于拘守着马克思主义已经过时的个别原理，把它们变为教条，这样来阻碍马克思主义向前发展，因而阻碍无产阶级革命运动发展。"我们一定要牢牢记住革命导师的这些教导。

根据"长官意志"办事，毛主席在《反对本本主义》一文中早已对此作过批评。上级指示要不要执行，当然是要执行的，但并不单是因为它出于上级领导机关，而是它的指示内容合乎客观实际并为斗争所需要的。如果我们对上级的指示，不根据实际情况进行讨论和审视一味盲目执行，那就只能是如毛主席所说的"单纯建立在上级观点上的形式主义态度"，"是对上级指示最巧妙的怠工"。

根据先进经验办事。先进经验当然要学，但我们学习先进经验，也有一个从实际出发，因地制宜的问题。根本经验必须学，至于具体经验和做法，则不能生搬硬套，先进经验所以先进，最根本的是善于将马列主义、毛泽东思想的根本原则与本单位的具体特点相结合，把党的一般号召具体化，提出符合本单位实际情况的措施，取得具体经验，充实一般号召内容。任何先进单位的经验，总是既具有普遍意义的东西，又有只适合先进单位特点的东西。推广先进经验以指导一般，这是我们党行之有效的一般号召与个别指导相结合的领导方法。学习先进经验，首先要学习这种一切从实际出发，把一般原则具体化的这种经验，学习具有普遍意义的东西。推广先进经验，就是要把先进单位具有普遍意义的经验与本单位的具体实践相结合，提出符合本单位的具体措施，增加些自己所特有的东西、经验在本单位具体化，这样才能在本单位生根开花。如果不从本单位实际出发，生搬硬套，这本身就是违背先进单位的根本经验的。先进经验是要学习的，但要结合自己的特点，不要盲目照搬。

本本要学，上级指示要执行，先进经验也要学，问题是采取什么态度去对待。如果我们去掉了盲目性，采取科学的态度来对待，在新的历史条件下，发扬党的传统作风，实事求是，一切从实际出发，理论与实际相结合的马克思主义根本原则，坚持实践第一的观点，用科学的而不是迷信的态度来学理论，认真地而不是形式地执行上级指示，因地制宜地而不是机械照搬先进经验；这样，我们的思想就能够从"四人帮"禁锢下解放出来；适应新时代总任务的要求，我们的各项事业就能大干快上，加快社会主义建设的速度，取得新长征新的胜利。

注：①毛泽东《实践论》②《马恩全集》第14卷137页③马克思《关于费尔巴哈的提纲》④列宁《唯物主义和经验批判主义》⑤毛泽东《反对本本主义》

重视对矛盾特殊性的研究，
建设具有中国特色的社会主义

毛泽东同志在《矛盾论》这一重要哲学著作中，对矛盾的特殊性作了系统的阐发。它概括了中国革命的十分丰富的历史经验，坚持和发展了辩证法为核心对立统一规律。文中提到不仅要研究客观事物的矛盾的普遍性，尤其重要的是要研究矛盾的特殊性。矛盾的普遍性是说无事无物、无时无地不存在矛盾，没有矛盾就没有世界。矛盾的特殊性则是说矛盾各个特殊，所以造成个性，构成丰富多彩的现实世界。注意矛盾的特殊性是认识事物的基础，由此提出一系列哲学命题。矛盾的普遍性和矛盾的特殊性的关系，是关于事物矛盾问题的精髓；对不同性质的矛盾，要用不同的方法去解决；马克思主义的活的灵魂是具体问题具体分析。辩证法不是可以死记硬套的公式，而是行动的指南。要把它同革命的实践，同调查研究和总结经验紧密结合，加以灵活运用，这样才能成为认识世界和改造世界的武器。

毛泽东同志的这些论述，在当时打破了教条主义的束缚，使人们的耳目为之一新，思想获得解放，把马克思主义的普遍真理同中国革命的具体实践相结合，在斗争中逐步形成具有中国民族风格的实事求是的马克思主义的思想路线，摸索出一条符合中国革命规律的革命道路，提出了新民主主义革命的总路线，夺取了中国民主革命的胜利。重温这一历史经验，回顾我们过去走出的一条具有中国特色的革命道路的历程，对于完成今天我们正在进行的建设具有中国特色社会主义这一历史任务无疑具有重大的现实意义。

把马克思列宁主义原理具体应用于中国革命和建设，任务十分艰巨。因为中国的社会情况和欧洲国家的社会情况不同，中国社会极为复杂，敌人十分强大，农民是主要群众，革命的直接任务并不是反对资本压迫，而是反对帝国主义和封建压迫。党要根据这一特殊情况，来运用马克思列宁主义的理论原则，制定夺取革命胜利的方针政策。我们党几经曲折，历尽艰险，经过了流血牺牲，付出了巨大的代价，才逐步懂得这个道理，把马克思主义普遍真理同中国具体革命实践相结合，产生了毛泽东思想。

（一）

我党在民主革命中经受了两次大的挫折，陈独秀的右倾投降和王明的"左"倾冒险，几乎断送了革命。这不能不引起人们的思考，要求总结历史经验，避免重犯错误。毛泽东同志同陈独秀压制农民革命的错误，进行过坚决斗争，指出中国革命中无产阶级领导农民斗争的极端重要性。大革命失败后，他成功地把党的工作重点由城市转移到农村。他是革命武装和革命根据地的主要缔造者，领导了中央苏区的三次反"围剿"的胜利斗争。但他接着又遭受王明路线的打击，被排挤出红军领导，第五次反"围剿"因此招致失败。遵义会上，确立了毛泽东同志在全党的领导地位，从此红军转危为安，胜利到达陕北，开创了革命发展的新局面。毛泽东同志经历了我党两次由挫折走向胜利的全过程，他的经验最全面，对王明左倾错误的感受也最深切。因此，他在领导全党清算王明左倾错误时，除了从政治路线、组织路线、军事路线进行总结外，特别着重于思想路线方面的哲学总结。毛泽东同志指出,陈独秀和王明的错误,从认识根源上来看,"都是以主观和客观相分裂,以认识和实践相脱离为特征的"①。他们把马克思列宁主义教条化,把共产国际决议和苏联经验神圣化,以照抄照搬为能事。否认"马克思主义不是教条而是行动的指南"这一真理,而在世界观和方法论上的失误,就是不懂得任何事物都是矛盾的普遍性和特殊性的辩证统一。他们只承认矛盾的普遍性,否认矛盾的特殊性,他们的错误是:"一方面,不懂得必须研究矛盾的特殊性,认识个别事物的特殊本质,才有可能充分地认识矛盾的普遍性,充分地认识诸种事物的共同的本质;另一方面,不懂得在我们认识了事物的共同本质以后,还必须继续研究那些尚未深入地研究过的或者新冒出来的具体的事物。"②这就是说,教条主义者不懂得一般原理是从哪里来的,把普遍真理看成是凭空出现的东西。殊不知,一般是寓于特殊之中的,一般就是从多种个别事物中概括出来的共同本质;离开特殊的个别事物,也就没有一般了。人们认识事物,总是从个别的和特殊的开始,认识了许多种不同事物的特殊本质以后,才能概括出诸种事物的共同本质。教条主义者也不理解人们认识世界是为了改造世界,以为有了一般原理就万事大吉,可以不费气力地机械搬来解决一切问题,因而拒绝对于具体事物做任何艰苦细致的研究工作。他们不了解我们取得了对一般真理的认识以后,还要以此为指导,继续向尚未研究过的或者未深入研究过的各种具体的事物进行具体分析,找出特殊本质,这样才可以丰富和发展这种共同本质的认识,使这种共同本质的认识不致变成枯槁的和僵死的东西。这是两个认识过程的互相联结:一个由特殊到一般,一个是由一般到特殊。人类的认识总是这样循环往复以至无穷

---

① 毛泽东:《实践论》。
② 毛泽东:《矛盾论》。

地进行的。而每一次循环,都使人类认识提高一步,不断深化。马克思在创建他的科学理论时,就是概括了 19 世纪中叶英、法、德等国的共产主义运动的经验,集中成为系统化的理论,然后再回到各国革命实践中去检验,并逐步充实丰富,发展成为普遍真理。列宁把马克思主义运用于俄国革命,毛泽东同志把马克思列宁主义运用于中国革命,都是严格遵循由特殊到一般,又由一般到特殊这一认识程序来进行的,都是把马克思主义的一般原则,创造性地运用于本国实际,根据本国的特殊国情,具体贯彻马克思主义原理,走出一条取得革命胜利的独特道路,从而又丰富和发展了马克思主义的普遍真理。矛盾的普遍性和矛盾的特殊性的关系,"是关于事物矛盾的问题的精髓,不懂得它,就等于抛弃了辩证法"①。毛泽东同志在领导中国革命中,痛切感到本本主义(即教条主义)机械照搬书本之贻误革命,他指出:"盲目地表面上完全无异议地执行上级的指示,这不是真正在执行上级的指示,这是反对上级指示或者对上级指示怠工的最妙方法。"②教条主义者好像很重视普遍原则。其实他们对于普遍原则是生吞活剥地理解、机械照搬地执行。结果使普遍原则成为空谈,或者把事情搞坏,普遍原则根本不能实现。

主观主义会亡党、亡国、亡头,我们党在吃尽了王明教条主义的苦头之后,才得出了这样深刻的教训。认识到中国革命的无限曲折复杂,也才能总结出矛盾的个性与共性的关系是辩证法的精华。毛泽东同志在领导中国革命实践中,努力使马克思主义中国化,注重中国历史特点和中国现状的研究,从中国国情出发,创造性地运用马克思主义,深刻研究中国革命的特点和中国革命的规律,使马克思主义和中

---

① 毛泽东:《矛盾论》。
② 毛泽东:《反对本本主义》。

国革命发生血肉联系,产生了马克思列宁主义同中国革命相结合的毛泽东思想,并形成了具有中国共产党人特色的实事求是的思想路线,以及一系列完整的指导中国革命和建设的工作方法和领导方法。

基于对研究矛盾特殊性的重视,我们党在长期实践中形成的具有自己特点的领导方法,叫做领导和群众相结合、一般和个别相结合的方法。这是我们在进行任何工作中都必须采取的普遍方法。正确的领导方法,只能是从群众中集中起来,又到群众中坚持下去,以形成正确的领导意见。在集中和坚持过程中又必须采取一般号召和个别指导相结合的方法,从许多个别指导中形成一般意见,再拿这个一般意见到许多个别单位去检验是否正确,然后集中新的经验,充实一般号召的内容,去普遍地指导群众。如此无限循环,一次比一次更正确,更生动,更丰富。这一领导方法,就是我们党数十年来行之有效的群众路线的工作方法。30年代初,王明等人从国外回来,学了一点外国的书本知识,就以为得到了"上方宝剑",以"钦差大臣"自居,这也批评,那也指责,发空论,瞎指挥,造成了极大的危害。毛泽东同志痛感"我们党吃所谓'钦差大臣'的亏是不可胜数的",所以他特别强调:"没有调查就没有发言权"。并指出:"凡不从下级个别单位的个别人员、个别事件取得具体体验者,必不能向一切单位作普遍的指导。"① 为使一般号召不致落空,完成一项新的重大工作任务时,提倡一切经过实验,先行试点,训练干部,取得经验,才逐步推广。在领导工作中倡导抓典型,解剖麻雀。用90%的时间搞调查研究,然后才用10%的时间处理问题,以免重犯错误,或少犯错误。

要注意矛盾特点的研究。用不同的方法解决不同的矛盾,这是马

---

① 毛泽东:《关于领导方法的若干问题》。

克思主义者必须严格遵守的一个原则。事物是不断变化发展的。我们不仅认识物质运动形式要注意其特点，而且还要研究每一运动式在其发展长途中的每一个过程的特点。事物在不同的发展过程都是不同质的。不同质的矛盾，只能用不同的方法去解决。我们不仅要着重从事物发展过程的推移变化中去研究其特点，而且在每个过程发展的各个阶段中，也需注意其特点。不同的发展阶段，情形是互相区别的。虽然规定事物发展过程的根本矛盾没有变化，但被根本矛盾所规定或影响的许多大小矛盾，有的激化了，有的缓和了，有的解决了。因此，过程就显出阶段性。如果不注意事物的发展过程的阶段性，人们就不能适当地处理事物的矛盾。事物发展的过程和各个过程的每一阶段的特点都各不相同，这就要求我们从事各项工作的同志，要密切注意情况的变化发展。要使新的革命任务和新的工作方案的提出，适合于新的情况的变化。因此，要着重研究新情况，解决新问题，特别着重于对当前具体事物的矛盾特殊性的研究。这对搞好工作，指导革命和建设实践的发展，具有重大意义。教条主义者脱离实际，不了解诸种革命情况的区别，因而也不了解应当用不同的方法去解决不同的矛盾，只会千篇一律地硬搬教条，到处乱套。这只能使革命遭受挫折，把事情办坏。我们应当以教条主义者的失败为鉴戒。

事物是无限复杂的。一个大的事物在其发展过程中，总是包含着许多矛盾。这些矛盾不但各有其特殊性，不能一律看待，而且每一矛盾的两个方面，又各有其特点，也是不能一律看待的。具体地分析具体情况，是马克思主义的活的灵魂。因此，在区别上建立我们的政策，就成为我们党的一条重要策略原则。抗日战争时期，党在实行抗日民族统一战线政策时，具体分析各种社会力量的具体特点，采取区别对待的方针。由于中国的中间势力有很大的力量，往往可以成为我们同顽固派斗争时决定胜负的因素,因此,争取中间势力,是我们在抗日民族统一战线时期的严重任务;我们把中等资产阶级(即民族资产阶级)同买办资产阶级加以区别;把开明士绅(带有资产阶级色彩的地主)同封建地主加以区别;把地方实力派(统治集团中非嫡系部分)同大地主大资产阶级顽固派加以区别。在同顽固派的斗争中,我们对这三部分不同的中间势力,是争取其中的在一定限度内参加抗日,有的保持善意的中立,或者暂时的中立。这样就孤立了顽固派,巩固和发展了抗日民族统一战线,争取了抗日战争的胜利。历史的经验证明:没有区别就没有政策。在社会主义改造时期,用公有制代替私有制的变革中,我们又成功地实行了区别对待的政策。首先分清劳动者的私有和非劳动者的私有,采取不同的方法去解决这两种不同的私有制。对非劳动者的私有制,也是根据具体情况具体对待。对官僚资本,实行没收政策,而对民族资本,则采取国家资本主义的形式,逐步转化为全民所有制企业。对农民和手工业者的劳动者私有制,则是在自愿的基础上,经过合作化的途径,改造成为劳动人民的集体所有制。毛泽东同志从分析具体矛盾的特点出发,在革命发展的各个阶段,提出一系列区别对待的方针,都是如实地反映了客观事物的辩证运动,最大限度地调动一切积极因素,团结一切可以团结的力量,使我们的事业兴旺发达。

　　毛泽东同志在矛盾特殊性的论述中,用我们党所经历的如此生动活泼、复杂曲折的革命经验,对矛盾的一般和特殊、共性和个性的关系,作出这样深刻的理论概括,并使其富有时代的现实感。在他的培育下,一代共产党人学会了用辩证法去研究问题,处理工作,领导革命,从事建设,使无产阶级解放的精神武器——哲学,转变为物质力量。这在马克思主义哲学史上,无疑是一个伟大的创举。这就为我们提供了在实践中运用和发展马克思主义辩证法的光辉范例。这对于我们全面开创社会主义现代化建设的新局面，走出一条具有中国特点的社会主义道路，是很有启发的。

（二）

1949年全国解放后，根据民主革命所创造的向社会主义过渡的政治条件和经济条件，采取了社会主义工业化和社会主义改造同时并举的方针，实行逐步改造私有制的政策，创造性地开辟了一条适合中国特点的社会主义改造道路。在社会主义改造基本完成后，1956年党的"八大"根据国内主要矛盾的发展变化，决定党的工作重点开始转到全面的大规模的社会主义建设上来。但这一方针在实际上并没有得到真正贯彻执行。在其后经济建设方面又曾经有过两次失误：这就是1959年至1961年困难时期，由于大跃进和公社化，造成高指标、瞎指挥、浮夸风和共产风的错误，使我国国民经济发生严重的困难；粉碎"四人帮"后两年中，经济上求成过急，不顾国力，搞几个"大上"，造成国民经济发展比例的严重失调。十一届三中全会才使党重新回到了马克思主义的轨道，实现了把工作重点真正转移到社会主义现代化建设上来的战略决策，进行了一系列繁重的建设和改革工作，使我们的国家在经济上和政治上都出现了空前大好的形势。

经济建设方面的两次失误，都是脱离了中国国情，只注意了矛盾的普遍性，忽视了矛盾的特殊性。公社化运动的指导思想，是着眼于公社具有"一大二公"的特点。从原则上说，"公"和"大"是不错的。但是，"公"到什么程度？"大"到什么规模？时机是否成熟？这些都要以时间、地点、条件为转移。我们判断任何一种社会变革，不

重视对矛盾特殊性的研究,建设具有中国特色的社会主义

能从抽象的原则出发,而是要看其是否适应此时此地的生产力发展水平。生产关系一定要适应生产力的发展,能够解放生产力的变革才是正确的,反之,阻碍以致破坏生产力的变革就是错误的,有害的。检验真理的标准只能是实践。建设也和革命一样,我们要取得规律性的认识,必须经历一个辩证的过程,而不可能一次完成。要经过实践、认识、再回到实践的无限循环,经过个别、一般、再回到个别的无限循环,我们的认识才能一步一步地深化。民主革命时期,党对中国革命的认识,是几经曲折,才使马克思主义的普遍真理同中国革命的实践相结合,走出了一条具有中国特色的革命道路。我们的建设也是几经曲折,直到十一届三中全会后,才逐步找到了一条适合我国国情的社会主义现代化的正确道路。这条道路还将在实践中不断充实和发展,但它的主要点,已可从建国以来正反两面的经验,特别是"文化大革命"的教训中得到基本总结。我们过去的失误,归根结底,是建设工作脱离中国国情,没有注意到我们进行工业化建设,每一步都要从中国的具体国情出发,切合中国的需要,具有自己的民族特色,以便更好地实现社会主义建设的普遍原则。要使马克思主义的普遍真理同中国社会主义建设的实践紧密结合,先决的前提是要把国情认准,这样,现代化建设才能建立在坚实可靠的基础上。

既然我们的现代化建设要从中国的特殊国情出发,那么我国的基本国情是什么?按邓小平同志的概括,要使中国实现四个现代化,至少有两个重要特点是必须看到的:"一个是底子薄","第二条是人口多,耕地少。"就是说,我国是经济文化落后,发展又极不平衡,人多耕地少的大国。这就是我们现代化的出发点。我们进行社会主义建设,就是要把马克思主义的普遍真理和中国国情的这一具体特点相结合,根据我们特有的国情,走出一条具有中国特色的社会主义建设道

路。这同中国革命一样,也是没有先例可循的。美苏两个超级大国,人口比我们少,而耕地比我们多[①]。他们搞现代化起步也比我们早,在一个半世纪前,英、美、法、俄等国已有了现代工业和现代科学技术,而我国在那时期,正由闭关锁国的封建社会沦为半封建半殖民地社会。1949年全国解放时,现代工业的产值只占国民经济总产值的10%,石油产量12.2万吨,钢产量15.8万吨,我们的经济遗产是何等贫乏!基础是何等薄弱!同他们的差距,至少落后一个半世纪。并且欧洲各国在十七八世纪实现现代化时,都靠掠夺殖民地作为原始积累,这是我们不可能学,也不应该学的。至于现在某些较小的国家和地区发展速度较快,是因为他们劳动力低廉,发达的大国为了自己的利益,在资金技术方面又给以支持,他们的廉价产品(主要是加工工业)在国际市场一时很有销路。资本家把高额利润分一点给劳动者,这些国家的人民生活就显得改善较快。而我们这样的社会主义大国是不可能走这条道路,也不应该走这条道路。既不可能有人送来现代化,也不可能用钱去买现代化,那么,我们就只能走一条符合我国国情的独特道路,既是社会主义的,又是具有中国特色的。这就是独立自主,自力更生,艰苦创业道路。正如邓小平同志在党的"十二大"的开幕词中指出的:"我们的现代化建设,必须从中国的实际出发。无论是革命还是建设,都要注意学习和借鉴外国经验。但是,照抄照搬别国经验,别国模式,从来不能得到成功。这方面我们有过不少教训。把马克思主义的普遍真理同我国的具体实际结合起来,走自力更生的道路,建设有中国特色的社会主义,这就是我们总结长期历史经验得出的基本结论。"

[①] 我国每人平均耕地1.6亩,相当于世界人均耕地量的1/3,美国的1/8,苏联的1/7,印度的2/5。

重视对矛盾特殊性的研究,建设具有中国特色的社会主义

建设有中国特色的社会主义,就是要从矛盾的普遍性和矛盾特殊性的联结上去研究社会主义现代化如何在中国具体实现。我们建设方针、政策和措施的每一步,都要符合客观实际,符合我国的经济规律和自然规律。这就要求我们去研究制约我国现代化建设的各种因素之间的关系,也就是说要研究矛盾各方面的特点,以及这些矛盾之间的相互关系。否则,就不可能抓住问题的本质。

我们是在一个经济、文化、教育、科学都比较落后而又发展极不平衡的大国进行社会主义建设,这就决定了我们建设的长期性,不可能步子太快。欲速则不达。我们过去经济工作的失误,主要就是没有从自己的具体条件出发,急于求成,结果出现曲折,反而慢了。我们只能量力而行,积极奋斗,有步骤地分阶段地实现现代化目标。"十二大"提出,争取本世纪末达到小康水平,全国工农业的年总产值翻两番,国民收入人均800美元。到那时人均收入水平虽然还是很低的,但占世界人口近1/4的人民摆脱贫困,这也是了不起的大事。并且我们是社会主义国家,消灭了剥削,人民的实际生活可以过得更好一些。到本世纪末按国民生产总值计,将达到1万亿美元,可以更好地集中资金解决重点建设和发展科学教育,极大地增强我们的国力。我们主要工农业产品的产量也将进入世界前列。总结过去的失误,认清我们的国情,我们建设的步子不能太急,这当然不是说我们的建设可以慢吞吞地进行。我们要赶上世界先进水平,还要坚定不移地把我们的精力转移到现代化建设的轨道,解决新的历史时期的主要矛盾,即人民日益增长的物质文化需要同落后的社会生产力之间的矛盾,大力发展生产力,在此基础上逐步改善人民的物质文化生活。我们过去所犯的"左"的错误,就是一方面步子过大,求成过急,一方面又没有坚定不移地转变到以经济建设为中心的轨道,甚至还错误地把搞经济建设

重视对矛盾特殊性的研究,建设具有中国特色的社会主义

当作修正主义来批,荒谬地停产闹革命、搞运动。今后一定要紧紧抓住经济建设这一环不放,绝不能再离开这个重点。要在稳扎稳打的基础上,抓紧抓快,搞好建设。邓小平同志在"十二"大开幕词中指出:80年代是我国历史发展上的重要年代。我们要实现的三大任务中,核心是加紧社会主义现代化建设,它是解决国际国内问题的物质基础。经济搞上去了,就有利于祖国统一和反霸权斗争的胜利发展。同时还应当明确这一点:如果我们不能创造出比资本主义世界更高的劳动生产率,社会主义是不能最后巩固的。必须从"左"的思想束缚下解放出来,理直气壮地抓经济建设。

当代经济发展总是同科技发展紧密联系的。现在科学技术日新月异地飞速发展,今后生产工人的劳动技能将以智力和知识为基础,而不是主要以体力为基础。我国文化科学还较落后,更要着重从智力开发入手,发展教育,普遍提高劳动者的科学文化水平。目前,农村已开始出现科学热。"要想富,学技术"。只有掌握先进的科学技术,合理经营,提高经济效益,才能富裕起来。目前全国工交企业由于科技进步对经济增长的促进作用占30%,大庆油田开发建设21年来,促进经济增长的诸因素中,科技进步方面占57.82%[①]。陕西省各部委调查1982年110项受奖的科技成果,科研投资1元,可得20元经济效益[②]。我们要迎头赶上去,缩短同发达国家的距离。要提倡尊重知识,重视人才,清除"左"的影响,纠正长期轻视知识和知识分子的倾向。

要正确处理对外开放和自力更生的关系。对外开放是为了增强我

[①] 其余由劳动力增长方面占7%。由投资增加方面占35.18%。
[②] 这110项科技成果,科研费和实施推广费共花1100万元,从推广应用到今年7月调查时,已获得经济效益2.15亿元。

们自力更生的能力。开放不是我们的目的。我们不能为开放而开放，开放是为了更好地学习先进的科学技术和管理经验，发展和保护我们的民族工业，以加速我国现代化的进程。因此，我们在实行对外开放政策时，要有选择地引进技术，贯彻"洋为中用"的原则，绝不能陷于盲目性。在实行对外开放中，一定要警惕资本主义的精神污染，不能因为我们学习资本主义国家的某些科学技术和管理经验，就认为外国的东西一切皆好，唯洋是崇，丧失我们的民族自豪感和民族自信心。为此，我们在实行对外开放的同时，必须打击经济犯罪和政治文化领域的犯罪活动，抵制腐朽的资产阶级思想的侵蚀。只注意对外开放的一手，而忽视打击犯罪活动的另一手，不采取抵制、清除精神污染的一系列有效措施，那对我们的国家是很危险的。反之，如果因噎废食，不敢实行对外开放，那也是愚蠢的。实行两手政策，就可以既扩大国际交往，利用国际先进的科学技术和管理经验，引进资金和技术，发展我们的民族工业，提高产品的竞争能力，增强我们自力更生的信心；又坚决抵制资产阶级的精神污染，打击经济、政治、文化领域的犯罪活动，使我们的事业沿着社会主义方向健康地前进。

物质文明与精神文明的建设同时并举，是建设具有中国特色的社会主义的战略方针。由于我们的现代化建设是在实行对外开放、对内搞活经济的条件下进行的，不可避免地会带来资产阶级思想和其他剥削阶级思想的侵蚀；加之"文化大革命"这场空前动乱，对我们的党风和社会风气的败坏极为严重；还由于我们经济发展出现曲折，一些经不起考验的人丧失信心，如同民主革命初期遇到挫折后，有人怀疑红旗能否打下去一样，现在也有人对共产主义信念发生动摇。因此，我们在全力以赴抓紧经济建设的同时，必须抓好四项基本保证，即进行机构改革和经济体制改革，实现干部的四化；建设社会主义精神文明;打击经济领域和其他领域的犯罪活动;整顿党的作风和党的组织。这四项工作是今后一个长时期,至少是到本世纪末的近20年内,要抓紧进行的。这是我国现代化建设,坚持社会主义方向的重要保证。当前建设社会主义精神文明,防止和清除精神污染,克服各级领导在政治思想工作上的软弱涣散状态,尤为重要。在建设高度物质文明的同时建设高度的精神文明,这是关系到我国社会主义的盛衰成败的大问题。如果没有以共产主义思想为核心的社会主义精神文明,如果没有深入的、坚持不懈的政治思想工作,我们的人民就不可能成为有理想、有道德、有文化、守纪律的劳动者,就会失去精神支柱,现代化建设就没有动力,就不能保证社会主义方向,并抵制各种腐朽思想的精神污染。只有进行共产主义教育,才能最大限度地激发全体劳动者的社会主义积极性,使先进的技术、先进的管理制度和管理方法在先进的思想基础上充分发挥它们应有的效力。因此,两个文明建设并举的方针,是建设具有中国特色的社会主义的最主要的特征。

10亿人口8亿农民,这是我国最特殊的、最重要的国情。它给我们带来一系列的难题。必须改变8亿农民搞饭吃的落后状况。当然,像发达国家那样只用3%—4%至20%—30%的人口搞农业,全国人口多半数集中在城市搞工商业,显然是行不通的。目前我国的城镇人口两亿,即相当于美国或苏联的全国人口。而我国的土地面积只略大于美国,比苏联的面积小一半。我国人口分布又极不平衡,90%的人口集中在占土地面积1/2的东半部,人口密度很高。资本主义国家工业化的道路,无论是历史上英国的"羊吃人"①,或是现在西方提倡用机

---

① 英国产业革命后,为发展纺织工业,扩大牧场,驱赶农民离开土地,历史上称为"羊吃人"。

重视对矛盾特殊性的研究，建设具有中国特色的社会主义

器人代替人的办法，都不符合社会主义中国的国情。我们既要使城市人口能充分就业，又要使农民尽可能就地安排，在照顾到这两方面的矛盾情况下，除城市着重发展劳动密集型的工业，以保证尽可能多的人口就业外，还必须严格控制大城市人口，着重发展中小城镇。这样做就可以使人民生活过得舒适一些，避免大城市交通拥挤和空气污染，而且对经济效益和安排就业都有好处[①]。8亿农民的大国如何实现现代化，是一个大课题。毛泽东同志多次强调不要机械搬用外国经验，而要从中国是一个农业大国这种情况出发，以农业为基础，正确处理重工业同农业、轻工业的关系，充分重视发展农业和轻工业，走出一条适合我国国情的工业化道路。我国经济发展水平还很低，又是农民众多，耕地较少的大国，农业发生问题，不仅影响工业，而且会引起全国80%的人口不稳定。三中全会以来，我们党首先抓住农业这一环，实行对内搞活经济，放宽农业政策，推行各种形式的生产责任制，因地制宜地实行多种经营方针，农业面貌发生了显著变化，由原来停滞不前变得欣欣向荣。生产承包责任制，纠正了吃大锅饭的平均主义，调动了农民的创造性和积极性，专业户和重点户应运而生，农民根据自己的特长，承包种植业、养殖业、林果业以及各种副业和加工业。这些专业户接受新鲜事物快，肯钻研，促进了农村科学技术的发展，提高了农业生产力发展水平。联产承包决不是恢复小农经济。小农经济的特点是私有和自给自足，联产承包和专业户的出现，虽然是以家庭经营为细胞的生产，但仍然是属全民所有制的一种经营管理形式。

[①] 每百元资金实现的利润，百万人口以上的城市为33.8元，但大庆则高至110元，常州、南通是35元，全国类似常州这类中等城市有十多个，这三年来工业总产值平均每年递增10%以上，高出全国平均水平的1/3，全民所有制企业职工每人创造利润税金3000元，不仅经济效益明显，而且解决了城市就业问题。

同时它使一些生产项目从农业中分离出来,是促进分工向社会化专业化方向发展,是进一步解放生产力。当前农村正逐步由传统农业向现代化农业转变,由自给半自给经济向专业化商品化转变,逐步摸索出一条农民离土不离乡的现代化的发展道路,8亿农民就地安排,不必都涌入城市。随着专业户、专业村、专业街及个人承包、多户联营等多种联合形式的出现和社队企业的发展,农副产品加工厂在产地经营,脱离土地的农民在农村集镇得到安排,并得以向生产的深度和广度进军。同时又在新的基础上,进一步组织起来,创造出灵活多样的农业经济的联合形式。由于这一联合,是完全根据生产发展的需要而进行的,因而能够实现最佳的经济效益,进一步解放生产力,同时也能更好地体现自愿原则。

为了解决人多地少的矛盾,由以粮为纲,转向农林牧副渔全面发展、农工商综合经营的道路,这样就走出了一条发展农业的宽广路子。过去那种以粮为纲的做法,只着眼于每人平均1.6亩地,全国在14.9亿亩耕地上打主意,不注意水、土、林、草的保护涵养,而一味开荒毁林,围湖造田,致使生物资源遭受破坏,生态失去平衡,农业陷入恶性循环。现在我们在抓紧粮食生产的基础上,充分利用这14.9亿亩耕地,走农业集约化的道路,改变有2/3的耕地仍然是广种薄收的情况;同时着眼于198亿亩森林,4亿亩淡水,40多亿亩草原草坡的开发利用,由单一抓粮食生产到同时抓多种经营,由单纯搞农田水利工程措施到林、草、水、土综合治理,根据各地自然条件,从经济效益出发。因地制宜,调整农业经济结构,从根本上改善生态环境和农业生产的基本条件,使恶性循环向良性循环转化。这样,我国农业发展就放在了可靠的基础上。农业是国民经济的基础,只要农业搞活了,就可以带动整个工业和其他各项生产建设事业较快地发展。

重视对矛盾特殊性的研究,建设具有中国特色的社会主义

当然,以上这些远不是问题的全部。根据"十二大"的概括,社会主义有以下六个特征:剥削制度的消灭和生产资料的公有,按劳分配,国民经济的有计划按比例的发展,工人阶级和劳动人民的政权,高度发展的生产力和劳动生产率,建设精神文明。我们实现这些原则也都是结合中国实际,具有自己的民族特色,这里就不一一列举。本文只是试图着重从毛泽东同志的哲学思想,特别是矛盾的普遍性和矛盾的特殊性相互联结的道理上,说明三中全会以来,我们党是如何总结过去的历史经验,努力恢复毛泽东思想的本来面目,在新的历史条件下坚持和发展毛泽东思想的。毛泽东同志晚年在经济建设方面的失误,归根结底是脱离了作为科学体系的毛泽东思想。我们党珍视60多年的斗争成果,坚持马克思主义的普遍真理同中国革命与建设实践相结合的毛泽东思想,一切从中国的实际出发,毅然打破"两个凡是"的教条主义束缚,实行"从斗争中创造新局面的思想路线",尊重唯物论,尊重辩证法,坚持实践是检验真理的唯一标准,特别注重对矛盾特点的研究,注意研究变化发展了的新情况,具体问题具体分析,用不同的方法解决不同的矛盾,具体贯彻建设社会主义的普遍原则,使我国的现代化建设具有自己的民族特色,切合实际需要,终于柳暗花明又一村,度过了我国经济的最困难时期,走上了稳步发展的健康轨道。

应当说,建设具有中国特色的社会主义,大的轮廓已清楚,航道已经打通,只要我们循着这一认识路线走下去,坚持从特殊到一般,又从一般到特殊的认识程序,密切注意不断变化着的新情况,研究新问题,总结新经验,就可以使我国的社会主义建设由尚不发达到比较发达,社会主义制度由不完善到比较完善,具有中国特色的社会主义道路也将由不完备到比较完备。这些都要经历一个长久的历史过程,在长期实践中逐步去解决。不可能事先就在头脑里构成一个模式。这

就是历史的辩证法。我们的社会主义事业虽然还处于低级阶段，但是我们已经建立了社会主义制度，进入了社会主义社会。这是不容怀疑的。三中全会以来，我们的社会主义建设，在清除"左"的影响的同时，进行了大量的调整改革工作，已经收到显著的经济效益。只要我们坚定不移地沿着这条路线走下去，我国社会主义经济建设的路子就会越走越宽广，原有的优势将进一步发挥，原有的困难将逐步向顺利方向转化。比如随着农业的振兴，农民购买力的提高，8亿农民的稳定的国内市场，对轻重工业的发展，都会起极大的推动作用。再如经济发展极不平衡是我们当前困难之所在，但随着西半部中国的开发，地大物博的潜在优势将转化为现实的优势。总之，要求一步登天，很快就进入天堂，急于求成，重复历史上的"左"的错误，是没有出路的。但是，悲观失望，丧失信心，也是毫无根据的。这就是我们的结论。

（载于《西北大学学报》1984年第1期）

马克思主义是科学
要用科学的态度对待它

当代一位颇有影响的社会科学家,《第三次浪潮》的作者托夫勒,在《预测与前提》一书中谈到他的思想转变过程——早年曾是信仰马克思主义的,后来与马克思主义决裂了,原因之一是第二次世界大战后马克思主义者关于西方工人阶级贫困化的预测,与美国的事实不符,托夫勒的书对当代新的科学技术的发展,对未来的经济、社会和传统观念将产生巨大的影响,但他又认定"不能借助马克思主义去了解高技术世界的现实"(第 200 页)。托夫勒提出的这个问题,我们国内也有少数人有类似的看法,这就给我们提出了一个严肃的问题,即如何正确认识马克思主义?如何正确对待马克思主义?

马克思主义是十分完备而严整的科学体系,它与任何迷信没有丝毫共同之处,我们必须用科学的态度对待它。马克思主义的创始人不止一次地提出:马克思主义不是教条,而是行动的指南。这一经典名言,人们也多能熟读背诵,但实际上却未必能够真正理解,甚至在行动上还往往与之背道而驰。他们不是把马克思主义看作行动的指南,而是把它看成万古不变的教条,看成解决一切社会问题的灵丹圣药,机械地运用于一切环境,似乎现实生活中遇到的一切具体问题,都能在书中找到现成的答案。这样,就把科学性和实践性高度统一的马克思主义科学体系,看成是多少带有点神秘色彩的教义集成或教条汇编。用这种迷信的态度去对待马克思主义,当然不可能理解马克思主义的真谛,不可能把握它的活的灵魂,以至抛弃它的理论基础——辩证法。

从这里，我们可以看到托夫勒的思想方法，同我们所熟知的那些教条主义者，颇有某些共同之处。他们都是用形而上学的、僵死、凝固、不变的观点去对待马克思主义，而不是用辩证的、变化的、发展的观点去对待马克思主义，即恰恰违反了作为科学的马克思主义的本性。马克思主义既然是科学，科学就不会停滞不前，而是要在实践中用新的经验、新的科学成果来丰富自己，使自己不断向前发展，不断充实完善。马克思主义者从来不认为自己的理论已经达到至善之境，用不着前进发展了。按马克思主义的本性来说，它是不承认任何一成不变的、绝对的、神圣的东西的。马克思主义的个别原理和结论是会随着社会历史条件的改变而改变的。

从托夫勒自述的他和马克思主义的决裂中可以看出，他所理解的马克思主义，是应当无条件地适用于任何环境、任何时代的；如果不能，马克思主义就不灵了。像这样来理解马克思主义，恰恰不是科学地对待马克思主义，正是教条主义的理解。再如关于资本主义总危机和工人阶级贫困化问题。《资本论》中确曾多次谈过，工人阶级贫困化仅仅是从资产阶级和工人阶级之间对财富占有的对比而言，但就某一局部地区、某一段时期内看，则不能把工人阶级贫困化理解为绝对地直线下降。恩格斯曾说过："贫困化越来越增大，这样绝对地说是不正确的"（《马克思恩格斯全集》22卷270页）。工人阶级贫困化和资本主义总危机等论断都是从总的历史发展趋势而言的。这种趋势的发展，如同任何事物的发展一样，不可能是直线式的下降或上升，不是笔直的发展，而是波浪式的向前发展。由于资本主义世界采取一些社会调节政策，或利用科学技术成果发展社会生产，调整产业结构，改进经济管理办法，是可以度过经济危机或延缓危机的爆发，甚至有时还会使经济机制具有增长的活力，使工人阶级的生活得到相应的改善，从而使劳资关系有所缓和。这都是实际存在的。但资本主义社会贫富之间的悬殊差距仍然不能抹煞，不过在发达国家和不发达国家之间，由于经济发展水平不同，贫富差别的程度和表现也会有不同，但差别无疑是存在的。西方发达国家的工人阶级的生活状况，如果不是同不发达国家比，不是同前几十年比，而是同当代本国资产阶级比，工人阶级贫困化的现象也仍然是存在的。失业工人与亿万富翁之间的差别，在西方世界是谁也否认不了的。

具体问题具体分析是马克思主义活的灵魂。我们要真正理解马克思主义，就必须要用科学的态度去对待它。对于马克思主义的原理原则，也是应当采取具体问题具体分析的科学态度，而不应当机械照搬，不应当要求它的一切结论适用于任何时代、任何环境。特别是有些人并未认真学习领会其精神实质，并未认真地运用马克思主义的锐利武器去深入分析他所遇到的问题，就轻率地说：马克思主义在100年前还有用，现在已经过时了。其实，如果机械地搬用现成结论，不仅它现在"过时了"，就是100年以前也是"过时"的。但是如果把马克思主义作为完整科学体系来看，就不存在过时的问题。这里我们具体分析一下：

作为马克思主义科学体系的世界观和历史观这一认识世界、改造世界的认识工具——马克思主义哲学，也是要向前发展的。随着科学发展中每一划时代成就的出现，唯物主义也在不断地改变其形式。世界的发展是永无止境的，反映这一发展的人类认识也是永不停息的，但这种发展始终是马克思主义科学体系丰富、充实、完善的过程。由于唯物主义辩证法是最革命的，不承认任何保守、僵化、不变的东西，因此较之任何哲学派别，它能够最大限度地吸收人类文化的优秀成果。马克思主义哲学对各门科学的概括具有最大的容纳量，科学愈向前发展，马克思主义也随之而丰富自己的内容，并使马克思主义学说本身得以前进。如果某种理论同社会进步和科学发展不相容，那绝不会是马克思主义，只能是马克思主义的对立物，因而也就不存在在新技术时代马克思主义"过时了"的问题。所谓马克思主义是第二次浪潮的产物，在第三次浪潮到来时就不能去"了解高技术世界的现实"云云，正是用违反马克思主义本性的僵死、凝固的观点，对永不停息的向前发展的马克思主义的误解。

马克思分析资本主义的内在矛盾，对社会历史发展的总趋势作出的"资本主义必然灭亡，共产主义必然胜利"的科学结论，在占世界四分之一人口的社会主义国家已经实现了。这一结论不仅是我们共产党人坚信不疑的信念，也为追求社会进步的人士所承认，就连那些资本主义制度的"卫道者"也感受到这一威胁，才制造出种种资本主义永存的神话，提出种种应付经济危机的对策，并打出各式各样的社会主义旗号。如果资本主义前景非常美妙，"策士"们何必这样使出浑身解数？当然，这一历史发展总趋势的实现，也决不会直线地向前发展。目前西方国家科学技术和社会生产力还在向前发展。在这波浪形发展的曲线中，如果截取某一段，资本主义还可能呈现上升的现象，但作为整体来观察，第二次世界大战后，资本主义制度走向衰亡和社会主义走向胜利的历史发展的总趋势，都是很明显的。至于由它们所引起的变革，要多长时间才能实现，下一步社会主义在什么国家取得胜利，我们不能要求科学预见像"推流年"那样"灵验"，能够掐指一算，就推断出某年有凶，某年有吉，某年寿终正寝。尽管第二次世界大战以来社会主义国家的经济建设都出现过失误，资本主义世界的某些国家还出现过"经济腾飞"，并且总的说来，西方一些国家的人均收入还居于前列，人民生活水平也略高于我们，但如果从总的发展曲线来考察，也不过是波浪形的幅度要大一些而已。经济决策的正确与否，只能加速或延缓历史总趋势的发展，而不能改变它发展的方向。共产主义必然胜利这一历史发展总趋势，谁也不能扭转。但是，这一历史必然性的实现，决不会轻而易举地到来，必须大力推进改革，努力吸收科技发展的新成果，借鉴国外的管理经验，加快发展社会主义生产力，才能进一步接近我们的最终奋斗目标。

马克思主义是科学要用科学的态度对待它

马克思主义的某些重大原则，也可能在彼时彼地是完全正确的。但随着时间的推移和具体条件的变化，若用于此时此地就可能不适合，需要用新的公式、新的原则来代替过时的公式和原则。如列宁用一国可以建设社会主义的原则，代替马恩时代的社会主义革命要在几个主要国家同时进行才能胜利的原则；毛泽东同志用农村包围城市、武装夺取政权的原则，代替工人阶级在中心城市起义并夺取全国政权的原则。但是，这些新旧结论之间的关系，仍然是马克思主义的继承发展问题。我们学习列宁、毛泽东同志如何把马克思主义的基本原理运用于本国实际，总结新的经验来丰富发展马克思主义，就要不死记结论，照抄照搬，而要理解其精神实质，学会具体问题具体分析的方法。这对于我们今天建设具有中国特色的社会主义，仍然是有指导意义的。

马克思主义的某些论断，由于当时的社会实践还不可能将矛盾展开和暴露充分，还需要在以后的实践中给予正确解决。比如马克思关于社会主义社会消除商品经济的设想，因为当时还没有社会主义建设实践，就不可避免地带有某些猜测成分。我们党经过了三十多年社会主义建设的实践，尽管我们在50年代中期就已经看出了苏联经济体制僵化的弊端，毛泽东同志在《论十大关系》中就提出了要走自己的道路，但我们仍难避免失误。我们国家经历了大跃进的失误和"文革"十年的大破坏，在三中全会后才走出了一条搞活经济的道路，提出了有计划的商品经济，突破了社会主义计划经济与商品经济不相容的传统观点。别人的经验尚且不能代替自己的经验，我们怎能要求我们的先辈们在不可能取得社会主义建设经验的情况下，对于未来社会的一切设想都能毫无失误呢？

还应指出，经典作家对问题的认识也是辩证的，不可能是一次完成的。因此，他们对于某些问题的论断，经过实践的检验，发现是不正确的，就在自己后来的著作中加以改正，或者在再版时的序言中说明改正。这类例子很多，这里就不用一一加以列举了。

从以上对马克思主义基本理论原则的几种情况的具体分析中,可以看出:认为马克思主义过时了的观点是错误的;要求它的所有结论都准确无误,句句是真理,或者要求它的正确结论要绝对地适应于一切时代、一切环境,同样是错误的。正确的态度是科学地对待它,完整准确地理解它,学习它解决问题的立场、观点、方法,用以指导我们的行动,从实践中去检验、丰富、发展它。

当前我国正处在伟大的变革时代,社会生活发生着急剧变化,特别是我们正在进行的经济体制改革和对外开放、对内搞活,都遇到许多极其复杂的新问题,要求我们善于运用马克思主义去观察问题,解决问题,才不致于在急剧变化的复杂情况下迷失方向。

粉碎"四人帮"后,特别是三中全会以来,我国发生的巨变较之过去几十年的变化还要剧烈,颇有点像德国在上世纪30年代至40年代之间的情况:黑格尔逝世后,青年黑格尔派的分裂,费尔巴哈对黑格尔进行唯物主义的批判,马克思主义的确立。10年左右时间,一个原则刚提出,另一个原则又代之而起。我国当前一些人的思想混乱和不适应,大多是我们的思想赶不上社会生活的急剧变化的表现。

"文化大革命"的风暴,使亿万群众突然地卷入了狂热的政治,特别是一些青少年、学生,接受了一些真真假假的马克思主义口号,或者生吞活剥地背诵了一些语录或现成答案,而又不了解这些语录和答案的马克思主义准则。粉碎"四人帮"以后,千百万人骤然从长梦中觉醒过来,不可避免地要重新估计一切价值。原来以为按照林彪"走捷径"的办法,"天天读"几条并不了解、也没有经过思考的语录,就算是掌握了"理论高峰"。可是,经过实践检验,过去奉为神明的"无产阶级专政下继续革命"的理论还是错误的,在这一理论指导下的"革命行动",并不是任何意义上的革命或社会进步,而相反。于是精神支柱动摇了,一部分人从自身的经历或错误开始,重新学习马克思主义,取得了很大的进步;另一部分人则由过去肯定一切转到现在怀疑否定一切，但无论这一肯定或否定都是盲目的，都是没有采取科学的分析态度去对待马克思主义。

三中全会以来，全党工作重点转移到社会主义现代化建设的轨道，人们思想都集中到振兴中华、实现四化的目标上来了，这本来是好事。但在我们这样一个大而落后的国家搞现代化建设，毕竟不像文革时期"打倒一切"那样简单易行。而转入现代化建设以后，即使机器成天轰鸣，铁牛昼夜不歇，要使我们的社会生产力迅速提高，也是十分吃力的。特别是开放以来，人们看到了我们的经济发展同西方的差距还相当的大；要在本世纪末实现工农业总产值翻两番，人民生活才达到小康水平；而要接近世界先进水平，下世纪还要奋斗50年。在一些有急性病的同志看来进展如此缓慢，不免有些泄气。再加上在过去闭关锁国的情况下，盲目自大，一旦睁眼观看世界，不免有些眩晕，转为丧失民族自信心，觉得中国什么都不好，似乎只有全盘西化才有出路，看不到我们进行的事业的伟大意义。经过这七八年的努力，我们国家初步解决了人民的温饱问题，如果本世纪末达到小康水平，这将对第三世界国家是一个最大的鼓舞。下世纪中叶，十几亿人口的大国，将建成高度民主、高度文明、高度现代化的社会主义强国，这对于丰富发展马克思主义无疑是一个十分巨大的贡献。

处在这一变革时期，我们都有这样的深切体会：我们所熟知的一些理论原则，如"一大二公"等，过去认为是天经地义、不容争辩的原则，在现实中行不通了；而在现实中行之有效，也为群众所拥护的政策，又同我们过去所理解的原则不相容，甚至还是过去误认为理所当然的应当加以批判的资本主义尾巴。再加上一些青年同志，比较锐敏，看出一些社会弊端而提出的一些疑问，或者经过思考提出一些同传统看法不相同的意见。这些都需要针对具体情况，作出马克思主义的回答，加以引导或支持其进一步探索，是不能靠重复那些背得很熟、又未经过思考、也不了解的现成答案解决问题的。

改革是一项深刻的变革，对我们习以为常的固有的经济模式、传统观念和习惯势力的冲击，都是前所未有的。改革也要求我们对实践中所出现的新问题作出马克思主义的回答，用以引导我们的事业前进。我们只有用科学的态度对待马克思主义，才能坚持和发展马克思主义，也才能统一人们的思想，成为建设四化的物质力量。人们提出了各种问题和疑问，表明人们要求用马克思主义来指导我们的行动。这些问题的解决，也必然有助于坚持和发展马克思主义。

当前，重新重视马克思主义的学习，从头研究马克思主义的基本问题，消化过去极其丰富的经验，积极探索改革中出现的新问题，提高运用马克思主义基本原则解决实际问题的能力，并在社会主义建设的实践中创造新经验，用新的结论代替那些过时的结论。这样，既推动了工作前进，也向前发展丰富了马克思主义，而不致在复杂情况下迷失方向。使我们在建设具有中国特色的社会主义道路上，更自觉、更自信、更坚定地前进！

（载《人文杂志》1986年第3期）

关于精神文明建设

党的十二届六中全会通过的《中共中央关于社会主义精神文明建设指导方针的决议》(以下简称《决议》),科学地总结了建国三十多年精神文明建设的经验教训,特别是总结了十一届三中全会以来的新鲜经验,发展了党的十二大精神,是我党在新时期的一个纲领性文件。其理论蕴藏的实践意义,极为丰富。

《决议》第一部分开头,就提出了我国现代化建设的总体布局,只有站在总体布局高度,才能从战略高度深刻理解精神文明建设的根本功能。《决议》指出,"我国社会主义现代化建设的总体布局是:以经济建设为中心,坚定不移地进行经济体制改革,坚定不移地进行政治体制改革,坚定不移地加强精神文明建设,并且使这几个方面互相配合,互相促进。"

这个总体布局,实际上是对我国现代化建设战略总体决策。这一决策是充分合理的,科学的。

第一,它对目标的确定是正确的、具体的。《决议》提出,到本世纪末,要使我国经济达到小康水平;到下世纪中叶,接近世界发达国家水平。这个目标,集中了我国全体人民的利益和愿望,是最强大的精神武器。总体布局中的"以经济建设为中心",正是对实现这一目标的战略原则的准确把握。

总体布局重申以经济建设为中心,这一认识的取得是很不容易的。回顾历史,我们经过了多么艰苦的历程,付出了多么大的代价才取得了这一认识。十一届三中全会提出党的工作重点转移,要求全党工作,要从以阶级斗争为纲,转移到以经济建设为中心的轨道上来。三中全会至今又过了八年。回忆这八年，我们冲破种种条条框框的束缚，才一步一步达到工作中心的转移。今天来看，"以经济建设为中心"，似乎是不言而喻的道理，如果我国生产水平长期落后于资本主义国家，怎能体现出社会主义优越性？可是，在"左"的年代，特别是在十年动乱中，抓经济建设的干部，被批为"唯生产力论"的代表，被扣上"修正主义"帽子；诚实勤劳的工人农民，被斥责为"路线觉悟低"，"只会埋头拉车，不会抬头看路"。张春桥甚至提出"宁要社会主义的草，不要资本主义的苗"。按他的说法，富必修；生产搞上去，国家就会变色；卫星上天，红旗落地；读书无用，交白卷是英雄等等。这是典型地把社会主义同贫穷、落后、愚昧划等号，其野蛮无知的程度，令人发指。回顾这段历史，对于《决议》重申以经济建设为中心，我们备感亲切，备感珍惜。

第二，它提出的决策执行结果能够实现决策目标。

"三个坚定不移"的认真贯彻执行，其结果，必然会把经济建设搞上去，从而实现前述决策目标。这是本决策科学性的关键所在。

第三，作为一种决策方案，它在实现决策目标时是最优化的。

这是因为，只有"三个坚定不移"，才能从各个层次上形成对经济建设最大限度促进的综合效应，实际上是以最小的代价实现决策目标。其它各种方案，均无此种最优化的特点。

第四，此一战略决策实施之后，在总体上只会产生正作用，不会产生副作用。其中，随着改革和开放的进行，也会有西方某些腐朽东西传入国内，金钱至上等思想可能滋长，但是，政治体制改革和精神文明建设势必会抑制使整个战略实施工程表现出"正值"。

这种总体布局，是我们党创造性地运用马克思主义原理，分析我国社会主义建设具体实践，在战略上，对于建设具有中国特色的社会主义道路，达到了一个新的认识水平的结果。遵循总体布局指引的道路前进，定能够高质量地实现我国现代化。

（一）要从总体布局的高度对待充分发挥精神文明建设战略功能问题，就必须使它完全服从中心，促进社会生产力的发展。精神文明建设绝对不能离开物质文明建设去进行。

在"左"的年代里，我们的一个教训，是使精神文明建设在一定程度上离开了经济建设，离开了生产力发展，从而离开了社会存在决定社会意识这一历史唯物主义的原理，在"阶级斗争为纲"的指导思想下，极端强调意识形态领域里的阶级斗争，既无助于甚至大损于经济建设，又使教育、科学、文化的建设步入绝境，导致"文化大革命"那场内乱，生产受到破坏，思想也搞乱了。我们进行精神文明建设，一定要牢记这一历史教训。我们党总结了这一历史教训，在《决议》中再一次指出："现阶段我国社会的主要矛盾是人民日益增长的物质文化需要同落后的社会生产之间的矛盾，阶级斗争在一定范围内将长期存在，但已经不是主要矛盾，我国社会存在的矛盾大多数不具有阶级斗争的性质。"我们必须抓住当前的主要矛盾，围绕经济建设这一中心，进行精神文明建设；必须处理好两个文明建设之间的关系，互相促进，不能孤立地进行；必须把注意力集中到促进社会生产力的发展上来，集中力量解决主要矛盾，满足人民日益增长的物质文化需要，充分发挥出社会主义的优越性。

既然我国主要矛盾已不是阶级斗争，我们就不应当再在意识形态领域重复"破字当头""大批判开路"那一套，而应在建设上多下功夫。对于思想性质方面的问题，要坚持用教育疏导的方法去解决。在进行精神文明建设时，不要搞一股风的运动，也不要搞形式主义，而应踏踏实实在思想道德建设和教育科学文化建设上多做工作，着眼于提高全民的思想素质和文化素质。当然抓住主要矛盾不等于其他矛盾就自然而然地解决了。我们应善于正确地处理社会主义社会的各种矛盾，其中包括某些带有阶级斗争性质的矛盾。

《决议》强调精神文明围绕经济建设，也是有重要现实意义的。因为，离开经济建设，不讲生产力发展，专门搞意识形态方面阶级斗争的顽习，至今还时有表现，需要加以充分注意和纠正。否则，不仅在实际工作中还可能这样那样地出现用精神文明建设抵制经济建设的情况，而且，它对整个现代化建设的战略部署，也会形成扰乱。其后果将直接危及祖国的命运和民族的前途。面对这种实际情况，《决议》高瞻远瞩，从总体布局的高度，用"一个中心三个坚定不移"的形式，与"左"倾影响针锋相对，旗帜鲜明地规定，我们的社会主义精神文明建设，必须围绕经济建设这一中心进行。这也就是说，那种不围绕经济建设而展开的所谓"精神文明建设"，其中包括那种仍然习惯于用"阶级斗争为纲"的眼光看待当前我国人民精神生产和精神生活的错误顽习，都是不符合党在新时期的总体布局的。我们绝对不能让这些东西借用"社会主义精神文明建设"的牌子，招摇过市。《决议》关于总体布局的规定，给了人们抵制反对这些错误东西的最有力的精神武器，这实在是国之大幸，民之大幸！

（二）要充分发挥精神文明的战略功能，除了使它围绕经济建设这一中心进行外，还必须使它同全面改革和对外开放紧密配合，互相促进，共同促进我国经济发展。我们正在进行的经济体制改革和政治体制改革，都是为了增强我国经济活力，是社会主义制度的自我完善和发展。社会主义是在实践中发展的，马克思主义也是在实践中发展的，我们既不能用某种僵化的社会主义模式去限制社会生活，也不能用教条主义的态度对待马克思主义。"唯书""唯上"，以"本本"上的有无来裁判生活，而是要坚持马克思主义实事求是的思想路线，以实践作为检验真理的唯一标准。三中全会以后，农村经济改革，根据我国生产力发展水平和群众的要求，试行联产承包责任制，极大地提高了农民的生产积极性，农村经济很快好转，并开始向专业化、商品化、现代化转变。实践使我们认识到，在变相的小农生产和自然经济的基础上是不能建设社会主义的。在经济不发达的国家，革命阶级取

关于精神文明建设

得国家政权后,进行社会主义建设,发展商品经济仍然是不可逾越的阶段。只有充分发展社会主义商品经济,才能把经济搞活,提高效率,使生产得到发展。同时商品经济的本性要求我们必须面向世界、面向未来,必须实行对外开放。对外开放,是我们不可动摇的基本国策,只有这样才能增强我们的经济竞争能力,才能吸收当代人类优秀成果,把国外先进科学技术,具有普遍适应性的经济行政管理经验和其它有益文化学到手,并在实践中加以检验和发展,促进我国国民经济的高涨。显然全面改革和对外开放,都会给社会主义经济带来强大的活力,使国家富强,人民富足,并从根本上为人们精神生产和精神生活的飞跃提供物质前提。因此,精神文明建设,要从总体布局出发,为改革开放鸣锣开道。因为,任何精神文明建设,都不能不为决定它的经济基础和政治制度尽力服务。我们所建设的精神文明也是这样。如果它背离这一规律,那么,就只能使社会主义现代化布局发生紊乱无序,并把自己引向绝路。相反,它为经济基础和政治制度尽力服务,从而协调地促进经济建设,也才能使自己的能量最大限度地释放出来。

总之,从我国现代化建设总体布局的战略高度看,我国精神文明建设的战略功能,只能在围绕中心和为改革开放服务中,才能得到最佳发挥。这是我国精神文明建设的一个最佳选择。

我国现代化建设总体布局,不仅面对的是我国向有计划的商品经济轨道的转换,而且面对的是当代科技革命的严重挑战。这两个方面,都把新观念和旧观念的冲突,鲜明地摆在中国人面前。

按照唯物史观,当代世界范围内的新科技革命,是比任何革命都要厉害万分的革命力量。在现代化大生产条件下,它是所向无敌的。它本身固有的许多新观念新方法,不仅是对生长于旧生产力水平的旧观念旧方法的致命冲击,而且,从根本上讲,也是我们所追求的理想社会的一种思想前提。在这个背景下我国新旧观念和新旧方法的较量,将带有更加深刻和强烈的特质。理由很简单——我国生产力发展水平不高,与当代科技革命要求差距很大,因而矛盾分外深刻尖锐。精神文明建设在解决这一矛盾过程中,将起其他方面难以替代的独特作用。因为任何精神文明建设的优势,都在于通过观念更新和方法更新为经济基础服务。在我国,把这种优势作为功能充分发挥,是时代的要求。

我国发展有计划的商品经济,使价值规律正在向自然经济和平均主义、"大锅饭"思想、小生产意识以及其它封建思想遗存进行着持续的冲击。在全国范围内,与新旧体制交错并存的新旧观念的碰撞,是不可避免的。没有观念的全面更新,没有适应社会主义商品经济发展的新思想对于"以阶级斗争为纲"的顽习以及其它落后愚昧意识的胜利,要发展社会生产力,是根本不可能的。在这个意义上,中国的现代化,首先应当是观念现代化。在这里,一方面,是新科技革命和改革开放从基础方面对精神文明中的观念建设提出了新的要求,这种经济的律令不可悖逆;另一方面,是只有以马克思主义指导的观念建设才能为我国新科技革命和改革开放提供适宜的思想环境和智力支持,才能保证改革开放沿着正确道路健康发展。在这种机制中,科技革命和改革开放呼唤着精神文明建设,精神文明建设又必须发挥经济的律令,两者是一种互为前提的关系。

在中国当代实际生活中,观念更新往往是新科技革命和发展商品经济两方面综合冲击的过程。其中,通过精神文明建设,用新观念新方法代替在我国广泛存在的封建主义残余意识,是一个相当关键的问题,也是我国现代化总体布局战略中的一个突出问题。

早在1980年8月,邓小平同志就曾指出:"我们进行了二十八年的新民主主义革命,推翻封建主义的反动统治和封建土地所有制,是成功的、彻底的。但是,肃清思想政治方面的封建主义残余影响这个任务,因为我们对它的重要性估计不足,以后很快转入社会主义革命,所以没有能够完成。现在应该明确提出继续肃清思想政治方面的封建主义残余影响的任务,并在制度上做一系列切实的改革,否则国家和人民还要遭受损失"（《邓小平文选》第 295 页）。这一分析的确是实事求是的。事实上，今天阻碍我们生活前进的旧观念，有来自资本主义国家腐朽思想中的东西，主要是来自我国封建主义残余思想中的东西。"我国经历百余年的半封建、半殖民地社会，封建主义思想有时也同资本主义思想、殖民地奴化思想互相渗透结合在一起"（《邓小平文选》第 296 页）。这种情况，不能不使我们对反对封建主义残余思想给予充分注意。

在我国长期的封建社会中，生产力发展很缓慢，至今给我们还造成生产力发展水平不高的历史包袱。在这种生产力水平比较低下的环境中，人们的思想意识观念落后保守的情况，是难以避免的。因为任何时候，任何情况下，均是社会存在决定社会意识，生产力水平决定社会关系性质和上层建筑的性质。加之我国地理环境的特点，是东面南面为海，西边北边为山和沙漠，对外交往是很困难的。我们的祖先耕作于黄河中下游地区，他们四周被称为"夷狄"的少数民族，生产力发展水平更低，这使我们的祖先容易自以为"居天下之中"，自诩"天下礼仪之邦"，不像地中海沿岸埃及、希腊、罗马等古文明交错兴盛彼此交往，因而具有开放的特点。上述历史地理因素，都使我们民族性格心理中的封建遗存物相当多。这些遗存物反映了自然经济的要求，在本能上形成了对社会主义商品经济的阻碍和对新科技革命的抵制。

例如，在一定意义上可以说，我国传统的儒家理想之一，是"不患寡而患不均"。在当时生产发展不足的条件下，儒生们只能提出这一办法调节社会矛盾，适当地抑制豪强兼并，使"贫无立锥之地"的人民维持活动，进行简单再生产。而历代农民起义也以"均平"作为革命旗帜。近代太平军的"天国理想"，也是使天下达到"无处不均。无处不温饱"。我们过去出现的"穷过渡"，今天还存在的"大锅饭"平均主义分配原则，被误解为社会主义优越性，同这种农业空想社会主义是有一定思想联系的。我国今日面临的重大任务就是发展社会生产力,使人民富裕起来。"寡"是今日之大患,因为贫穷不是社会主义,物质无限丰富才是我们的目标,是建成发达的社会主义并在将来过渡到共产主义社会的物质基础。我国今天还处在社会主义初级阶段,由于劳动者的具体条件不同,地区间的社会经济发展水平不同,允许一部分人、一部分地区先富裕起来,才能最后达到共同富裕。这是符合我国国情的社会主义道路。它既同小生产的平均主义理想有区别,也同资本主义世界少数亿万富翁统治社会有区别。问题是,"不患寡而患不均"的观念,至今对允许一部分人和一部分地区先富起来的理论和实践形成了阻滞。如不通过精神文明建设破除这种旧观念,仍旧是"吃大锅饭",那么,就不能形成竞争,就不能发展社会主义商品经济,也就不能迎接新科技革命的挑战,实现共同富裕的目标。

再如我国封建社会自秦汉以来,统治阶级提倡重农轻商"贵本抑末"的政策,社会习惯把商人列为"四民"(士农工商)之末。这里的所谓"重农",是把农民束缚在土地上进行压榨,保护封建经济的命根子——自然经济。自给自足的自然经济的传统习惯影响,至今在广大农民中还是比较大的。"知足常乐",满足于温饱;有的"怕冒尖""怕露富"而不敢富,或者想富而致富无术;也有致富以后,局限于修房、购买高级消费品,不愿进一步扩大再生产,避免风险,仍然属于自给型经济;社会上也有些人认为"种地发家"才是正道,买卖贩运是不务正业,轻视第三产业,不安心搞服务工作等等。非常明显,这种观念,是和发展社会主义商品经济和进行科技革命的要求格格不入的。如不破除,改革和开放也只能是一句口号而已。

智利学者班迪有一句名言:"落后和不发达,不仅仅是一堆能勾勒出社会经济图画的统计指数,也是一种心理状态。"(《人的现代化》,四川人民出版社1984年版第3页)的确,我们要现代化,不能不首先要求观念上的现代化。在破除封建主义残余思想、实现观念更新方面,精神文明建设的战略重要性是万万不可忽视的。

当然，也要看到在对外开放中，西方一些腐朽的丑恶的东西也可能乘机而入。只要我们清醒地预计到这一点，它也没有什么可怕，不能因此动摇对外开放的大局。鲁迅在《拿来主义》（《且介亭杂文》）中，论及对外来文化的态度，至今对人很有启发。他谈到一些人对洋货发生恐怖的原因，是过去吃了"送来"的洋货的亏，这些洋货不是自己拿来的。"拿来"，就是应当采取的态度：运用脑髓，放出眼光，自己来拿。文中形象指出了以下三种情况是不符合拿来主义的。"怕给他的东西污染了，徘徊不敢走进门，是孱头；勃然大怒，放一把火烧光，算是保存自己的清白，则是昏蛋"；"大吸剩下的鸦片，那当然更是废物。"鲁迅还指出："没有拿来主义，人不能自成为新人；没有拿来主义，文坛不能自成为新文坛。"我们要取法鲁迅的"拿来主义"态度，坚持对外开放，吸收外国一切先进的东西来丰富发展自己。不加区别地"接收一切"以及闭关锁国，在文化上反对对外开放，都是不可取的。

在向着有计划商品经济转化过程中，允许在公有制为主体的前提条件下，发展多种经济成分，也可能出现唯利是图，金钱至上，不顾国家、集体和消费者利益，损公肥私等等消极现象。我们应清醒地认识到这一方面的问题，并采取适当的措施加以解决。其中包括在精神文明建设中要加强法制观念教育，提高职业道德水准，反对资产阶级腐朽思想等等。这正如邓小平同志在1980年说："由于要肃清封建主义残余影响，就认为可以去宣扬资本主义的思想，也是完全错误的。我们一定要彻底批判这些错误思想，绝对不能让它们流行。我们提倡按劳分配，承认物质利益，是要为全体人民的物质利益而奋斗。每个人都应该有他一定的物质利益，但是这决不是提倡各人抛开国家、集体和别人，专门为自己的物质利益奋斗，决不是提倡各人都向'钱'看。要是那样，社会主义和资本主义还有什么区别？"这就是说，精神文明建设在战略上不仅担负着破除封建遗存观念的任务，而且也担负着反对资本主义思想的任务。它一身兼两任。

画坛怪杰石鲁绝笔之作

　　石鲁同志堪称画坛怪杰。50年代末异军突起，以特有风格，同赵望云等老画家创立了长安画派，风靡一时，可惜他艺术生命过早夭折，十年动乱中长期受林彪、"四人帮"反革命集团残酷迫害，含冤逝世。

　　石鲁本名冯亚珩，慕石涛、鲁迅之为人，参加革命后改为石鲁，家世居四川仁寿文公镇，1919年出生于书香世家，耳濡目染，幼即好学，乃兄冯建吴，工诗书画篆，30年代初游学沪上归来，在成都创办东方艺专，他即负笈蓉城，在该校研修，进一步涉猎了中西艺术，并特别着意于八大、石涛诸家名作的摹写，打下了国画的初步根底。艺专毕业后，考入华西大学历史社会学系。时值抗战军兴，他又立即投身抗日救亡运动的革命洪流中，1939年到华北战场搞戏剧宣传工作，后辗转赴延安入陕北公学如饥似渴地攻读马列主义与中国革命问题理论，1940年西北文艺工作团成立，调石鲁任美术组长，主持舞台美术设计。1944年调陕甘宁边区文协进行专业创作。在延安十年中，他在毛主席文艺座谈会的思想指导下，深入生活，用各种艺术形式动员人民参加变工合作，发展生产，打破日寇和顽固派的经济封锁，争取抗日胜利；发动群众参加土改；解放战争时期，他随军转移，动员人民保卫家乡，踊跃参军和支援前线，由于他充满革命激情和创新精神，他的版画代表作《群英会》《妯娌俩》《民主评议会》在当时已蜚声艺坛，尤其值得乐道的是他的新洋片（类似成都的西洋景），抓住现实问题，自编、自画、自演，用带有川腔的陕北话，连讲带唱，有时还来一段"信天游"，寓庄于谐，妙趣横生，深受群众欢迎，称之为"土电影"，在山路崎岖、人烟稀少的陕北高原，送戏上门，采取这种原始简单的宣传工具,用先进思想来武装人民,起了很好的宣传组织发动群众的作用,多次受到西北局和边区政府的表扬,其足迹遍及陕甘宁黄土高原,对延安的山山水水充满激情依恋。他的创作植根于陕北广大人民群众之中,吸收了丰富的营养,这一点对石鲁以后的艺术成就极为重要。后来在创作国画山水时,对黄土高原的描画极具实践心得(历来的画家,外师造化,胸中丘壑,大都来自五岳黄山,很少取法于"穷山恶水"的黄土高原)。因此,他能在山水画中,独辟蹊径,丰富了国画的宝藏,他的代表作中,我特别欣赏《转战陕北》,千山万壑,气势磅礴,毛泽东同志背手俯视群峰,大有"一览众山小"之势,表现了毛泽东同志指挥若定的大家气势。当时强敌气势汹汹,已占领了陕北所有县城,妄图在狭窄的黄河边上聚歼我军。而我军统帅在转战中,却"胜似闲庭信步",牵着敌人鼻子走,用"蘑菇战术"拖疲敌人,经过一年即收复延安,打破了敌人的重点进攻。像这样一幅政治性和艺术性高度和谐统一的珍品,愚蠢的"四人帮"在批"黑画"时,竟说这幅画很反动,攻击我们领袖前有悬岩,后无群众,身陷绝境,这倒和当时敌人对战局的估计,有点灵犀相通。石鲁总结他的创作经验,要求一手伸向民族传统,一手伸向人民生活,确是经验之谈。

　　1949年西安解放,他担任陕西美协领导工作,他全力以赴深钻国画艺术,还常至河西、青海少数民族地区写生,由于他的艺术修养准备比较充分,加上他的刻苦努力,显示出他多方面的艺术才能,他在国画领域中,山川、人物、花鸟、鱼虫,无一不工,均有新意。版画、油画和诗歌、小说,均有成就。1956年出版并拍摄了他的电影文学剧本《暴风中的雄鹰》,列为优秀电影作品,20世纪50年代中期,曾应邀到埃及、印度等国访问讲学,他的埃及、印度写生,域外风光反映于国画之中,引起了国内外美术界的兴趣和重视。20世纪60年代初,形成了一个新的艺术流派——"长安画派",他的代表作除《转战陕北》外,还有《古长城外》《南泥湾途中》《树大成荫》《东方欲晓》

《家家都在花丛中》《延河饮马》等名作,这些作品陆续问世后,无一不使人耳目为之一新,正值他艺术日臻成熟,年华正茂,一场黑霜降临在中国大地上,使这一正待含苞怒放的鲜花,日渐枯萎。

文化大革命中,他数频于死,"四人帮"爪牙企图以攻击"样板戏"的现行反革命罪上报材料判处极刑,缓期执行,他以惊人的毅力,历尽苦难,仍然执着于艺术上的追求。由于他的行动受到限制,使他无法深入群众生活,他的创作只能限于画华山、花鸟等题材,但技法更趋成熟,正当他准备在艺术上酝酿再一次新突破时,体力日趋衰弱,终于赍志以殁,才高命蹇,世人莫不伤之。

他最后十年的艺术生涯,不仅画怪(其实在这以前就有人说他的画是"野,怪,乱,黑",也就是说他的创新,不合于正统),而人就更怪了,他须发不剪,胡子上翘,穿一件肥硕无比、身长过膝的白绸衬衣,一副老式的铜架墨镜,酒壶随身,徜徉市井。有时自弹吉他,还来几句四川高腔,一般人只看到他怪诞不经的一面,好像满肚子的不合时宜,而不了解在"怪"的后面,压抑着满腔的愤激艰辛。在"四人帮"文化禁锢政策的高压下,"黄钟毁弃,瓦釜雷鸣",他既不愿追随"四人帮"定的瓦釜、破锣调子哼,而黄钟大吕的革命之音又不准发,我们的艺术家就只能采取这种惊世骇俗的特殊方法,表示抗议,这大概与郑所南、八大山人有着气质上的影响渊源吧。

最能反映石鲁这期间的政治情操和艺术见解的作品,是在"四人帮"垮台前夕,1976年夏他题赠我的四幅册页,这四幅册页是他卧病不起前的绝笔之作,在当时我是秘不示人,以免惹祸,现在公之于众,使关心、热爱、研究石鲁艺术的同志,有一个全面的了解,这也是我对亡友责无旁贷的事。

四幅绝笔之作包括一幅书法、三幅画,书法题词为:

"郭兄嘱画山川虫鱼人物,余谓人在其中矣,可谓奈也"。

他为什么这样说呢?缘起是这样:我请他为我画一本册页以作纪

念,他开玩笑说:"'士为知己者死,女为悦己者容。'不给你画给谁画?"我见他一直不动笔,多次催索,他说他正在找明代锦缎作封面,要搞就要搞得巴巴实实。这样就拖了两年,我看他的精力是难于画一部册页,便提出只画四开就行了,不过最好是山水、人物、花鸟和动物各异,主题要批驳"四人帮"民主派即走资派的谬论。他完成三幅画后,即戏题这幅书法,并很风趣地说:"人物就不画了,人已在其中了,'赖'误写为'奈',也不再改了,要'赖'就'赖'到底。"

这三幅画,反映了石鲁生活历程的几个重大转折,也反映了当时历史的一个侧面,诗有史诗,画也可以有史画,这三幅画称之为石鲁史画亦未尝不可,由于画时正是"四人帮"崩溃前的最后跳梁之日。"四人帮"提出"民主派即走资派"的反动谬论,妄图将老干部一网打尽以遂其野心,石鲁和我暗议此事,他非常愤激地说:"参加过民主革命的有罪,民主不革命无罪,那么民主反革命派就有功了,这种颠倒黑白的谬论是那伙'洋场恶少'的创造性理论。"他画这三幅画是在他家里,上午九点开始,边磨墨边谈,海阔天空地谈到十一点才开笔,实际上他是在闲谈中构思。我那几年见到石鲁作画时,是构思良苦的,他开玩笑说:"我只是像赵匡胤一样卖华山。"但我所见到他画的华山,几乎是没有重复的,即是应酬之作,他也严肃对待。因此,他对求画不轻易允诺,即使允诺了也迟迟不动笔,动笔了,就十分认真。有次他题赠友人书法,写的是"惜墨如命",我了解他对这个朋友是很称许、很尊重的,他经常谈到"艺贵创新",这创新不仅是技巧,还应"画外求画"和"诗外尚有事"(苏轼语)一样,画外尚有事,而画外事则要求作者见高识广,即除作者的文学艺术修养外,还应有崇高的思想境界,对社会生活的深刻理解,和对祖国命运与人民生活的深切关怀,要有如许的胸怀,才能创新出如许的好作品,不从画外事上下功夫,那只能是追求末技的画师。

山水画册页,是石鲁根据回忆描绘的嘉州山水,嘉州即今四川乐山，位于三江（岷江、青衣江、大渡河）汇合处，凌云山（上有九峰，又名九顶山）隔江与城对峙。唐代海通和尚依山凿岩，雕出一尊世无伦比的120米高的大佛，大佛正面对从山地汹涌澎湃冲向平原的大渡河，大佛可以起减缓水势的作用。大佛顶侧有东坡楼，是苏东坡少年时读书处，登楼临望，远眺三峨（峨眉山），近瞰城郭，从乐山城上瞭望，下窥三江，九顶、三峨罗列左右，人们常称乐山风景是嘉峨并秀，凌云山的妙处在于地理位置上不远不近，望而可接。即擅林泉之幽，又避城郭之嚣。苏东坡离川后贬官谪居杭州时，还怀念嘉州山水，有首诗写道："少年不愿万户侯，亦不愿识韩荆州。颇愿身为汉嘉守，载酒时作凌云游。"乐山的风景多么迷人，苏东坡万户侯可以不当，韩荆州也可以不结识，但是嘉州太守还愿意做，以便经常载酒游凌云山。清代著名书法家何绍基撰写的东坡楼对联，非常形象地概括了乐山的江山文藻风貌：

　　江上此楼高，问坡颖而还，千载读书人几个？
　　蜀中游迹遍，看嘉峨并秀，扁舟载酒我重来。

　　从上述介绍，就可以理解石鲁为什么喜好乐山，爱画乐山。石鲁在1939年离川赴延安前，还专去乐山和峨眉，向故乡告别（石鲁是仁寿人，仁寿过去也属嘉定府）。石鲁完成此画时已近正午一点，我们一面吃饭，一面赏画，他津津乐道当年去大佛寺时，在江边候渡船，听见隔江吆喊："娃儿，快搬船过来，吃豆花儿哟！"他是用地道的乐山土话说的，这幅画采取虚实对比的手法，近郭部分相当细致，远山虚写，给人以遐想体味。大佛、东坡楼、大佛寺、乌龙寺等众所周知的胜地，均在此山中，无所在，又无所不在，画面全用水墨，浓淡对比，以表远近，右侧江面用朱磦题诗一首，引起色彩的和谐对比，诗情画意，浮想联翩：

　　曾忆嘉陵水，清心有几人？
　　依栏犹滴泪，洒酒逐江魂。

"曾忆嘉陵水"，嘉陵江本在重庆，这里是泛指故乡的水，石鲁对乐山留下非常美好的回忆，他对我母亲所做的乐山味的菜，总是赞不绝口，特别是自己推的豆花，郫县胡豆瓣作料，要吃三盘，豆渣都要带走，一面喝酒，一面高谈"此味只应天上有，人间能得几回尝"。他向我母亲说，这是四川的高度文化。经常说，我们都是这条江水抚育长大的，"曾忆"句，寓情于景，情景交融，使人回到作者的少年时代，向故乡美好山水告别，也是向昨天的生活告别；此次远行，既非游山玩水，也非上学求官，而是慷慨悲歌上战场，有可能"壮士一去兮不复还"。第二句提问可以和上引对联的提问对比，何子贞登上东坡楼，提出自苏氏弟兄以来已历千年，但像二苏那样有学问的人又有几个？石鲁面临故乡江水，提出曾饮过江水的人何止万千，但真正自觉走上革命道路的又有多少？"清心有几人？"两者自有不同境界，耐人寻味，从这里引出的第三句"依栏犹滴泪"，给人以无穷的遐想；是当时登东坡楼滴泪，还是作画此时，回忆过去而滴泪？两者均可解释，但我更趋向于后者，在那战争的年代，聚集到延安的还是青少年中少数"清心"者，"黄河之滨，集合着一群中华民族优秀的子孙"（抗大校歌）。到如今革命有罪，怎能不令人痛心，一洒热泪？石鲁的泪不是伤感之泪，而是愤激之泪，对人民革命事业，被疑而愈忠；对共产主义信念，受谤而弥坚，此情此景，可以质诸天地，无愧于故乡的山水，"洒酒逐江魂"，激烈悲愤，自在言表。

第二幅是延河马兰草，可以视为作者或所谓"民主派"在延安时期艰苦奋斗的写照，用赭石点染出荒漠的黄土高原，延河边长着几簇强劲的马兰花，这幅画面比较简单，但构思的时间最长，那幅山水完成后，午休，起床后，石鲁说下午光线不好，晚上再画，晚九点钟后，他的夫人闵力生同志对我说："你不睡，他嘴不会停，你睡了，他也会休息，半夜起来他会画的。"于是我睡在石鲁宿舍的外室，晨三点我起身见内室灯光明亮，便悄声走到窗外去看，见石鲁已完成此幅，正在题诗。古代诗人常以香草美人比喻君子，石鲁却匠心独具地用不见于经传，而且任何"花经""画谱"均不收录的马兰花来寄托自己的情怀。马兰花是延安的野生植物，纤维特别强韧，在贫瘠而干旱的黄土高原上，茁壮而又顽强地生长着，飞沙走石都奈何它不得，说它是疾风中的劲草，是当之无愧的。马兰花虽无兰桂之芳香，桃李之妖艳，但延安人却对它有着特别深厚的感情，因为它粗壮的绿茎，蓝色的花朵，在单调荒寂的黄土高原，多少起点绿化的点缀作用，更重要的是在当时的历史条件下，马兰还对革命立下了功勋。当时延安在蒋介石围困封锁下，没有饭吃，没有衣穿，没有纸用，可是困难岂奈我何？在反革命围困中，马兰纸便应革命之运而生了，我们不仅用它来学习，而且用它印"光华券"（延安国营光华商店发的流通券）和边币（边区银行发行的纸币），对打破国民党经济封锁起了一定作用。"四人帮"污蔑的所谓"民主派"，不正是像马兰花那样，对人们要求甚少，而给予人们的却很多么？不正是像马兰花那样，百折不摧，威武不屈么？用马兰花来托物寓志，较之用美人香草更切题，更有针对性，更赋予时代精神，而又不落前人窠臼，如果这还只是"以意度之"的话，那么他的题诗就把画面的深刻意义揭示得再清楚不过了：

　　青青河畔草，马兰也不评。（应是平，不平凡之意）

　　化为青红纸，金迷不沾魂。

　　醉纸非钞票，一纸重千金。

江青之流三十年代在十里洋场过着纸醉金迷的生活，现在反而振振有词，污蔑老干部是"民主派""走资派"，是革命对象，"醉纸非钞票，金迷不沾魂"，就是对这一污蔑辞严义正的回答，我们"醉纸"是珍视革命书籍，当时在延安每月发零用津贴一元，当然是"金迷不沾魂"的。

第三幅画是马，可以说是石鲁当时的生活环境与精神境界的写照。也不仅仅是石鲁，整个老一代革命者不屈不挠的品质，都在老骥图中

画坛怪杰石鲁绝笔之作

得到了折射,所有革命者都在黎明前的黑暗中,从老骥图中获得了寄托与鼓舞。七时起床后,石鲁已完成此画,正在写书法那幅册页,我表示感谢并告辞,他说再欣赏一下,于是将画钉在墙上,很风趣地说:"马屁股还应再瘦一点,这不和我们现在差不多吗?"马的鬃毛画得特别长,表示了马齿已高,但"老骥伏枥,志在千里"的精神,仍跃然纸上。话题谈到批"黑画"时,他特别愤激,从墙上取下这幅马,在画的下部画一闲章,朱文为"藏仓者寿",这四个字同画面并无直接联系,这表示了石鲁对批"黑画"的抗议,批"黑画"时曾经批过石鲁有关这几个字的书法。

  我对石鲁所赠这四幅册页,十分珍视,可算是语语均自肺腑中流出。这三幅画,无论"清心有几人"的青年时期,或"金迷不沾魂"的战争年代,以及身居槽枥却"志在千里"的坎坷老境,都不仅形象地描述了作者的生活历程,而且同我们这一代人的命运也是息息相通的,谁看了都会有"情与貌,略相似"之感,我相信了解这段历史而又知道作者遭遇的同志,观此"悲愤之作""至情至胜"之画,一定会受到感染奋发。

(原载《龙门阵》一九八五年第一期)

绵远的怀念（代跋）

匡燮　薇林

我们和儿子彤彤一起，几乎倾一年之力，为父亲郭琦先生整理编辑纪念他的这部《思念中的郭琦校长》书稿，期间弟妹们也都尽了各自的一份力量。

郭琦先生去世近二十年了，2010 年 9 月 9 日是他二十周年祭日。岳父三周年时，曾出版《著名马克思主义哲学家、教育家、史学家郭琦》一书。去秋，在母亲肖枫先生寿宴上，学者型出版人、西安出版社社长张军孝君即席提出准备在郭琦先生逝世二十周年之际重出此书的想法，希望我们能协助整理增添新的内容。同时，告诉我们，著名史学家、教育家，八十一岁高龄的张岂之先生亦夙有此意，说："郭琦同志是位值得我们记住的大学校长。" 不久，我们即拜访了岂之先生。提起岳父，张先生即刻从书房拿出郭琦先生逝世三周年时，他写的那篇《忆郭琦同志》的文章，说新近应《美文》杂志之约，正将此文修改了，要拿去发表。说到出书，竟道："具体工作还得你们去做，辛苦二位了。"仿佛为郭琦先生出书，还并非我们做子女的份内之事，反而是帮他去完成一件重要的嘱托似的。我们感动至深。

此后，在郭琦先生生前所在的陕西师大、西北大学、省社联、省社科院等单位收集有关材料时，又看到二十年后的今天，还有那么多人依然记得他，依然能想见他的风范、他的学识，他在教育界、理论界、史学界曾进行过的点点滴滴的辛勤耕耘和劳作。这又一次感动了我们。也使我们得以从采访和整理书稿的过程中，再次重温和深刻认

绵远的怀念(代跋)

识了作为一位理论修养深厚，历史知识广博，具有远见卓识的教育家的郭琦先生一生的操守和人格。

在这里，我所以要从教育家的角度来认知郭琦先生，主要是基于这样一种事实：在他一生的革命生涯里，他于教育工作时间最长，且着力最著。他不仅先后在陕西师大、西北大学达二十七年之久，自1936年参加革命以来到1988年离休，凡半个世纪，或在延安时期的西北局、建国后的中宣部多负责教育和从事教育研究工作，或具体在高校工作的时间，就有四十一个年头，是将差不多毕生的精力献给了新中国的教育事业。解放初，在西北局工作期间，他参与了对西北地区整个教育的规划设计工作，还亲自教授并为西北地区高校培养了第一批政治课程的师资力量。尤其在陕西师大和西北大学近二十年的领导岗位上，又系统地实践了自己富有创见的高等教育思想和理论，成为新中国优秀的教育家之一。

可以说，新中国乃至五四以来，我国优秀的大学校长不少，但据我狭窄的视野所及，似乎唯有郭琦先生晚年曾将自己一生的教育实践，作过较为完整的总结，形成了本书开卷的《我的高教三十年——郭琦教育思想口述实录》，为我国的高等教育留下了一份可资借鉴的宝贵财富。他的这一教育思想，似可用这样的表述来概括："尊重知识，包罗人才，着力优势学科建设，重视环境美化教育。"郭琦先生的教育实践主要为1957年至1968年陕西师大二十年（其中文革牛棚十年）和1977年至1984年西北大学七年这两段时间，这正是我国极左路线泛滥和拨乱反正的两个不同时期，在这样的背景下，做到"尊重知识，包罗人才"实非易事。所以，我以为这两点在郭琦先生的教育思想中至为重要。如果说，"着力优势学科建设，重视环境美化教育"是郭琦先生教育思想的鲜明特色的话，那么，前者便是后者的基础和前提。当然，我这样的概括和理解，只是自己的一点管窥之见，还有待专家学者的指正和批评。

绵远的怀念(代跋)

郭琦先生好学深思,手不释卷,几乎一生都在研读马克思主义的经典著作,是一位真诚的马克思主义者。他坚定地认为"马克思主义是科学",要"完整准确地理解它、学习它解决问题的立场、观点、方法,用以指导我们的行动"。他运用马克思主义的立场、观点、方法分析问题的鞭辟入里,以及他善于处理问题,化解矛盾的智慧和艺术,让人至今津津乐道,记忆犹新。为了"坚持马克思主义是完整的科学体系"这一观点,他曾公开反对过林彪的"突出政治",反对过"语录进课堂",指出"立竿见影,急用先学"是形而上学地割裂毛泽东思想的做法,使他在"文革"中受尽了摧残和折磨。

他的这种执著和坚持,其中的关键之处就是实事求是。这是郭琦先生思考和处理一切问题的出发点和归宿。对此,他曾感慨地说过:"关于实事求是,我深有体会,正常情况下容易实事求是,运动一来,就不容易实事求是了;常态下容易实事求是,急剧的政治变化下实事求是就难了;领导欣赏你,信任你,重视你,容易实事求是,领导怀疑你,像江隆基,说他严重右倾,把他贬职,到了这个时候,他还坚持抵制左的东西,这就不容易了。"他把这种在任何情况下都能坚持实事求是的精神和作风概括为书生本色。他在《学习江隆基同志平易近人务求实效的作风》一文中,这样写道:"我认为像他这样长期处于领导岗位上,阅历之广,经验之多,没有沾染官僚习气,庸俗作风,仍保持书生本色,居高位而不骄其下,处困境而不降其志,如果我们抛掉过去对知识分子'左'的偏见,这正是值得人们敬重的书生本色。"

这是中国传统志士仁人们应持有的一种价值取向,一种品质,一种不易企及的人生境界,比如古之孔孟、老庄、荀子、韩非、司马迁、李白、杜甫、苏东坡和文天祥以及近现代的王国维、陈寅恪,等等。既把握完整的马克思主义的科学体系,又秉承中国传统的人文精华,以完善自己的文化人格和操守,这应是郭琦先生的毕生向往和追求。在人文精神普遍缺失的今天,也许这才是熟悉他的人们还在怀念着他

绵远的怀念（代跋）

的原因吧。当然，这也正是我这次特别感念张岂之、张军孝两位先生以及在书稿整理过程中同样投入热忱的胥超、马家骏、苏成全、刘科诸前辈的地方。

至于郭琦先生平生工作及处人处事之睿智，负重，宽仁，担当等，本书所收数十万字的回忆文章，已多有述及。曾子曰："士不可不弘毅。任重而道远。仁以为己任，不亦重乎？死而后已，不亦远乎？"

我想，郭琦先生应该是当之无愧的。

2009年10月匡燮薇林恭跋